2010：国际军备控制与裁军

黎　弘　滕建群　武天富　编著

世界知识出版社

图书在版编目(CIP)数据

2010国际军备控制与裁军 / 黎弘,滕建群,武天富编著.
—北京:世界知识出版社,2010.4
ISBN 978-7-5012-3816-3

Ⅰ.①2… Ⅱ.①黎…②滕…③武… Ⅲ.①军备—控制—世界—文集②裁军问题—世界—文集 Ⅳ.①D815.1-53

中国版本图书馆CIP数据核字(2010)第070813号

责任编辑 罗养毅
责任出版 刘 喆
责任校对 陈可望
封面设计 嘉 维

书 名 **2010:国际军备控制与裁军**
2010:**Guoji Junbei kongzhi yu Caijun**

作 者 黎 弘 滕建群 武天富 编著
出版发行 世界知识出版社
地址邮编 北京市东城区干面胡同51号(100010)
网 址 www.wap1934.com
印 刷 北京京晟纪元印刷有限公司
经 销 新华书店
开本印张 970×640毫米 1/16 27印张
字 数 430千字
版次印次 2010年5月第一版 2010年5月第一次印刷
标准书号 ISBN 978-7-5012-3816-3
定 价 38.00元

出版说明

由中国军控与裁军协会的《2010年国际军备控制与裁军》报告业已交付出版社出版发行。这是在全球军控与裁军形势回暖的前提下我们编辑的又一版年度报告，它集中反映了过去一年国际军控与裁军领域各方面的进展以及中国学者对有关军控与裁军问题的评述和认识。

过去的一年，国际安全形势的变化和大国政策调整给年度国际军控与裁军进程带来重大影响。联合国除通过针对地区国家的相关决议外，还专门召开安理会峰会，共商核裁军和防扩散大事。美俄两个核大国加紧谈判，以期年内达成新的削减和限制进攻性战略武器条约，但未果。世界范围内核武器数量继续下降，但并没从根本上削弱大国核实战能力和威慑力，有关国家的核力量现代化仍在继续。地区核问题困扰国际社会，朝核问题处于停滞状态，尽管朝方弄出诸如核试验、卫星试验、发射导弹等声响，但美国等国并没把朝核放在其对外政策的重要位置。伊核仍是有关国家角力的平台，但仍没取得任何重大进展。确保准核武器国家核武器的安全成为国际社会关注的另一焦点，部分地区安全形势动荡和恐怖力量猖獗使这种担心有增无减。建立无核武器世界呼声渐高，非政府组织从理论、措施和道路等方面提出实现此理想的具体建议。销毁化学武器、禁止生物武器、防止外空武器化、特定常规武器控制和裁军也得以前行。中国一如既往，在解决朝核等国际问题上发挥不可或缺的作用，为维护地区稳定与和平做出了自己特有的贡献。

本年度报告收录了23篇论文和3个附件。我们在编辑今年的报告时着力于跟踪当前国际军控与裁军领域里的前沿问题，国际社会围绕着核问题的角逐尽量在本年度报告中得以全面的反映。报告不但涉及核力量发展和地区核问题，还把目光落在了有关国家核政策调整和世界对核安全问题的关注上。我们比较完整地保留了专家的看法，保证在不涉密的基础上确保引用材料的准确性和权威性。当然，我们一如既往的政策仍是：年度报告是为国内研究军控与裁军问题专家提供的一个发表言论的平台，并不代表任何组织或机构。我们这样做的目的就是要保证专家们畅所欲言，能对我国的军控与裁军理论研究以及我们的军控外交做出各自应有的贡献，除此别无他求。

在本年度报告的撰写和编辑过程中，我们得到中国国际问题研究所军控与国际安全研究中心、武汉第二炮兵指挥学院核战略与外空战略研究中心的鼎力相助，北京世界知识出版社的领导和有关编辑人员倾心本年度报告的审阅和编辑工作，付出了辛勤的劳动，在此表示衷心的感谢。

由于时间仓促加之编辑人员的水平有限，今年的报告可能会有不足之处，在此恳请国内外专家和官员提出指正，这有利于我们更好地做好这项工作。

《国际军备控制与裁军》课题组

2010年2月于北京

目　录

【综述】

2009 年国际军控与裁军形势综述

☞滕建群　武天富

2009年国际军控与裁军形势综述

滕建群　武天富

一、联合国等国际组织继续成为推进国际军控与裁军前行的重要舞台

2009年，联合国在国际军控与裁军领域相当活跃，秘书长潘基文在多种场合呼吁加快核裁军步伐，并撰文提出建立无核世界的步骤。9月24日，安理会核裁军和防扩散峰会在纽约举行，五个常任理事国的首脑全部出席。此次峰会的议题包括：军备控制、核裁军、国际防扩散机制、防止核材料非法贩运、核材料安全和国际和平安全问题等。中国国家主席胡锦涛在会上提出五点主张：1. 维护全球战略平衡与稳定，积极推进国际核裁军进程。2. 放弃以首先使用核武器的核威慑政策，以减少核武器的威胁。3. 巩固国际核不扩散机制，防止核武器扩散。4. 充分尊重各国和平利用核能的权力，积极开展国际合作。5. 大力加强核安全保障，减少核风险。胡锦涛主席指出，中国一贯主张全面禁止和彻底销毁核武器，坚定奉行自卫防御的核战略，恪守在任何时候和任何情况下不首先使用核武器政策，承诺无条件不对无核武器国家和无核武器区使用或威胁使用核武器。中国不参加核军备竞赛，把自身核力量维持在国家安全需要的最低水平，为推进国际核裁军进程做出努力。

峰会通过的决议指出，[①] 安理会决心按照《不扩散核武器条约》的目标，以促进国际稳定方式，寻求建立对所有国家都安全的世界，为建立无核武器世界创造条件；全体联合国会员国必须履行

① 联合国安理会2009年9月24日通过的第1887号决议，本报告的附件二收录了这一决议。

其对军控和裁军的义务，防止大规模杀伤性武器的扩散；《不扩散核武器条约》是核不扩散机制和谋求核裁军与和平利用核能的基础。这是联合国安理会首次就核不扩散与核裁军问题举行的峰会。尽管没就核裁军和防扩散做出多少具体安排，领导人也多是表扬自己和宣示本国政策，但其成功举行无疑对当前正在回暖的国际军控与裁军进程带来正面影响，是国际社会在核裁军和防扩散领域里加强合作迈出的重要一步。

二、美国把建立无核武器世界当成对外政策的重要内容

4月5日，奥巴马总统在布拉格宣布，美国要“带头”建立无核武器世界，步骤包括：与俄一道尽快通过谈判达成《第二阶段削减战略武器条约》，大幅削减美俄核武器数量；力争国会批准《全面禁止核试验条约》；强化《不扩散核武器条约》，包括加强核查、强化对违反条约国家的制裁，寻求建立和平利用核能的新机制；4年内确保可用于核武器生产的核裂变材料不被扩散；一年内召开核安全首脑会议。美国还寻求达成旨在终止核武器用裂变材料生产的国际条约。

奥巴马的主张反映美国前政要基辛格、舒尔茨、佩里和议员纳恩的思想。2007年1月，他们发表“无核武器世界”一文，提出建立无核武器世界的必要性和紧迫性。一年后，他们重提20世纪80年代美苏雷克雅未克会谈，指出尽管里根和戈尔巴乔夫没达成最终销毁核武器决定，但成功扭转军备竞赛的方向，认为美国必须带头，采取措施，达成核裁军的积极成果。其次，把有核武器国家召集到一起，把销毁核武器当成国际社会的共同事业。

美国带头建立无核世界，表明奥巴马总统对美国军控与裁军政策的修订。冷战期间，美国重视传统的军控与裁军机制建设，重视与苏联的谈判和达成条约。小布什在任8年，颠覆了这种传统，把注意力转向“意志联盟”建设，以美国的意志应对军控与裁军问题，最具代表意义的是“防扩散安全倡议”的提出。倡议本身不是机制，而是志愿联盟。但这种联盟并不比传统的机制建设好多少。奥巴马政府军控与裁军政策的调整对停滞多年的国际核裁军进程带

来希望，在道义上为修复美国的国际形象也有一定作用。然而，美国现政府的政策同样面临重重的阻力，国内反对无核武器世界的大有人在。国际社会也担心，倡议是理想主义的思潮，不会成为现实。

三、美俄谈判达成新战略武器条约的努力逾期未果

1991年7月，美苏签署《关于削减和限制进攻性战略武器条约》，规定双方7年内把进攻性战略武器削减30%，届时各方拥有的运载工具不超过1600件，核弹头不超过6000枚。2009年，俄美启动新条约谈判，双方领导人对此给予高度关注，两国首脑几乎“每见必谈新条约”，他们还保持“热线联系”，就谈判的具体内容进行沟通，希望借此推动两国代表能如期完成谈判和达成新条约。7月，美俄宣布12月前达成新的战略武器条约，规定条约生效7年内，各自核弹头数量减至1500枚至1675枚，运载工具减至500件至1100件。

然而，12月4日，双方并没按期达成新条约，但发表声明，宣布条约到期后继续按其精神合作：在承认支持俄美战略稳定的共同愿望前提下，双方从根本上拥有在《关于削减和限制进攻性战略武器条约》到期后继续按其精神合作，并确保新战略武器条约尽快生效。美俄分别表态，新条约将成为裁军和防扩散领域的“又一里程碑”，标志着两国合作走向更高水平，表明两国在巩固彼此和全球安全问题上的一致。双方均把达成新条约延期归咎于“技术性”问题。

双方分歧集中在：1. 削减数量。一是现役部署的核弹头数。2009年7月，两国确定运载工具限额各为500—1000件，弹头限额各为1500—1675枚。二是运载工具。目前，俄罗斯战略运载工具数量大约在620件，实战部署核弹大约有2787枚，运载工具较少而弹头较多。美国现有战略运载工具大约在1176件，实战部署战略核弹不足2200枚。俄希望限制美运载工具数量。2. 核查与透明。美国一直希望保留在俄罗斯沃特金斯克导弹总装厂的驻点监视安排。俄新型导弹“白杨”和“布拉瓦”均在此组装。俄罗斯曾在美国犹他州马格纳市的郝可留斯（Hercluels）导弹总装厂设有监视

点，后来因为美国没有新型导弹开发，2001年俄罗斯单方面撤走监视小组。经讨价还价，2009年12月后，美方在俄驻厂监视人员已撤走。3. 运载工具改装。对削减下来的运载工具，美国计划将其加装常规弹头，以提高全球快速打击能力，因此主张在新约中不把常规运载工具部分计入限额。俄罗斯则认为，这些运载工具可重新装载核弹头，主张将其纳入条约关于运载工具的限制总额内。4. 导弹防御计划。导弹防御计划不但影响到了新条约的达成，而且也影响到了美国和俄罗斯近年来的国家关系。俄罗斯一直认为，美国发展导弹防御系统使美俄战略力量对比失衡，两国军力差距进一步拉大。俄总统、总理、外长等在多种场合均强调美国导弹防御计划对裁减核武器的重要性，要求明确规定进攻性武器和导弹防御之间的关系，确保美国的导弹防御系统部署不要超过现有水平。

12月18日，两国元首出席全球气候大会，但会晤主题仍是讨论削减和限制进攻性战略武器新条约，直到2009年结束，双方还是没达成条约。梅德韦杰夫称："俄美削减进攻性战略武器新条约应在最快时间内签署，但双方目前还在就个别技术性细节问题进行磋商。"，他希望俄美"尽快就此谈判取得成果。这将有利于俄美新政府建立互信关系。"奥巴马则说："这次来哥本哈根的最重要目标是参加联合国气候变化大会，但今天会见的中心议题却是削减进攻性战略武器新条约。"

新条约一再延迟的原因是多方面的：1. 美俄两国力量此消彼长。和1991年比，俄罗斯国力有所加强，梅普组成的政权领导核心不再一味地忍让，而更愿意与美国这个对手平起平坐，因此在谈判桌上讨价还价的筹码也大幅度提高。2. 俄罗斯修订了以倒向西方而博取支持的对外政策，今天俄罗斯的对外政策更注重在东西方之间保持力量的平衡。3. 核武器已成为俄罗斯维系国家安全的最重要支柱之一。以欧洲战场为例，冷战期间，北约国家是以核武器来抵御苏联强大的常规力量，而今正好颠倒过来，俄罗斯则仰仗核武器来维系自身的安全。因此，它不可能在诸如机动式弹道导弹、核弹头数量以及核查方式等关系到其核能力的问题上做出太多的让步。4. 奥巴马总统无核武器世界的理念尽管很有吸引力，但还没有达到普世的程度，俄罗斯并不信任奥巴马的主张，甚至怀疑美国另有所图。俄罗斯不做出积极响应，美国也只能白忙活一场。

四、地区核问题仍是有关国家相互角逐的议题

朝核和伊核问题年内继续困扰着国际社会。核问题不单是核技术而引发的地区问题，而是有关国家从历史、地缘政治和国家安全战略利益出发所进行的较量。美国对两个地区国家政策的调整引发朝、伊两国做出不同反应。相对说，国际社会年内向伊朗施加的压力更多些，而朝鲜做出的举动更多些。

（一）朝核问题

1. 退出六方会谈。第六轮六方会谈第二阶段结束后，朝核问题一直处于停滞状态。2008年6月和12月，六方会谈代表只发表两个主席声明。2009年4月5日，朝鲜宣布发射“光明星”2号试验通信卫星。13日，联合国安理会就朝鲜发射问题发表声明认为，朝鲜发射活动违背安理会第1718号决议，对此表示“谴责”，要求朝鲜不再进行发射活动。14日，朝鲜宣布退出六方会谈，指出尊重自主权和主权平等是会谈的基础和生命，在这一精神被“全面否定”情况下，朝鲜“绝不再参加六方会谈”，“不再受六方会谈达成协议的约束”，朝鲜将“加强自卫性核遏制力量”建设。此后，朝鲜开始恢复已去功能化的核设施，并对从反应堆取出的乏燃料棒进行再处理，还将“研究建设轻水反应堆”。朝鲜认为，六方会谈变成“阻碍朝鲜和平的科技发展和正常的经济发展的场所”，一些国家的用意“是想通过六方会谈解除朝鲜的武装，捆住朝鲜的手脚，让朝鲜靠别人的施舍过日子”。六方会谈“已脱离当初的目标和性质，不可挽回地变质了”。朝鲜提出，“解决当前事态另有其他对话方式。”相对来说，美国年内对朝鲜的回应则比较冷淡，这是奥巴马政府和小布什政府在朝核政策上的不同点。

2. 进行二次核试验。5月25日，朝鲜宣布，“应科技人员的要求”成功进行一次核试验，并称核试验在爆炸力和操纵技术方面有了新提高，核试验“对保卫国家和民族自主权，保证朝鲜半岛及周边地区和平稳定做出贡献”。6月12日，安理会通过第1874号决议，对朝鲜核试验表示“最严厉谴责”。决议认为，朝鲜此举违反安理会第1718号决议，对《不扩散核武器条约》构成挑战，进一

步加剧本地区的紧张局势，对国际和平与安全构成威胁。决议要求朝鲜早日回到《不扩散核武器条约》框架中来，全面执行第1718号决议，以“全面、可核查和不可逆的方式放弃所有核武器和现有的核计划，立即停止一切有关活动”。

决议通过后，中国代表指出，支持安理会对朝鲜核试验问题做出的适当、平衡反应。美国代表对通过第1874号决议表示“非常高兴”。俄方欢迎国安理会通过有关朝鲜核试验问题的决议，认为这一决议对形势反应适当，在严厉制裁与积极转变局势之间保持了应有的平衡。韩国认为，决议显示“国际社会一致要阻止朝鲜发展和扩散核武器的坚定决心”。日本要求朝鲜遵守安理会决议，认为这一决议表达了国际社会对朝鲜核试验的强烈谴责和忧虑，要求朝鲜认真对待国际社会发出遵守决议。

（二）伊核问题

1. 美伊两国互相斗智。伊核问题既延续前一年的轨迹，也显现出新的迹象，对手仍是美伊两国。双方既示好，也相互攻击，美国继而对伊施加制裁。1月28日，伊朗总统内贾德对新当选总统奥巴马喊话，指出美国新政府对伊政策必须做出根本性改变，而不是战术性变化，伊朗欢迎根本性的政策改变。他说，美国60年里对伊犯下“种种罪行”，包括阻止伊朗和平利用核能。奥巴马回应，如果伊朗愿意“松开拳头”，美国将向它“伸出手”。国务卿克林顿说，奥政府正就对伊政策进行“非常广泛的调研”，向德黑兰释放改善关系的善意。副总统拜登在第45届慕尼黑安全会议上说，“伊朗企图研发核武器不利于地区和平。美国愿意和伊朗就核问题进行直接对话。”尽管奥巴马政府不断向伊朗示好，但伊朗并不相信美国对伊政策发生根本性变化，并在不同场合反复强调，美国提出“变革”口号，但没有实际性变化，仅语言而已。

一方面向伊示好，美国仍对伊保持包括制裁在内的压力。3月3日，美国财政部宣布，伊国民银行资助本国政府推行核及导弹计划，11家与之联系的伊公司受到美国制裁。10月14日，众议院通过关于加大对伊经济制裁案，希望以此促使伊弃核。根据议案，美国各州、地方政府将终止对在伊石油和天然气领域有2000万美元以上企业的投资。众议院多数党领袖霍耶称，伊核计划对美国的盟国构成威胁，在中东引发军备竞赛，为恐怖分子提供核保护伞。美国对此威胁不能不理，会采取一切手段防止伊朗拥有核武器。15日，参院批准制裁伊朗的议案，所有向伊出售价值超过100万美元石油产品的外企将被禁止参与能源部的合同竞标。这是众院通过加大对伊制裁案后，美国为促使伊朗弃核而采取的又一制裁措施。

2. 外交调停继续进行，未果。2月，美、俄、中、英、法、德六国在德国就伊核问题等举行会议，同意致力于外交途径解决伊核问题，并对美国新政府愿与伊朗直接对话表示欢迎。六国要求伊朗遵守其对国际原子能机构的承诺，停止铀浓缩，并接受核查。

国际原子能机构仍是调停伊核问题的外交舞台。6月5日，国际原子能机构说，伊朗积累1339千克低纯度六氟化铀。25日，该机构又称，伊正建第二座铀浓缩工厂。西方国家领导人要求伊朗开放这座铀浓缩厂以供核查，威胁对伊采取新制裁。10月19日，美、俄及法国代表在维也纳与伊代表就伊朗从国外采购核燃料问题磋商。伊朗同意考虑总干事巴拉迪提出的方案。11月27日，国际原子能机构通过针对伊核问题决议，要求伊朗与国际社会“全面合作”，澄清涉及其核计划中的未决问题，立即停止库姆城附近核设施的建设，要求伊朗承担义务，在未向国际原子能机构申报的情况下，不得私自批准并建设其他核项目。这是2006年2月以来，该机构首次通过对伊决议。当天表决中，理事会35个成员中25个投票赞成，古巴、委内瑞拉和马来西亚3国反对。

五、禁止和销毁化学武器的努力仍在继续

年内，国际社会在禁止和销毁化学武器领域里做出不懈努力。4月21日，大西洋岛国巴哈马向联合国秘书长递交批准《禁止化学武器公约》文书。按规定，文书递交30天后，该国将成为公约第188个缔约国。禁止化学武器公约组织总干事普菲尔特说，巴国入约使公约普遍性加强，国际社会向着全面禁止化学武器的目标又靠近一步。他呼吁其他尚未入约国家尽快签署及批约。截至2009年年末，全球尚未加入《禁止化学武器公约》的国家有7个：安哥拉、朝鲜、埃及、以色列、缅甸、索马里和叙利亚。

按1997年生效的《公约》规定，所有缔约国应在2012年4月

29日前销毁各自拥有的化学武器，由于技术、经费等原因，该目标按时完成有难度。截至9月30日，缔约国阿尔巴尼亚、印度、俄罗斯、美国共销毁约35892公吨I类化学武器，约占这类化学武器宣布量的51.70%。[①]从有关国家销毁化学武器情况看，进展速度也不一样。俄罗斯已销毁16024公吨I类化学武器（占宣布总量40.10%）和两处化学武器设施，销毁其宣布的全部第Ⅱ和第Ⅲ类化学武器。美国销毁18200公吨I类化学武器（占宣布总库存量的65.54%），销毁0.010公吨Ⅱ类化学武器，其宣布的Ⅲ类化学武器均已销毁。利比亚还没开始销毁所宣布I类化学武器，禁止化学武器组织同意把利比亚销毁全部I类化学武器的时间推迟到2010年12月31日，呼吁利比亚政府2011年12月31日前完成Ⅱ类化学武器销毁。利比亚已销毁全部Ⅲ类化学武器，并销毁511公吨Ⅱ类化学武器（占总量的39%）。[②]

禁化武组织密切关注日本遗弃在中国领土上的化学武器问题。年内，日本在中国境内多个地点进行现场调查、回收和鉴定作业。中、日双方就哈尔巴岭挖掘回收工作展开磋商，同意进行相关设施建设。两国在南京的化学武器销毁工程建设仍在准备中。按计划，日本2009年年底把设备运往中国，2010年年初开始试运行，2010年年春天开始销毁作业。至2009年年底，日本仍没有任何销毁遗弃在中国化学武器的行动，销毁设施建设也没动工。

六、外空武器化形势严峻，导弹攻防技术有新发展

2月11日，美、俄两颗卫星在西伯利亚上空790千米处相撞，上演史上首次卫星相撞事故。事故再次提醒人们，规范外空行为，限制外空武器化步伐已成为国际社会的当务之急。

1. 大力发展航天能力。2月，美国从8000亿刺激经济计划中拨出10亿美元给国家宇航局，2009年该局预算高达197亿美元，比上年增加24亿美元。3月，俄总理普京表示，俄用于航天和导弹

① 2009年10月13日至16日，禁止化学武器组织第五十八届会议，《总干事的说明：获准延长化学武器销毁期限的缔约国进展情况报告》。

② 本节数字出处同注释①。

的费用不会缩减，三个专项费用将获得820亿卢布拨款，两年里导弹航天综合体费用高达210亿卢布，创20年新高。[①] 4月，日本发表《外空开发基本计划》草案，为期5年计划的预算260亿美元。按计划，到2013年日本将发射34颗卫星，重点发展监测导弹发射的天基探测传感器技术应用。5月，美国奥巴马发布第三号总统令，要求对布什的国家航天政策进行审议，以达成指导美国军民航天活动的新战略。

2. 外空军事准备仍由航天大国主导。年内，这些国家的着力点集中于建立攻防兼备的外空武器体系。2月，法国发射两颗“螺旋”导弹预警卫星，迈出欧洲自主天基预警系统建设第一步。7月，俄罗斯把3颗轨道导弹预警卫星送入预定位置，该型星是俄“眼睛”预警卫星体系的一部分。同月，美国空军接收“天基红外高轨系统”第二颗椭圆轨道预警卫星。也在这个月，美国空军与军火公司签署进行“外空篱笆”系统第一阶段原型机的合同，它是美国下一代外空目标监视系统的一部分，2015年前完成在南半球的初始部署，2020年完成全球部署。9月，美国发射两颗“外空跟踪与监视系统”卫星，提供对导弹和弹头的立体跟踪监视。同时，地基（海基）反卫星武器系统也在试验中，美国陆基“爱国者-3”和海基“标准-3”导弹年内均进行目标拦截试验或演习。尽管没有突破性技术产生，但有能力国家一刻也没放松对外空这个新制高点的争夺。

3. 导弹攻防技术也有新的发展。美日等国对各自导弹防御计划进行调整。2月，韩国宣布，3年内完成对朝鲜的独立导弹防御系统建设，费用总额2.14亿美元。9月，美国宣布将欧洲陆基导弹防御计划调整为分阶段部署的海基导弹防御体系。新计划以“标准-3”导弹为主体，分四阶段部署：第一阶段是利用现有反导技术，即以海基“宙斯盾”和“标准-3”防御体系；2015年部署改进型“标准-3”导弹和新型防御网；2018年和2020年分别部署更先进“标准-3”导弹。新防御系统覆盖范围更广，反应能力更迅速。美国欧洲导弹防御计划调整除更适应当前导弹扩散的形势需要外，也缓解与俄对东欧导弹防御建设的担心。日本鸠山政府上台后对其导

① “俄2009年预算不会缩减导弹航天领域支出”，中国新闻网，2009年3月19日。

弹防御计划做出调整，防卫省计划在两级导弹防御系统的基础上（即“爱国者-3”和“标准-3”）构筑范围更广泛的第三级导弹防御系统，即“战区高空区域防御系统”。日本认为，现有11处导弹防御系统不足以覆盖日本全境，而新系统只要有3-4处就可完成上述任务。

在强化现有导弹防御的同时，有关国家正研制新型导弹防御体系。美空军提出“空射反弹道导弹防御系统”设想，把现役作战飞机纳入到弹道导弹的防御系统中，从空中拦截入侵弹道导弹，提出用无人机跟踪弹道导弹的设想，主要是跟踪处在大气层内飞行的导弹。美军年内已进行类似拦截试验。另外，美军助推段拦截试验取得成功，利用空基的激光反导系统成功拦截导弹。中段拦截试验进展顺利，已开始下一阶段的试验活动。

七、中国继续为推进国际军控与裁军进程做出自己的贡献

中国以负责任大国姿态投入到国际军控与裁军进程中，除在地区核问题及多边军控与裁军体制中发挥积极作用，还提出自己的主张，彰显中国政府在维护全球安全和地区稳定的立场。胡锦涛主席年内多次论及核裁军、防扩散及防止外空武器化问题。他指出，我们要努力做到：（1）营造和平稳定的国际大环境，通过和平方式解决国际争端，增加各国安全感，促进发展，消除贫困，消除冲突和动荡根源。（2）充分尊重和照顾各国正当合理的安全关切，不把本国安全凌驾于别国安全之上，通过互利共赢实现普遍安全。（3）致力于建立相互理解和信赖的国家关系，化解分歧和猜疑，在平等基础上开展对话和合作。（4）坚持多边主义，巩固以联合国为核心的集体安全体系，增强其公正性和合理性，使之在国际安全合作中发挥强大作用。

（一）核裁军。中国认为，全面禁止、彻底销毁核武器、实现无核武器世界是国际社会的共同夙愿，是中国一贯倡导和为之努力的目标，建立无核武器世界的主张得到越来越多国家的支持。中国认为，人类既然能在20世纪制造出核武器，也完全有能力在21世纪消除核武器。核裁军与国际战略稳定密切相关。无论是在外空部

署武器，还是建立并部署导弹防御系统或开展相关合作，都不利于维护全球战略稳定，不利于国际军控与防扩散努力。裁谈会应尽早就防止在外空部署武器谈判达成新的国际法律文书。

（二）防扩散。中国认为，加强国际核不扩散体系、消除核武器扩散风险是国际社会面临的重要任务，需要标本兼治，综合治理。应努力营造合作与信任的国际安全环境，尊重彼此安全利益，寻求普遍安全。这有助于从根本上消除谋求核武器的动因。应坚持通过对话与谈判解决有关地区核问题。制裁或诉诸武力，只会激化矛盾，无助于问题的妥善解决。应加强国际核不扩散机制的权威性和普遍性，摒弃任何选择性做法。中国支持加强国际原子能机构的保障监督职能，赞成促进机构保障监督协定及其附加议定书的普遍性。六方会谈仍是处理朝鲜半岛核问题的有效机制。中国主张通过外交谈判妥善解决伊朗核问题。伊核问题形势正处关键阶段。有关各方应抓住有利时机，加大外交努力，尽快重启六国与伊谈判，以寻求全面、长期、妥善的解决办法。

（三）和平利用核能。中国认为，和平利用核能是《不扩散核武器条约》赋予缔约国不可剥夺的权利。在当前核能开发日益受到重视的情况下，无核国家和平利用核能的权利更应得到充分尊重和切实维护。这对维护《不扩散核武器条约》的权威性和有效性十分重要。中国主张，应平衡处理和平利用核能与防扩散之间关系，确保其相互促进，而非彼此对立。中国既反对以防扩散为由，限制或剥夺无核国家和平利用核能权利，也反对借和平利用核能从事核扩散活动。中国赞赏国际原子能机构在推进和平利用核能方面所发挥的积极作用，鼓励和支持机构继续加大投入，推动各国在和平利用核能领域的国际交流与合作，促进共同繁荣与发展。

（四）禁止和销毁化学武器。中国认为，尽快、彻底完成化武销毁是国际社会当前最紧迫的任务。2012 年是公约规定的最终销毁期限，各国化武库存总量的近58%仍待销毁，中国对当前销毁进展深表关切。日本遗弃在华化武销毁问题始终是中国政府和人民的关切。日本遗弃的化学武器每时每刻都严重威胁着中国人民的生命和生态环境安全，伤人事件屡屡发生，锈蚀后泄漏的毒剂已严重污染环境，启动销毁刻不容缓。同时中国还坚持，促进化工领域的国际交流与合作应得到充分重视。绝大多数缔约国系非化武国，但始终认真履约、积极支持禁化武组织各项工作，理应享受公约赋予的各项权利。

（五）防止外空武器化。中国重申，要抓住机遇，切实推进维护外空安全工作。多边裁军和军控领域出现新的积极势头。裁谈会打破多年僵局，达成工作计划，要求成员国就“防止外空军备竞赛”等重要议题开展实质性工作。新形势下，各方均能体现良好政治意愿，推进裁谈会“防止外空军备竞赛”议题相关工作并努力取得实质性进展，要继续寻求通过谈判达成法律文书，妥善解决外空安全问题。

（六）常规武器。中国主张在平衡处理各国正当安全需要和人道主义关切的基础上，不断加强和完善常规军控领域的国际法律机制，促进国际和平与安全。《特定常规武器公约》是常规军控领域重要的国际条约，在解决地雷等常规武器引发的人道主义问题方面发挥了不可替代的作用。中国重视与集束弹药相关的人道主义关切，支持国际社会共同努力，采取现实可行的措施解决相关问题。中国积极参与国际人道主义扫雷援助活动，向雷患国提供力所能及的援助。自1998年以来，中国政府通过捐款、援助扫雷装备、举办扫雷技术培训项目等方式，向20余个亚、非、拉国家提供了人道主义扫雷援助。2009年9月，中国为阿富汗、伊拉克举办扫雷技术培训班，为两国各培训20名扫雷人员，并捐赠一批探、扫雷器材。中国重视轻小武器非法贩运和滥用引发的地区不稳定和人道主义问题，主张全面、有效地落实联合国轻小武器《行动纲领》和《识别与追查非法轻小武器国际文书》等现有国际文书，加强各国相关能力建设，不断推进打击轻小武器非法贸易的多边进程。

【军控政策】

美国军控政策的调整：从倡议到行动

☞樊吉社

从《战略态势》报告看未来美国核政策的走向

☞王连成　赵　铭

美国军控政策的调整：从倡议到行动

樊吉社

内容提要：奥巴马就任总统以来，在外交和安全问题上最为引人注目的举措是其核裁军、军控和防扩散政策调整。2009 年 4 月 5 日，奥巴马总统在布拉格发表讲话，呼吁建立一个没有核武器的世界，并勾画了美国军控政策调整的路线图。9 月 24 日，在美国的大力推动下，联合国安理会举行核不扩散和核裁军会议，并通过了 1887 号决议，"这项决议确立了一个框架，指导各国制止核武器扩散并减轻全球性核威胁。"

联合国安理会致力于全球核裁军，《美国参考》，2009 年 9 月 24 日。奥巴马总统在此次峰会期间也表示将于 2010 年初主办核安全峰会。奥巴马总统在国际舞台上的系列表态，明确宣示了美国将大幅调整布什政府推行了八年之久的军控与裁军政策。本文将简要讨论奥巴马政府军控政策调整的基本内容，并探讨美国从布什政府时期的单边主义转向多边合作的主要原因。

主 题 词：美国　军控政策　调整

作者单位：中国社会科学院美国研究所

一、美国核政策调整

美国军控协会的期刊《今日军控》在每次总统竞选期间均会刊载各候选人在核裁军、军控和防扩散等问题上的政策主张，奥巴马在回答这份问卷时，比较系统地阐述了他的各项政策主张。[①] 就任

① *Arms Control Today* 2008 *Presidential Q&A*：*President Elect Barack Obama*, *Arms Control Today*, Dec 2008.

总统一年来，奥巴马逐步将其政策偏好转化为政策行动。

奥巴马政府的首要任务是调整美国核政策。根据国防部的解释，2009年的《核态势评估》将为未来5到10年确立美国核威慑政策、战略和核力量态势。该报告将评估核力量在美国军事战略、军事规划中的作用；维持一个安全、可靠和可信的核威慑态势的政策和目标要求；确立核威慑政策、瞄准战略与军控目标之间的关系；评估导弹防御能力和常规打击力量对确立美国核力量规模所起的作用；评估核运载系统的组成和水平等。这个报告将由国防部和参谋长联席会议主导完成，并与能源部长和国务卿直接磋商，也会与国会相应的委员会进行沟通。① 这份文件是指导美国核裁军、军控和防扩散政策的纲领性文件，只有这份文件出台后美国才可能真正确立在核裁军、《禁止生产核武器用裂变材料公约》谈判、《全面禁止核试验条约》批约等问题上的政策。

克林顿政府和小布什政府曾分别于1994年和2001年进行过两次《核态势评估》，但美国的核政策基本上维持了冷战时期的态势。目前许多美国政治家和学者均认为到了一个重新界定美国核武器作用的关键时刻。目前完成的多个智库报告均强调要降低美国核武器的作用，区别是如何界定核武器的作用：是仍然从打核战争的角度出发考虑核武器的作用，还是仅仅用于慑止核、生、化武器攻击，甚至仅仅用核武器报复核攻击、"以核制核"？美国战略态势国会委员会的报告提出"美国的核力量旨在威慑对美国或其盟友的任何攻击，且仅作为最后手段使用，"建议美国应该强调"美国只在极端情况下为保护自身和盟友才考虑或者准备使用核武器。"②这很可能成为即将出台《核态势评估》报告的结论。

奥巴马总统也提出要与俄罗斯一起努力，增加发射核武器之前的预警和决策时间，③即降低核武器的戒备状态。根据《第一阶段

---

① 2009 *NPR Terms of Reference Fact Sheet*, June 2, 2009, <http://www.defense.gov/news/d20090602NPR.pdf>.

② William J. Perry, James R. Schlesinger, America' s Strategic Posture: the Final Report of the Congressional Commission on the Strategic Posture of the United States, United States Institute of Peace Press, May 2009, pp. Xii, 37.

③ *Arms Control Today* 2008 *Presidential Q&A: President Elect Barack Obama*", *Arms Control Today*, Dec 2008.

削减战略武器条约》和《莫斯科条约》的要求，裁减后两国目前仍然各自拥有 2200 枚核武器处于一触即发状态，即通常所称的“预警即发射”。所谓预警即发射是指使用核武器报复被认为的核攻击，核武器的这种戒备状态意味着可能在接到进攻导弹的警报后即需发起攻击，决策者仅有数分钟的时间做出是否进行核报复的决定，也可能因为错误的预警导致核战争。[①]美国作为拥有超强常规作战能力的国家，目前仍然保持核武器的高度戒备状态，这很难说服其他无核国家不寻求发展核武器。核武器戒备状态能否降低取决于美国能否真正降低核武器的作用，不降低核武器作用和核武器戒备状态，美俄也难以实现真正的深度核裁军。

《核态势评估》报告原定于 2009 年年底完成，现在已经延期到 3 月 1 日完成，各机构之间的思想分歧和利益纷争可见一斑。美国军方反对降低核武器作用的力量仍然比较强大，[②] 国会共和党议员也有不少反对降低核武器作用的声音。

二、美国核裁军政策：从倡议到行动

核裁军是美国政策调整中的最强音。2007 年和 2008 年年初，美国的四位前政要——前国务卿舒尔茨、前国防部长佩里、前国务卿基辛格、前参议院军事委员会主席纳恩两度在《华尔街日报》撰文，呼吁建设一个没有核武器的世界，完成 20 多年前里根总统和戈尔巴乔夫总书记在雷克雅未克峰会中没有完成的使命。奥巴马在竞选中即对“四架马车”的呼吁做出积极回应；5 月 19 日奥巴马总统在白宫会见了四位前政要，盛赞他们启发了布拉格讲话中关于建立一个无核武器世界的远见。[③]实际上，奥巴马总统的布拉格讲话

① Alan F. Phillips, No Launch on Warning, Ploughshares Working Paper 02—1, <http: //www. ploughshares. ca/ libraries/WorkingPapers/wp021. html>.

② Anya Loukianova, *The Nuclear Posture Review Debate*, Issue Brief, Aug 19, 2009, <http: //www. nti. org/ e_ research/ e3_ nuclear_ posture_ review_ debate. html>.

③ Remarks by the President After Meeting with Former Secretary of State George Schultz, Former Secretary of State Henry Kissinger, Former Senator and Chairman of the Armed Services Committee Sam Nunn, and Former Secretary of Defense William Perry to Discuss Key Priorities in US Nonproliferation Policy, May 19, 2009.

与“四架马车”所提出的无核世界倡议相去无几。[①]

如奥巴马竞选中所言，美国拟与俄罗斯进行真正的、可核查的核裁军，裁减范围将覆盖处于部署状态或非部署状态的战略或战术核武器。其首要任务是在《关于削减和限制进攻性战略武器条约》于2009年12月5日到期前争取俄罗斯同意延长原条约的监督和核查条款。[②]在布什总统任期末，美国、俄罗斯、白俄罗斯、乌克兰和哈萨克斯坦已经开始讨论延长条约的问题，但没有达成共识。2009年2月7日，副总统拜登参加慕尼黑安全会议时首次表示：“我们能够而且必须……更新《关于削减和限制进攻性战略武器条约》的核查程序，然后超越现有条约谈判深度削减我们的核武库。美国和俄罗斯负有引领国际努力削减世界核武器数目的特殊责任。”[③] 4月1日，二十国集团会议期间，美俄总统会晤发表联合声明，双方同意谈判一个新的、可核查的、具有法律约束力的裁军条约以取代将要到期的《关于削减和限制进攻性战略武器条约》。

4月24日，美俄开始预备会谈，5月19日正式谈判开始。7月6日到8日，奥巴马总统访问俄罗斯期间两国达成新条约的框架性共识，双方同意将处于作战部署状态的核弹头削减到1500到1675枚，运载工具削减到500到1100件。[④] 经过六轮紧张的谈判后，奥巴马和梅德韦杰夫总统于2009年9月23日参加联合国安理会会议期间听取谈判进展情况。一个月后，两国首脑通过电话会谈表示，双方均希望条约能够在《关于削减和限制进攻性战略武器条约》到期前完成谈判。尽管随后国家安全事务顾问琼斯、参谋长联席会议主席马伦相继访问莫斯科，解决谈判中的分歧，但两国历经八轮谈判仍然未能如期完成条约谈判。

---

① George P. Shultz, William J. Perry, Henry A. Kissinger and Sam Nunn, *A World Free of Nuclear Weapons*, *The Wall Street Journal*, January 4, 2007, Page A15. George P. Shultz, William J. Perry, Henry A. Kissinger and Sam Nunn, *Toward A Nuclear Free World*, *The Wall Street Journal*, Jan 15, 2008.

② *Arms Control Today* 2008 *Presidential Q&A: President Elect Barack Obama*, *Arms Control Today*, Dec 2008.

③ *Remarks by Vice President Biden at 45th Munich Conference on Security Policy*, Feb 7, 2009.

④ *The Joint Understanding for the START Follow-on Treaty*, July 6, 2009.

以条约的方式削减双方核武库的规模符合两国的利益，但在具体的细节问题上仍存在不少分歧。布什政府计划在东欧部署导弹防御系统曾经是美俄核裁军谈判中的最大障碍，7月初奥巴马访俄期间两国曾经就导弹防御问题发表联合声明，[①] 寻找妥协空间。经过政策评估后，奥巴马政府调整了在东欧部署导弹防御系统的政策，[②] 缓解了俄罗斯的安全关切。但这只是暂时的缓解，俄罗斯还希望在条约中平衡核问题上的攻防关系，但美国不愿意在此问题上做出承诺。在削减数目问题上，由于美国尚未完成《核态势评估》报告，正在谈判的裁军条约不会实现真正的深度削减，俄罗斯则希望进一步减少核弹头和运载工具。俄罗斯还关切美国运载工具的"上载能力"。在以前的核裁军中，美国通过减少多弹头载入运载工具的弹头数目完成条约义务，因此如果需要，美国仍然具有较强的"上载能力"。俄罗斯的情况有所不同，它正拟更新老旧的洲际导弹系统，改用较为现代的武器系统并部署较少数目的洲际导弹和潜射导弹，这些运载工具具有的"上载能力"比较有限。如何限制各自的"上载能力"是美俄谈判中的主要分歧之一。[③]另外，核查也是谈判中的难题之一，俄罗斯希望取消旧条约中的一些侵入性核查条款，而美国希望保持这些条款。虽然条约谈判未能如期完成，但美俄两国领导人均表达了比较乐观的预期，两国可望在2010年年初完成条约谈判。

三、美国防扩散政策调整：回归制度建设

奥巴马总统数次强调要加强当前的防扩散机制，其主要内容包括如下几项：批准《全面禁止核试验条约》、谈判《禁止生产用于制造核武器的裂变材料的禁产公约》、加强《不扩散核武器条约》、保证2010年5月《不扩散核武器条约》审议大会成功、加强国际

① *Joint Statement by Dmitry A. Medvedev, President of the Russian Federation, and Barack Obama, President of the United States of America, on Missile Defense Issues*, July 6, 2009.

② *Remarks by the President on Strengthening Missile Defense in Europe*, Sept 17, 2009.

③ *The START Follow-On Agreement and Beyond*, Arms Control Association, June 19, 2009, <http://www.armscontrol.org/node/3711>.

原子能机构等。无论是在竞选总统期间，[①] 还是在当选总统后，奥巴马均曾非常清晰地阐述了加强防扩散机制的思路。

自从 1999 年共和党控制的参议院拒绝批准《全面禁止核试验条约》以来，该条约已经被搁置了 10 年之久，奥巴马总统表示将力争推动国会尽早批准条约。目前奥巴马政府已经为推动参议院批约做了一些准备工作。2009 年年初，《华盛顿邮报》载文称副总统拜登将负责推动国会批准条约。[②] 2009 年 6 月，国务院、能源部以及国家科学院联合资助国家科学院国际安全和军备控制委员会就与《全面禁止核试验条约》相关的技术问题进行研究，该项目预计 18 个月完成。[③] 9 月 24 日到 25 日，美国在十年来首次向"促进《全面禁止核试验条约》生效会议"派出代表；奥巴马总统亦在联合国大会上重申美国将推动条约批准。[④] 这些积极努力固然很好，但批约并非一件易事。目前民主党掌握参议院多数，但批约需要 67 票，仍需争取不少共和党议员的支持。民主党参议员肯尼迪去世后，共和党赢得了马萨诸塞州的参议员补选，民主党又失去一席。另外，《关于削减和限制进攻性战略武器条约》后续条约达成后可能优先于《全面禁止核试验条约》的批准工作。奥巴马政府寻求国会批准《全面禁止核试验条约》的最佳时间为 2010 年夏季或者秋季，错过这个时间后，经过中期选举，民主党是否还能控制多数就不确定了。奥巴马也承诺支持在 2010 年初启动包含核查条款的《禁止生产用于制造核武器的裂变材料的禁产公约》谈判工作。日内瓦裁军谈判会议的僵局已经持续了 12 年，在 5 月底的裁军谈判会议全体会议上，各成员国一致采纳了 2009 年工作计划，并成立了《禁止生产用于制造核武器的裂变材料的公约》工作组，这对条约谈判是

---

① Barack Obama, *Confronting 21st Century Threats*, July 16, 2008, Chicago, <http://www.barackobama.com/2008/07/16/fact_sheet_obamas_new_plan_to.php>.

② Walter Pincus, *Biden to Shepherd Test Ban Treaty Vote Washington Post*, April 8, 2009, A08.

③ Project Information: *Review and Update of Technical Issues Related to the Comprehensive Nuclear Test Ban Treaty*, <http://www8.nationalacademies.org/cp/projectview.aspx?key=49131>.

④ President Obama, *Remarks by the President to the United Nations General Assembly*, Sept 23, 2009, New York.

一个积极的信息。但是，也应该看到，有关《禁止生产用于制造核武器的裂变材料的公约》的谈判仍然需要各国进一步磋商与合作，谈判并不容易在短期内取得较大进展。

除了批准旧条约、谈判新条约，奥巴马政府也明确表示支持2010年5月的《不扩散核武器条约》审议大会。2005年的《不扩散核武器条约》审议大会期间，无核国家希望美国在核裁军问题上做出承诺，而布什政府更想强化防止核扩散的内容，大会无法达成共识而告失败。奥巴马政府改变了对审议大会的姿态，首先是比较早地确定了会议代表。2009年6月，苏珊·伯克被任命为总统特别代表，负责与其他国家协调政策以加强《不扩散核武器条约》，其重要职责之一即为审议大会做准备。苏珊在克林顿政府曾经在1995年的《不扩散核武器条约》延期和审议大会上发挥了比较重要的作用，由她担任《不扩散核武器条约》审议大会的美方代表是非常合适的。[①] 同时，奥巴马也一再重申《不扩散核武器条约》的重要性，在美国推动通过的联合国安理会1887号决议中，《不扩散核武器条约》被认为“仍是核不扩散机制的基石，是寻求核裁军与和平利用核能的根本基础”。[②] 另外，美俄核裁军条约的最终达成以及美国《核态势评估》报告的结论也将对审议大会产生影响。

加强《不扩散核武器条约》的另一项内容是加强国际原子能机构的职能。国际原子能机构受命负责促进核能和平利用，同时防止民用核能项目转用于军事目的。该机构长期以来的问题是责任很多，但资金有限、人员有限以及授权有限。奥巴马在竞选期间表示要加强该机构的授权、信息、人员和技术等，并承诺四年内将该机构的预算翻倍。[③] 目前看来，美国还没有做出足够的努力。国际原子能机构2010年的预算为4.5亿美元，仅比2009年有5.4%的增幅，距离原来的目标仍然较远，而且美国的贡献也比较有限。[④] 奥

① *Biography of Susan F. Burk*, < http://www.state.gov/r/pa/ei/biog/125818.htm >.

② S/RES/1887 (2009): *Maintenance of International Peace and Security: Nuclear Non-proliferation and Nuclear Disarmament.*

③ Barack Obama, *Confronting 21st Century Threats*, July 16, 2008, Chicago, < http://www.barackobama.com/2008/07/16/fact_sheet_obamas_new_plan_to.php >.

④ Peter Crail, *IAEA Budget Gets Modest Boost*, Arms Control Today, Sept 2009, < http://www.armscontrol.org/act/2009_09/IAEAbudget >.

巴马总统四年将预算翻倍的承诺能否兑现仍然很不确定。

改变在地区防扩散问题上的姿态与政策。目前仍处于僵局的两个地区防扩散问题是国际防扩散机制面临的最为严峻的挑战，奥巴马一直主张与朝鲜、伊朗进行接触和对话，说服它们“松开攥紧的拳头”。如果两国改变原来的政策，美国将提供更多的政策回报；如果拒绝合作，美国将通过外交协调加大政治、经济等多重压力，采取更为严厉的经济制裁和政治孤立手段。换言之，奥巴马政府应对地区防扩散问题的“路径”转换是“软硬兼施”，但没有带来预期效果。接触政策是“有心栽花花不发”，两个防扩散问题在奥巴马任期第一年内没有发生积极变化，反而出现了恶化。朝鲜4月初发射“卫星”，随后又宣布退出六方会谈；5月25日，朝鲜进行第二次核试验；前总统克林顿赴朝“救人之旅”没有打破僵局；朝核特使博斯沃思访问朝鲜也没有带来显著变化。朝核问题在僵局的轨道上继续前进。与此同时，奥巴马政府对伊朗的政策也未见成效，伊朗拒绝将核材料送到其他国家进行浓缩。奥巴马政府地区防扩散政策的调整能否见效仍有待观察。

四、核安全：防扩散的新重点

竞选期间，奥巴马突出强调了加强核安全对防扩散和防范核恐怖主义的重要性。他提出在四年内加强全球核武器材料的安全，阻止恐怖分子获得核武器；协同俄罗斯和其他国家发展并执行一项全面的标准，保护核材料免于被窃取；逐步使民用反应堆不再使用高浓铀；加强检查和拦截能力；加强政府能力防范核材料失窃、转用以及扩散；召集防范核恐怖的全球峰会。①

目前国际社会主要从两个方面防范核扩散：防止供应国扩散；防范需求国获得。前者通过加强出口管制完成，后者通过外交、政治、经济甚至军事手段予以遏止。这两个方面都是以国家行为体为主要对象，而对非国家行为体的影响极为有限。加强核安全则是从源头上防止核扩散，是防扩散链条中的重要一环，但还没有得到足

① *Arms Control Today 2008 Presidential Q&A: President Elect Barack Obama*, *Arms Control Today*, Dec 2008.

够的重视。冷战结束后，国会参议员纳恩和卢加曾发起了“合作削少威胁法案”，积极协助俄罗斯和其他三个前苏联加盟共和国销毁《关于削减和限制进攻性战略武器条约》所限制的武器系统和附属设施、防止核扩散、提高前苏联国家核武器和裂变材料的保护、控制、衡算、集中存放等以加强核安全。[①] 这是冷战结束后美俄合作比较顺利的领域。奥巴马任职参议院时就曾和共和党元老级的军控和防扩散领军人物——卢格参议员一起参访俄罗斯和乌克兰，并同卢格共同倡议了延续“合作减少威胁法”的《卢格—奥巴马法》。因此，奥巴马在竞选期间提出加强核安全并不意外。

奥巴马也曾提出任命一名国家安全副顾问，负责协调减少核恐怖威胁与武器扩散问题，这个职位将负责协调国家安全委员会和各行政部门之间有关核安全的政策。奥巴马就任总统后立即任命了由萨默尔（Gary Samore）担任军控和防扩散协调官员。萨默尔曾于1996年到2000年间担任克林顿政府国家安全委员会资深主任，是军控和防扩散谈判专家、一位经验丰富、不受意识形态影响的务实干将。这个新设立的职位将更贴近奥巴马总统，核安全问题在政策议程中的地位将因此得到显著提升。

加强核安全还包括加强检查和拦截能力。2003年5月31日，美国总统布什在波兰访问时提出“防扩散安全倡议”，旨在要求参加国“利用各自的能力发展广泛的法律、外交、经济、军事等其他手段，禁止大规模杀伤性武器和导弹的相关设备和技术通过海、陆、空渠道出入‘有扩散嫌疑’的国家”。[②] 随后美国积极推动各国支持该倡议，并协同多个成员国举行拦截演习。但是，由于该协议涉及国际法争议，尚未被很多国家接受。奥巴马总统在布拉格讲话中提出，要将“防扩散安全倡议”和“全球打击核恐怖倡议”的努力转化为持久的国际机制。[③] 7月初，八国集团意大利峰会期间，八国领导人对“防扩散安全倡议”和“全球打击核恐怖倡议”表示支持，并提出继续加强核材料安全，以防恐怖分子涉足核材料

① 相关内容详见拙文《从合作到对抗：美俄军控十年的历史考察及思考（1991—2000）》，《欧洲研究》，2003年第4期，第28—42页。

② CSI Fact Sheet , Press Office of US Custom and Border Protection , March 29 , 2006.

③ President Obama, *Remarks by President Barack Obama*, April 5, 2009, Prague, Czech Republic.

甚至核武器。

奥巴马政府加强核安全的努力已经在联合国安理会1887号决议中得到体现，此即改进核安全措施，提高核安全标准，减少核恐怖主义风险，在四年之内达到所有易流失的核材料都能免遭此类风险的目标；在技术和经济可行的范围内尽量减少为民用目的使用的高浓缩铀；呼吁本国在其全境探测、慑止和阻止非法贩运核材料的能力，并加强相应的国际合作；采取措施防止扩散融资和运输，确保敏感材料安全，控制无形技术转让等。[①] 此前，布什政府已经通过推动联合国安理会通过1540号决议，敦促各国采取相应措施，应对“恐怖主义的威胁，以及非国家行为体，例如安全理事会第1267号决议所设委员会制定和保持的联合国名单所列的和第1373号决议适用的非国家行为体可能获取、开发、贩运或使用核生化武器及其运载工具的危险。”[②]

不仅如此，为了构建国际社会对加强核安全的共识，美国还拟在2010年4月主办核安全峰会。这个峰会将讨论核恐怖威胁的本质，加强核材料安全、打击核走私的措施，慑止、探测以及打断核恐怖尝试的手段。核安全峰会的预期目的是发布一个公报，确保各国最大程度上重视并加强核安全。[③] 奥巴马就任总统一年来的努力表明，未来核安全将成为美国防扩散政策的又一新重点。

五、美国军控政策向制度建设回摆

布什总统执政八年中，他对美国的军控政策做出了显著的调整：搁置《全面禁止核试验条约》的批准、不再推动《禁止生产用于制造核武器的裂变材料的禁产公约》谈判、美俄签署了一个约束力很弱的《莫斯科条约》裁减核武器数量、退出《反导条约》（俄罗斯则因此退出《第二阶段削减战略武器条约》），更加强调反

① S/RES/1887（2009）：*Maintenance of International Peace and Security*：*Nuclear Non-proliferation and Nuclear Disarmament*，<http：//daccess-ods. un. org/TMP/4671937. html>.

② 《联合国安理会第1540（2004）号决议》，2004年4月28日，<http：//www. un. org/chinese/aboutun/ prinorgs/sc/sres/04/s1540. htm>.

③ *Addressing the Nuclear Threat*：*Fulfilling the Promise of Prague at the L' Aquila Summit*，July 8，2009.

扩散和导弹防御能力的建设等。与此同时，美国试图发展小型核武器、将反导系统向外空发展、与不曾签署《不扩散核武器条约》的印度达成民用核能合作协定，甚至提出要对那些试图发展核武器的国家进行先发制人的打击。在布什总统任内，地区防扩散形势日益恶化：朝鲜进行了核武器试验、伊朗核问题久拖不决。对国际军控机制而言，布什执政的八年是“失去的八年”。布什政府认为军控条约和多边防扩散协议无法核查，并且限制美国的行动自由，因而拒绝为制度建设做出任何努力，而是加强“志同道合者”之间的合作，强化非正式的、非条约或者协议的军控、裁军和防扩散手段。这种单边主义政策不仅没能有效地防范核扩散，反而导致美国在过去的几年中几近丧失在裁军、军控和防扩散问题上的主导权和领军地位，国际社会对防扩散的共识也近于消解。

奥巴马就任总统一年来，美国所采取的政策几乎与布什政府的政策完全相异。美国在较短的时间内通过调整军控政策，已经近于重建美国在核军控问题上的领军地位，恢复了国际社会对防扩散问题的共识，并重新启动了美俄核裁军的进程。奥巴马总统的政策努力也得到了国际社会的承认，诺贝尔评选委员会提名并授予他和平奖。根据诺贝尔的遗嘱，和平奖应该授予“为国家间团结友好、为取消或裁减常备军队以及为举行和平会议尽到最大努力或做出最大贡献的人”。[①] 显然，诺贝尔和平奖是国际社会对奥巴马表达的最大期待。与此同时，《原子科学家公报》杂志于 1947 年设立的、标示世界受核武器威胁程度的世界末日钟则在 2010 年 1 月 14 日把钟摆回拨 1 分钟，现在距离“世界末日” 6 分钟。《原子科学家公报》杂志委员会调整“末日之钟”的理由是“国际事务处于一种更有希望的状态”：美俄谈判《关于削减和限制进攻性战略武器条约》后续条约谈判接近完成、未来深度核裁军亦在筹划之中、气候变化挑战依然严峻但已经有合作性进展。[②]与此形成鲜明对比的是，布什执政期间，“末日之钟”曾两度向前调整：一次是因为全球核裁军

① *Excerpt from the Will of Alfred Nobel*, < http://nobelprize.org/alfred_nobel/will/short_testamente.html >.

② *Doomsday Clock Timeline*, < http://www.thebulletin.org/content/doomsday-clock/timeline >. *Doomsday Clock ' Moves Back*, BBC News, Jan 14, 2010, < http://news.bbc.co.uk/go/pr/fr/-/2/hi/americas/8460324.stm >.

进展缓慢、美国有意退出《反导条约》以及恐怖分子试图取得核武器；一次是因为气候变化增加了核能利用，有可能间接助长核武器的使用。两次都是向前调整 2 分钟，意味着世界更接近“世界末日”。

布什与奥巴马政府在军控议题上的政策与态度比较

议题	布什政府	奥巴马政府
CTBT	搁置批约	尽早推动国会批准
FMCT	态度消极 反对包含核查条款	积极支持启动谈判 同意包含核查条款
NPT	不反对	积极支持
	与印度达成民用核能合作协议	采取行动加强该条约
	2005 年审议大会失败	推动 2010 年审议大会成功
核裁军	《莫斯科条约》仅具有象征意义	与俄罗斯谈判 START I 后续条约，条约将具有法律约束力、可以核查
导弹防御	加速研发部署 废止《反导条约》	调整导弹防御政策与俄罗斯讨论导弹威胁
核武器作用	“先发制人” “新三位一体”	计划降低核武器作用 计划降低核武器戒备状态
新型核武器	考虑研发新型核武器	不会授权研发新型核武器

简要对比一下布什政府与奥巴马政府在各项军控议题上的态度与政策（如上表），不难发现两位总统的政策区别：奥巴马政府更愿意支持多边的、基于条约的军控制度建设，而布什政府则相反，侧重单边的、非条约的军控政策。从布什政府到奥巴马政府过渡的时期内，美国所面临的战略安全环境并没有出现任何显著的变化，亦无任何可能深远影响美国安全利益的突发事件发生，两位总统为何在应对同样核扩散威胁的时候采取了非常有区别的政策？

这种区别源于两位总统对军控制度所含价值的认识截然不同，即军控制度建设是否仍然有价值，是否仍然能够促进美国的安全利益。这种认识区别包含若干方面的内容。首先，共和党和民主党有关军控的基本理念是有区别的。纵览共和党的政治纲领，不难发现共和党的军控政策偏好有三个原则，它们分别是“实力求和平”

（在优势基础上进行谈判，军事力量是通向和平之路[①]）、“对等”（如果可能就要获取优势，不能单边限制武器[②]）以及“挂钩”（军控本身不是目的，它是外交和国防政策的组成部分[③]）。民主党则认为实施军控与加强国防同等重要，两者相互关联，均能够服务于国家的安全和长远和平。在避免核战争和防止核武器扩散问题上美国与其他国家有共同利益，[④] 有效的国际军控和裁军不会危及美国安全，相反，它们能够提高美国安全。[⑤]这种理念区别表明，共和党总统更倾向于加强自身军事能力建设，而不是积极推动军控制度建设；而民主党总统相信军控能够促进美国安全。不同的军控理念塑就了两位总统在军控各项议题上的不同政策偏好。

第二，核扩散是否可以避免、能够被阻止？共和党总统和民主党总统对这个问题的回答是不同的。布什总统所认定的三个涉嫌扩散的国家：伊朗、伊拉克和朝鲜，均被认为是“胡作非为的、专制的、独裁的政权”。发展核武器并且与美国为敌是这些政权合法性的基础，因此它们决意发展核武器。美国不可能与这些国家对话，也不可能通过政治、经济和外交的手段阻止这些国家发展核武器。如果无法阻止这些国家发展核武器，剩下的解决之道有两个：一是颠覆这些国家，即实现所谓的“政权更迭”，一劳永逸地消除核扩散的根源；一是从最坏情况的角度考虑问题，如果无法防止，就要“反扩散”以及进行“后果管理”。相反，民主党总统奥巴马认为尽管这些国家专制、独裁，但可以通过对话、接触以及一定的妥协改变这些国家在核扩散问题上的政策，美国应该将精力投放在最为重要的扩散问题上，而不是其他问题。在核扩散问题上的谈判有助于缓慢地、渐进地改变这些国家在其他问题上的态度；美国需要首

① *Republican Platform 1976*, Donald Bruce Johnson, *National Party Platforms Volume II 1960—1976*, (Urbana: University of Illinois Press, 1978), p. 986.

② *Republican Platform 1972*, Donald Bruce Johnson, *National Party Platforms Volume II 1960—1976*, (Urbana: University of Illinois Press, 1978), p. 859.

③ “Republican Party Platform of 1984”, http://www.presidency.ucsb.edu/site/docs/doc_ platforms.php? Platindex = R1984.

④ *Democratic Platform 1968*, Donald Bruce Johnson, *National Party Platforms Volume II 1960—1976*, (Urbana: University of Illinois Press, 1978), p. 724.

⑤ *Democratic Platform 1972*, Donald Bruce Johnson, *National Party Platforms Volume II 1960—1976*, (Urbana: University of Illinois Press, 1978), p. 814.

先尝试外交手段解决核扩散问题，而不是一开始就采取强硬政策。这也是奥巴马就任总统后一再强调与朝鲜、伊朗对话、接触的原因。

第三，防扩散制度建设是否仍然具有价值？国际防扩散机制能否促进美国安全？在布什政府看来，传统的国际防扩散机制建立的前提是，国家是核扩散的主体，因此防扩散机制主要针对国家的核扩散，现在恐怖分子或者恐怖组织及其他非国家行为体可能涉足核扩散，但传统防扩散机制并不能有效遏制此类扩散行为。不仅如此，传统的国际防扩散机制也有内在的缺陷，诸如《不扩散核武器条约》并未包含限制无核国家发展独立核燃料循环能力的内容，而这可能导致一些国家以发展民用核能来掩盖发展核武的企图。再者，冷战结束后更多的国家参与到军控和防扩散谈判中来，谈判一项国际协议的时间加长，达成协议的难度加大，美国要实现其政策目的难度增加。最后，即使建立了比较健全的国际防扩散机制，也会有一些国家欺骗、不遵守这些机制，而国际社会对此类违约行为难有作为。因此，布什政府侧重强化自身能力建设，如发展导弹防御系统，在地区防扩散谈判中采取强硬姿态，强调制裁和施压而不是妥协让步，以及加强非正式反核扩散机制的建设。奥巴马政府则相信军控制度建设的内在价值，虽然现存防扩散机制存在缺陷，但可以通过修复解决这个缺陷；虽然现存防扩散机制不能涵盖非国家行为体，但可以创设新的机制覆盖非国家行为体。因此奥巴马强调加强防扩散机制，并且将核安全问题提升到比较重要的地位。

第四，美国是否仍有必要与俄罗斯进行对等的核裁军？冷战期间主要是美苏之间进行核裁军和核军控；冷战后核裁军与核军控的主体仍然是美俄两个大国。截至克林顿总统任期末，美苏、美俄之间核裁军和军控基本上是通过对等的裁减与限制完成的，军控制度建设对于限制军备竞赛、维持战略稳定的作用没有发生改变。然而，布什执政后，美国认为美俄战略关系已经发生变化，美俄已经没有必要再进行冷战式的、对等的裁军和军控，因此美俄达成的核裁军条约——《莫斯科条约》是一个欠缺核查条款的、仅具有象征意义的裁军条约。美国已经不再担心俄罗斯与美进行军备竞赛，实际上俄罗斯也没有能力与美国进行军备竞赛，所以美国放弃了《反导条约》。与此同时，美国也不愿意照顾俄罗斯的安全关切，所以布什政府计划在东欧部署导弹防御系统，而无视俄罗斯的强烈反对。奥巴马政府在美俄裁军问题上则采取了不同的政策，一方面是担心俄罗斯核武器、核材料有可能扩散到其他国家，甚至被恐怖分子或者恐怖组织所窃取，与俄罗斯进行对等裁减符合美国安全利益；另一方面，美国也希望通过部分照顾俄罗斯的安全关切，换取俄罗斯在地区防扩散问题上的支持。

概言之，奥巴马政府的政策调整表明美国重燃对军控制度建设的信心，认为军控制度建设是符合美国安全利益的。如美国著名军控问题专家乔治·邦恩所言，军控制度是“国家行为的国际规范。它们是原则、标准和规则”。有了规则，规则可能被破坏，但如同交通规则一样，没有这些规则，可能更不安全。①

① George Bunn, *The Status of Norm Againt Nuclear Testing*, *The Nonproliferation Review*, winter 1999, p. 21. Michael Krepon, George Bunn, *The Norm Builder*, < http://www.armscontrolwonk.com/2598/ george-bunn- the-norm-builder >.

从《战略态势》报告看未来美国核政策的走向

王连成　赵　铭

内容提要： 2009 年 5 月 7 日，美国公布了由国会战略态势审议委员会撰写的《战略态势》报告。此报告对美国现今面临的安全环境、核态势、防扩散等十个问题进行了评估和分析，报告还就美国未来的核政策、核武库建设及军控政策提出了 100 多条结论和建议。尽管报告可能与美国国防部正在起草拟定的《核态势审议》报告有所不同，但从中我们能看出未来美国核政策调整的基本走向。

主 题 词： 美国　核政策　核武器　趋势

作者单位： 中国国防科技信息中心

一、《战略态势》审议报告的背景

1. 报告是应国会要求美国战略态势进行全面审议后制订的。《2008 财年国防授权法案》在否决“可靠的可替换弹头”计划预算时要求成立专门委员会对美国的战略和核态势进行全面审议。按照这一要求，2008 年初国会授权成立两党联合组成的委员会——战略态势审议委员会，“对美国长期的战略态势进行审查并提供建议”。经过一年多的努力，委员会广泛征求意见并吸取多方观点，最终形成了《战略态势》报告。

2. 报告体现美国共和与民主两党对核态势和核政策的观点。为避免党派思想对报告拟定带来影响和进行更广泛的论证，国会任命了六名民主党成员和六名共和党成员，共同组成“战略态势审议委员会”。克林顿政府时期的国防部长、民主党人威廉·佩里担任委员会两主席之一，另一位主席则是前国防部长、共和党人詹姆斯·施莱辛格。除了佩里，民主党成员还包括前国会议员、“9·11”委员会副主席李·汉密尔顿、马里兰大学著名教授艾伦·威廉姆斯、前参议员约翰·格伦、负责国际安全事物的前副助理国防部长莫顿·霍尔珀林、劳伦斯·利弗莫尔国家研究所前所长布鲁斯·塔特。共和党成员除了施莱辛格外，还包括劳伦斯·利弗莫尔国家研究所前所长约翰·福斯特、负责军事力量的前副助理国防部长基斯·佩恩、前军备控制与裁军署署长、副国防部长弗雷德·伊克尔、中央情报局前局长詹姆斯·伍斯利和劳伦斯·利弗莫尔国家研究所前物理学家哈里·卡特兰德。这12名成员大多数是前政府高官，曾长期从事核政策的制订和研究，能理解和把握政府在核问题上的态度与观点，同时还吸收了核物理学家参与其中，保证从技术角度评估核态势走向。

3. 报告吸取了政府、军界、国会和科学界的看法。委员会在对美国战略态势审议过程中，与两院两党的众多国会议员进行了会谈和交流，听取了他们对美国核政策与核态势的建议；与政府代表进行多方会谈，更好地理解了政府的政策、计划及其执行程序；通过国防部、国家核安全管理局和核武器实验室，委员会了解了政府在执行核政策、核计划以及核武库管理方面存在的问题及未来的策略。

可见，《战略态势》报告是由国会授权制订的，有前政府高官的参与，并广泛征求了政府及军界的意见，所以能反映政府对当前核态势及未来核政策的基本观点。因此，分析《战略态势》报告对理解未来美国核政策具有重要意义。

二、《战略态势》报告的主要内容

报告对美国面临的安全挑战、威慑政策、核态势、核力量、导弹防御、核武器综合体及军备控制等多个方面进行了详细分析，并对未来美国的核政策提出了建议。报告主要内容包括以下几个部分：

1. 挑战与机遇：尽管生死存亡的威胁已经消退，但核扩散与核恐怖主义使得安全环境更趋复杂。报告认为，美国当前面临的战略挑战具有三个特点：第一，生死存亡的威胁基本消退。冷战时期苏联建造了庞大的核武库，对美国构成了生死存亡的威胁。冷战后，美俄关系大幅改善，两国对核武库进行了大规模的削减，美国面临的生存威胁极大减少。第二，核扩散与核恐怖主义的新威胁正在上升。在生存威胁消退的同时，新的威胁正在抬头：一是核扩散，冷战后核扩散未得到有效遏制甚至愈演愈烈；二是核恐怖主义，核恐怖主义的威胁在最近十年里日益突出，"9·11"恐怖袭击事件清楚地表明基地组织及其他恐怖组织妄图给美国造成巨大的人员伤亡。而且基地组织为了达到目的，一直在寻求获得核武器。而且核武器的扩散也进一步加剧了核恐怖主义的威胁。第三，安全环境与挑战具有不可预测性。世界变得更加复杂，各种发展趋势混杂其中，尤其是俄罗斯和中国未来发展方向及扮演何种国际角色还存在很大的不确定性，两国拥有足以毁灭美国的核力量，而且俄罗斯近年来更加依赖核力量。

报告同时提出，美国应该抓住机遇，领导国际社会减少核威胁。奥巴马政府提出无核世界口号，倡导通过国际努力减少核威胁，这种理念得到国际社会的积极回应。美国应当抓住这一机遇，通过加强国际合作领导国际社会减少核威胁。美俄关系目前正处于重启阶段，美国要抓住这一时机与俄合作减少两国的核武库。报告还强调努力把中国纳入减少核威胁的国际进程中。报告称："当今中国在美国战略布局上的重要性不断抬升……美国试图将中国作为一个'负责任的利益攸关者'纳入国际体系的努力取得了一定的成绩"，"美国应该努力与中国开展战略对话。"

2. 美国的核态势：维持安全、可靠、可信的威慑能力必不可少。关于核态势，报告主要提出了以下几点：第一，核威慑力量对维护美国国家安全必不可少。报告认为，由于影响全球安全的诸多不确定因素，在未来相当长的一个时期内，美国需要继续维持核威慑力量。尽管报告没有提出未来核武库规模，但强调核力量必须满足必要的威慑需求，包括慑止、劝阻敌人，对盟国的延伸威慑以及防范国际环境的恶化三方面。要实现慑止和劝阻的目的，要求美国保持充足的核能力，使俄罗斯和中国放弃与美国进行核军备竞赛的野心；延伸威慑要求美国必须保持与俄罗斯的战略平衡；防范国际环境恶化要求美国保持核力量弹性，必要时可恢复和扩充核力量。

第二，维持三位一体力量结构非常重要，同时要保持投送非战略核武器的能力。报告认为，现有三位一体中任何一部分都必不可少：战略轰炸机在危机时期对延伸威慑意义重大，并能增加敌人的防空负担；大量的陆基洲际弹道导弹大大增加了敌人发动先发制人核打击的难度，而且洲际导弹力量具有可控性强、反应迅速的优点；弹道导弹核潜艇生存能力强，能确保美国的大规模报复能力。此外，目前美国非战略核武器的两种运载工具：能携带核弹的战斗机和巡航导弹都将在未来十年内退役，而替代武器并未考虑携带核弹头，这会引起欧亚盟国的担忧，建议美国保持战术核武器的投送能力。

第三，维持核武库的安全性与可靠性至关重要。报告强调，无论对于维持核威慑力量的有效性还是对大规模削减核武库，保持核力量的安全性和可靠性都至关重要。但是随着核弹头的老化，如何维持核武库可靠性成为日益严峻的挑战。“库存管理计划”和“延寿计划”在维持可靠性上发挥了至关重要的作用，未来还需要进一步加强和提供更多支持。但是随着核武库进一步老化，由于不能改变弹头的最初设计及材料，这些计划越来越难以为继。在美国不生产裂变材料，不进行核试验，不设计新核武器的框架下，可以采取新方案，对核弹头的部分部件进行重新设计，对部分核材料进行替换。

第四，尽快转型核武器综合体，同时维持在必要时恢复核试验的能力。报告指出，综合体面临多方面的问题，迫切需要转型。其一，综合体的基础设施陈旧，国会应该拨款进行维护和整修；其二，人才流失问题日益严峻，为了吸引和保留顶尖的人才，实验室需要进行富有挑战性的研究；其三，国家核安全管理局没能达到设立时的预期，官僚管理模式、缺乏必要的资金和自主权阻碍了其发展。此外，报告建议国会应该给“试验准备计划”拨款，使美国维持在 24 个月内恢复核试验的能力。

3. 核裁军：无核武器世界不现实，但要在保持威慑有效性的同时减少对核武器的依赖。在核裁军问题上。报告主要强调了以下五点：

第一，彻底消除核武器的条件并不具备。报告反复强调，彻底消除核武器的目标极难实现，这要求国际政治秩序发生根本性转变，而目前这一条件尚不具备。即使美国销毁核武库，其他国家也不可能效法。鉴于当前其他核国家都在实施核武器现代化，美国必须维持有效的核威慑力量。

第二，在保持有效核威慑的基础上减少对核武器的依赖。报告认为，只要措施得当，美国可以在减少对核武器依赖并进一步削减核武库的同时维护国家安全。报告重申美国核力量的用途仅限于广义上的威慑，并建议遵守《不扩散核武器条约》关于积极安全保证和消极安全保证的承诺。

第三，美俄谈判削减部署核武器的条件已经具备，但核裁军不能过激。报告认为，美俄重启核裁军进程的条件已经成熟。对部署战略核武器的削减，必须与俄罗斯达成条约，双边同步进行。报告同时强调，双边裁军进程大概要持续数年乃至数十年，这一过程包含几个阶段，第一步是签新的削减战略武器条约代替《削减战略武器条约》。而且这一步要审慎温和，不能激进，不能制订过高的目标。与此同时，美国要开始研究核裁军带来的挑战。

第四，把裁减非战略核武器纳入裁军谈判议程。报告强调，随着战略核武器的削减，非战略核武器失衡问题更加突出，需要找到新的应对途径。在维护《中导条约》的同时，寻求与俄罗斯和北约盟国进行谈判，削减非战略核武器。报告指出，削减非战略核武器必须坚持两个原则：第一，俄罗斯必须做出大规模裁减；第二，美国在削减非战略核武器之前必须与盟国进行全面协商。

第五，与中国等国开展战略对话，试图将其纳入裁军进程。报告指出，战略对话的进程不应该只局限于美俄之间。美国应该努力将中国、印度，以及美国的盟国纳入这一进程，就战略稳定性进行广泛的和富有活力的交流。

4. 其他领域的重要问题。第一，全球越来越依赖于核能源，致使核扩散风险进一步增加。报告指出，全球掀起了利用核能源的热潮，许多国家纷纷兴建核电站，带来了一系列的问题，如：生产和使用裂变材料的工厂数量大大增加；核技术更加普及，这些都不可避免地增加了扩散的风险。

第二，美国要继续加强对《不扩散核武器条约》和国际原子能机构的支持。报告认为当前具备了加强防扩散的国内国际条件，要充分利用国际原子能机构和《不扩散核武器条约》机制来维护美国利益，美国要在资金、技术和政治上继续支持这两个体系。报告还要求美国在 2010 年《不扩散核武器条约》审议大会上发挥领导作用。

第三，建议美国发起核库存透明倡议，寻求达成禁产条约。报告强调，核国家之间应该实现相互核透明，先在美俄两国之间建立核弹头与裂变材料等级制度、核开支年度报告制度，进而邀请其他国家加入。报告认为达成禁产条约有助于防扩散，但是条约必须包括有力的核查条款以保证条约得到落实。

第四，在批准《全面禁止核试验条约》上态度谨慎且没有达成共识。战略态势审议委员会未就批约问题达成共识，报告建议政府在批准条约前应先进行一次综合性评估，认清其中包含的利益、代价和风险，确保五常国对核试验有一个清楚准确的界定。如果参议院批准了条约，在条约生效前就应该确保五常国落实核查条款，并掌握更有效的现场视察手段。

第五，加强对核走私、电磁脉冲武器的防范和保护。报告要求整合国际国内手段，防止核武器走私进入美国。同时加快发展、部署探测核走私的探测器。美国易受到电磁脉冲武器的打击，需要改进国家电网，减少电磁脉冲武器的破坏作用。

三、对美国核政策调整的几点看法

从报告内容可以看出，与布什政府相比，美国核政策在诸多方面都将出现变化。主要体现在以下几点：

1. 核武器依然是美国国家安全的支柱，但核武器的实战意义下降。2001 年布什政府上台后，为追求全面优势和绝对安全，逐步强化核武器的实战作用，不仅明确对中国等七个国家可能使用核武器，放弃对无核武器国家的消极安全保证，甚至研发战场使用的核地堡爆破弹及小型战术核武器。而此次报告体现的主旨就是降低核武器的作用，强调核力量仅仅用于威慑，重申对无核武器国家的安全保证，放弃用核武器威慑常规进攻，提出遏制核恐怖主义和扩散的主要手段是防范，而非威胁使用核力量。

2. 核威慑、军备控制与防扩散成为美国应对核威胁的新“三位一体”。在对待核威胁问题上，布什政府采取了三重策略：第一，对于俄罗斯，采取核优势加核威慑，在核武器数量上保持相对优势，以威慑为主；第二，对于中国，采取核遏制加防御的态势，保持绝对核优势并部署导弹防御系统；第三，对于核扩散国家和核恐怖主义，则采取先发制人的策略，力图在威胁形成之前将其消灭。

而此次《战略态势》报告在明确威慑作用的同时，把军备控制和防扩散并列为减少核威胁的主要手段。利用军备控制减少俄罗斯甚至中国等国家的核威胁；通过防扩散手段遏止更多的国家获得核武器及制造核武器的裂变材料，减少核武器使用及核恐怖主义的威胁。

3. 维持核武库的安全、可靠与可信成为未来核武器研究工作的重点。布什政府在 2001 年的《核态势审议》报告中把构筑“新三位一体”的战略力量作为核武器研究工作的重点，提出振兴核武器基础设施和核武器研究实力，并制订了新型核武器的研究计划，如 2030 年以后部署的新型洲际弹道导弹、核潜艇及战略轰炸机，此外还提出核地堡爆破弹、小型战术核武器、“可靠的可替换弹头”计划等核武器研究项目。但是随着核武器的逐步老化，如何维持威慑力量的可靠性和有效性成为越来越紧迫的任务。尽管“库存管理计划”和“延寿计划”在核弹头现代化改造上发挥了重要作用，但是由于现有核武器的设计和使用的材料无法改变，而且越来越老化，这两个计划面临的挑战越来越大。另一方面，维持核武库安全与可靠性对于进一步核裁军也至关重要。核武库规模越小，对威慑有效性和可靠性的要求就越高。因此，维持核武库的安全与可靠将成为美国未来核武器研究的重点。

4. 进一步削减部署核武库已成共识，并可能将非战略核武器削减纳入谈判议程。2001 年《核态势审议》报告将美国实战部署战略核武库规划为 2200 枚弹头，并提出调整核作战计划以适应这一核力量规模。2002 年又通过《莫斯科条约》将这一数字固定下来。此次战略审议，把美俄削减战略核武库谈判作为改善美俄关系和进一步减少核威胁的重要步骤。而且明确要求削减部署核力量要与俄罗斯达成条约进行，替代《关于削减和限制进攻性战略武器条约》的新条约要有核查条款。此外，《战略态势》报告要求把非战略核武器的谈判纳入议程，未来俄非战略核武器将成为影响美俄裁军谈判的重要因素。

5.《全面禁止核试验条约》批约问题仍存诸多变数。从 2008 年大选开始，《全面禁止核试验条约》批约问题就成为热点。奥巴马上台后，许多专家都乐观地预计奥巴马政府将尽快推动参议院批约，甚至提出美可能在 2010 年《不扩散核武器条约》审议大会前批约。但从《战略态势》审议可以看出，美国两党在批约问题上矛盾重重，对于不进行核试验能否保持核武库安全与可靠美国国内还存在巨大争议。奥巴马能否推动国会批约还有许多变数。

6. 单边主义正在消退，加强国际合作将成为美国推行核政策的重要手段。八年的实践证明，布什政府的单边主义政策并没有使美国更加安全。相反，国际核与导弹扩散形势更加严峻，核恐怖主义的威胁日益逼近；美俄的战略关系陷入僵局，俄罗斯重新挥起核大棒；国际核军控体制陷入僵局，《不扩散核武器条约》、国际原子能机构等不能有效保护美国利益。因此，此次战略态势审议抛弃了布什政府的单边主义，重新把加强国际合作作为减少核威胁、防范核恐怖主义的重要手段。报告提出美国要与其他核国家尤其是俄罗斯合作削减并保护核武库，同时要发挥国际社会的共同努力来防止更多的国家获得核武器。此外，为了促进国际合作还必须约束自己的核政策与核武器计划。

【核裁军】

中国核裁军政策是否还一如既往

☞滕建群

美国核军控与裁军动向及前景分析

☞余小玲　何　毅　赵　铭

中国核裁军政策是否还一如既往

滕建群

内容提要： 无核武器世界倡议的重提和美俄核裁军幅度加大，国际社会越来越关注中国的核裁军走向，在多种场合反复追问中国何时跟进美俄核裁军，甚至提出中美进行美苏冷战式的核裁军谈判。[①] 2009年9月24日，中国国家主席胡锦涛在联合国安理会上明确回答了这个问题。他指出，“条件成熟时，其他核武器国家也应该加入多边核裁军谈判进程。为最终实现全面彻底核裁军，国际社会应该适时制订一项切实可行的分阶段的长远规划，包括缔结《全面禁止核武器公约》。”“其他国家”当然包括中国。对中国核裁军走向的追问代表着当前国际社会对美俄进一步核裁军后中国核政策调整、核力量现代化走向等一系列疑问。本文回顾中国核裁军政策的演变，剖析其特点，分析中国核裁军政策是否会一如既往。

主 题 词： 中国　核裁军政策

作者单位： 北京　中国国际问题研究所军控与国际安全研究中心

一、中国核裁军政策回顾 [②]

探究今天的中国核裁军政策，我们必须从其源头开始。

1. 建国前后，中国共产党人对核武器的认识奠定了今天中国

① 这种论点在国会委员会2009年发表的《战略态势》报告和国防部长盖茨2010年1月访问印度时都有表述，表现出中国因素在美国推进军控与裁军进程中的地位和作用均发生微妙的变化，但目前来说中国不可能与美国进行美苏冷战式的核军控与裁军谈判，更不可能达成条约，因为两者至少在数量上不在一个档次上。本文的着力点是探讨未来两国在这一领域的合作与斗争的可能性。

② 此文参阅了吴成江先生撰写的“新中国的军备控制与裁军”一章的相关内容，见滕建群主编《国际军备控制与裁军概论》，北京：世界知识出版社，2009年第一版，第69—105页，在此特作鸣谢。

核裁军政策的基础。仍身处战争中的第一代领导人对任何武器装备的问世都是敏感的。1946 年 8 月，毛泽东在接见美国记者斯特朗时对核武器做出经典评价。他指出："原子弹是美国反动派用来吓人的一只纸老虎，看样子可怕，实际上并不可怕。当然原子弹是一种大规模屠杀的武器，但决定战争胜败的是人民，而不是一两件新式武器。"建国后，中国领导人同样没有改变他们对核武器的认识。1954 年 10 月，毛泽东告诉印度总理尼赫鲁："冷兵器杀伤的人较少，热兵器杀伤的人多一些，原子弹杀伤的人更多。除死伤人数以外，没有什么差别。"他坚信决定战争胜负的是人，不是武器。同时，这一代领导人还关注核武器制造，毛泽东在《论十大关系》中写道："在今天的世界上，我们要不受人家欺负，就不能没有这个东西（指原子弹）。"他还指出，中国发展核武器是为最终消灭这种武器，核武器决定不了国家命运。共产党领袖们对核武器的辩证认识渗透着东方人的辩证思维模式：一方面，中国共产党人在战略上藐视核武器。在他们眼中，核武器是"纸老虎"。另一方面，在战术上重视核武器作用，也要发展核武器，其逻辑是：只有拥有核武器，中国才不会被核讹诈，核武器才不会被滥用，才会被最终消灭。

这一时期，中国也提出核裁军主张。周恩来总理在 1955 年 1 月国务院会议上指出："我们中国人民，觉得原子弹没有什么了不起的……美国想用核恐怖吓倒我们，但是吓不倒我们。我们要掌握原子弹。我们要对人民进行很好的教育。一方面，我们要认真进行工作，积极地促进原子能的和平利用；另一方面我们要号召人民起来，反对使用原子武器、反对进行原子战争。"周恩来总理重申："中国支持苏联 1955 年 5 月 10 日关于裁减军备和禁止原子武器的建议。如果苏联提议召开世界普遍裁军和禁止原子武器的会议能够形成，中国准备在这个会议上同其他国家一起承担起应负的义务。"当时"一边倒"向以苏联为首的社会主义阵营，中国也对苏联的核裁军主张表示支持。中国认为，苏联"对于重大国际问题所提出的一系列合理建议，例如关于裁军、禁止使用大规模杀伤性武器、停止核试验、取消在外国的军事基地和撤走在外国的武装部队、举行大国首脑会议等建议，也推动了国际局势走向缓和。”[①]毛泽东在1957年11月苏联十月革命胜利四十周年大会上指出：“苏联在裁军问题上，在禁止制造、使用和试验大规模毁灭性武器的问题上所提出的建议，代表着社会主义各国的共同主张，同时符合世界人民的利益。”很显然，建国初期的中国核裁军政策明显带有意识形态色彩，社会主义阵营的核裁军思想为中国的核裁军政策的确立和制订打上深深的时代烙印。

2. 完成核试验前后，中国政府提出“全面禁止”和“彻底销毁”的主张。20世纪60年代，中国核裁军主张有所调整：第一，建议包括美国在内的所有亚太地区国家建立无原子武器区。1960年8月，周恩来指出：“我们主张亚洲和太平洋地区沿岸各国包括美国在内，签订一个互不侵犯的和平公约，把这个地区建设成为没有核武器的地区。这当然是一个长期努力的方向，但是我们将为此做出不懈的努力。”第二，主张“全面禁止”和“彻底销毁”核武器，即完全禁止试验、制造、储存和使用核武器，并在适当时机全面销毁核武器。第三，支持各国人民为禁止核武器和防止核战争所做出的努力。

“全面禁止”和“彻底销毁”（核武器）成为中国坚持至今的重要原则。1963年7月，美英苏签订部分停止核试验条约。31日，中国发表《中国政府主张全面、彻底、干净、坚决地禁止和销毁核武器、倡议召开世界各国政府首脑会议的声明》，阐述中国主张全面禁止和彻底销毁核武器的立场，建议：①所有国家宣布：全面、彻底、干净、坚决地禁止和销毁核武器，不使用核武器，不输出核武器，不输入核武器，不制造核武器，不试验核武器，不储存核武器，把世界上现有的一切核武器及其运载工具统统销毁，把世界上现有的一切研究、试验、生产核武器的机构统统解散。②为逐步履行上述义务，首先采取下列措施：撤除在国外的一切军事基地，撤回在国外的一切核武器及其运载工具；建立包括美苏中日在内的亚洲和沿太平洋地区的无核武器区，建立中欧无核武器区，建立非洲无核武器区，建立拉丁美洲无核武器区；不以任何形式输出和输入

① 周恩来总理在第一届全国人民代表大会第四次全体会议上做的《政府工作报告》，1957年6月26日。

核武器和制造核武器的技术资料。停止一切核试验。③召开国家首脑会议，讨论全面禁止和彻底销毁核武器问题及为逐步实现全面禁止和彻底销毁核武器而采取的措施问题。

1964年10月16日，中国成功进行第一次核试验后重申关于全面禁止和彻底销毁核武器的主张，宣布中国在任何时候、任何情况下，都不会首先使用核武器，并再次向世界各国政府郑重建议：召开世界各国首脑会议，讨论全面禁止和彻底销毁核武器问题。作为第一步，各国首脑会议应当达成协议，即拥有核武器的国家和很快可能拥有核武器的国家承担义务，保证不使用核武器，不对无核武器国家使用核武器，不对无核武器区使用核武器，彼此也不使用核武器。[①] 和这一时期两个超级大国提出的核裁军主张比，中国提出的措施更具有彻底性和操作性。

3. 改革开放后，中国的核裁军政策更趋务实稳健和积极。20世纪70年代末开始，国际形势发生深刻变化，美苏关系缓和并开始核裁军谈判，中美恢复外交关系。中国核裁军政策也发生相应变化，除坚持传统立场，如全面禁止和彻底销毁核武器、不首先使用核武器和不对无核武器国家和无核区使用核武器等，还提出“两超率先”原则，要求两个超级大国承担起特殊的核裁军义务，带头进行核裁军。

1978年第一届裁军特别联大上，中国代表指出，“裁军必须首先裁两个超级大国的军。这是当前裁军问题上的一个原则，也是判断裁军是否真有进展的主要标志”。中国提出美苏率先核裁军的五个步骤：承诺不首先使用核武器、停止军备竞赛、分阶段裁军核武器等。“在苏联和美国销毁核武器和裁减常规武器取得重大进展以后，其他核国家应同苏美一起全部销毁核武器。”指出“两超率先”是中国在核裁军问题的“原则立场”。中国主张，“拥有占世界95%以上核武器的美苏两国应当率先大幅度削减它们的核武器；只有这样，其他国家参加核裁军才有意义的。”

除继续宣示自己的核裁军立场外，开放后的中国重视参与国际核裁军和防扩散进程。1992年3月，中国加入《不扩散核武器条

① 1964年10月16日“中国政府关于第一颗原子弹爆炸成功及建议召开世界各国首脑会议讨论全面禁止和彻底销毁核武器问题的声明”。

约》，指出中国加入《条约》的目的是为实现全面禁止和彻底销毁核武器的目标，防扩散本身不是目的，而是实现全面禁止和彻底销毁核武器的一个步骤。中国参加《全面禁止核试验条约》谈判全过程，1996年9月签署该《条约》。2004年5月，中国被“核供应国集团”接纳为新成员，等等。

今天，中国核裁军立场没发生根本变化，认为核裁军应遵循“公正合理，逐步削减，向下平衡”原则；努力营造一个合作与信任的国际安全环境，从根本上消除谋求核武器的动因；和平利用核能是《不扩散核武器条约》赋予缔约国不可剥夺的权利。第一，核武器国家应明确承诺全面、彻底销毁核武器，并尽早就此谈判缔结国际法律文书。第二，核武器国家应降低核武器在国家安全政策中的作用，明确承诺不首先使用核武器，并缔结不对无核武器国家和无核武器区使用或威胁使用核武器的国际法律文书。第三，美俄对核裁军负有特殊、优先责任，它们继续大幅削减核武库对推进核裁军进程，并进而最终实现全面、彻底核裁军是不可或缺的。第四，核裁军与国际战略稳定密切相关。无论是在外空部署武器，还是建立并部署导弹防御系统或开展相关合作，都不利于维护全球战略稳定，不利于国际军控与防扩散努力。

二、中国核裁军政策的主要特点

中国核裁军政策与其所处国际安全环境和国家实力相符合。这其中既有宣示性主张，也有具体步骤，和其他几个有核武器国家比，中国的核裁军政策有着明显的独到之处。

1. 彻底性。中国主张全面禁止和彻底销毁大规模杀伤性武器，认为核武器破坏力空前，核战争将是人类的灾难。因此，从第一代领导人开始，中国就把销毁核武器和避免核战争爆发当成是国际社会的重要义务。一方面，中国提出全面禁止和彻底销毁这种武器的主张，指出要避免核武器用于人类本身，必须要从根本上禁止这种武器的研制，现有核武器必须进行彻底销毁。另一方面，中国提出全面禁止和彻底销毁的方法。中国有限核武器只是用于防核讹诈和防核战争的手段，而不是目的。“中国始终恪守在任何时候和任何情况下都不首先使用核武器，无条件不对无核武器国家和无核武器区使用或威胁使用核武器的承诺，是唯一做出上述承诺的核武器国家。中国这一政策今后也不会改变。中国在核武器发展方面，始终采取极为克制的态度。中国从未在别国部署核武器，从来没有、今后也不会参加任何形式的核军备竞赛。”①

中国国防白皮书重申：中国一贯主张全面禁止和彻底销毁核武器、生物武器和化学武器等各类大规模杀伤性武器，坚决反对此类武器及其运载工具的扩散。中国不支持、不鼓励、不帮助任何国家发展大规模杀伤性武器及其运载工具。彻底销毁核武器、实现无核武器世界是中国军控与裁军政策的最终目标，并指出“冷战的结束和新的安全形势为大幅度削减进而全面禁止和彻底销毁核武器提供了可能”。

当前形势下，推动核裁军进程对于降低核扩散危险，改善国际安全环境，促进世界和平与发展具有重要意义。为此，中国主张核武器国家应尽早就全面禁止和彻底销毁核武器缔结国际法律文书。中国的这种主张与其他几个有核武器国家是截然不同的。仅就不首先使用核武器看，目前只有中国做出如此承诺，想要让美俄英法做出这样的承诺仍旧困难。中国之所以敢于提这样和承诺与其核裁军政策的彻底性是分不开的：在实现全面禁止和彻底销毁核武器前，承诺不首先使用这种武器是不可或缺的重要一步。

2. 公平性。军备控制与裁军是近代以来国际关系的重要内容。核裁军关系到世界各国的安全，不论国家大小，不论有没有核武器，都应当有同样的发言权。然而，现实的国际关系并不是以公平性来决断是与非的。仔细分析现行的国际军控与裁军条约和机制安排，我们或多或少地看出这些不公正的影子。不论是条约也好，机制也好，大多都是大国相互计价还价和相互妥协的结果，最终表现形式必然会有许多不公平的地方。中国一直主张要消除这种不公平性，主张用公平手段来解决包括核裁军在内的国际问题。中国认为，要解决核裁军问题，靠两个超级大国不行，再多几个核大国也同样不行。中国提出“互信、互利、平等、合作”的新安全观，主张大小国家都平等地参与解决国际安全问题。

中国认为，应在所有有关国家平等、普遍参加的基础上，谈判

① 中国外交部长杨洁篪谈中国核裁军政策，联合国网站，2009年8月12日。

制订公平合理的核裁军法律文书，建立相关的国际机制和制度。各国应通过对话与合作，实现这些领域的共同目标。中国反对个别国家实行双重或多重标准，一方面，打着解除不负责任国家核武装的旗号，把国内法规强加于人，动辄施以制裁或以武力相威胁，甚至出兵侵略、颠覆、干涉其他主权国家；另一方面，打着合作旗号，与有关国家签署民用核能协议。如此政策都是中国所坚决反对的。公正合理的军备与裁军进程一直是中国坚持的主张，它有别于其他核大国，因此在国际社会赢得了普遍的支持和欢迎。

3. 道义性。核武器是非人道性武器系统，主张全面禁止和彻底销毁符合人类社会进步的道义原则。这种道义性至少含着以下内容：第一，中国主张全面禁止和彻底销毁不是权宜之计，不仅是为抢占国际道义的制高点。相反，中国一直是本着从根本上消除核武器和核战争给人类带来威胁的思想来严肃对待核裁军问题，所以表现形式不光是做出政策性宣示，而且也提出了相关步骤。第二，中国主张全面禁止和彻底销毁政策，不是以此诱导他国核裁军而保存自己核能力。裁军历来是国际关系中相互作用的关系。不论主动，还是被动，裁军必然会对他方带来影响。中国主张的核裁军目标不是仅局限于让美俄两国核裁军，而中国不追随其后进行。只是在当前条件下，美俄两国核武器的数量远远地超出中国，中国还不可能立即投入美俄主导的核裁军进程中。

为减少核战争危险，推动核裁军进程，最终实现彻底销毁核武器，中国单方面承诺在任何时候、任何情况下都不首先使用核武器的核国家，也是唯一承诺无条件地不对无核国家和无核区使用核武器的核国家。无论是在冷战时期面临核威胁和核讹诈的时候，还是在冷战后国际安全环境发生巨大变化的情况下，中国始终恪守这一承诺。不首先使用原则是中国核政策的重要组成部分，也是中国在核武器使用方面所坚守的道义原则。中国反对以首先使用核武器为基础的核威慑理论，积极推动核武器国家就互不首先使用核武器问题缔结多边条约，为避免核战争爆发和彻底消除核武器做出贡献。

三、中国核裁军政策将走向何方

中国核裁军政策正面临着全新的挑战，是坚持旧有立场和方针，还是另起炉灶；是仅做宣示性表态，还是做出实际性核裁军；是积极跟进，还是静观事态发展而后再做出对应，这些问题都需要中国严肃思考，特别是当美俄大幅度核裁军后，中国在核问题上的任何举动牵动他国神经。从树立大国形象、维护国际安全和地区稳定的角度看，中国会对现有核裁军政策进行全面认真的审视。

1. 是否坚持旧有的既定方针。中国第一代领导人确立的核裁军政策源于他们对这一涉及国家安全武器的深刻认识，现如今诸多的核裁军思想早在半个世纪前中国就已提出，像美国高谈阔论的"无核武器世界"倡议，奥巴马总统倡导的世界峰会和核安保的主张，与当年中国政府提出的主张并无二论。尽管无核武器世界建设面临层层阻力，但核武器作为终极武器，只有彻底从核武器库存中清除出去，国际社会才会有一个和平安全的世界，这是中国坚持多年的既定方针。

这种政策有其自身优势。中国是发展中国家，社会主义的意识形态和马克思主义战争观对第一代领导人制订全面禁止和彻底销毁的裁军政策产生深刻影响。他们从辩证唯物主义和历史唯物主义观出发，分析核武器的作用，得出核武器并不是万能、也不是制胜终极武器的结论。中国从开始就把禁止和销毁核武器当成国际社会应承担起的义务，而自身研发核武器的目的也是用核武器消灭核武器，中国研发核武器主要是为了避战，特别是避免核大战。这种观点在马列主义著作中都可找到答案。只不过中国共产党人把这种观点延伸到核时代，赋予时代特点。

如今，国际安全形势发生深刻变化，美俄大幅度削减核武器数量，中等核武器国家也提出缩小现役核武器规模的计划，英国等国领导人把核裁军当成任内头等工作。在这样的大环境里，中国核裁军政策将会做出重新包装，加入诸如新安全观在内的新思想。但在可预见未来，中国不会彻底放弃其长期坚持的"全面禁止"和"彻底销毁"的政策，变的只是表达形式，而不是理论的内核。

2. 是否还去争取道义的高地。由于核武器所具有的巨大威力，其不但具有实战意义，也具有威慑作用。围绕着禁止和销毁核武器的努力始终没有摆脱道义的束缚。2009 年 4 月，美国总统奥巴马在布拉格打出建立"无核武器世界"旗帜，要保障核安全，这有助于修补美国被其前任破坏了的国际形象，引起国际社会的积极评价，美国新政府的举措带来国际核裁军的回暖。到年末，奥巴马总统还领取诺贝尔和平奖。用奥本人话来讲，他并没有做什么大事，但他为美国的未来指明方向，这比什么都重要。

对比奥巴马总统在布拉格提出的主张，我们不难看出，其许多内容早在数十年前中国领导人就提出过。这次奥巴马抢风头，得益于国际安全形势变化，得益于大国关系重新调整，得益于各国对自身所面临核安全的担忧，如核恐怖袭击等。看似老调重弹，奥巴马对这些主张进行重新包装后再推向国际社会，得到比以往任何时候都大的反响。

中国是否需要夺回这面道义大旗，这是许多关心中国核裁军政策变化者近来在问的重要题目。目前来讲，中国不会与美国争抢这个风头，原因在于北京有其自身的战略考虑：第一，中国核裁军政策所有具有的彻底性、公正性、道义性举世公认，相关提法远远超出奥巴马总统的无核武器世界主张。中国在核裁军道义领域里所占的位置远高于美国。第二，由于经济力有限，军事力量所能覆盖的地球范围也相当有限，中国不可能把国民经济建设转向军事领域，其核武器现代化首先是保证现有核武器的安全可靠性，同时保证在面对诸如美国导弹防御计划时保证自身的威慑力不受到削弱。第三，韬光养晦政策是中国未来制订核裁军政策的指导原则。在核裁军政策上，中国不会抢着当头，与美国争功，相反会静观其变，适时地做出反应。这也正是不论是中国官员，还是学者，对无核武器世界倡议表现相对冷淡的重要原因，中国不但要听其言，而且还要观其行，这反映出中国人传统的思维模式和处事原则。

改革开放30多年来，中国积极地参与国际军控与裁军进程，签署几乎所有的军控与裁军条约或公约，加入了所有防扩散机制安排。和改革开放之前比，中国的核裁军政策更注重其道义上的含义，高举起核裁军的道义旗帜，不但是中国的宣示性表态，也是建立与有关国家战略稳定的重要部分，特别是与美国战略稳定有助于两国关系的进一步发展。美国目前仍把核裁军目光投到俄罗斯身上，但随着美俄核裁军的继续，美国肯定会更多地关注中国的核裁军，两国在道义上都有需要，这也是两国合作的基础。

3. 是否追随美国等核大国的核裁军走势。中国在推进军控与裁军进程方面多年来一直发挥着积极的作用，目前仍不具备左右这一进程的能力，而美国核裁军政策的任何调整都会对这一进程带来正面或负面的影响。小布什政府采取单边主义的军控政策，愿意建立志愿者联盟，而抛弃传统意义上的军控与裁军手段，其结果是国际军控与裁军进程近十年没有任何进展。相反，奥巴马上台后这一进程出现新气象，这一切均与美国的政策调整有密不可分的关系。而且美国前政要访华时也向中国领导人表示让中国跟随美国的无核武器世界步伐前行。

从中美两国关系来看，双方的任何动作都会带来呼应。近年来，两国在防扩散领域里有着良好的合作关系，用中国官员的话来说，防扩散领域里的合作已成为中美两国关系的闪光点。长期以来，中国国内对如何对待美国核裁军政策还是存在着争议的。比方说，在《全面禁止核试验条约》生效方面，部分学者认为，中国应早于美国，从而保证在道义上的主动地位，但也有人担心，一旦中国批约，美国不批，中国会处在一种进退两难的境地，所以仍认为只有等美国批准了，中国才会着手考虑这个问题，争论还将持续下去。

对于美国方面来说，由于中美核力量不在一个档次上，所以美国目前来看也没把中国当成核裁军的主要对手，相反美国更关注的是俄罗斯。美俄两国正在加紧谈判达成新的战略武器条约替代12月5日到期的战略武器条约，至今未果。据2009年7月达成协议，两国核弹头数量将降至1500—1675枚，战略运载工具数量降为500—1000件。

对中国来说，美俄是拥有核武器最多的两个国家，占了世界总核武器数量的百分之九十以上。冷战结束后，美俄两个核武器大国对其核武器库进行了近一半的削减，但是其数量仍是中等核武器国家的数倍之多，即使是按照新的战略武器条约规定的指标，美国和俄罗斯的核弹数量还是远远超过所有中等核武器国家的数量的。只有两个核大国削减到一定的程度，中国才会跟进核裁军进程。胡锦涛主席在9月24日联合国安理会防扩散与核裁军峰会上的承诺，重申中国在这一方面的立场。

综上所述，中国的核裁军政策是在中国共产党第一代领导人深思熟虑后制订出来、具有战略高度的主张，它是依据马克思主义对战争、武器等认识为基础，结合中国的国情和国际安全环境提出来的政策。这种近似永恒的政策不拘泥于某一领域的变化，而是从宏观战略层上描绘出中国应坚持的核裁军路线，是中国大战略思想在核裁军领域里的具体体现，从而保证中国的核力量发展、核政策以及核裁军政策等没有大的波折，这既是最经济的核裁军政策，也是最有效的核裁军政策。

即使今天面临这样和那样的变化，在可预见未来，中国的核裁军政策不会发生根本性变化。变化只是包装形式，不是政策的基本内涵，个中原因不是中国固步自封不思进取，而是因为中国第一代领导人所奠定的核裁军政策至今仍是无法替代的，仍具有其旺盛的生命力。

美国核军控与裁军动向及前景分析

余小玲　何毅丹　赵　铭

内容提要：美国总统奥巴马上台后，声称要致力于实现“无核武器世界”的目标，提出大幅裁减核武器；启动了美俄双边裁军谈判；积极推动国会批准《全面禁止核试验条约》条约；宣布重新修订欧洲中段导弹防御基地建设计划，取消一直受到俄罗斯强烈批评和反对的东欧反导方案；多手段结合推动解决朝鲜、伊朗核问题。这些动向都反映了奥巴马政府在军控与裁军政策上的调整与转变。目前新政府正在进行核态势、导弹防御等政策审议，预计未来将会有新的军控政策出台。本文着力研究美国新政府军控与裁军的发展动向，分析其调整变化的原因及前景。

主 题 词：美国　核力量　核裁军　军控　趋势　前景

作者单位：北京 中国国防科技信息中心

一、启动新的核裁军进程，美俄双边核裁军取得初步成果

2009 年 12 月 5 日，美苏/俄《关于削减和限制进攻性战略武器条约》将到期。条约的核查措施是目前美俄双方相互掌握对方战略武器动向、维持战略稳定和建立信任的重要平台。但随着条约的到期，与之相关的核查安排也将中止，亟须新的协议来填补法律真空。美国奥巴马上台后，摒弃了布什政府单边裁军的做法，将与俄罗斯谈判新的替代条约作为军控领域的优先事项。2009 年 4 月，在参加伦敦 20 国金融峰会期间，奥巴马与梅德韦杰夫发表联合声明，就核裁军谈判达成若干基本共识。5 月 18 日美俄开始首轮正式谈判。7 月，奥巴马访俄期间，双方达成谅解，确定了未来条约基本框架，明确了削减的对象和幅度，即把两国的部署战略核弹头削减至 1500 至 1675 个；运载工具削减至 500 至 1000 件，并提出了核查

措施的基本原则，为条约的最终达成奠定了基础。

尽管两国达成了一定的共识，但分歧依然存在。首先，关于核查的具体方式。虽然两国都同意简化核查措施，但各自都有不同的考虑。俄罗斯希望取消对洲际弹道导弹部署区域和范围的限制以及某些现场视察措施，取消在导弹生产厂的驻厂监视。美国希望保留大部分现场视察、信息交换，禁止遥测数据加密。其次，美计划将削减下来的运载工具加装常规弹头，并主张此类运载工具不受条约约束。俄罗斯以美完全可以重新加装核弹头为由加以反对，提出应将其置于运载工具的限制总数之内。最后，关于战略进攻武器和战略防御武器的挂钩问题。俄罗斯认为，一方提高反导能力等于削弱另一方的进攻能力。根据美国新反导计划，欧洲的反导系统在2018年初步形成远程拦截能力后，俄战略进攻能力将受到削弱，处于不利的战略地位。因此，俄提出谈判不仅要限制美部署的战略核武器的运载工具，还要包括美未来反导系统部署的战略运载工具。这些分歧使得美俄未能在旧约到期前达成新约。12月4日两国总统就《关于削减和限制进攻性战略武器条约》即将到期发表联合声明，表示支持两国之间战略稳定，尽早就削减战略武器问题达成新条约。因此，美俄新条约的达成应该只是时间问题。

美俄两国都有推动裁军谈判的政治意愿和动力。一方面，两国都拥有庞大核武库，给两国带来沉重的负担，必须进一步削减；另一方面，美国有意在削减的同时拉上俄罗斯，特别是通过保持核查和透明措施，保持对俄罗斯战略武器发展状况的掌握，增强可预测性；而俄罗斯也希望借此维持与美国的战略对等关系，并在导弹防御问题上对美国施加一定的限制。当然，美俄重启裁军谈判不仅仅是为了限制或防范对方，同时也是希望藉此将所有核国家都拉入核裁军进程。因此，美俄核裁军的进程将对国际核裁军产生重要影响。

二、提出“无核武器世界”的口号，推进防扩散并将其他国家拉入核裁军进程

4月5日，美国总统奥巴马在捷克首都布拉格发表演说，提出了致力于构建“无核世界的和平与安全”的目标，明确美国要率先

采取行动：第一，减少国家安全对核武器的依赖；第二，与俄罗斯谈判新的、具有法律约束力的核裁军条约；第三，为了实现全球禁止核试验，积极推动国会批准《全面禁止核试验条约》；第四，寻求达成一项新的、可核查的《禁产条约》。9 月 24 日奥巴马总统利用安理会主席身份组织召开了安理会核不扩散与核裁军峰会，会上一致通过第 1887 号决议，呼吁核国家努力推动核裁军，为建立无核武器世界创造条件。同时，他还倡议于明年 4 月召开全球核安全峰会，讨论核武器与核材料的安全问题。

奥巴马政府提出建立“无核武器世界”的目标是对前两年美国前四政要“无核武器世界”倡议的响应，目的是以此重占道德高地，并借机推行其防扩散和核裁军主张。近十年来，尤其是布什政府在核军控领域片面强调防扩散，消极应对核裁军，引起国际社会的强烈不满和广泛指责。美新政府以“无核武器世界”目标为旗帜一是可以为其宣传造势，以在国际上恢复声誉，修复其大受损伤的“软实力”；二是以此为口号推行防扩散，推动全球多边努力减少核威胁，使朝鲜、伊朗等核扩散国家承受更大压力；三是除美俄核裁军谈判外，逐步把英、法、中以及印、巴、以等国家拉进核裁军进程，使中印巴等国发展核武器承受更大的国际压力，迫其采取核透明措施并加入多边核裁军进程。

另一方面，当前美在常规武器方面拥有绝对优势，推动全球核裁军，甚至倡导“无核武器世界”，不仅无损其总体军事实力，反而使其在常规战略打击、反导和外空领域的优势更加明显，符合美国的战略利益。同时，奥巴马总统也强调，美国不会单方面核裁军，只要有核武器存在，美国将继续维持强大、安全、可靠的核威慑。

从发展前景来看，由于政治、军事、技术等方面的巨大障碍，在可预见的未来实现无核武器世界的可能性仍很遥远。奥巴马也坦言在他有生之年看不到这个现实。因此，美等炒作“无核倡议”主要是出于宣传造势、转嫁压力的策略需要，并未在战略上真正准备放弃核武器。

三、推动批准《全面禁止核试验条约》，支持启动“禁产条约”谈判

《全面禁止核试验条约》是防止改进核武器及核扩散的重要条约。美国自1996年签署了条约后一直没有批准，布什政府更是以条约核查不可信、不能确保防止其他国家违约、不利于维护美国核武库的安全和可靠性等理由拒绝批约。奥巴马总统明确表示美国要尽早批约，并推动与参议院合作批准《全面禁止核试验条约》。

尽管目前存在一些有利于批约的因素，如，总统和政府的大力推动；美国库存维护和管理计划已经积累了相当丰富的经验，有助于在无核试验条件下维护核武库；条约框架下的国际核查机制日益成熟，核查能力得到验证。但美国国防部和军方一直坚持批约的前提必须是确保在不进行核试验条件下能长期维持核武库的可靠性。国防部长盖茨也明确称有责任在未来相当长的时期内维持核威慑力量的有效性。而且在未来核武库维护与更新换代问题上，国防部和军方不可能接受未经核试验检验的任何新型核弹头。这都是阻碍美批约的障碍。从由共和、民主两党权威人士组成的国会战略态势委员会出台的《战略态势审议》报告来看，在《全面禁止核试验条约》批约问题上两党的分歧依然明显。从目前的形势来看，在2010年《不扩散核武器条约》审议大会之前批约已经不太可能了。批约之事需要在新的《核态势审议》和《四年防务评审》报告出台，以及2010年年底国会中期改选之后，才有可能重新考虑。实现批约可能还需要更大的努力。

《禁止生产用于制造核武器的裂变材料的禁产公约》有助于防扩散，从根本上说符合美国的利益。奥巴马政府支持谈判一项有核查条款的《禁产条约》。在美国政府的积极支持下，日内瓦裁谈会于2009年5月29日达成了工作计划，《禁止生产核武器用裂变材料条约》的谈判将即将在明年启动。对于谈判《禁产条约》的分歧主要有二：一是是否要核查，或需要何种程度的核查；二是如何处理现有库存问题。新政府虽然支持启动谈判，但在条约的有关技术细节的制订方面还没有做好准备。此外，美海军在海军对高浓铀燃料问题上立场坚定，坚决反对限制高浓铀生产，这也将制约美在

《禁产公约》谈判中的立场。

四、调整东欧反导计划，导弹防御政策更趋务实

2009年9月17日，美国总统奥巴马和国防部长盖茨宣布，调整欧洲导弹防御系统发展计划，取消先前在波兰部署拦截弹和在捷克部署“欧洲中段雷达”的方案，转而重新设计和配置欧洲反导系统，采取“分阶段、适应性强”的途径，应用可行的防御方案，使之对欧洲具有“更强大、更精确、更快捷”的保护能力。根据新的发展计划，美国将在2020年前分“四个阶段”在欧洲部署性能更好的海基和地基拦截弹（主要是改进型“标准－3”拦截弹），采用的是由分布式拦截弹和探测器构成的体系结构，更具有灵活性，生存能力更强。最终不但能够有效应对可能来自伊朗的中、近程弹道导弹威胁，而且能够有效防御中程、中远程以及未来潜在的洲际弹道导弹对美国本土的威胁。

这一调整一方面是为了缓和与俄罗斯的关系。布什政府推行的东欧反导计划遭到了俄罗斯的强烈反对，特别是在美俄《关于削减和限制进攻性战略武器条约》后续条约的谈判中，俄坚持削减战略武器要与欧洲导弹防御挂钩，迫使新政府重新考虑东欧反导计划。另一方面也反映了奥巴马政府在导弹防御策略上的改变。新政府目前正在进行导弹防御政策的审议，在发展方式上将调整“边部署边发展”的做法，转而更加注重实效和经济可承受性，强调在投入巨大资源之前，要确保导弹防御系统必须能有效保护美及其盟友的安全，而且要根据威胁情况，优化导弹防御系统的部署。

当然，由于弹道导弹防御是美国维护国家安全、谋求全面军事优势、打破与俄战略平衡的重要手段，政府的更迭不会改变导弹防御政策的连续性。只是新政府在导弹防御系统的研发和部署方面将会更加务实，并更加注重展现多边姿态，为发展反导系统争取更广泛的支持。

五、多手段结合推动解决朝鲜、伊朗核问题

朝鲜核问题和伊朗核问题是美国继续面临的两大难题。新政府

上台后，采取了制裁、接触，双边、多边谈判等多种手段相结合的方式处理地区核问题。但由于朝核问题和伊核问题涉及复杂的地区安全问题及各国的战略利益，解决的前景依然渺茫。

1. 坚持依靠多边合作解决朝核问题。奥巴马上台后，朝鲜不断采取强硬举动，半岛局势再次陷入紧张状态。4月5日，朝鲜宣布成功发射卫星，联合国安理会随即于13日发表主席声明，谴责朝鲜的发射活动违背了安理会第1718号决议。朝鲜对此表示抗议，并在4月13日宣布退出六方会谈和重启宁边核设施。5月25日，朝鲜又进行了自2006年10月以来的第二次核试验。6月12日，联合国安理会全体会议一致通过第1874号决议，对朝鲜核试验表示"最严厉谴责"。朝鲜随即宣布坚决反对和谴责联合国安理会的该决议。

面对朝鲜半岛的紧张局势，美国政府继续主张通过外交途径，以多边合作方式解决朝核问题。总统奥巴马在访问亚洲时提出美国愿为朝鲜提供一个"不同的未来"，使朝鲜摆脱孤立状态，但朝鲜必须履行其国际责任，重返六方会谈，重返核《不扩散核武器条约》；在朝鲜放弃核武器的同时，国际社会应保障朝鲜的安全，并向朝鲜提供经济援助。对于朝鲜提出的只有先进行朝美对话，朝鲜才会进行包括六方会谈在内的多边会谈的要求，美国表示同意与朝会谈，但会谈的目的是敦促朝鲜重返六方会谈机制。12月8日美国派出了特使博斯沃思前往平壤正式进行奥巴马执政以来的首次双边接触。另外，美国在处理朝核问题上更加倚重中国，特别是朝鲜核试后，中美两国共同维持半岛稳定的共同利益得到提升，双方加强沟通与合作，共同致力于恢复六方会谈。

2. 采取制裁与接触两手处理伊核问题。相对于朝鲜核问题，美国认为伊朗核问题更加紧迫和严重，因为伊朗拥核将对美国在中东的利益构成更大挑战。奥巴马上台后，继续采取强硬措施以阻止伊朗的铀浓缩计划，阻止伊朗获得核武器，但同时奉行具有弹性的接触政策，采用软硬兼施的手段来处理伊核问题。

一方面美国坚持对伊朗实施制裁。9月25日，伊朗致函国际原子能机构说伊正在建造第二座铀浓缩工厂，激起西方国家的强烈反应，美、英、法三国威胁要对伊朗进一步实施制裁。10月25日，国际原子能机构对伊新工厂进行了核查。另一方面，与伊朗的外交谈判在继续展开。10 月 21 日，美、俄、法国与伊朗代表在维也纳进行筹商，讨论国际原子能机构总干事巴拉迪提出的伊朗核燃料外加工计划方案，即伊朗不自行生产研究性核反应堆所需的纯度更高的浓缩铀，而是在 2009 年年底前一次性把相当于 75% 库存的 1100 千克低纯度浓缩铀运往俄罗斯，由俄罗斯将其提炼至 20% 左右的纯度，然后再由法国将其生产成伊朗研究用核反应堆所需的核燃料棒，再运回国内作为核燃料。伊朗表示原则上同意该计划，但要求把低浓铀分批运往国外进行加工，而不是一口气运出 75%。西方国家表示不能接受伊朗的要求。虽然日内瓦和维也纳会议标志着美伊之间已经就保障伊朗核燃料供应方式进行了对话，但是美伊双方的立场并未改变，伊核问题涉及美国核心安全关切，美难以做出实质性让步，而伊朗也多次表示外加工计划并不意味着伊放弃铀浓缩权利，因此，美伊在伊核问题上的交锋还将继续。

【核安全】

全球核安全任重道远

☞徐光裕

论核恐怖主义与国际防范机制

☞夏立平

全球核安全任重道远

徐光裕

内容提要：全球核安全随着“无核世界倡议”的提出，已成为国际关注的重大安全问题。就现实情况看，实现这一理想的难度很大，任重而道远。但不论从现实或长远来看，在追求无核世界方面，国际社会还是有许多事情可做。只有注重核裁军、防扩散及和平利用核能的平衡发展，并摈弃双重标准，在联合国框架下，通过共同努力，前景才值得期待。

主 题 词：无核世界 核威胁 全球核安全

作者单位：北京　中国军控与裁军协会

2009 年 9 月，国家主席胡锦涛在纽约出席了第 64 届联合国大会。其间，他出席了联合国安理会首度举行的核不扩散与核裁军峰会。这是五个核大国讨论此类议题的第一次峰会，而且是经奥巴马总统积极倡导，并由他以安理会轮值主席的身份主持召开的，因而引起各方的格外关注和期待。

峰会集中讨论核不扩散和核裁军问题，包括军备控制与核裁军、国际核不扩散机制、防止核材料非法贩运、核材料安全与国际和平安全等重大议题。会议对于进一步凝聚国际社会共识，探讨平衡推进核不扩散、核裁军与和平利用核能进程的有效途径，推动全球核安全进程，无疑具有正面意义。

胡锦涛主席在会上介绍了中方对裁减核军备与和平利用核能等议题的 5 点主张：第一，维护全球战略平衡和稳定，积极推进核裁军进程；第二，放弃以首先使用核武器为基础的核威慑政策，切实减少核武器威胁；第三，巩固国际核不扩散机制，防止核武器扩散；第四，充分尊重各国和平利用核能的权利，积极开展国际合作；第五，大力加强核安全，切实减少核风险。

就在会前几天的 9 月 19 日，联合国秘书长潘基文在记者会上曾发出呼吁，指出目前国际社会正处在一个“关键时刻”，要在多个领域采取果断措施，实行“新多边主义”来应对全球性挑战。即：全球气候变化；世界金融危机；核不扩散和核裁军三大难题。

一、历史回顾

众所周知，全球核安全问题自二次大战结束以来，核武器的扩散，已经使它成为全世界共同面临的重大挑战。自广岛、长崎两次核轰炸至今已有60多年，核武器的大规模毁伤效应给人们带来的震撼和恐惧，已经让它开始走向自己的反面。一方面，作为一种特殊的战略威慑手段，它仍然在国际战略博弈中起着举足轻重的作用；而另一方面，由于担心这种“终极武器”的扩散失去控制而带来难以承受的后果，它又成了各国试图加以限制直到消除的对象。这一矛盾现象恰恰反映出国际社会在解决国家安全和全球核安全问题中的困境。

从全球安全格局来看，冷战结束后，特别是全球化和多极化的发展，国家间的相互依存和制约关系加深，核武器在解决全球安全和拥有国自身安全方面的作用实际上是在逐渐降低。因为作为一种多国相互关联和制衡的战略性武器，核武器要么只能用于相互威慑；要么直接用于核战争这样的“大手术”。而这种“大手术”搞不好就会造成多方的毁灭性后果，因此谁也不敢贸然使用它。应对不断出现的局部冲突以及恐怖主义威胁等“小手术”又更难以随意升级使用核武器。特别是当前，高技术常规武器的发展，信息化和精确打击手段几乎达到了极致，它们的附加毁伤效果很小，因此军事实用价值高，政治性抵触和限制也大大低于核武器。所以相比之下，核武器不论在实用性还是风险性上，都出现了难以克服的障碍。既然如此，特别对超级核大国来说，继续维持成千上万枚核武器，就显得有些多余了。况且因为核武器过多，出现误判、管理不当、失窃、甚至被扩散的几率也会增大。

另一方面，从经济角度考虑，核武器是一个庞大的武器系统。从原料开采、提炼、浓缩，到武器研制、生产、试验，运载系统的配套，指挥控制系统的建立，到武器库的维护、保养等各方面，在费用上都较常规武器高出许多，因此它是一种暴力“奢侈品”。庞大的核武库以及相应的核武器综合体已经日渐成为一些国家的沉重负担，这也从各国内部催生了推动核不扩散与核裁军进程的种种努力。特别是在国际金融危机的背景下，各国都在压缩开支，集中精力推动经济复苏，此时淘汰那些存放年限已久的核武器也恰逢其时。例如英国首相布朗在峰会召开前宣布要裁减一艘核潜艇，就有许多英国媒体将这一举动解读为是“英国政府降低公共财政的途径”。

除此之外，某些核大国亦可从核不扩散与核裁军的进程中捞取“政治红利”。防止核扩散、推动核裁军的呼声自从核武器垄断被打破的那一天就开始了，但出于对国际形势和国家利益的判断，各方的态度在不同时期都不尽相同。以美国为例，在小布什时期及其以前，核武器还仍然是美国武器库中的宠儿，在纵向扩散上丝毫不见减力。奥巴马上台后，针对美国金融、外交和军事政策的严重失误，以及随之而来的美国实力地位的相对下降，在许多国际问题上开始从小布什时代的单边主义转向多边主义，积极推行“巧实力”外交，并且宣布将军事手段作为解决问题的最后选择。此次奥巴马积极倡导与主持核不扩散与核裁军峰会，并且倡议“无核世界”，既展现了他对待核武器的新理念，又可以在核问题上占据道德高地，改变美国长期以来的单边主义黩武形象，改善其战略处境。

虽然在核大国之间，核武器的战略地位有所下降；超级核大国的总统又提出了“无核世界”倡议；并且在美俄两个核武器大户之间主动展开裁减核武器新协议的谈判。但从全球核安全的形势看，情况仍然比较复杂。

二、现实挑战

当前全球核安全的威胁主要来自四个方面。首先是来自已经拥有核武器系统的核国家，特别是两个超级核大国。因为他们拥有全世界现存核武器的90%以上。大量的库存核武器，如果出现维护保管方面的问题，就会产生难以预料的严重后果。而列入战备系统的现役核武器一旦出现误判、指挥失控、违规操作、故障、装备事故等问题时，后果就更为严重，搞不好甚至可能引发核战争。例如不久前，在美国就发生过空军飞机违规携带核弹在本土飞行的责任事故。此外还多次出现过核武器预警系统误报有来袭导弹的情况。而超级核大国虽然一方面在裁减多余的核武器，另一方面为了保持自己的绝对核优势，又在不断提高核武器的性能，延长其服役寿命，甚至追求核武器小型化，试图降低使用核武器的门槛。加上宣扬“先发制人”核战略，更增添了人们对核战争可能被常态化的担忧。

其次，核武器在更多的国家中继续扩散，也会对全球核安全带来不利因素。从美国拥有第一枚原子弹以来，经过六十多年的演变，到目前为止已经有九个国家不同程度地拥有核武器。这是因为除了核大国之间追求核平衡之外，部分国家还有提高自身不对称威慑的战略意图和实际能力而去追求有限核武器，从而导致拥有核武器的国家增加。一般估计，目前全球已经存在的核弹头，包括现役部署和库存的大约在一万五千枚上下。而潜在的拥有核武器能力的国家还大有人在。这种核武器的大量积累和横向扩散的趋势目前还难以消失。然而过多的核武器在很多国家泛滥，显然会大大增加核武器失控、误判、违规、事故的几率。它还可能因为局部核冲突而引发全球性核战争。

第三就是非国家行为体试图掌控和运用核武器实施恐怖行动，或其他严重危害人类社会的犯罪活动。由于恐怖主义、极端主义以及国际分裂势力仍然十分活跃，这种威胁也同样具有极大的现实性和破坏性。大量核材料的丢失，核武器技术的扩散，已经成为重大的隐患。有朝一日，有核国家特别是在政局不稳的核国家，完整的核武器失窃、被走私、盗卖，甚至被不怀好意的组织私下装配出来，都并非毫无可能。这对全球核安全将构成重大威胁。

第四是各类核装置及大量核电站的核事故。这也是人类在和平利用核能过程中难以绝对避免的核安全威胁。因为除了人为的责任事故甚至故意破坏的可能性不能完全排除外，某些不可抗拒的灾害性诱因仍然存在。切尔诺贝利和三里岛核电站事故造成的跨国界放射性污染，让人们记忆犹新。而今全球已经有四百三十多座核动力堆在运行，预计到2030年有可能再增加六成，再加上数以百计的相关核工厂的安全运营问题，说明加强和平利用核能中的核安全也是需要面对的现实课题。

避免和消除全球核安全存在的上述现实威胁，已经成为全球性的重大挑战。这一点也已在国际社会得到很大的共识。可是要在具体措施上取得一致意见，并且完全付诸行动，却是一件难度很大的事。

三、取得的进展

虽然如此，国际社会在以下四个方面还是取得了一定进展。

首先是推动核裁军进程。自上世纪下半叶以来，核裁军进程由于种种众所周知的原因进展缓慢，直至冷战结束，国际格局和军事科技引发的巨变，核裁军进程才获得新的推动力。特别自美国奥巴马总统和俄国梅德维杰夫总统就任以来，美、俄两个拥有最多核武器的国家之间的双边核裁军行动取得较大进展。美、俄双边核裁军对带动全球性多边核裁军显然具有不可替代的决定性作用。《关于削减和限制进攻性武器条约》1994 年生效以来，美俄双方基本上履行了条约规定的义务，各自将核弹头的数量降低了一个数量级，从 1 万多枚削减到了 6000 枚以下。在减到一定水平时，其他核国家就有可能跟进，全球性的核武器裁减就有可能进入良性循环。这对维护全球核安全来说，无疑是大好的事情。但是，由于核武器在大国相互之间的战略较量中，仍然起着极为重要的关键作用，往往牵一发而动全身，因此在推动核裁军方面难度仍会很大。例如美俄之间近来关于在欧洲部署反导系统问题的争执，因为可能打破双方核威慑的平衡而遭到俄方的强烈反弹。回顾几十年来核裁军的艰难历史，也可看到此事绝非易事，上百次的会议，互不相让的讨价还价，让人眼花缭乱，但成果寥寥。其根本原因在于，核武器的发展尚未脱离“核扩散与反扩散”的历史阶段。核武器作为国家的最终和最高战略威慑手段的地位和作用尚无新的手段能完全取代。因此对核裁军进程既要持积极的态度，也要有长期博弈的思想准备。

防止核扩散是维护全球核安全的另一重要措施。《不扩散核武器条约》已经被绝大多数国家所接受，签字国已经达到 188 个。加上许多地区性的“无核武器区”多边协议，使核扩散在国家行为体中得到很大的制约。但由于核武器具有的特殊威慑作用，对某些中小国家来说，通过拥有核武器来提高自身的战略地位和外交筹码的愿望还难以完全消除。加上国际政治中存在的双重标准和战略猜疑问题，使这方面的争议也始终未断。例如朝鲜和伊朗核问题就是很好的例证。但总的来说，在国家行为体中推进防扩散的阻力相对较小，而且扩散的时空范围有限。因为核军备对绝大多数国家来讲，终究是一种难以承受的暴力奢侈品。

对付非国家行为体危害全球核安全的办法不多，而且很难加以有效限制和制裁。只能在联合国框架内，将其纳入国际反恐和反国际犯罪的打击范围，依靠国家行为体或者跨国界紧密合作来对待和处理。但是由于种种原因，特别是可能出现的双重标准问题，将大大增加其难度。例如在对待关塔那摩囚禁的东突恐怖分子，明明应该交回中国受审，可是由于美方实行双重标准而受阻。这将使这方面的国际合作大打折扣，实际效果可想而知。

关于和平利用核能过程中的核安全措施，比较容易取得国际共识，而且在这方面的国际合作也比较容易实现。唯一的障碍主要是双重标准问题。近期的伊朗核问题之所以进展缓慢，困难重重，很重要的原因之一是双重标准引起当事国的强烈抵触。把国家分为三六九等的“核歧视”政策应当彻底抛弃。在全球和平及安全利用核能上，所有国家只有在共同遵守国际法的前提下相互尊重、互利合作和一律平等，才能取得理想效果。

由美国多名政要发起无核世界倡议以来，关于全球核安全问题逐渐被推向国际问题第一线，全球核裁军问题掀起了新一轮热议。奥巴马总统趁担任安理会轮值主席的机会，提出举行安理会峰会讨论全球核不扩散与核裁军问题，不论其中是否包含其他因素与否，就全球核安全来说，具有正面意义。尤其富有戏剧性的是，峰会之后不长时间，诺贝尔委员会于10月13日宣布，将2009年的和平奖授予上任伊始、尚无明显建树的美国总统奥巴马，而诺贝尔委员会后来透露，最让委员们印象深刻的，正是奥巴马2009年4月在布拉格和9月在纽约联合国大会上所做演讲中关于“无核武器世界”的畅想。它至少表明，超级核大国已经意识到，核武器已经不是一个国家说了算的事，核安全是全球的事，必须全球来关注和参与。

核裁军、核不扩散与和平利用核能是核安全问题的三大支柱，三者是一个复杂有机的整体，要加强核不扩散机制、推动核裁军取得进展，必须标本兼治，平衡推进。中国国家主席胡锦涛在峰会上发表的题为《共同缔造普遍安全的世界》的讲话，从战略安全的角度对中方倡导的新安全观做出进一步阐述，论述了中国在防扩散、核裁军与和平利用核能等问题上的政策和理念。这一讲话既充分展现了中国公正、负责和建设性的态度，也反映了发展中国家的合理要求，维护了发展中国家利益，有助于推动核不扩散和核裁军进程朝着积极方向发展。

在传统意义上，核不扩散与核裁军各有侧重：核不扩散的重点是要求有核国家不向外扩散核武器，无核国家不寻求发展核武器；核裁军的关键则是推动有核国家特别是核大国明确承诺全面禁止和彻底销毁核武器。胡锦涛主席的讲话，非常注重两者的平衡，明确提出维护全球战略平衡和稳定，积极推进核裁军进程，核国家要放弃以首先使用核武器为基础的核威慑政策，切实减少核武器威胁。这样才有利于为核不扩散提供一个以互信为基础的安全环境。

胡锦涛主席在讲话中明确主张，充分尊重各国和平利用核能的权利，积极开展国际合作。发达国家应该积极帮助发展中国家为和平目的开发利用核能。和平利用核能是各国的一项基本权利，要与核不扩散进程相互促进，既要加大核查力度，反对借和平利用核能来从事核扩散活动，也要反对以防扩散为由限制或剥夺无核国家和平利用核能的权利。同时对改变追求核武器政策的国家予以鼓励。例如英国首相布朗在其提出的防止核武器落入恐怖分子手中的“全球性妥协方案”中就明确表示，英国将向愿意放弃核武计划的国家提供民用核电技术就是明智的举措。

此次峰会上，安理会一致通过了第1887号决议，呼吁各国致力于推动防扩散与核裁军，为在全世界范围内全面消除核武器创造条件。尽管仍然存在《反导条约》遭到废除、《全面禁止核试验条约》仍未生效、个别国家在核裁军政策上存在“双重标准”、损害国际战略稳定的导弹防御系统仍在积极部署等问题，但安理会的决议将在推动核不扩散与核裁军的进程方面起到正面作用。人类既然有能力制造出核武器，也就应该有能力控制好它，这就需要各国的普遍合作，才有可能切实推进核时代的普遍安全。

当然，要想实现全球无核化的理想世界，虽然难度很大，却并非毫无希望。因为世界是在变动和发展之中，人类应该是越来越聪明和文明，而不是越来越愚蠢和野蛮。但这是要花费许多代人的进化才行，因为顽固的唯我代表普世价值真理的排异意识在西方具有很强的遗传性，因此在相当时期内指望能排除各种干扰，快速实现这一理想是不现实的，何况核安全问题还涉及许多根本性原因，有战略层面的问题，也有技术层面的问题，可以说难度很大。它涉及到深层次的国际环境和国家心态问题。例如对某些相对弱小的国家来说，他们会认为，超级核大国已经拥有领先的高技术常规军备，宣扬“无核世界”无疑是要以绝对优势的“常规威慑”来取代“核威慑”的做法，看上去对全球核安全似乎做了好事，但却同时解除了弱国可以用来对付强国保护自己的不对称“核威慑”手段，而这种手段可以弥补弱国在“常规威慑”上的弱势。因此他们会认为“无核世界”倡议有利于超级核大国，而不利于弱国。除非超级核大国在推行“无核世界”的同时，能向全世界做出“战略保证”，在处理国际问题时“不霸、不欺、不武”，真正实行大小国家、不同体制一律平等、互利共存，才有可能解除这种疑虑。此外对“无核世界”的概念在技术上的理解空间也很大。无核可以是撤出现役，成非战备状态；也可以是拆解成非武器状态；也可以是彻底销毁，停止核武材料的生产，等等。诸如此类的问题说明，有朝一日地球村所有国家间的利益矛盾都能通过政治和国际法机制妥善解决，而无须诉诸武力，更不需要核威慑手段，那肯定是要花费许多时间和智慧的大工程。我们从现在起，通过共同努力，求同存异，逐步推动这一进程的愿望和作法还是应予肯定。

四、中国的作用

作为安理会常任理事国和负责任的爱好和平的国家，中国在维护全球核安全问题上，始终持正面的积极态度。在《2008年中国的国防》白皮书中主张所有核武器国家明确承诺全面、彻底销毁核武器，并承诺停止研发新型核武器，降低核武器在国家安全政策中的作用；中国支持《全面禁止核试验条约》早日生效，并将继续恪守“暂停试”承诺；恪守在任何时候、任何情况下不首先使用核武器和无条件不对无核武器国家和无核武器区使用或威胁使用核武器的承诺；中国重视日内瓦裁军谈判会议的作用，支持“打击核恐怖主义全球倡议”的目标和原则。

中国十分尊重国际原子能机构在核安全领域的作用，积极参与国际防止核扩散与防范核恐怖主义的合作。重视并积极开展防扩散和出口管制领域的国际交流与合作，参加了防扩散领域所有的国际条约和相关国际组织，建立了较为完善的核安全法规体系和监督管理体系，并与国际原子能机构之间在标准法规、核安全、废物处理、处置等领域开展了多个专项合作项目。9月14日，中国政府向国际原子能机构递交了《核材料实物保护公约》修订案批准书，从而成为继俄罗斯之后，第二个递交该公约修订案批准书的核武器国家，这对于推动该修订案的及早生效，提高国际社会防范和打击核恐怖主义的能力，加强国际核安保体系具有重要意义。

在历次核裁军会议和处理地区与全球性核安全问题方面，中国从有利和平的大局出发，依法据理办事，既尊重安理会在维护国际和平与安全方面的权威作用，也支持联合国框架下其他国际组织和多边条约机构开展积极有效的工作；既支持国际社会关于不扩散核武器的努力，又对发展中国家和平利用核能的愿望给予尊重和理解，获得各方好评。中国政府提倡以和平协商方式解决核安全方面出现的分歧，与有关各方一道，积极推进朝鲜半岛无核化目标和伊朗核问题的妥善解决，并创造性地开创了“六方会谈”的模式，显示了中国在维护核安全问题上的积极态度和创造性智慧。

正如胡锦涛主席在峰会上指出的：“当前，国际安全环境复杂多变，核扩散问题依然突出，核裁军任重道远。”我们应该“努力营造和平稳定的国际大环境，通过和平方式解决国际争端，增加各国安全感，促进发展，消除贫困，消除冲突和动荡根源。充分尊重和照顾各国正当合理的安全关切，不把本国安全凌驾于别国安全之上，通过互利共赢实现普遍安全。致力于建立相互理解和信赖的国家关系，化解分歧和猜疑，在平等基础上开展对话和合作。坚持多边主义，巩固以联合国为核心的集体安全体系，增强其公正性和合理性，使之在国际安全合作中发挥强大作用。”

论核恐怖主义与国际防范机制

夏立平

内容提要：当前核恐怖主义的危险性正在上升。其可能采取的行动样式包括：用非法手段获得或制造的核弹或“脏弹”进行恐怖袭击；袭击民用核设施，以获取核材料或制造恐怖事件；夺取个别核武器的控制权或制造核武器意外发射事件。国际防范核恐怖主义机制是国际防止核扩散体系的重要组成部分，是以防止非国家行为体——恐怖组织获得核袭击的能力及利用放射性物质进行恐怖活动为重点。其主要特点包括：以联合国及其安理会为核心，多层次、多管道、多类型共存，国际原子能机构在国际防范核恐怖主义机制中发挥骨干作用。应通过国际机制与主权国家发挥作用相结合，运用综合手段防范和应对核恐怖主义。加强和改进国际防范核恐怖主义机制需要努力平衡实现《不扩散核武器条约》规定的核裁军、核不扩散与和平利用核能三大目标；尽快在国际原子能机构监督下建立国际或区域多边核燃料循环服务中心系统；采取有效措施鼓励和说服各国普遍参与现有全球反核恐法律文书。应处理好国际法与反核恐的关系。

主 题 词：核技术　核能力　恐怖主义　国际机制

作者单位：上海　同济大学政治与国际关系学院

近年来，国际恐怖活动仍然猖獗，核扩散势头依然不减，“基地”等恐怖组织试图将二者结合在一起，制造核恐怖事件。这对国际安全构成严重威胁。“9·11”事件后，国际防范核恐怖主义机制逐渐加强，但仍存在许多亟待加强和改进之处。

一、核恐怖主义的危险性

迄今为止，国际社会对核恐怖主义尚未有统一的定义。根据联合国大会通过并于2005年9月14日在联合国总部开放供各国签署的《制止核恐怖主义行为国际公约》，核恐怖主义犯罪行为是指：以任何方式利用放射性材料或装置，或以致使放射性材料外泄或有外泄危险的方式利用或破坏核设施，目的是致人死亡或人体受到严重伤害，或使财产或环境受到重大损害，或迫使某一自然人或法人、某一国际组织或某一国家实施或不实施某一行为；任何人为达到上述目的而非法和故意拥有放射性材料或制造或拥有一个装置；在显示威胁确实可信的情况下，威胁实施上述犯罪；或在显示威胁确实可信的情况下通过威胁，或使用武力，非法和故意索要放射性材料、装置或核设施等。[①]具体来说，核恐怖主义可能采取的行动样式将包括：

1. 国际恐怖组织用非法手段获得或制造的核弹或"脏弹"进行恐怖袭击。恐怖分子寻求能够造成重大人员伤亡和巨大物质损失的恐怖事件及其轰动效应，而用核爆炸装置进行袭击正是他们理想的方式。"基地"组织头目本·拉登说，获得大规模杀伤性武器是一种"宗教使命"，他企图再制造一个遭受核袭击的"广岛"。[②]"基地"组织从20世纪90年代初就开始试图获得核爆炸装置。此时，住在苏丹的本·拉登曾出资150万美元从一个苏丹军官那里购买武器级铀。虽然交易达成后发现被卖家忽悠了，但可从中看出本·拉登本人对获得核爆炸装置的高度兴趣。2001年春天，本·拉登与巴基斯坦一位前核科学家讨论了发展核及其他大规模杀伤性武器问题。[③]

国际恐怖组织还有可能从形势不稳定的国家或国际核黑市购买可用于制造核弹或"脏弹"的技术与核材料。现在世界上有40多个国家有可用于制造核武器的核材料，虽然其中95%在俄罗斯和美国。由于一些国家的核设施与核材料的安全保卫有许多漏洞，现在每年都发生相当多次数的核材料失窃案件。前苏联在冷战时期生产

---

① 第59届联合国大会2005年4月通过的《制止核恐怖主义行为国际公约》。

② *Interview with Bin Laden*: '*World' s Most Wanted Terrorist*', ABC News, Jan 31, 2003.

③ Bob Graham, *World at Risk*: *the Report of the Commission on the Prevention of Weapons of Mass Destruction Proliferation and Terrorism*, Vintage Books (A Division of Random House, Inc), New York, the United States, pp. xxi.

了140至162吨钚，冷战结束和苏联解体后失窃的钚达310至360磅，足以制造25枚威力相当于美国在第二次世界大战期间扔在日本长崎的原子弹。[①] 从2007年6月至2008年6月一年中，国际上有报告的核材料失窃案件就有近250起，其中绝大多数失窃的核材料未能找回。[②] 这些失窃案件发生的地点遍及全世界主要地区，虽然主要是在前苏联地区的国家。同时，国际核走私和国际核黑市也难以禁绝。例如，2003年曝光的国际地下核交易网络参与的人员不仅来自亚洲、中东和非洲，也来自欧洲国家，表明其活动范围的广泛性。这些地下网络使恐怖分子可以通过国际黑市获得制造核爆炸装置的核技术和核物质。恐怖组织也曾派人多次到俄罗斯核武器储存地进行探查，其窃取俄核武的意图不言而喻。而且，一些军民两用技术可以通过跨国公司从合法途径获取。例如，德国、荷兰和英国建立的铀浓缩公司的离心机技术就被卡迪尔汗转用于巴基斯坦的核武器项目。[③]这种途径也可能被恐怖组织利用。而核威慑战略对恐怖分子不起作用。一旦恐怖分子获得核武器，他们就会千方百计用于袭击行动，从而对人类造成重大威胁。

因为要制造出核武器需要较多数量的核材料、较高的技术能力和较先进的设备，所以到目前为止，还没有证据表明“基地”等恐怖组织已制造出一枚核武器。但专家们认为，如果恐怖组织能招募到1至2名具有制造核武知识的人，并获得核材料，它们制造核弹的能力会大大增加。[④] 而且，恐怖组织用放射性材料制造“脏弹”并不需要很高的技术能力和先进的设备，因此可能性很大。例如，1995年11月，车城恐怖分子将盛有放射性物质的容器放在莫斯科市伊斯马伊洛夫公园内，扬言要引爆容器，制造一场新的“切尔诺

---

① Keith Rogers, *Missing Russian Plutonium Could Fuel 25 Nuclear Weapons, Former Air Force Chief Says*,, Las Vegas Review-Journal, January 27, 2009, pp. 6.

② Mohamed ElBaradei (the chief of the International Atomic Energy Agency), *Annual Report to the General Assembly of the IAEA*, June 2008, < http: www. iaea. org/About/Policy/GC/GC52/Agenda >.

③ 斯德哥尔摩和平研究所编，中国军控与裁军协会译：《SIPRI年鉴2004：军备、裁军与国际安全》，北京：世界知识出版社，2005年版，第975页。

④ Bob Graham, *World at Risk: the Report of the Commission on the Prevention of Weapons of Mass Destruction Proliferation and Terrorism*, Vintage Books (A Division of Random House, Inc), New York, the United States, pp. 20.

贝利”灾难。“脏弹”虽然摧毁和杀伤能力远比不上核武器，但它爆炸后会产生发射性沾染，从而引发民众的恐慌情绪。

2. 国际恐怖组织袭击民用核设施，以获取核材料或制造恐怖事件。近年来，国际上民用核设施数量增长较快。以核电站为例，截至2009年年底，全世界共有437座核反应堆在运行，发电总量达370.238GW。另外，全球范围内还有56座核反应堆在建，其中多数分布在亚洲和东欧地区。

国际上民用核设施数量的增长也对防范恐怖主义提出了更高的要求，因为恐怖分子可能袭击这些民用核设施以获得制造核弹或“脏弹”所需的核材料，或破坏核设施造成放射性材料外泄。2007年11月8日凌晨，两组武装歹徒袭击了南非位于佩林达巴的核材料储存库。那里存放着数百千克从南非曾制造的6枚核弹中拆卸下来的武器级铀。这些武装歹徒穿过1万伏高压电网，将核设施控制室内的一名应急行动官员击成重伤，在该核设施内停留了约45分钟。虽然在保安拉响警报器后，歹徒逃走，没有带走任何核材料，但该事件表明，一些看上去保卫严密的核设施其实也有脆弱之处。

3. 国际恐怖组织夺取个别核武器的控制权或制造核武器意外发射事件。冷战虽然已结束近20年了，但美国和俄罗斯仍有庞大的核武库。而且，美俄的战略核导弹仍处于高度战备状态，一接到指令，十几分钟内就可发射。在美俄已互不视为敌国的情况下，两国战略核导弹处于这种高度战备状态是荒谬的。而且，这种状态可能给恐怖分子以可乘之机。今后恐怖分子中的电脑高手可能渗入美俄的预警雷达电脑系统或战略导弹指挥控制系统，向其发出错误的指令，制造一场核灾难。美俄这么庞大的核武库也增加了恐怖分子夺取个别核武器控制权的可能性。

虽然到目前为止，国际上还没有恐怖分子进行核弹或“脏弹”袭击的案例，但已经发生过《制止核恐怖主义行为国际公约》所列出的核恐怖主义的某些犯罪行为，而且核恐怖主义的危险性正在上升。

二、国际防范核恐怖主义机制的主要特点

国际防范核恐怖主义机制是国际防止核扩散体系的重要组成部

分，是以防止非国家行为体——恐怖组织获得核袭击的能力及利用放射性物质进行恐怖活动为重点。它经历了一个逐渐建立和加强的过程，其主要特点包括：

1. 国际防范核恐怖主义机制以联合国及其安理会为核心。为了有效防范和应对国际核恐怖主义，需要所有主权国家加强合作，而联合国为这种合作提供了最好框架。

联合国是当今全球性的、最具有权威性的国际组织，其建立的集体安全制度在维护国际和平与安全方面发挥着重要作用。联大1946年1月通过的第一个决议就是关于核裁军的，该决议谋求消除原子武器和其他大规模杀伤性武器，并确保把原子能完全用于和平目的。

联合国宪章赋予安理会维持国际和平与安全的主要责任，规定安理会“应断定任何和平之威胁、和平之破坏是否存在，并应作成建议或抉择”，采取制裁或军事举动“以维持或恢复世界和平及安全。”[①]联合国大会2005年4月通过的《制止核恐怖主义行为国际公约》申明：“注意到核恐怖主义行为可能带来最严重的后果并可能对国际和平与安全构成威胁。”[②] 这表明核恐怖主义是一个关系到国际和平与安全的问题，安理会的介入符合联合国宪章的规定，具有合法性。

在实践中，联合国及其安理会在防范和应对国际核恐怖主义中发挥了核心作用。联合国在这方面已经和正在做的最重要工作是建立全球反恐怖主义的国际条约和公约制度，从而为反核恐怖主义奠定法律基础。这些国际条约为制止恐怖行为和追捕恐怖分子提供了法律框架，并规定了限制恐怖分子非法获取所需工具的办法。

联合国及其专门机构和国际原子能机构从1963年起制订了13份制止恐怖行为的国际法律文书，并向所有成员国开放签署。其中与防范和应对核恐怖主义直接有关的包括：1980年联大通过的《核材料实物保护公约》及2005年通过的该公约修正案和《制止核恐怖主义行为国际公约》。《核材料实物保护公约》把非法拥有、使用、转让核材料等行为、窃取核材料以及威胁使用核材料造成任

① 《联合国宪章》第三十九、四十一、四十二条。

② 第59届联合国大会2005年4月通过的《制止核恐怖主义行为国际公约》。

何人死亡或严重受伤或财产严重受损等行为都定为犯罪。《制止核恐怖主义行为国际公约》鼓励各国在防止恐怖袭击的信息交流和相互协助与刑事调查及引渡程序上开展合作。目前，联合国成员国正在就第 14 个国际条约，即关于国际恐怖主义的全面公约草案进行协商。该公约将作为现有国际反恐文书框架的补充，并吸纳最近的反恐公约内已存在的主要指导原则。

2006 年 9 月 8 日，联合国所有 192 个成员国一致通过一项全球反恐战略。这标志着世界各国首次在反恐领域达成一致的战略方案。作为该战略基本支柱的 5 个要素是：劝阻各个团体不要诉诸恐怖主义；禁止恐怖分子使用各种手段发起攻击；阻止有关国家向恐怖分子团伙提供支持；培养各国的反恐能力；在恐怖主义和反恐怖主义环境下捍卫人权。

联合国安理会自 20 世纪 90 年代起就一直致力于处理恐怖主义问题。20 世纪 90 年代，安理会对认为与某些恐怖活动有关联的国家和非国家行为体采取制裁。在 1999 年第 1269 号决议中，安全理事会呼吁各国进行合作以防止和制止所有恐怖活动。“9·11”事件后，根据安理会第 1373 号决议于 2001 年设立了反恐怖主义委员会。该委员会由安理会所有成员组成。第 1373 号决议要求各成员国采取多项措施防止恐怖主义活动并将各种形式的恐怖主义行动视为犯罪，还采取措施协助和促进国家间合作，包括遵守国际反恐文书。各成员国需定期向反恐怖主义委员会报告其实施第 1373 号决议所采取的措施。为协助反恐怖主义委员会的工作，安理会在 2004 年通过了第 1535 号决议，该决议要求建立反恐执行局，监测第 1373 号决议的执行情况并推动向各成员国提供技术援助。

安理会在防范核恐怖主义方面最重要的文件是 2004 年 4 月通过的第 1540 号决议。该决议要求各国阻止非国家行为体（包括恐怖主义团伙）获取大规模杀伤性武器，规定：“各国应按照本国程序，通过和实施适当、有效的法律，禁止任何非国家行为体，尤其是为恐怖主义目的而制造、获取、拥有、开发、运输、转移或使用核生化武器及其运载工具。”[①]

2. 国际防范核恐怖主义机制是多层次、多管道、多类型共存

① 联合国安全理事会第 4956 次会议 2004 年 4 月 28 日通过的第 1540（2004）号决议。

的。国际防范核恐怖主义机制是由全球、区域、次区域、双边、国家等多层次组成的。

全球层次主要包括联合国及其专门机构、《不扩散核武器条约》、国际原子能机构、“打击核恐怖主义全球倡议”、“全球反大规模杀伤性武器与材料扩散伙伴计划”以及“全球核能伙伴关系”等。

“打击核恐怖主义全球倡议”是时任美国总统布什和时任俄罗斯总统普京2006年7月共同提出，是一项旨在制止恐怖分子拥有、运输或使用核材料及发射性材料，并防止对核设施进行破坏的国际行动计划。同年10月，“打击核恐怖主义全球倡议”首次会议举行，创始伙伴国有包括5个核大国在内的12个国家，通过的《原则声明》强调成员国在打击核恐怖主义方面进行紧密合作，加强信息交流和行动协调，加强对核材料、放射性材料以及敏感设施的保管与保护，不向计划发动核袭击的恐怖分子提供避难场所等。

“全球反大规模杀伤性武器与材料扩散伙伴计划”是美国总统在2002年八国集团卡那斯基斯（加拿大）峰会期间提出的，该计划打算在10年内拨出200亿美元，帮助俄罗斯拆除退役的核潜艇、处理放射性材料和解决无工作的核武器科学家在民用领域再就业等。由于俄罗斯核武库巨大，前苏联解体后核扩散的风险也很大，因此由八国集团的其他成员国帮助它销毁退役核武器也有全球意义。

“全球核能伙伴关系”是由美国总统2006年1月提出倡议。根据该倡议，“燃料循环”国家将向“顾客”国家保证提供核燃料，“顾客”国家使用这些核燃料发电后，将用过的核燃料交还给“燃料循环”国家；“燃料循环”国家将在先进的核反应堆中对这些用过的核燃料中的铀和钚进行后处理。这将大大减少核废料的数量，并使之处于严格控制之下。2007年5月，中、美、法、俄、日科技部长举行“全球核能伙伴关系”组织第一次部长级会议。至2007年11月，已有19个国家成为该组织成员国。

区域和次区域层次主要包括《拉丁美洲禁止核武器条约》、《南太平洋无核区条约》、《非洲无核武器区条约》、《东南亚无核武器区条约》、《中亚无核武器区条约》以及《南极条约》等构成的无核武器区。某一区域或次区域成为无核武器区表明这一区域或次区域的国家自愿放弃发展核武器的权利，这大大减少了恐怖组织从这些国家非法获取制造核武器的材料或技术的可能性。而且，无核武器区核查机制的范围超过“国际原子能机构”的全面安全保障范围。例如，“国际原子能机构”的全面安全保障机制监督无核武器国家以防它们将核材料转用于制造核爆炸装置，但它并不能监督其他可能的违反无核武器区条约的行为，如某个国家秘密进口核武器或某个地区外国家使用无核武器区的领土制造或试验核武器。而无核武器区的核查机制包括这些。

双边层次最突出的是美俄两国的“合作减少威胁计划”，也称为“纳恩—卢格计划”。美国国会1993年通过，其主要目的是帮助俄罗斯加速裁减战略核武器；帮助乌克兰、白俄罗斯、哈萨克斯坦成为无核武器国家。

国家层次是这一机制的基础，因为主权国家承诺并通过立法和执法手段履行反核恐的国际义务，是能否有效防范和应对核恐的关键。中国在这方面做出了应有贡献。中国支持联合国在反核恐领域发挥重大作用，认真执行安理会相关决议。中国参加了与防范和应对核恐有关的所有国际条约和相关的正式国际组织。中国支持“打击核恐怖主义全球倡议”的目标和原则，是“倡议”创始伙伴国，参加了历次伙伴国会议。中国已建立核及相关两用物项和技术的完备的出口管制法规体系，并根据承担的国际义务和出口管制工作的需要，不断对有关法规进行更新。中国还不断加强防扩散出口管制执法。

美国自20世纪90年代就开始有关防范和应对核恐怖主义的立法。1995年美国总统发布第39号总统令，要求联邦政府各部门建立包括应对大规模杀伤性武器恐怖活动的危机管理与后果管理的对策与机制。1996年6月，美国国会通过《1996防御大规模杀伤性武器法案》，为美国防御和应对恐怖组织在美国本土进行核生化袭击奠定法律基础。“9·11”事件后，美国大力加强国家对付核恐怖主义的机制。成立国土安全部，主管国家反恐，包括防范和应对核恐事务。美国政府先后提出了多项防范核恐的计划，其中包括：

“集装箱安全倡议”。国土安全部、海关与边境保卫署2002年提出，主要目的是对驶往美国的集装箱货船进行预先评估，防止其携带能用于恐怖破坏的物品。

"大港口倡议"。2003 年能源部提出，主要目的是在全世界约 75 个重要港口设置美国报关代理人，并提供放射性物质检测系统。

"防扩散安全倡议"。小布什总统 2003 年提出，是一项旨在拦截通过海陆空方式扩散大规模杀伤性武器及其运载工具和相关材料的政策或活动。

其中，美国政府已与许多国家达成关于在"集装箱安全倡议"和"大港口倡议"方面合作的双边协议，使这两个倡议变成多个双边的项目。美国已将"防扩散安全倡议"扩大为有 70 余个国家参加的多边项目。这实际上是小布什政府既想搞单边主义，又离不开双边和多边合作情况下而采取的办法。

国际防范核恐怖主义机制是多管道的，由各种反恐和防扩散机制相互补充。它也是多类型的，包括官方和二轨等机制。

因此今后国际防范核恐怖主义机制将是多层次、多管道、多类型共存的合作结构。这种结构应建立在"共同安全"、"协调安全"和"合作安全"的基础之上。

3. 国际原子能机构在国际防范核恐怖主义机制中发挥骨干作用。国际原子能机构是一个与联合国建立联系的政府间国际组织，每年向联合国大会提交报告，并在必要时向联合国安理会报告。其宗旨是保障原子能的和平利用，并确保民用核项目不用于推进任何军事目的。国际原子能机构的三大工作领域是核保障、核安全、核保安。它的核保障制度是为了监督和阻止核武器扩散，核安全制度是保证民用核能的安全，而核保安制度主要为了防范核恐怖主义。

自 1957 年成立以来，国际原子能机构在保障监督与和平利用核能方面做了大量工作，先后主持制订了《及早通报核事故公约》、《核事故或辐射紧急情况援助公约》、《核安全公约》、《乏燃料管理安全和放射性废料管理安全联合公约》、和《修订〈关于核损害民事责任的维也纳公约〉议定书》等一系列与核安全、核事故处理、核废物安全管理有关的国际公约。这些国际公约在应对核恐怖主义方面也有一定意义，使国际原子能机构成为"拥有唯一能在核恐怖袭击引起放射的紧急情况下立即做出反应、援助各国的国际应急系统”。[①] 近年来，国际原子能机构在伊朗核问题、朝核问题等发挥了重要的核查作用。它还通过了一项综合的防止核恐怖主义的行动计划，帮助各国加强核保安措施。该计划涵盖防止和监察涉及核材料及其他放射性材料的恶意行动的各种措施，包括咨询、评价和培训服务。

为了保证核燃料的安全，使之不容易为那些企图发展核武器的国家或恐怖组织所利用，本世纪初以来国际原子能机构研究和推行多边的核燃料循环方案。2006 年 1 月，时任俄罗斯总统普京提出“在无歧视原则的基础上，在国际原子能机构的控制下建立包括铀浓缩在内的核燃料循环服务国际中心系统”的倡议。[②] 作为第一步，俄罗斯和哈萨克斯坦已在俄境内建立了铀浓缩中心。俄罗斯正在建立低浓缩铀储备。这一储备将提供给国际原子能机构，以保障可靠供应核燃料。美国的“全球核能伙伴关系”倡议的核燃料循环过程也将受到国际原子能机构的监督。

由于国际原子能机构在核保障、核安全、核保安方面具有先进设备和专家以及专业知识，因此它在国际防范和应对核恐怖主义机制中将继续发挥无可替代的重要作用。

三、加强国际防范核恐怖主义机制需要解决的几个问题

1. 应通过国际机制与主权国家发挥作用相结合，运用综合手段防范和应对核恐怖主义。恐怖组织是一种非国家行为体，其活动常常是跨国的。核恐怖主义也是如此。因此防范和应对核恐怖主义需要紧密的国际合作。国际机制是这种合作的框架，而主权国家发挥积极作用则是这种合作的基础。因为国际防范核恐怖主义机制是多层次、多管道、多类型共存的结构，所以必须加强各种机制之间的协调。

要使主权国家在反核恐方面积极参加相关的国际机制，应该在

① Louis Rene Beres, *On International Law and Nuclear Terrorism*, Georgia Journal of International and Cooperative Law, Spring 1994, pp. 62.

② 俄罗斯总统官方网址，“对和平利用核能的声明”，2006 年 1 月 25 日。

平等互利、相互尊重基础上，充分考虑各国的利益与关切。例如，国际原子能机构专家组2005年的研究报告的结论是，以往的多边核合作倡议之所以没有产生任何实际可见的成果，主要是缺乏足够的经济激励因素，各国对核扩散的关注度不够强，而对核燃料供应保障的关注超过一切，有些国家还将拥有生产和处理核燃料的设施看作国家荣誉等。① 因此新的多边核合作倡议必须考虑到这些因素及如何说服一些国家。

恐怖主义，包括核恐怖主义产生的原因是复杂的，包括政治、文化、经济等因素，其活动在全球化条件下也是借助各种非法和合法手段。因此防范和应对核恐怖主义需要采取综合手段。

近年来，联合国在防范和应对核恐怖主义方面开始注重消除“有利于恐怖主义蔓延的条件”，强调促进不同宗教和不同文化之间相互容忍，采取防止青年等弱势群体边缘化、提高社会包容程度、减少贫穷、促进社会发展和加强法治的举措。联合国区域间犯罪和司法研究所从25个国家收集并分析了数据，对欧亚地区放射性或核材料、化学、生物材料及武器的非法贩运进行了评估。国际货币基金组织和世界银行重点评估全球打击洗钱和资助恐怖主义行为的作为。

2. 进一步加强和改进国际防范和应对核恐怖主义机制。首先，努力平衡实现《不扩散核武器条约》规定的核裁军、核不扩散与和平利用核能三大目标。虽然《不扩散核武器条约》是以防止国家行为体成为新的核武器国家为主要目的，但它仍然是国际不扩散核武器体制的基石，对防止核恐怖主义也有一定作用。在2000年5月举行的《不扩散核武器条约》缔约国审议大会上，五个核武器国家（美、英、法、俄、中）在提交的一份联合声明中承诺，五国将继续履行该条约规定的所有义务，并努力通过谈判实现最终全面销毁核武器的目标。但小布什政府上台后，美国不再提及上述承诺。美国和俄罗斯拥有的庞大核武库已成为国际核不扩散的障碍之一，并有助于核恐怖主义。有的国家在拥有超过其他国家的常规军事力量情况下，仍实行以首先使用核武器为基础的核威慑战略，在某种程

① 国际原子能机构，“核燃料循环方案：专家组向国际原子能机构总干事提交的报告”，（IAEA，维也纳，2005）。

度上已成为国家核恐怖主义，对防止非国家行为体的核恐怖主义也毫无用处。因此，美俄必须尽快达成新的大幅度裁减核武器的协定，取消战略核武器的高度战备状态，将核弹头与运载导弹分开存放，放弃以首先使用核武器为基础的核战略。

其次，尽快在国际原子能机构监督下建立国际或区域多边核燃料循环服务中心系统。这一系统应保证向有核电站的无核武器国家供应价廉物美的核燃料并回收其产生的核废料。这对防范恐怖组织利用核材料制造核武器或“脏弹”意义重大，也有助于防止无核武器国家发展核弹。

第三，采取有效措施鼓励和说服各国普遍参与现有全球反核恐法律文书。《制止核恐怖主义行为国际公约》2007 年 7 月生效。但截至 2008 年 6 月，只有 40 个国家成为该公约的缔约方。《核材料实物保护公约》缔约方到 2008 年 5 月为止有 136 个，但只有 15 个国家批准或加入了 2005 年联大通过的修正案。

3. 应处理好国际法与反核恐的关系。防范核恐怖主义应在国际法框架下进行。但个别大国采取的某些反核恐措施有可能违反现行国际法。例如，美国小布什政府提出的“防扩散安全倡议”，没有完全排除在现有的国际法允许的范围外采取拦截行动的可能性。这是中国赞成该倡议在防扩散方面的目标，但迄今未参加的主要原因。今后中国应继续要求有关国家在国际法框架下采取行动。同时，各国之间应加强相关情报的沟通和分享，以便杜绝因情报误判而导致的在现有国际法允许范围外采取的行动。

【核力量】

2009年国际核力量发展综述

☞丁　健

On New Concept of Nuclear Deterrence

☞ Teng Jianqun

2009年国际核力量发展综述

丁　健

内容提要： 2009年，有关国家继续调整各自核政策和核战略，世界核力量的规模与结构发生不同程度变化。核武器国家继续削减核武器数量，核弹头数量较前一年有所下降。与此同时，这些国家又不断提高各自核力量的现代化，以提高核武器的有效性和安全性。构建新的军控与裁军机制成为主要国家努力的重要目标，以争取谈判的主动性。为保持核力量的可靠性和实战能力，有关核武器国家继续加强核大战训练演习，其核武器系统维持着较高战备状态。有关国家还在改进运载工具，开发新型武器系统及运载平台，更新指挥控制系统，大力提高信息化条件下的核作战能力。

主 题 词： 核武器　核力量　威慑　发展趋势

作者单位： 北京　中国军控与裁军协会

一、调整核政策，加强核保护

在本年度中，美俄等国大国都在筹划调整其核政策，以加强核力量的威慑能力，加强对核力量的保护。

1. 调整核威慑政策，突出先发制人。威慑是核战略的核心，随着美国先发制人核态势的形成，许多国家都开始考虑制订更加主动的核威慑政策。2009年5月，俄国家安全会议秘书尼古拉帕特鲁舍夫透露，俄正在酝酿制订新的军事学说，包括新的核武器使用政策，新政策从可能发起先发制人的核打击角度对军事学说的条款进行了修改，可能会明确很多动用核武器的具体条件。[①]俄目前的军事学说是冷战结束后不久颁布的，仍属于防御性核政策。此次调整在

① 俄专家批评新核打击构想不该明确动用核武条件，俄罗斯《独立报》，2009年10月8日。

俄军内外引发了巨大争论，估计近期将不会得出明确结论。而美国现行核政策也在国内存在着较大争议。美国国防部长盖茨在2009年1月号《外交》杂志上撰文称：“五角大楼必须适应新时代的发展，保持战略威慑力，发展核武库”；这与美国奥巴马政府的意见截然不同，目前奥巴马政府正在制订新的《四年防务评估报告》和《核态势审议报告》，这些评估和审议将对美国现行核武政策进行审议。新的《核态势审议报告》将讨论美国空军下一代轰炸机计划等敏感问题，该报告原定2009年2月提交国会，但由于各方意见难以统一，该报告再次推迟。

印度本年度内关于核政策的宣示引起了国际社会的广泛关注。2009年9月，印度陆军参谋长迪帕克·卡普尔称，印度可能因为巴基斯坦改进核武库而将重新考虑不首先使用核武器的承诺。印度安全专家认为，有必要重新评估现有政策，因为印度的核武承诺不是一项实质性声明。印度一些知名科学家也呼吁印度政府加强自身核力量建设，认为即便没有必要进行更多核试验和取得核技术前沿位置，印度也应当维护好现有的核武库。[①]对于印度做出的宣示，巴基斯坦军做出强硬回应。两国在核问题上的争吵，一方面表明印巴两国对各自核政策的重新认识，另一方面使核在地区问题中更为突出，不利于地区局势的和平与稳定，使该地区核政策更加突出主动性，使局势更加不稳定。

2. 加强防扩散的体系建设。本年度内，建立不扩散国际合作、加强对核扩散的遏制成为国际社会一致的选择。美国于1998年签署了《不扩散核武器条约》附加议定书，布什总统也于2008年12月底批准了该文件。2009年1月，美国政府正式将批准程序提交国际原子能机构。目前，已经有118个国家和国际原子能机构签署了附加议定书，其中89个国家已经获得了批准，美国是5个核大国中最后完成该审核程序的。2009年4月，美国与澳大利亚政府表示，两国将加强核不扩散条约制度，并密切合作直到2010年审议大会。而韩国和德国等国家也纷纷表示将积极推进朝鲜半岛和欧洲无核化进程，巩固遏制体系。

3. 强化核保护伞的威慑作用。随着新兴核力量的增强，许多

① 印度欲重新审视核战略，印度《印度时报》，2009年9月6日。

国家都要求强化美国等核大国提供的核保护，而美国等国也将这看作是维系军事同盟，并限制这些盟国核武器开发的重要手段。2009年6月，美国防部亚太安全事务助理葛瑞格森透露，美已着手研究应对朝鲜核与导弹威胁的新对策，并正同日韩就包括“核保护伞”在内的美国威慑力深入磋商。① 2009年7月，美日两国举行了外交与国防部门局长级安保磋商，双方就“核保护伞”及美国常规部队所提供的“延伸威慑力”问题进行了讨论，并同意就美国对日提供“核保护伞”建立定期协调机制。2009年10月，美国防部长盖茨在第41次韩美安保协议会上向韩承诺，美国将动员包括核保护伞、防范常规武器和导弹进攻能力在内的全方位军事力量向韩国提供“延伸威慑力”。

在强化东北亚核保护的同时，美国在本年度内仍未放弃对传统欧洲盟国的核保承诺护。2009年1月，美国“国防部核武器管理任务组”发布报告称，美国在欧洲部署核武器仍然是北约的支柱之一，美国不但应在欧洲保留战术核武器，而且应该改进现有巡航导弹的核弹头，以维持依靠美国保护的盟国对美国的信心。

二、调整核武库规模，构建新的军控机制

截至2009年初，美国库存5200枚核弹头，包括2700枚作战弹头和2500枚储备弹头，另有4200枚待拆卸弹头；而俄罗斯有6880枚弹头，包括4830枚现役核弹头和约2050枚储备弹头，另有8150枚待拆卸弹头；其他国家弹头总和不超过1000枚。②由于核武器老化自然淘汰和冷战后国际安全环境变化，美俄等核大国纷纷寻求削减核武器，并建立新的军控机制，以维持自身安全。

1. 削减核武器数量，提高威慑有效性。本年度中美俄等国积极谋求削减核武器数量，同时计划提高核武器质量，增强威慑的有效性。2009年4月，美国国防部官员透露，美国战略司令部工作人员正在研究将核弹头削减至1000枚的可能性，这个数字是根据该

---

① 美助理国防部长：拟明确“核保护伞”，日本共同社，2009年6月10日。

② *The U. S. Nuclear Forces, 2009*, *Bulletin of the Atomic Scientists*, March/April 2009.

司令部在核战争中核作战应急计划而制订的。[1]美国奥巴马总统在2008年竞选时就曾提出了无核世界的构想，这与俄罗斯由于核武器大规模淘汰而被迫削减的总体态势是一致的，因此得到了俄罗斯的积极响应。2009年4月1日，俄罗斯同美国发表共同宣言，俄表示将通过延长《关于限制和削减进攻性战略武器条约》，积极主动削减战略核力量，并将低于《莫斯科条约》中2200枚的限制，媒体称弹头库存将下降到1500枚作战核弹头，以后还会降到1000枚。但这一表态受到了俄美军方的质疑，俄战略火箭兵司令索洛夫佐夫在2009年6月表示，俄进攻性战略核弹头不应少于1500枚。

除美俄外，英法等国也适时削减了核武库规模。2009年3月，英国首相布朗宣称，愿与其他核国家一起实现核裁军目标，削减核武器库存。英国自1997年以来已经削减了50%的核武器库存，目前核弹头数少于160枚。新一代“三叉戟”核潜艇服役后，弹头数量将削减到120枚。法国总统萨科齐在年内也再次表示，将把空基核力量削减三分之一，届时法国核弹头数量将不足300枚，仅相当于冷战时期峰值的50%。此外，为了进一步协调核武器削减事宜，美国总统奥巴马将在2010年4月主持召开有关国家峰会，探讨包括加强核武器在内的核安全途径。

2. 争取谈判主动性，建立新的军控机制。本年度内许多国家都积极提出各自主张，以在未来军控谈判中争取主动。2009年3月，俄外长拉夫罗夫针对美国核力量现状在内瓦裁军谈判会议上宣称，俄不会在海外部署战略攻击武器，也赞同削减包括战略轰炸机在内的核武器载具。将反导系统纳入军控谈判也是俄方竭力主张的内容。2009年6月，俄总统梅德韦杰夫首次把削减核武谈判与反导计划挂钩，其表示与美签署削减核武器的前提必须是消除俄对美反导计划的担心。目前美俄在削减核武器问题上的争论主要集中在：一是核武器计算方法，即如何计算弹头和运载工具；二是导弹防御系统，美国在欧洲的反导系统是否纳入谈判内容；三是核常投送工具的区分方法，因为美国改装为常规导弹的战略核武器可以再次改装为核导弹。

---

① 美削减核武器计划取决于核目标的改变，NTI网站，2009年4月1日。

三、筹划调整核力量结构，规划核力量发展方向

由于世界各主要核国家的核武器管理机制基本沿袭了冷战时期的架构，而随着外部环境和指导思想的变化，这导致管理事故频发、效率低下，因此许多国家都在积极筹划核武器管理，规划核力量的发展。

1. 调整核武器管理与核力量结构。美国奥巴马政府上台后，在核武器管理上采取了积极的态度。2009 年 2 月，奥巴马政府责成能源部，研究将其所属的国家核军工管理局转交国防部管理的可行性，这个变化将结束美国核武器实验室 60 多年来一直处于非军方监督的管理模式。这项研究 2009 年度内完成，但在 2011 年前不会实施具体改革。[①] 2009 年 6 月，奥巴马政府再次要求能源部长和国会开展核综合体所有权问题的研究。上述研究将成为美国奥巴马政府新的核政策的一部分。

为了提高效率和保证核管理安全，美俄等国近年来都在积极调整核力量组织，优化内部结构。2008 年，在发生一系列核武器事故后，美国空军宣布在华盛顿特区的波灵空军基地设立了临时的“全球打击司令部”，用于管理美军所有在役核武器。2009 年 1 月，该机构正式运转，美军计划将该司令部改组为永久性司令部。2009 年 10 月，美空军再次明确阐述了该机构的任务目标，并修订了多项政策和程序指南，确保了 12 月 1 日掌管美国战略导弹部队，以及次年 2 月接管 B－52 和 B－2 战略轰炸机。

俄罗斯战略核部队结构调整主要在俄军改革框架内进行。2016 年前俄战略火箭兵合同制士官的数量拟达到 100%，而目前这个指标只有 25%。届时军官的数量将大大减少，而士官的数量相反将增加 1.5 倍。[②] 俄战略火箭兵司令索洛夫佐夫在 2009 年 5 月就此宣称，战略火箭兵将减少数量，而提高质量。特别是要完善部队和武器战

① 美国政府考虑由国防部管理核武器联合体，美国《阿尔伯克基期刊》，2009 年 2 月 4 日。

② 俄罗斯战略火箭兵士官将全部改为合同兵，中国国防科技信息中心，《现代军事》，2009 年 7 月。

斗指挥系统、提高战略火箭兵突破导弹防御系统的能力、以及突击兵器的寿命。

2. 加强核力量发展规划。为适应大规模核削减的形势，许多国家都在积极谋划新的核力量发展规划。2009年9月，美国总统奥巴马拒绝了国防部提出的《核势态审议报告》，要求其按彻底消除核武器的目标重新提交更为大胆的报告，为大幅削减美国的核武器铺平道路。[①] 奥巴马强调的美国新的核战略主要包括：对美国的核力量重新部署，以使几百个战略核弹头就能取代之前的数千个；重新制订核战略学说，缩小美国核武器使用的范围；探寻新的方法以适应将来在不进行核试验条件下确保核武器的可靠性。这将对美国，乃至全球核力量发展产生深远的影响。

3. 加大核力量建设资金投入。虽然美俄都在积极削减核武器数量，但各国仍在加大核力量建设的资金投入。2009年1月，卡内基国际和平基金会的统计报告表明，美国2008财年的核相关计划投入至少达520亿美元，其中大约55.5%（291亿美元）用于升级、运行和维持美国的核武库。而2009年的费用将与此基本持平。2009年3月，俄国防部副部长波波夫金透露，2009年俄国防采购总额将超过1.5万亿卢布（1美元约合36卢布），其中25%将用于保持战略核力量。[②]而俄主管军工的副总理伊万诺夫在2009年6月则宣称，俄40%的国防预算都投给了海军，比战略火箭兵、航天兵及空军所得的总和还要多，这些钱主要是投到了海基战略核力量——战略核潜艇的建设上。

四、提高核力量的战备水平，保持威慑的可靠性

为了保证核力量威慑的有效性，美俄等国十分重视核力量的运用准备，以保持核威慑的可靠性。

1. 适应性调整核作战计划。2004年秋季，美国将冷战时期沿袭下来的“统一联合作战计划”转变为一系列更小、反应更快的

① 奥巴马要求重新制订美核战略，准备大幅削减核武，英国《卫报》，2009年9月21日。

② 俄罗斯2020年前将完全更新核力量，俄罗斯纽带新闻网，2009年2月26日。

8044 作战计划。近年来，美军明显地加快了针对现实威胁调整作战计划的步伐。2009 年 9 月，美智库战略与国际问题研究中心发表报告称，美国正在为与朝鲜之间可能爆发的核战争以及朝鲜政权垮台局面做准备，华盛顿可能会就如何应对与朝鲜之间“包括核打击在内的对抗”制订计划。2009 年 7 月，美国太平洋司令部司令基廷也曾表示，美已针对朝鲜可能发生的任何突发情况提出了预案。

2. 维持较高战备状态。2009 年 2 月，美国战略司令部司令凯文针对奥巴马的核政策宣称：“我们需要继续保持较高的警戒态势，这与我们的战略、指南与政策是相称的”。[①]美国军控组织专家透露，美目前有大约 1000 枚核弹头安装在洲际弹道导弹和潜射弹道导弹上，陆基导弹能够在总统命令后 3 ~ 4 分钟内发射，潜射导弹需要 12 分钟；而俄罗斯有大约 1200 枚弹头处于最高警戒状态，几乎全是洲际弹道导弹；英、法共有 112 枚核弹头处于警戒水平，但是这些武器在接到命令后大约需要 1 天左右时间发射。2009 年 2 月，美“怀俄明”号弹道导弹核潜艇完成了其第 38 次巡逻任务返回母港，这是美国“三叉戟”核潜艇自 1982 年以来第 1000 次巡航，美海军为此在佐治亚州金斯湾海军基地举行了庆典。近年来，美国的 14 艘战略核潜艇保持了较高的战备状态，出勤率堪比冷战时期。与此同时，俄战略火箭兵司令索洛夫佐夫也表示，俄有 96% 的导弹处于临战状态，整个过程不超过 3 分钟。此外，俄 2007 年 8 月宣布恢复中断 15 年的远程战略轰炸机例行巡逻飞行后，在 2009 年度继续保持了较高的巡逻飞行时。2009 年 1 月，俄远程航空兵出动 4 架战略轰炸机，进行了本年度首次例行远程巡航飞行，此后在 2 月、9 月和例行演习期间保持了对大西洋、北冰洋、太平洋、黑海海域和北极等地区的战略飞行巡逻。

3. 利用实弹发射提高部队训练水平。本年度中，美俄等战略核力量进行了多次导弹发射，保持了较高的训练水平。按计划本年度内俄将进行 14 次不同目的发射，来验证该导弹的导弹部件和弹头性能，导弹寿命和部队训练水平等。俄罗斯海军也在 2009 年 7 月、10 月、11 月分别从北极、鄂霍次克海和巴伦支海等海域对

① 美国最高核指挥将军反对奥巴马提出的降低核警戒态势，NTI 网站，2009 年 2 月 27 日。

RSM－54“轻舟”导弹进行了5次以上的发射训练，特别是2009年7月的发射是在有较大浮冰块覆盖海域进行的，其中一次甚至是针对反导系统的低延伸弹道飞行，这在西方引起了较大震动。同样在年度例行演习中，俄远程航空兵也多次完成实弹打靶任务。2009年3月，俄空军多架图－95MS和图－160战略轰炸机向位于俄中部科米共和国境内的片博伊靶场实施了巡航导弹发射和投弹演习。而美国2009年6月在范登堡空军基地试射一枚“民兵－3”洲际弹道导弹，此次发射主要是验证该武器系统的可靠性和精度；本年度内美国在4月、7月和9月分别进行了至少4次“三叉戟II”D5潜射弹道导弹的发射训练，这使该型导弹成功发射记录达到了129次，这些发射的目的主要是确保该系统的安全性、可靠性和部队的较高训练水平。

而印度在本年度内也保持了较高的发射频率。2009年4月、10月，印度分别进行了3次“大地II”地地弹道导弹的发射；2009年5月、11月分别进行了2次“烈火II”导弹的发射。印度宣称，这几次发射主要是对操作导弹发射的部队进行训练，使其不需要科学家的帮助，即能完成导弹发射任务。特别是2009年11月的发射虽然偏离了目标，但检验了部队夜暗条件下的发射训练水平。

4. 通过核战争演习检验部队作战能力。举行核战争演习也是许多国家检验和提高部队作战能力的重要手段。本年度内俄罗斯北高加索部队、黑海舰队及里海舰队等部队举行了多次联合军事演习。特别是2009年9月，俄罗斯战略火箭兵部队进行了为期4天的模拟核战争军事演习。演习期间，战略火箭兵演练了常规战争与核战争场景中的作战控制，有共计2000多名现役军人和150个战场和战术级别的指挥与控制中心参加演习。为配合此次演习，俄罗斯和白俄罗斯军队还在俄海岸进行了模拟对波兰发动“核打击”的军事演练，军演代号为“西方”，目的是为了“防御”作战，但许多行动似乎具有进攻性质。共有俄罗斯与白俄罗斯的13000多名士兵参加军演。演习中，俄罗斯空军使用了核武库中的武器，而在邻近波兰的加里宁格勒，俄军暴风雨式的攻占了“波兰”海滩，并袭击了一条天然气管道。[1]此次演习遭到了波兰政府的抗议。

五、改进核运载工具，提高信息化作战能力

在核武器数量大规模削减的情况下，大力提高核武器质量几乎成为了所有核国家的选择。

1. 提高武器系统的信息化能力。本年度内，美国空军对B－2轰炸机的信息化改造工作进入高潮。2009年2月，波音公司为B－2轰炸机制造的先进超视距终端交付使用，这使B－2轰炸机可通过超高频卫星链路安全地传输和接收大数量的语音信息、数据、图像和视频，使其能更好地融于美军核指挥控制系统。2009年3月，首架换装新型雷达的B－2隐身轰炸机由诺·格公司交付空军，新雷达提高了B－2轰炸机发现目标的能力。同时，美海军对“三叉戟”系统的升级也在进行。2009年1月，美马萨诸塞州斯塔克实验室与美海军签订合同，研制“三叉戟II”D5导弹MK6增强寿命型制导系统，新系统的寿命和精度将大幅提高，该计划将于2011年12月完成。[2] 2009年7月，洛·马公司海上系统和传感器分部与美海军签订合同，为“俄亥俄”级潜艇提供全天候、视觉、电子搜索、数字图像管理、指示、告警和平台架构接口。这将使美导弹核潜艇的信息化能力得到增强。

2. 延长现有系统的服役年限。2009年4月，索洛夫佐夫透露，俄早期的SS－18B导弹服役结束，已退出战斗执勤，目前的SS－18V导弹将服役到2019年。而正在维护升级的1艘“德尔塔”级核潜艇也将在2011年交付俄罗斯北方舰队。此外，2009年6月，俄海军宣称，原已退役的两艘“台风”级弹道导弹核潜艇“阿尔汉格尔斯克”号和“谢韦尔斯塔”号将再次服役，经过改装后可能携带新一代的海基巡航导弹或“布拉瓦”海基弹道导弹。“台风”级的再次服役将使俄战略威慑力得到一定恢复。

---

① 俄罗斯军演模拟对波兰进行“核打击”惹怒波兰，英国《每日电讯报》，2009年11月2日。

② 美国国防部拨款研制“三叉戟II”导弹新型制导系统，美国国防部网站，2009年1月30日。

3. 改进现有系统作战性能。2009年6月，俄宣布计划在2016年以前改进其弹道导弹的射程，并提高对抗导弹防御系统的能力。同时，俄空军也宣布，图-160、图-95MS战略轰炸机和图-22M3远程轰炸机都从2009年开始进行大规模的现代化升级改造，这些飞机将装备新的目标指示和导航系统，使用无制导炸弹时能够达到20米以内的精度，飞机的作战航程将会增大，机载防卫系统也将得到显著升级。本年度内英国也开始对其唯一的战略核力量进行升级改造。2009年3月，英国防务大臣赫顿宣布，英海军将耗资300万英镑对"警惕"号进行升级。升级后该艇将装备最新的核反应堆芯和自防御系统，"三叉戟"导弹系统也将得到改进，这一工作将持续3年半。①

4. 提高武器系统的通用性。目前核常通用性已经成为核武器系统新的发展方向。2009年9月，美媒体透露，美军目前首批常规弹道导弹（常规"三叉戟"导弹）正被运到指定地点，并且会按照国会的指示在18个月内进行部署，相关部门将会在"4至5个月"内进行试验。俄罗斯《纽带》网在2009年11月也透露，美国可能在最近2年内装备不配核弹头的洲际弹道导弹，这些搭载常规装药的导弹能够在1小时内打击地球的任意点。美国空军也积极为B-2等核系统开发更强的常规打击能力。2009年7月，美空军、诺·格、波音公司共同对B-2轰炸机装配巨型钻地弹的能力进行了检查，这将使B-2具备常规打击地下更坚固目标的能力。此外，核系统的通用性也是核武器发展的重要方向。2006年4月，俄在卡普斯京亚尔靶场对新型通用弹头进行了试验，该弹头既可装备多弹头的陆基弹道导弹，也可装备海基多弹头弹道导弹。

六、开发新型武器及运载平台，更新指挥控制系统

1. 发展多样的新型核导弹。本年度内新型核导弹仍是各国发展的重点。2009年3月，法国新一代中程防区外核巡航导弹——"改进型中程空对地导弹"按期完成了第三次技术性作战鉴定。法空军用幻影-2000N在指定的海上射击场成功发射了该型导弹。另

① 英国将升级"警惕"号弹道导弹核潜艇，德国防务专家网，2009年3月2日。

一种值得关注的导弹是俄罗斯的“布拉瓦”潜射导弹，该导弹将成为俄海基核力量的主力，但其在2009年7月的试射中由于转向系统故障，导弹在发射后的第一阶段自毁，这是该导弹11次试射中的第6次失败，但由于俄军坚持认为“布拉瓦”无法取代，估计短时间内该导弹的试验还将继续。另一个大力发展新型核导弹的是印度，2009年7月，印度任命女科学家泰西·托马斯为“烈火-5”项目主任，这表明该型导弹发展全面展开，“烈火-5”以“烈火-3”为基础，为三级固体燃料导弹，射程可达5000多千米，可携带多核弹头。①

2. 开发新型核武器平台。开发新型核武器运载平台，是各国提高战略打击能力的重要途径。2009年2月，美国国防部称：“海军已经启动寻求战略核潜艇后续艇的程序”。这表明美国已经着手开发“三叉戟”导弹核潜艇后的新型战略导弹核潜艇论证设计。2009年3月，俄新一代战略导弹核潜艇“北风”级的第四艘开始铺设龙骨。2009年10月，该级艇的首艘“尤里·多尔戈鲁基”号完成首次海试，以后还要再进行5—6次海试，即可交付海军。英国在本年度内也同美国一样开始了新一代导弹核潜艇的论证。2009年3月，英国首相布朗透露，下一代弹道导弹潜艇将装备12个导弹发射管。②法国新型弹道导弹核潜艇“可畏”号于2009年1月下水，这是同级别4艘潜艇中的最后一艘。本年度内最引人注目的是印度第一艘核潜艇“歼敌者”号在2009年7月下水，其配备射程700多千米的弹道导弹，可携带核弹头，印度计划2015年前再建造2艘该型艇。这标志着印度正式成为“三位一体”核力量。

本年度内美国新型战略轰炸机计划取得进展。2009年6月，美国众议院国防委员会的委员们已决定授权为下一代轰炸机的研究继续提供经费。2009年9月，美国防部长盖茨也透露，未来远程轰炸机可以是有人驾驶，也可以是无人驾驶的，美空军初步设想投资150亿美元在2018年前完成研发。

---

① 印度女科学家牵头研制“烈火-5”洲际弹道导弹，印度《印度时报》，2009年7月1日。

② 英国“三叉戟”潜艇替换计划已经成型，英国《简氏防务周刊》，2009年4月20日。

3. 改进战略指挥控制系统。2009年6月，俄战略火箭兵司令索洛夫佐夫宣称，俄战略火箭兵正在采用第3代指挥与控制系统，以改进其导弹的发射和瞄准程序，该系统除了具备传统任务相关的发射程序，还汇集了多种数据，可对导弹的准备就绪过程进行控制，有助于改变部署计划的快速响应和快速重新瞄准导弹目标；该系统主要通过有线信道和卫星通信信道传送指令，具有抗干扰能力，非常重要的是它可以保障战斗指挥命令直接传送到发射装置，越过中间环节系统，即使在遭受核打击以及强烈的无线电压制干扰的情况下，也能正常工作，实现战略火箭兵战斗指挥过程的自动化是其战斗指挥系统构建之初的主要任务之一。目前装备新型自动化战斗指挥系统的进程已接近尾声。[①]此外，印度国防研发组织科学家也透露：该组织已经开发出一个核指挥控制系统，其包括地下防御工事、综合掩体、辐射保护设备和机载预警系统等。

七、发展新型核弹头，加快核力量部署

在全球核禁试条件下，各国仍在积极探索库存核武器和延寿和新型核武器的开发，并积极部署新的武器系统。

1. 延长核武器寿命，发展新型核弹头。本年度中，美俄等核大国继续保持了对核武器的改造，以延长寿命。2009年1月，美国核军工管理局称，最后一枚更新的B61战略核弹已经进入美国核武库，这标志着为期8年的B61战略核弹延寿工作全部完成。2009年2月，美能源部宣布，美海军已经接收了第一批翻新的W-76核弹头，此举是美国不进行核试验维持核武库的一个里程碑。[②]在新型核武器方面，美国虽然已经连续两年没有批准“可靠的可替换核弹头”计划的拨款，但相关工作并没有停止。值得注意的是，英国核武器研究中心在美国帮助下正在进行类似的高信任度弹头的开发。此外，印度也一直致力于更大威力弹头的发展。2009年9月，新德里高级原子能官员表示，印度已建成20万吨当量的核武器，这将

① 俄战略火箭兵转入更加有效的战斗指挥系统，中国国防科技信息中心，《现代军事》，2009年9月。

② 美国翻新核弹头重返海军服役，NTI网站，2009年2月24日。

使其相对于同样拥有核武器的宿敌巴基斯坦获得很大的优势。

2. 加快核武器的部署与服役。在本年度中，世界各核力量还加快了战略核武器的部署进程。2009 年 1 月，俄政府宣布此后 3 年将采购 70 枚战略核导弹，到 2016 年，俄战略火箭兵将更换 80% 的导弹。2009 年 3 月，索洛夫佐夫透露，俄军首个装备可携带多弹头的新型“RS－24”洲际弹道导弹团，将在 2009 年 12 月 5 日俄美《关于段削减和限制进攻性战略武器条约》到期失效后进入战斗值班，初步确定由 1 个团级机动指挥所和 3 套机动发射装置的营级单位组成。本年度，俄斥资 3.5 亿美元用于改造堪察加半岛的核潜艇基地，以部署其新型“北风”核潜艇。此外，俄海军副总参谋长布尔采夫在 2009 年 3 月透露，俄海军将强化核潜艇的战术核武器作用，即在核潜艇上部署核巡航导弹，此举是 1991 年后的首次，其将使全球核军控进程严重倒退。

本年度内，美国完成了 4 艘弹道导弹核潜艇的改装工作，最后一艘改装为巡航导弹潜艇的“乔治亚”号在 2009 年 8 月开始部署。而法国最新的 ASMP－A 在 2009 年 9 月也开始部署，该导弹首先装备了驻扎在伊斯特空军基地配备“幻影 2000N”K3 战斗机的第 4 战斗机联队第 3 中队（“利穆赞”中队）。此后，该导弹将在 2010 年中装备驻扎在法国东北部上马恩大区圣迪济耶空军基地配置“阵风”F3 战斗机的“加斯科尼”中队。

On New Concept of Nuclear Deterrence

Teng Jianqun

Nuclear weaponry is undoubtedly the most important "military legacy" to the 21 century left over by the last century. The concept of nuclear deterrence, derived from nuclear weaponry, is one of the important elements in international security and strategic studies over the past 50 years and more. Although nuclear deterrence is still regarded as a major pillar for maintaining stable relations between major powers and for safeguarding national security, yet profound changes have taken place in its meaning. With the spread and proliferation of nuclear technology, the mankind is confronted with an unprecedented dilemma: if nuclear weapons and radioactive materials fall into the hands of non-state actors or irresponsible countries, the threat it causes will be more dangerous than that caused by the nuclear countries. Under such circumstances, the proposal for establishing a nuclear-free world is once again put on the table. However, the biggest obstacle for such an initiative lies in the nuclear deterrence concept that has been pursued for many years. Therefore, it is necessary to reevaluate the concept of nuclear deterrence.

I. Old Concept of Nuclear Deterrence

The deterrence thinking has its roots in ancient military theories and practices. With the possession of nuclear weapons by some countries in their arsenals, the theory of nuclear deterrence came into being. The concept was formed and developed primarily in some developed countries, and the United States in particular, as their national strength played an important role in this respect. Since the 1960s, a large number of conceptions on nuclear deterrence were dished up, and the nuclear deterrence thinking became an important part in the national security strategy of the United States and some other countries. "Deterrence" is defined in the American Dictionary of Military and Associated Terms as making the other party dare not to take actions because of fear of disastrous consequences. Deterrence is intended to threaten the other party to have a state of mind arriving from unbearable actions of retaliation. Dr. Henry Kissinger wrote in his book The Necessity for Choice that deterrence requests a combination of strength and the willingness to use force as well as the evaluation made by potential aggressors to the above matter. ... Deterrence would suffer a failure if one of the three conditions is absent. His words summarized precisely the following three factors of a traditional deterrence theory: strength, resolution and information flow. Without any one of the above-mentioned factors, deterrence will lose its significance.

Conventional wisdom holds that the traditional nuclear deterrence sends out a psychological signal, based on possession of strong nuclear force, to make the potential attackers believe that the benefits they might gain by changing the status quo would be miner than what they might gain by maintaining the status quo. In this way, any potential abrupt aggression could be deterred and the situation favorable to the deterring side could be maintained. Nuclear deterrence bases itself on the threat of use of nuclear arms, and its effectiveness originates from the force of mass destruction of nuclear weapons.

The traditional nuclear deterrence theory also holds that nuclear deterrence plays a role of maintaining the current relative stable status quo, especially stable relations among major powers. According to the balance-of-power theory, the state-to-state relations would remain stable when an equilibrium of force is roughly reached among states. Otherwise, clashes, conflicts and even wars would erupt among states when strong countries, free from any constraints, oppress the weaker ones and force them to make retaliatory actions. Since nuclear arms are able to create abhorring destruction, nuclear deterrence is highly cherished by the nuclear powers. In the Cold War time, the United States and the former

Soviet Union, as the two biggest nuclear powers, engaged in severe arms race in the nuclear field. The basic reason was that both of them were afraid that a tilting balance of power, and especially a weakening strategic stability through their strategic means like nuclear weapons, might entice attacks from the adversary.

The rivalry in the quantity of nuclear weaponry, in essence, is a competition for maintaining stability in state-to-state relations, and also a contest to avoid wars for the benefit of a peaceful environment of a country. Joseph Stalin, leader of the former Soviet Union, once said that the incidents in Hiroshima and Nagasaki shocked the world. The balance of power was destroyed! The Soviet Union has to produce immediately its nuclear bombs which would "help us remove a big obstacle". His words hit the point. Politicians always regard that the rise and fall of strength of a country affect stable relations with other countries and further more affect its national security. That is also the reason why Russia nowadays opposes strongly America's missile defense program and its deployment in Eastern European countries. These missile defense systems are labeled as "defensive", but when applied in wars, they would weaken the effectiveness of Russia's current strategic weapons and hurt Russian nuclear deterrence, thus threatening the relatively stable strategic relations between the United States and Russia. The international community would be driven to a perilous condition if the United States, with both strategic offensive and defensive weapons in its possession, will not only strike Russia, but also feel reassured and emboldened in its reckless actions in world affairs. China is also watching closely Washington's missile defense plans and considers that "the global missile defense project will damage the strategic balance and stability, harm the international and regional security and exert negative impacts on the nuclear disarmament process, to which China pays great attention." Chinese Foreign Minister Yang Jiechi elaborated in Geneva on August 12, 2009 that the international community should abandon pursuits for absolute strategic superiority and refrain from developing missile defense systems that would destroy the global strategic stability and stop deployment of weapons in the outer space.

II. New Meanings of Nuclear Deterrence

The end of the Cold War not only terminated the nuclear arms race between the two superpowers, but also greatly shook the old nuclear deterrence thinking because its preconditions, the objects to be deterred, and way of deterrence have changed. Although the original aims remain unchanged, we cannot neglect changes in nuclear deterrence thinking when we analyze issues of anti-proliferation, evaluate the nuclear disarmament and even study the proposal of establishing a nuclear-free world.

1. Changes in preconditions for nuclear deterrence. Deterrence embodies both physical and psychological contents. The physical content means those tangible impacts brought about by existing nuclear weapons as well as those policies, strategies and guidelines for the use of nuclear weapons. The psychological content means the psychological actions and counter-actions brought about by nuclear weapons, that is, the psychological reactions made by humanity when they realize the massive destructions nuclear weapons might cause.

The original thinking holds that the success for an act of deterrence depends on many preconditions, and some of them are vital. First, both sides make decisions based on cost-effectiveness and are capable of making evaluations on both situation and capability. Second, the higher the deterrence, the more probable will be to deter aggressive actions. Third, no matter defenders or provokers, they share the same or similar understanding that the best option is to avoid a massive nuclear conflict. Fourth, both sides share similar concerns so that signals for mutual assurance will be easily understood and correctly recognized. Fifth, decision-makers are not sensitive to domestic pressures, the state must be a totally rational decision-making body, and the interest groups and political groupings at home will not exert decisive influence on deterrence policies. Finally, both sides could control the nuclear weapons in a highly concentrated way. Only when the above-mentioned conditions are in place could deterrence be truly established.

A review of today's nuclear deterrence tells us that the above-mentioned conditions either do not exist or have become blurred. Because of the disparity in the balance of power, neither the deterrer nor the deterred is able to make a detailed evaluation of the situation. Take the Gulf War for example. The United States sent out many signals of nuclear deterrence, but they had little effect on Saddam Hussein and the Iraqi troops occupied Kuwait overnight. During the second Gulf War, Saddam Hussein reckoned that the United States was playing old tricks and he went his own way, assuming that Americans would not occupy Iraq and took his life. From the United States' point of view, although hundreds of thousands of soldiers were at the border, such deterrence signals did not stop the escalation of the crisis, and therefore as a last resort, Washington sent soldiers to the battlefield.

At present, the objects of deterrence are no longer state entities, rather terrorists like Bin Laden and the terrorist organizations led by him. Although deterrence signals could be sent out, these non-state entities that move about without leaving any trace, do not worry that their lives and properties will become hostages of Washington's nuclear deterrence. To these non-state entities, nuclear deterrence becomes weak and pale. Losing those original preconditions, the nuclear deterrence theory finds itself in confusion, knowing neither when nor to whom to use nuclear deterrence. As a result, the theoretical and material basis for nuclear deterrence has been shaken.

2. Changes in the objects of deterrence. Nuclear deterrence used to mean the rivalry between the two superpowers, the United States and the former Soviet Union, in particular their desperate arms race on nuclear deterrence and counter-nuclear deterrence in the aftermath of the Cuban missile crisis in the 1960s. Usually the objects of deterrence are states and political groupings. China's definition of deterrence is most representative: "It is a military action taken by a state or a political grouping to force the other side to shy away from taking hostile actions or

an escalation of actions by a show of force or a show of determination to use force. It constitutes one form of military strike." The former Soviet Union held that the existence of deterrence as a factor contributing to the realization of strategic balance should be recognized. It further held that in a mutually dependent world, actions taken by one side would lead to confrontational actions of the other side, and that every new approach taken by the United States in its expansion of arms race would lead to counter-attack measures of the Soviet Union, and likewise, any attempt to implement the deterrence theory would lead to counter attacks from the Soviet Union. Undoubtedly, such confrontational actions constituted the fundamental reasons for the severe military rivalry between the United States and the former Soviet Union. As adversaries, the purpose of each side was to gain an upper hand in their race. When no one dares to use nuclear weapons to strike its adversary, the psychological rivalry plays a more important role than the capacity of a nuclear war.

The old model of U. S. -Soviet deterrence is no longer in existence, and the original counterparts for mutual nuclear deterrence are gone. According to the U. S. Department of Defense, the United States in the Cold War developed the deterrence theory as well as the thinking and rules for arms control; however, these old regulations, though conducive to understanding and handling the deterrence relations between the United States and the Soviet Union, could no longer cope with the new nuclear dangers. Although Russia, China and some other countries are still regarded as potential adversaries in Washington's non-confidential papers, nuclear deterrence nowadays has gone beyond these countries in a traditional sense. The United States thinks that the present state of nuclear countries are far more complicated than a single socialist Soviet Union: Washington has also to take into consideration the uncertain future of the DPRK, Pakistan, Iran, Russia and India as well as the trans-national terrorist organizations. These nuclear threats in diversified forms force the United States to take a strategy based on its capabilities since these nuclear states, apart from being unpredictable, will not act according to Western thinking.

Judging from this perspective, it is not hard to tell why, soon after the Cold War, the United States put the proliferation of nuclear weapons on top of the four challenging threats. The prevention of proliferation and nonproliferation have become the main theme in the field of international arms control and disarmament in the past two decades. The main reason for this is not because Washington will give up its nuclear deterrence strategy, but because it makes developing countries like the DPRK, Iran and others as its targets following the disappearance of its former adversary. In order to put pressure on these so-called "rogue states", the Bush administration initiated a "preemptive" strategy, that is, so long as any sign of taking some actions by the rogue states is detected by the United States, Washington will resort to all military means including nuclear weapons to attack its adversary for the purpose of assuring its own absolute security. In the opinions of some people, one of the reasons for the Libyan government to renounce its plan of developing weapons of mass destruction in 2003 lies in the implementation of the preemptive strategy. When interviewed by the BBC, Gaddafi admitted that it was the Iraq War that helped him to make the decision to abandon the weapons of mass destruction. Whether it is true nor not, we should make an all-round evaluation.

It is not only the major nuclear powers like the United States and Russia that have experienced changes in the targets of their nuclear deterrence. France is another example. During the Cold War period, France kept a nuclear force with the purpose of dealing with the realistic and strong threat from the former Soviet Union and for the prevention of a nuclear war in Europe. Although Russia still remains a threat for a potential nuclear war in Europe, France, however, finds such a threat remarkably weakened or even disappeared. Nuclear deterrence has become less significant to France's national security. In its white paper on national defense in 1994, France once again put its priority on conventional force and worked to reduce the role played by the nuclear force in its national security. At the same time, France stresses a greater role of nuclear arms in the prevention of wars and holds that France's nuclear strategy is one of deterrence, and deterrence and the use of it should not be mixed up. France also states that its deterrence concept is based on not resorting to the conventional strategy and nuclear war. Former French President Francois Mitterrand pointed out that nuclear deterrence should be used "for the purpose of preventing wars, not for winning wars." Former French President Jacques Chirac also said that French nuclear strategy should keep its deterrent and defensive nature, and all ideas for nuclear wars should be excluded.

In October 2003, according to media reports, France was prepared to adopt the preemptive strategy to cope with threats of biochemical weapons from the "rogue states". The reasons for doing so were: Firstly, France was prepared to strike those non-nuclear states although France was reluctant to do so in the past. Secondly, nuclear arms were by no means only for retaliation: they were an important element for protective deterrence in France's national security. When attending the launching ceremony of a new strategic submarine in March 2008, French President Nicolas Sarkozy stressed that France should implement nuclear warning based on nuclear deterrence. Nuclear deterrence is life insurance to France, and all those who infringe upon France's vital interests should be punished by nuclear force. At present, the objects of deterrence in French nuclear strategy have been expanded from the Soviet Union (now Russia) to those states in the Middle East, North Africa, the Mediterranean region and others that France regards as challenges to its national security interests.

3. Changes in ways of nuclear deterrence. During the Cold War, the postures of nuclear deterrence between the United States and the former Soviet Union were highly intensive deterrence of nuclear terror. That is to assure that both sides dare not to take abrupt actions by "large-scale retaliations" against any attack and by taking hostages of both military and civilian targets of all sides through mutually assured destruction. In their severe military confrontations, the United States and the former Soviet Union built up enormous nuclear arsenals to deter an all-round outbreak of war, and for that purpose they developed tens of

thousands of nuclear warheads in dozens of varieties. At present they still attach great importance to the quantity of nuclear weapons, but the priority has been placed on the maintenance of a reliable nuclear deterrence by a nuclear force that is small in size but powerful in capability. By so doing, nuclear attacks from any potential adversary will be deterred, and the nuclear force mechanism could be reorganized to quickly develop a nuclear deterrence ability to cope with any changes in the threat.

America reaffirmed in its Nuclear Posture Review that the United States would stick to its nuclear deterrence strategy and stressed the necessity of a nuclear deterrence and the maintenance of a nuclear arsenal. To realize the objective of safeguarding national security and to deter any provocative actions against American territory and against its allies and friends, the United States has to spend money on maintaining a reasonable force for deterrence. America also put forward a new military force structure based on its capabilities and worked out a "new trinity" concept, that is, since the Cold-War nuclear deterrence is out of date, the United States should push cooperation with Russia and put to an end the Cold-War relations of mutually assured destruction. However, to keep its superiority in the military field, the United States must cut its nuclear weapons, develop and deploy the more advanced missile defense system, and make more efforts to develop advanced conventional weapons.

Washington holds that its potential adversaries include many countries and non-state entities. To deal with adversaries like Russia which has a similar strength as the United States, traditional nuclear deterrence strategy could be applied. However, for those countries such as North Korea and Iran, it is an unpredictable situation. In addition, nuclear attacks made by terrorists and non-state entities against American territory or its overseas interests will result in grave damages at various levels with vast destruction and huge casualties. America's National Security Strategy, while stressing nuclear deterrence, has added two new objectives of dealing with the "rogue states" and terrorists, saying that the most effective way to deal with those countries and terrorists who attempt to develop nuclear weapons is to deprive their possession of required nuclear materials.

Different from the Cold War period when the two superpowers paid more attention to their nuclear weapons´ quantitative development, nowadays these major nuclear powers have new ways in applying their nuclear deterrence, including reevaluation of the relationship between nuclear weapons and conventional weapons. In their eyes, the superiority in conventional forces will eventually become a supplement to nuclear deterrence in dealing with the so-called "rogue states" and terrorists. The Nuclear Posture Review 2001 introduced a new-type "trinity" by combining strategic defense including missile defense system, offensive strategic nuclear weapons, and the conventional force and infrastructure. Other nuclear countries like Russia, France and Britain are also expanding the contents of nuclear deterrence. While drastically reducing the number of their nuclear arms, they are stepping up their conventional buildup. In addition, they are also developing new-type nuclear weapons such as nuclear earth penetrators, in order to assure the ability of destroying headquarters of the adversaries built deep underground, and deter the psychological endurance of those policy-makers from non-nuclear states.

III. Nuclear Deterrence vs. Nuclear-Free World Building

The proposal for a nuclear-free world was put forward in early 2007 by former U. S. Secretary of State Henry Kissinger, former Secretary of State George Shultz, former Defense Secretary William Perry, and Congressman Sam Nunn. In the proposal, they reiterated their stand for establishing a nuclear-free world as well as relevant approaches and measures. Their proposition has won warm responses from the international community. The British government under Gordon Brown has published a series of government reports on nuclear disarmament and on the establishment of a nuclear-free world, putting forward urgent demands for nuclear disarmament and the assurance of nuclear safety, as well as approaches for realizing these objectives. The Obama administration also declared to commit to a nuclear-free world. In his speech in Prague in April 2009, President Obama made public his support for a nuclear-free world and the specific measures for assuring nuclear safety.

However, not all people agree with this initiative. On July 13, 2009, The Wall Street Journal published an interview with former U. S. Defense Secretary James Schlesinger, who said that nuclear weapons were being used everyday, and they were used to "deter America's potential enemies and to provide defense for our allies to whom we have promised to defend". Schlesinger is both bureaucrat and scholar, enjoying, in particular, high prestige in the field of nuclear strategy. Because of his background of being a professor and a think-tank fellow with long-term government affiliation, Schlesinger's open opposition against a "nuclear-free world" attracted people's attention immediately.

Most opponents to the idea of a "nuclear-free world" are from the defense and military circles. Some commanders from America's strategic headquarters pointed out bluntly that the proposal for a nuclear-free world by the president was too naive. In their views, first of all, it was impossible for the mankind to fall back on an invention and it is the same case with the nuclear weapons. Secondly, somber-minded supporters for nuclear disarmament held that it would be impossible for the United States to dismantle its nuclear arsenal unilaterally. Thirdly, the objective of realizing zero nuclear arms will not lead to the abandonment of nuclear weapons by North Korea nor to the suspension of nuclear program by Iran. Fourthly, America is still committed to the defense of its allies. And finally, America should not make efforts in nuclear disarmament to the neglect of the broader security environment. In the interview, Schlesinger also said that the idea for a nuclear-free world is an American-style utopianism combined with narrow-mindedness. The idea did not proceed from an understanding of the reality. Schlesinger persisted in his believing that a strong deterrence was vital for America, and a nuclear-free world might be more dangerous than a world with nuclear weapons.

Schlesinger said that as far as the equilibrium in our time is concerned, the security of the Western world continued to rely on deterrence. Conventional wisdom holds that nuclear weapons help maintain international relations and, in particular, benefit a stable relationship among major powers and the world peace. After the Second World War, the conflicts between the two major camps, for several times, escalated to dangerous points, but cooled down at last minute because of the existence of nuclear weapons. It also prevented some regional conflicts from evolving into large-scale collisions, as in the case of India and Pakistan that were about to go to wars for several times. Taking into consideration of the world situation in a nuclear era, the existence of nuclear weaponry, under certain circumstances, forces major powers to take cautious attitudes to the consequences of their actions in world affairs.

However, these scenarios are only one side of the story of the nuclear weaponry and the nuclear deterrence derived from these weapons. Nuclear arms, after all, are weapons of inhuman mass destruction, and the concept of nuclear deterrence is a value orientation and logic model based on the threat of the use of force. To recognize the pivotal role played by nuclear deterrence in the national and world security is tantamount to recognize the legality of nuclear weaponry. The United States has not given up approaches of achieving its diplomatic objectives through nuclear deterrence.

Since nuclear deterrence occupies an important place in the national and international security and nuclear weaponry serves as the practical base for nuclear deterrence, the international community is so far trapped in a contradictory situation: On the one hand, nuclear countries keep on taking nuclear weaponry and the derived nuclear deterrence as indispensable elements in their national security policies and important means for gaining military supremacy and they have never stopped their steps to modernize their nuclear weaponry. On the other hand, some developing countries also attach importance to the deterrent role of nuclear weapons and are engaged in nuclear development in the name of peaceful use of nuclear energy. Nuclear deterrence also becomes a source for nuclear proliferation. Actions taken by the DPRK since 2006 have shown clearly the basic objectives of some developing countries for nuclear weapons: what they are pursuing is the deterrent role of nuclear weapons, rather than the actual effect of such weapons in the battle or their preparation to fight a nuclear war with other countries. After the end of the first Gulf War, a retired Indian army general once said that there should be no wars with the Americans until you had nuclear weapons in your hands. And he went on to explain that he did not mean to have a nuclear war with America, rather if Saddam Hussein had nuclear weapons, then the multi-national forces would not be able to drive into Iraq recklessly. Since nuclear weaponry ´s legality for existence is recognized, and nuclear deterrence helps national security and boosts stable relations among major powers, then it is very difficult to persuade other countries to give up their pursuit for nuclear weaponry.

Nuclear weaponry and the derived concept for nuclear deterrence constitute the motives for nuclear proliferation, and they also have hindered to a great extent the nuclear disarmament process and the realization of a nuclear-free world. Nuclear disarmament in the traditional way is different from the establishment of a nuclear-free world. Current nuclear disarmament concerns mainly the negotiations between the United States and Russia on their quantitative reduction of nuclear weapons and their delivery vehicles. After the end of the Cold War, they have drastically cut their strategic weaponry. In July 2009 the two sides reached a new agreement, deciding that delivery vehicles for nuclear warheads will be reduced to 500—1000 pieces and warheads reduced to 1500—1675 pieces.

The drastic quantitative reduction of nuclear weaponry is the only way toward a nuclear-free world. However, the current reduction will not weaken America' s and Russia' s nuclear deterrence; on the contrary, it will make their respective nuclear arsenals more powerful. According to Former U. S. Secretary of Defense Douglas Faith, what the United States and Russia are doing is disarmament but not arms control although they have intensified their nuclear disarmament negotiations. The objectives set forth in the initiative for a nuclear-free world are to destroy nuclear weapons comprehensively and totally, and to remove completely nuclear weapons from arsenals. In reality, nuclear countries will not give up old deterrence thinking accordingly while some developing countries regard highly the role played by nuclear deterrence and are working hard to possess such capabilities. In the foreseeable future, the nuclear deterrence thinking will remain one of the major obstacles on the way to a nuclear-free world.

IV. Is Nuclear Deterrence Still as Important as in the Cold War Time?

Obviously because of its unique feature for deterrence, nuclear weaponry became the pillar of national security policies of the nuclear countries once they came into being and exerted significant impact on stabilizing major powers ' relations and maintaining peace in the international community. However, a specific reality has been neglected in this respect: the reason why nuclear deterrence was so successful in preventing head-on collisions among major powers lies in a given historical time, that is, the Cold War. Nowadays, the time has changed, and hence whether nuclear deterrence can still play its role as in the Cold War is a matter to be discussed.

Though nuclear weaponry has been greatly reduced in the number, the nuclear weapons possessed by nuclear countries still have the capability to destroy the world several dozens of times. Nuclear deterrence is based on nuclear weaponry, and at present only a small number of countries have the capability to launch nuclear wars. The United States has about 1000 nuclear warheads on high alert, either mounted on continental ballistic missiles or on strategic submarines.

Land-based nuclear bombs can be fired within 3—4 minutes after presidential order is received, and submarine-based missiles can be projected within 12 minutes upon receiving order. For Russia, it has around 1200 nuclear missiles on alert that can be launched also in minutes. Anyway, only these nuclear countries are capable for nuclear deterrence.

The resolution of nuclear countries to use nuclear weapons has been weakened, and the delivery of information now has also become blurred, thus making the effectiveness of nuclear deterrence very much compromised. In terms of resolution, the five big nuclear countries recognized by the Treaty on the Non-Proliferation of Nuclear Weapons are now less determined to resort to nuclear weapons than they were in the Cold War. In the views of the Defense Department in Washington, nuclear deterrence remains the crux in America´s national security strategy; however, the traditional deterrence theory might be insufficient to cope with all newly-emerged nuclear threats though the theory is still a necessary and indispensable element in the new security situation. The Pentagon also realized that whether the Cold War objectives and approaches for nuclear deterrence are capable of coping with evolving nuclear threats in the post Cold War world remains uncertain. These threats cannot be removed with deterrence, at least cannot be coped with by old deterrence measures during the former Soviet Union time. Even if America makes nuclear deterrence the continued part of its nuclear security policy, the present security environment has brought about new forms of deterrence different from the Soviet time and even some new threats that cannot be tackled with deterrence. And it is unrealistic to expect that every existing deterrence relationship is as stable as the strategic relations between the United States and the former Soviet Union during the four-decade-long Cold War time. For the United States, the evolving security situation requires it to revise its resolution to resort to nuclear weapons. For countries like Russia, France and Great Britain, their resolutions for nuclear weapons are weakened since nuclear threats from their adversaries are reduced.

Another factor affecting the effectiveness of nuclear deterrence is whether channels for information delivery are free and through, or whether the side that imposes deterrence has proper channels to exercise nuclear deterrence to its adversaries. In the aftermath of the 9/11 incident, non-state entities become important players in regional peace and stability. These organizations, which are non-state political groupings, are unable to accept such large-scale nuclear deterrence as of the United States: they are always on the move and come and go without a trace; they do not have any resources to be deterred by nuclear powers including the United States; and they do not share any common language in values. All these are new developments in current international relations.

In conclusion, the traditional meaning of nuclear deterrence has changed. However, some nuclear countries still hold old concepts for nuclear deterrence because of the following reasons: Firstly, with nuclear adversaries still existing, some nuclear countries fear that once they give up nuclear deterrence, their advantages will be threatened. Secondly, out of the Cold War mentality, some people like Schlesinger, who has Cold War experiences and regarded nuclear weaponry most vital at the very outset, think that nuclear weapons and deterrence are still playing a role no other weapons can replace. And thirdly some non-nuclear countries also stress the deterrent role of nuclear weapons and seek to develop nuclear capabilities. In a nutshell, we have a long way to go to realize the objective of non-proliferation.

Although the end of the Cold War has weakened the role played by nuclear deterrence in national security policies, there are still a large number of people who are strong followers of the nuclear deterrence theory. To build a nuclear-free world, the only way to take is to change the mentality and make the nuclear deterrence theory obsolete.

【地区核问题】

解决朝核问题与建立和平体制的法律问题

杨希雨

内容提要：实现朝鲜半岛无核化，是包括朝鲜在内的有关各方迄今一直保持的共识。然而通过谈判和平解决朝核问题、进而实现朝鲜半岛无核化，就不能不牵涉到解决朝鲜的安全关切、解决建立朝鲜半岛持久和平与稳定的问题。2009以来迅速变化的朝鲜半岛局势表明，朝鲜半岛安全格局正进入历史性变化的前夜。如何建立朝鲜半岛的永久和平体制，取代1953年以朝鲜人民军和中国人民志愿军为一方、以美国代表"联合国军司令部"签署的朝鲜战争"临时停战协定"，是有关各方为实现朝鲜半岛无核化所必然要解决的一个带有根本性的问题。

主 题 词：朝鲜　核问题　和平机制　法律问题

作者单位：北京　中国国际问题研究所

自从"临时停战协定"签署生效以来，朝鲜战争的四个主要交战方——朝鲜、韩国、中国、美国——之间的国家关系发生了深刻而复杂的变化。一方面，和平与发展、和解与合作日益成为主导半岛局势发展变化的主流因素。朝韩关系尽管历经曲折、困难重重，但是在双方的共同努力下，先后于2000年6月和2007年8月在平壤举行了两次具有历史意义北南最高领导人会晤，使民族和解与合作成为维护半岛和平与稳定最重要的因素；美国与韩国先后同中国实现了国家关系全面正常化，而且中美建设性合作关系以及中韩战略合作伙伴关系稳定发展不断深化；朝鲜与美国在2000年实现了高层接触和互访，并且在六方会谈框架内外均形成了实质性的双边对话机制。这些积极因素促使朝鲜战争后长期存在的"临时停火"状态，逐步向维持现状条件下的和平态势演化。但是另方面，2009年初以来朝鲜半岛局势再次陷入危机，深刻反映出当前这种和平态势的脆弱性和不稳定性。虽然朝鲜战争早已事实上结束，但从法律的角度看，半岛迄今仍然处于战争状态；而从安全关系的角度看，半岛迄今仍然处于冷战状态；朝鲜半岛在战后保持了半个多世纪的和平，是一种在“威慑平衡”结构下不稳定的和平。因此，通过建立新的和平体制，取代临时停战协定，以彻底结束朝鲜半岛长达半个多世纪的战争状态和冷战状态，是实现朝鲜半岛持久和平与稳定的必由之路。

2005年第四轮六方会谈通过的“九．一九”共同声明宣布“直接有关方将另行谈判建立朝鲜半岛的永久和平体制”。[①]显然，共同声明在明确了建立永久和平体制这一目标的同时，也留下了诸多有待另行谈判解决的各种问题。本文试图从法律的角度考察和分析建立朝鲜半岛和平体制所涉及的几个法律问题。

一、朝鲜战争的性质及其主要交战方的界定

1948年朝鲜半岛在美苏冷战背景下分别建立了朝鲜和韩国两个相互对立的国家之后，双方在边界地区的军事冲突愈演愈烈，以至于当时美国驻汉城的外交使团团长约翰．穆西奥在给华盛顿的报告中写道：南北方的军事冲突迅速升级，“南方与北方相互军事攻击的频度几乎不相上下。”[②]这种边界冲突的政治根源是，当时的南北双方政府都坚持自己是代表整个高丽民族国家的唯一合法代表，都把以武力统一朝鲜半岛作为各自的最高战略目标，都急于要通过军事手段消灭对方以实现统一。在这个背景下爆发的朝鲜战争，显然带有民族内战的基本特征和性质。

然而在朝鲜战争爆发不久，联合国安理会在美国操纵下，连续通过了三个决议，并以此为法理基础组成“在美国指挥下的联合司

① 《人民日报》，2005年9月20日，第三版。

② 有关朝鲜战争爆发前朝鲜半岛南北双方沿“三八线”两侧愈演愈烈的军事冲突，The US Department of State, *Foreign Relations of the United States*, 1949, Vol. VII pt2, pp. 953—955, 960—961, 963—965, 969, 980, 983—984, 1009, 1041—1043, 1064—1065, 1068—1075, 1086—1087.

令部”，[①]统帅16个国家的作战部队大规模介入朝鲜战争。同联合国宪章有关条款相悖的是，这支号称是依据联合国宪章有关条款的名义，大规模干预朝鲜内战的多国联合军队，进入朝鲜战场的军事目标不是为了“维持或恢复国际和平与安全”，[②]而是采取了“一边倒”的立场，全力支持一方吃掉另一方，同韩国军队结盟，形成了17国联军，企图把朝鲜军队乃至朝鲜政权彻底铲除。这种在干预一国内部冲突中支持一方消灭另一方的战争行动，在联合国“维持和平”军事行动史上是第一次也是唯一的一次。“联合国军”一边倒的大规模参战行动，很快就使朝鲜人民军陷入全军覆没的绝境，这迫使朝鲜最高领导人金日成亲笔用中文致信中国领导人毛泽东，请求中国出兵援朝，[③] 与此同时，当时担任美军/联军最高统帅的麦克阿瑟还发出了对中国的战争威胁，美军把对朝鲜的轰炸延伸到了中朝边境地区的中国一侧。这迫使中国迅速组织起“中国人民志愿军”，以“抗美援朝”和“保家卫国”为两大目标，大规模投入到朝鲜战争中，并从根本上扭转了朝鲜战场局势，不仅把美军从中朝边境地区推回到“三八线”以南，拯救了朝鲜军队和政府的生存，而且也有效地保卫了中国边境地区的安全。

在美国指挥16个国家的军队投入到朝鲜战争中并同韩国军队组成17国联军、中国人民志愿军大规模介入战争并同朝鲜人民军组成中朝联军的时候，朝鲜战争的性质也就从原本是一场民族内战而转变成了有多达20国参加的国际战争。[④]

朝鲜战争的性质由内战向国际战争的这种转变，不仅是因为如此多的国家或主动或被迫卷入了朝鲜战争，而且更重要的是，当美

---

① 朝鲜战争爆发后，联合国安理会于1950年7月7日通过了有关朝鲜战争的第三个决议案，即安理会第84号决议，该决议建议联合国全体成员国向韩国提供军队，并将各国军队置于“美国指挥的联合司令部”之下（Unified Command under the United States of America），但是该决议并没有提出和授权该指挥机构为“联合国司令部”（The United Nations Command），参见UNSC res. 84（S/1588），July 7，1950.

② 详见联合国宪章第七章第39条和第42条。

③ 金日成主席请求毛泽东主席出兵援朝的亲笔中文信原件现存放于中国人民军事博物馆抗美援朝展厅。

④ 苏联通过秘密派遣空军参加中朝军队一方的作战行动，也事实上参与了朝鲜战争。朝鲜战争由此形成以美国为首的17国联军为一方，以中国人民志愿军为作战主力的中朝军队加苏联为另一方的国际战争。

国和中国先后卷入战争后，战场双方的主要力量，已经从韩国与朝鲜军队为主的军事冲突，转变为以美国军队和中国军队为主要力量的更大规模的军事冲突，美国和中国成了朝鲜战争性质转变后的主要交战双方。当中美双方在战场上陷入拉锯和胶着的僵局态势、并意识到谁也无法取得完胜的形势下，美国向中国发出了举行停战谈判的建议，而中国政府也迅即对此做出了回应，关于朝鲜战争的停战谈判遂于开城，后在板门店举行，历经747天，最终签署了“临时停战协定”。①

因此，朝鲜战争具有双重性质：它肇始于朝鲜民族国家北南双方都想通过武力统一祖国的民族内战，而由于美国利用“联合国”旗号大规模军事支援朝鲜内战的一方韩国，迫使内战的另一方朝鲜在面临绝境的情势下请求中国出兵支援，从而使这场内战迅速转化为国际战争。在这场先后有20个国家卷入的国际战争中，主要交战方是投入内战的朝鲜和韩国以及主动干预其中的美国和被动卷入的中国。

二、谁是构建朝鲜半岛和平体制的“直接有关方”

2005年9月19日六方会谈通过的“共同声明”提出了一个由与会各方共同接受的新概念和目标—“和平体制”（peace regime）；而在此前相当长一个时期，人們通常讲的是通过“和平协议”（peace agreement）或“和平机制”（peace mechanism）来取代1953年的“临时停战协定”。② 这里的区别在于，和平体制的建立，需要解决涉及半岛持久和平稳定的更为广泛的问题，也需要更多法律上的安排与约束。

在朝鲜半岛安全格局发生深刻变化的背景下，六方会谈提出建

① 柴成文将军回忆朝鲜停战谈判，解放军报，2000年10月20日。

② 1996年4月美国总统克林顿和韩国总统金泳三提出联合建议，呼吁召开有南北朝鲜以及美国和中国参加的四方会谈，旨在签署一个永久的和平协议（The New York Times Apr. 16, 1996）；1997年在四方会谈正式召开前夕，中国外交部发言人强调通过四方会谈建立朝鲜半岛和平机制（《人民日报》，1997年12月3日）；美国和朝鲜于2000年10月12日发表联合公报，指出要通过各种努力，包括四方会谈，达成永久和平协议取代临时停战协定，正式结束朝鲜战争。

立朝鲜半岛永久和平体制取代临时停战协定，显然更符合朝鲜半岛的现实，也更有利于维持半岛的持久和平与稳定。但是，六方会谈"共同声明"在提出"直接有关方将另行谈判建立朝鲜半岛的永久和平体制"这一目标的同时，也以模糊的外交语言留下了一个最基本的悬而未决的问题，即：哪些国家才是参与谈判"永久和平体制"取代"临时停战协定"的"直接有关方"？

理论上讲，朝鲜战争中的所有参战国都是1953年"临时停战协定"的"有关方"，但实际上，从国际社会尝试正式结束朝鲜半岛的临时停战状态，代之以永久性的和平协定的努力以来，即1954年关于朝鲜问题的日内瓦国际会议以来，朝鲜战争中的四个主要参战国朝鲜、韩国、中国以及美国，比其他各参战国更为直接地参与了这一努力，1997年更是直接由这四个国家发起了四方会谈，试图通过谈判正式结束朝鲜半岛的战争状态，建立持久的和平机制。虽然四方会谈未能达成预定目标，无果而终，但四方会谈本身进一步明确了朝鲜、韩国，以及中国和美国在正式结束朝鲜半岛战争状态、建立永久和平体制问题上的义务与责任。

毋庸讳言，六方会谈"9·19"共同声明未能明确建立"和平体制"的"直接有关方"，是因为在由哪些国家参与谈判正式结束朝鲜战争、建立永久和平体制的问题上，存在着敏感而重要的分歧。

这个分歧起源于朝鲜半岛事务的主要当事方朝鲜和韩国之间的政治对立。从上世纪50年代中期到1972年这段漫长时间里，朝鲜一直坚持朝鲜北南双方直接谈判如何正视结束战争状态的问题。在这期间，朝鲜向韩国数次提出建议开展北南谈判，签署北南和平协议，取代1953年的临时停战协定。但是朝鲜自1972年开始改变了这一曾经长期坚持的立场。当1972年韩国向朝鲜提出谈判签署南北互不侵犯协定的建议时，朝鲜拒绝了韩方的建议，并从此开始呼吁朝美直接谈判，签订和平协议取代临时停战协定。①特别是从1994年朝核危机爆发之后，朝鲜进一步强化了其关于朝美双边签署和平协议取代临时停战的立场，为此，朝鲜于1994年单方面废

---

① Larry Niksch, *North Korea' s Campaign Against the Korean Armistice*, Congressional Research Service Report for Congress, 95—1187 F.

除了临时停战机制，[①]并明确提出要把朝美之间就核问题的谈判扩展到双边和平协议的谈判。[②] 2005 年 7 月第四轮六方会谈举行前夕，朝鲜再次强调朝美签署和平协议，“以正式结束朝鲜战争，从而使当前的核僵局能够得到解决”。

朝鲜在长期坚持“朝美双边缔结和平协议取代临时停战协定”的同时，其立场也曾出现过一些微妙的变化。1984 年，朝鲜正式提出举行朝鲜、美国、韩国“三方会谈”的建议，由朝美谈判签署和平协议的问题，朝韩谈判签署北南互不侵犯宣言的问题。1991 年底朝鲜在同韩国共同签署的《北南和解、互不侵犯、交流与合作协议》中，双方一致同意“把当前北南之间的临时停战状态转变为稳定的和平状态，在和平状态实现之前，双方将遵守临时停战协定”。[③] 2000 年朝美联合公报则明确地指出：双方将通过各种方式，包括四方会谈、签署和平协议，以此来取代 1953 年的临时停战协定，正式结束朝鲜战争。2007 年北南首脑会晤发表的公报中，双方一致同意召开“三方或四方”会谈建立朝鲜半岛恒久的和平机制。[④]

从国际法的角度考察，无论是以双边、三边、或四边谈判建立朝鲜半岛持久的和平体制，必须满足以下三个条件：第一，这个和平体制不仅应该能够从法律上正式终结朝鲜战争遗留下来的战争状态，而且还应该构建起半岛内部北南双方稳定的和平、和解、与交流合作关系；第二，鉴于朝鲜战争从一场民族内战演化成大规模国际多边战争的历史教训，朝鲜半岛和平体制应该能够在多边框架下推动和确保朝鲜半岛的主要外部力量，即美国和中国，同朝鲜和韩国均建立起稳定而均衡的和平友好与全方位合作的关系，在这个多边框架下，四方之间应能够彻底结束半岛的冷战状态，终结任何形

---

① Larry Niksch, *North Korea’s Campaign Against the Korean Armistice*, Congressional Research Service Report for Congress, 95—1187 F.

② 同上。

③ 朝鲜和韩国于 1991 年 12 月 31 日共签署的《南北和解、互不侵犯与合作交流协议书》。2009 年 1 月 30 日，朝鲜祖国和平统一委员会发表声明，宣布废除朝韩间停止政治、军事对抗的全部协议。新华社 2009 年 1 月 31 日电。

④ 《北南关系发展与和平繁荣宣言》第四条：“南北双方一致认为，应结束目前的停战机制，构筑恒久的和平机制，并决定为推进与此有直接关系的三国或四国领导人在韩半岛举行会谈宣布战争结束而进行合作。”

式的敌对关系，建立起全新的安全关系。在这方面，实现整个朝鲜半岛（而不是朝鲜半岛某一部分）的无核武器化，是有关各方之间建立全新安全关系的必要条件；第三，这个和平体制不仅应该能够有效防止半岛内部即北南双方再次爆发冲突，防止任何一方以非和平的方式谋求民族统一，而且还必须有效防止任何外部大国以军事方式介入朝鲜半岛的内部事务；鉴于朝鲜战争的惨痛教训，美国和中国有义务对于朝鲜半岛的自主和平统一进程做出不干预的法律承诺，有义务在一个稳定的多边框架下，承担不以武力相威胁、相干预朝鲜半岛内部事务的国际责任。为此，和平体制应该对朝鲜战争所有的主要参战方有足够的法律约束力，既防止半岛内部再次爆发军事冲突，也防止任何外部力量干预半岛内部事务、对朝鲜半岛任何一方使用或威胁使用武力。

从上述三点出发，谈判建立朝鲜半岛永久和平体制，采取由朝鲜半岛北南双方以及美国和中国共同参与的“四方模式”，是唯一现实可行的途径，朝鲜、韩国、美国、中国是建立朝鲜半岛永久和平体制的“直接有关方”。

三、“联合国司令部”（UN Command）在朝鲜战争中的法律地位

事实上，被国际社会称了几十年的“联合国军司令部”（英文的准确译法应为联合国司令部）是个长期误导误用的概念，无论在朝鲜战争期间还是在战后半个多世纪的“临时停战机制”下的“联合国司令部”，都缺乏法理依据；而目前美国在韩国数以万计的海陆空军部队，也没有合法的依据长期以“联合国军”的名义在韩国驻扎。

首先，联合国宪章第七章对于联合国通过采取军事方式维持和恢复和平的行动有着明确的界定，[①] 尽管在朝鲜战争中联合国的旗号被滥用，但是联合国组织本身并没有成为朝鲜战争的参战方之一，更重要的是，无论是在朝鲜战争期间还是战后，联合国从未控制和指挥长期驻扎韩国的美国军队，作为在战争期间多国军队的指

① Articles 43, 46, and 47 of the UN Charter.

挥国美国以及在战后五十多年来长期驻扎韩国的美国军队，也从未承认和接受过联合国的指挥与控制。早在1950年7月7日美国操纵联合国安理会通过第84号决议之后，美国在打出“联合国司令部”旗号的同时，也十分明确地拒绝了当时联合国秘书长关于建立由16个联合国参战会员国共同组成的委员会，并将该委员会置于安理会指挥和控制之下的建议。①

其次，外部军事力量对于朝鲜战争的大规模军事干预，并非始于联合国安理会关于对朝鲜战争采取“军事干预”行动的1950年84号决议，而是始于美国总统杜鲁门发表声明宣布的“警察行动”；根据“警察行动”，美国早在安理会84号决议通过之前，已经于朝鲜战争爆发的第三天，即1950年6月27日向朝鲜战场投入了大量的海空军力量，并于7月1日直接投入了大量地面部队。②而安理会84号决议的通过只不过是在美国单边主义“警察行动”基础上的多边延展。

最后，朝鲜战争爆发后，虽然美国通过大量的外交努力从安理会连续通过了三个有关决议，但美国在朝鲜半岛的军事指挥机构并没有获得“联合国司令部”的法律地位。安理会1950年84号决议以及联合国有关后续文件中所建议的，是组建一个“在美国指挥下的联合司令部”（The Unified Comand under the United States），从未授权美国以“联合国司令部”（The United Nations Command）的地位。所谓“联合国司令部”，是美国自己创造并坚持使用的。在朝鲜战争期间，美国起草给安理会的每一份报告中，都冠之以“联合国司令部”，该称法也被广泛地用于有关国家官方乃至国际媒体，以至于在朝鲜战争的停战协定谈判中，“联合国司令部”的旗号也约定俗成地成了协定签字方之一。而“联合国司令部”在战争期间旨在帮助韩国彻底消灭朝鲜的所有军事行动，完全是基于美国的决策而非联合国的决策，更与联合国宪章毫无关系。正如一位曾经参加过朝鲜战争的美国军人、后来成为著名国际法专家的理查德．巴

① Rossalyn Higgins: *United Nations Peacekeeping 1946—67*, New York and London, Oxford University Press, 1970, p. 179.

② Bevin Alexander, Korea: *The First War We Lost*, Hippocrene Books, New York, 1986 pp. 42—45.

克斯特教授曾经一针见血地指出的那样：所谓联合国司令部指挥下的军队"从严格的法律意义上说，并不是由联合国构成的军队……而这支多国军队以及联合国司令部所采取的行动也并不是联合国本身的行动。"①

因此，联合国安理会1950年84号决议关于"在美国指挥下的联合（军队）司令部"，从法律的角度看，是对多国军队干预朝鲜战争的更准确的界定，而所谓"联合国司令部"对于美国在朝鲜半岛的军队而言，毫无法理基础。

四、驻韩美军在朝鲜战争后以及在未来和平体制中的法律地位

如果没有朝鲜战争，就不会有美国长期驻军韩国的问题。在朝鲜战争爆发前，美国军事战略的计划和决策者们从未设想过在韩国部署军队的问题。当1948年朝鲜半岛北南分别建立起朝鲜民主主义人民共和国和大韩民国之后，苏联和美国很顺利地撤出了各自在北方和南方的军队。1949年美国参谋长联席会议对于韩国的战略评估结果是：韩国"对于美国几乎没有战略价值"，因此当时美军在西太平洋地区的最高指挥机构美军驻日本司令部，也从未把韩国纳入自己要实施保护的范围。② 而朝鲜战争的结果及其战后的冷战格局，彻底改变了美国对于长期驻军韩国的战略决策，铸就了美韩军事同盟，给美国长期驻军韩国提供了历史机遇。

尽管美军干预朝鲜战争并在战后长期驻扎韩国，都是打着"联合国"的旗帜，但如前所述，这同联合国没有任何法理关系。美国在韩国的驻军是基于双方签订的旨在"威慑"朝鲜的"侵略"。要谈判构建朝鲜半岛和平体制，就必然触及专门针对朝鲜的美韩军事同盟以及美国在韩国驻军的问题；如果朝鲜半岛北南双方都接受美军继续长期留住朝鲜半岛，美军的地位和作用也必然要重新界定。

---

① Richard Baxter, "*Constitutional Forms and Some Legal Problems of International Military Command*", *British Yearbook of International Law*. 29 (1952) p. 336.

② The US Department of the State, *Foreign Relations of the United States*, 1949, Vol. VII Part 2, pp. 442, 945 note 2, 1046 - 1057.

在这方面，首先要解决的就是驻韩美军迄今使用的“联合国”旗号和名义的问题。如前所述，朝鲜战争期间美军使用联合国旗号和名义并无法理基础，而战后驻扎韩国的所谓“联合国司令部”旗号下的外国军队，其实就是美国军队。因此连美国政府自己也曾经在致联合国安理会主席的信函中表示，美国准备关闭驻扎在韩国的“联合国司令部”；[①]联合国大会和安理会也曾数次通过决议，要求“解散驻韩联合国司令部，并撤出打着联合国旗帜驻扎在韩国的外国军队”。[②] 因此，自朝鲜战争临时停火协定以来，美国军队使用联合国的名义和旗号长期驻扎韩国，并不具有合法性；在谈判建立朝鲜半岛和平体制的过程中，驻韩美军的合法性问题是不可回避和必须要解决的。

此外，为了建立永久和平体制，驻韩美军还面临着对韩对朝关系的根本性调整问题。

一方面，韩美军事同盟关系正在进入过渡期，如果美韩均坚持继续保持驻韩美军，那么美军今后应该承担什么样的职能、发挥什么样的作用成为一个巨大的不确定因素。在这个问题上，华盛顿和首尔基于各自不同的战略考虑，已经确立了的各不相同的立场，发出了不同的声音。韩国上任总统卢武铉曾经公开表示韩国将不再把自己绑定在美国领导的联盟上，并承诺他这任政府将为建立一个“独立于美国的自我防卫体系打下基础”。尽管现任李明博总统比其前任更加重视韩美军事同盟，但这并不会实质性改变韩国防务独立性的发展趋势。而美国也随着其自身地区安全战略的调整，特别是在其全球战略重点东移的驱使下，开始调整和加强其驻韩美军的“战略灵活性”态势。美韩对于双方军事同盟的不同战略考虑，本质上涉及驻韩美军在新形势下的地位、职能和作用问题。双方就这个问题如何调整，不仅事关美韩自身的安全利益，同时也涉及其他直接有关方的安全利益，涉及到地区安全、特别是朝鲜半岛和平体制的稳定性。因此，基于韩美双边共同防御条约的驻韩美军及其地位、职能和作用的问题，必然是多边和平体制谈判要触及和解决的

① Official Records of the Security Council, Thirtieth Year, Supplement for April, May and June 1975, document S/11737.

② United Nations General Assembly Record 3390 (XXX).

议题之一，驻韩美军地位、职能和作用的调整，不仅要基于韩美双边的战略需求，而且还要以不威胁任何直接有关方的安全利益、不破坏和平体制的稳定性为前提。

另一方面，源自朝鲜战争和“朝鲜威胁”的驻韩美军是继续保持还是全部撤出，还取决于朝鲜对此问题的立场。众所周知，朝鲜自从1953年签署临时停战协定以来，一直坚持驻韩美军必须全部撤出韩国的立场。为了正式结束朝鲜半岛的战争状态、建立基于全新安全关系的半岛永久和平体制，朝鲜提出美军必须全部撤出朝鲜半岛的要求是正当而且合理合法的，1953年临时停战协定以及联合国大会和安理会的有关决议等多边法律文件，对于所有外国军队必须全部撤出朝鲜半岛这一点也有明确的规定和要求。而美韩极力坚持驻韩美军的长期化，自然面临着同朝鲜的政治和安全矛盾，也对联合国有关决议特别是临时停战协定构成法理上的挑战。要使驻韩美军问题达成所有直接有关方都能接受的安排，就不必须彻底解决朝鲜的安全关切，根据朝鲜半岛新的安全关系，根本性调整驻韩美军的职能和作用，并通过新的法律安排，界定驻韩美军的双边作用范围，解决中国以及东北亚地区其他有关国家对于利用美韩双边军事同盟发挥地区性作用的潜在安全关切。

五、联合国在朝鲜半岛问题上角色的变化

联合国在朝鲜战争中采取以大规模军事干预的方式全力支持韩国消灭朝鲜的“一边倒”政策，是在以下特定条件下做出的决定：

——联合国安理会在拥有否决权的苏联缺席、新中国政府尚未派有合法代表的情况下，美国操纵安理会连续通过了三项派兵武力干预朝鲜战争的决议；

——美国通过操纵安理会通过三个决议，获得授权组成多国部队干预朝鲜战争，但在实施武力干预过程中，美国滥用联合国的旗号和名义，并从未把联合国安理会授权的军事干预行动置于联合国的指挥和控制之下；

——当时的朝鲜和韩国都不是联合国成员国。

随着中国在联合国合法席位的恢复、朝鲜和韩国成为联合国的会员国，特别是随着冷战的结束，联合国同朝鲜战争四个主要交战

国之间的关系都发生了深刻变化，这些变化使联合国作为一个多边国际组织在朝鲜半岛事务上的角色转变为中立化。① 自从上世纪90年代以来，联合国有关机构开始越来越多地参与在朝鲜的有关项目，这其中不仅有涉及人道主义领域的世界粮食组织的对朝援助项目、涉及经济发展领域的联合国开发计划署的对朝开发与援助项目，而且还有国际原子能组织1994年到2003年、2007年到2008年期间对朝鲜核项目的监督与核查等活动。通过这些活动，联合国及其有关机构已经事实上被朝鲜、韩国、美国、中国乃至六方会谈机制接受为朝鲜半岛事务的中立方。联合国在朝鲜半岛事务中角色的中立化变化，为其今后在朝鲜半岛永久和平体制中发挥更积极、更具建设性的作用开辟了广阔的空间。

六、结论

朝鲜半岛北南双方以及美国和中国，既是朝鲜战争的主要参战方和“临时停战协定”的直接当事方，也是构建永久和平体制的直接有关方。建立朝鲜半岛永久和平体制取代“临时停战协定”，绝不仅仅是通过签署一纸和平协议取代停战协定来正式结束战争状态的问题，而是要着手解决五十多年来演化的安全矛盾并着眼未来建立全新安全关系的问题，这需要的是以多种协议和协定构成的各种多边、双边法律安排和安全安排，是一个通过政治、军事、经济等一揽子交易而构建的综合的和平体制，而非单一的和平协议。为建立这样一种确保朝鲜半岛永久和平稳定的体制，朝鲜半岛北南双方以及中国和美国之间存在着共同利益，也承担着各自不同的角色作用和义务。在四方共同努力构建朝鲜半岛永久和平体制的过程中，联合国作为朝韩美中四国均已加入并均给予高度尊重和重视的国际组织，也应以恰当的形式发挥必要的促进作用、斡旋作用和法律支持作用。

① 1993年，当时的联合国秘书长布特罗斯—加利指出，联合国视自己在朝鲜战争以及停战协定机制中为中立方。Jhe, Seong Ho, *Replacing the Military Armistice Agreement on the Korean Peninsula*? Korea and World Affairs 19 (1995) p. 71.

中韩在解决朝核问题中的作用与合作

陆国仁

内容提要：在东北亚地区，中国和韩国有着特殊的地位和关系，特别是在解决朝核问题上，既有共同的安全需要，也有不同的关切点，两国在解决朝核问题和共同维护东北亚地区和平与稳定方面发挥着特殊的作用，本文从历史和现实以及国际关系等几个角度分析中国与韩国在解决朝核问题过程中的作用与合作。

主 题 词：中国　韩国　朝鲜　核问题　作用　合作

作者单位：武汉　核战略与外空战略研究中心

冷战结束20年，东北亚地区安全形势仍旧起伏不定，为国际热点地区之一，朝核问题最牵动整个地区，已从简单的技术问题扩展为包含有政治、经济、外交、军事等内容在内的复杂性地区问题，是有关国家在东北亚地区进行的新一轮角力，是东北亚地区地缘政治演化的具体表现。朝鲜2006年和2009年进行核试验后，朝鲜半岛乃至东北亚地区形势更加令人担忧。

美国和朝鲜一直是这场角逐的主角，两国政策的任何实质性互动都会给朝核问题和平解决带来正反两方面的影响，也直接影响到东北亚地区的局势走向。其他相关国家根据其自身利益及与他国相互关系，制订出各自的东北亚政策，这些政策无疑决定了它们在解决朝鲜半岛核问题上的地位和作用。如果把六方会谈的国家分成三个集团的话，那中国和韩国处在第二集团位置，它们对朝鲜和美国各有其他国家无法替代的影响力，但也只能扮演调解人角色。俄罗斯和日本尽管在朝核及东北亚地区有其自身利益，但其影响力和所发挥作用远不及中国和韩国。

从历史和地缘政治角度看，中国和韩国同处东北亚地区，尽管在地区事务中所处地位和所发挥作用不同，但在诸如旨在促使朝鲜弃核问题上有着共同的利益，表现出相互合作的意愿，也在为和平解决朝核问题而奔走，维护半岛以及东北亚地区和平与稳定是两国共同的利益所在，这是两国加强合作的基础。两国必须要克服在社会制度、意识形态、对其他国家关系、自身战略利益不同等制约因素，找出合作的共同点，为维系本地区的和平与稳定，为最大限度地保护两国安全利益做出共同努力。

一、从历史和地缘政治角度看中韩的作用

要认识中韩在东北亚地区安全事务中所发挥的作用，有必要回顾两国在历史上的相互关系和经历。朝鲜半岛地处东北亚中心地带，历来是大国争夺的重要区域。19 世纪末在长达数百年的中朝宗藩关系结束后，中、日、美、俄、朝直接或间接地卷入该地区的竞争，甚至战争。今天看来，朝核问题是这种竞争的延续，只是表现形式不同。

不论喜欢与否，愿意与否，朝鲜半岛上的任何风吹草动，都会给中国和朝鲜半岛的正常发展带来影响，中国和朝鲜半岛人民不但要付出生命和财产代价，而且还会中断正常的社会发展，转向应付战争。20 世纪 50 年代的朝鲜战争结束后，韩国迅速崛起，成为经济飞速发展的“亚洲四小龙”之一，政治民主化和经济高速发展为韩国带来繁荣的社会生活。70 年代末的改革开放无疑给中国的和平发展带来巨大动力，中国社会生活发生根本性变化，这其中最重要的前提条件之一就是中国和韩国拥有相对稳定与和平的周边安全环境。如果朝鲜半岛出现危机，中国和韩国的社会发展不可避免地中断或被迟缓。对中国和韩国来说，积极推动六方会谈，不单单是力劝朝鲜放弃核武器问题，而且也有维系朝鲜半岛稳定与和平的诉求。从历史角度出发，中韩两国是朝鲜半岛任何危机或冲突的直接受害者，在今天应对诸如朝核等安全事务上，两国拥有共同的战略利益，即尽力使问题处于萌芽状态，不使其升级为危机甚至冲突，这是两国能在包括六方会谈等东北亚地区事务中合作的基础。

中韩两国所处的特殊地理位置同样决定了它们在东北亚地区所承担的特殊义务和责任。1904 年，“大陆学派”代表哈尔福德·麦金德提出“欧亚大陆是世界政治枢纽地区”说。他指出，陆地大国完全可控制这个枢纽地区，对海洋世界进行翼侧的包围。麦金德告

诉西方："谁控制了东欧，谁就控制了'心脏区'；谁统治了'心脏区'，谁就能控制'世界岛'；谁控制了'世界岛'，谁就能控制世界。"在他们看来，掌握了对欧亚大陆的主导权就意味着掌握了对整个世界的主导权。

冷战结束后，世界地缘政治版图得以重新修订，超级大国的全球争夺变成美国一家对内陆国家的控制，大陆学派的这种理论无疑带有极大诱惑力。尽管"9·11"事件后反恐怖战争对美国以控制陆地为核心的全球战略带来影响，但并未改变美国的大陆情结。朝核问题、伊朗核问题之所以复杂化而且时急时缓，根本原因不在于核技术本身，而是美国挤压欧亚大陆国家的思维模式在"发酵"。美国在这轮角力过程中是主角，而且带动朝核问题的起伏。其作用力不仅仅集中于朝鲜身上，而且也影响着中国和韩国在朝核问题发挥作用。

1992年2月，老布什政府推出美国冷战后第一个军事战略——"地区防务战略"。9月28日，海军发表《由海向陆》白皮书，指出"根据国家安全战略提出的新方针，（由海向陆）代表了一种根本性的转变，即由海上的远洋作战转变为从海上实施的联合作战。"《由海向陆》白皮书把"地区防务战略"具体化，内涵包括：①作战想定由打一场全面战争转变为对付地区冲突。②作战对象由苏联海军转成第三世界国家。③作战任务由控制海洋转变为支援陆上作战。④主要战场由海洋转变为沿海和近岸地区。⑤海军由单军种行为转变为多军种甚至是多国联合行动。[①]通过阅读冷战后美国发表的官方文件我们可以看出，朝鲜一直被称之为美国在东北亚地区最直接的假想敌。

美国的注意力冷战结束后转向中国。与此同时，美国又不想过度地刺激中国，两国尽管在社会制度、意识形态、经贸合作、价值观等问题上存在分歧，但两个大国相互依赖的程度越来越高，美国不得不降低对中国攻击，在表面上看不与中国进行太多的公开摩

① 按照美国国防部1993年发表的《防务审查报告》，美军准备同时在东北亚地区和中东地区打两场几乎同时发生的大规模地区战争，为此，美国准备了10个现役陆军师、3个陆战师、12个海军航空母舰战斗群以及20个空军航空联队在内的多军兵种部队。美国国防部1995年财年《国防报告》第五部分"国防力量各组成部分"。

擦，而是直接指责朝鲜，把朝鲜标上“流氓国家”，把朝鲜领导人形容成“不负责任者”等等。朝核问题的背后隐含着中美两个大国在东北亚地区的地缘政治竞争，这使本来简单的核技术问题更加复杂化。

作为美国的盟国——韩国不可避免地被美国的战略调整所牵引，必然要跟随美国的战略转移而转移，韩国曾放松下来的对朝鲜警惕性又被重新提起。尽管像金大中等韩国总统竭力要摆脱美国对韩国的束缚，推行著名的“阳光政策”，亲赴平壤与朝鲜领导人进行首脑会晤以及发表《南北共同宣言》，企图以此促进朝鲜半岛南北双方的民族和解，然而由美国主导的朝核危机把朝鲜逼向停止一切正常往来之路。尽管韩国并不喜欢美国在其对外政策和安全政策方面指手画脚，但美国出于地缘政治的考虑，把韩国牢牢地捆绑在自己的东北亚战略之中，留给韩国自由活动的空间不允许韩国和朝鲜走的过于靠近。借核问题不仅可阻止朝鲜半岛南北统一进程，使其长期驻军朝鲜半岛，而且还试图以此为契机，撬动目前仍保持冷战格局的东北亚，营造对美国有利的地区安全局势。

美国的地缘政治思考无疑增加了朝核问题的复杂性和多变性。朝核问题几起几伏，在很大程度上是由美国地缘政治所左右，其东亚政策就是挤压朝鲜，这必然会把中国和韩国置于尴尬的境地：一方面，朝鲜是中国传统意义上的友好国家；另一方面，韩国又是美国的盟友。在选择国家利益和服从地区战略利益之间，中国和韩国如果一味地受到传统国际关系的束缚，必然会束缚住各自的手脚，也束缚住中韩两国进一步合作、维持东北亚地区和平与稳定的空间。

二、影响中韩合作的因素之一：中国与朝鲜

中朝两国有着悠久的历史关系和深厚的民族情感。在朝鲜问题上，中国很难保持绝对“超脱”。周恩来总理曾意味深刻地说，中国与朝鲜半岛是“唇齿之邦，唇亡则齿寒”。[①]新中国成立以来，中

① 周恩来，“抗美援朝，保家卫国”，《周恩来外交文选》，北京：中央文献出版社，1990年版，第29页。

国际在这一地区帮朝鲜与美国打了一场局部战争，还在和平时期给予朝鲜极大的物质和精神援助。2005 年 10 月，胡锦涛以党中央主席身份访朝，进一步拉近两国关系，本着“继承传统、面向未来、睦邻友好、加强合作”[①] 的方针，为在新时期巩固两国和两党关系做出不懈努力。即使在朝鲜核试验后，中国政府仍认为，“维护东北亚地区的和平稳定，符合有关各方的共同利益。中国政府呼吁有关各方冷静应对，坚持通过协商和对话和平解决问题。中方将为此继续做出不懈的努力。”[②]

中国关切朝鲜半岛事务不仅局限于历史，还有对地缘战略的认识。中国几代领导人都把朝鲜半岛视为维护国家安全的门户。20 世纪 50 年代，中国因担心美国“继承日本军国主义的衣钵，沿袭甲午战争以来的历史走吞并中国必先占领东北、占领东北必先占领朝鲜的老路”，被迫与实力远远超出自身的美国进行殊死之战。[③]许多人不否认这样的结论：这场战争给中国带来至少是 50 多年的安全环境。

中国的未来不但取决于国内经济迅速发展和政治稳定，还有赖于稳定的国际环境，朝鲜半岛的和平与稳定是中国和平发展的必要条件。而且两国意识形态相近，都坚持社会主义制度，1961 年签署的《中朝友好合作互助条约》仍有法律效率。中国在坚持大国外交政策的同时，提出“与邻为伴，以邻为善”和构建和谐世界的思想。在睦邻和大国战略中，中国始终把朝鲜当成是特殊国家来看待。

在中国的双边战略中，朝鲜占有特殊的地位。朝鲜如果在外部压力下而崩溃，对中国的国际信誉、政治威望都会带来负面的影响。因此，中国在对待朝核问题上始终保持着“平衡、调谐、维持”的状态，表现在“平衡”与其他五方的关系，使形势的发展始终置于可控制范畴内；“调谐”美朝之间的矛盾，保证六方会谈能持续进行下去，从而“维持”相对稳定的朝鲜半岛。

---

① “胡锦涛主席出访朝鲜：中朝友谊世代相传”，新华网，2005 年 10 月 27 日。

② 中华人民共和国外交部声明，2006 年 10 月 9 日，见新华网。

③ 周恩来，“抗美援朝，保卫和平”，《周恩来外交文选》，北京：中央文献出版社，1990 年，第 31 页。

三、影响中韩合作的因素二：美国与韩国

战后60多年，美国从东北亚战略需要出发，美国不但把军队长期进驻韩国，而且两国在国际事务中互为盟友，相互支持。但韩国追求“独立外交”和“自主国防”的思想一直没停止过。冷战结束后，朝鲜半岛紧张局势稍有缓和，韩美在对朝政策、军事合作和双边贸易等问题上产生分歧，两国关系出现“感觉隔阂”。这一点在卢武铉总统当政时期更为明显。

2008年2月李明博上任后，推行“有原则的实用外交”，将美国作为他上任后出访的第一个国家。他特别强调要恢复韩美互信，加强同美国的传统盟友关系，认为加强韩美关系是其外交政策的基石，并表示有意加入美国导弹防御系统和防止大规模杀伤性武器扩散计划。在美国方面，布什政府也希望韩国未来能更积极地参与美国主导的地区乃至全球安全体系，在朝核问题上与美国步调一致。在对美贸易方面，韩国同意对美开放牛肉市场。

从李明博执政以来的言行看，过去几年比较冷淡的美韩关系迎来一个相对快速的升温过程，但前提是双方在政治和经济领域相互信任，互利互惠以及在诸如解决朝核问题等方面的立场协调。

美韩之间仍存在着分歧：一是军事指挥权。美国提出，驻韩美军在紧急状态下，可部署到朝鲜半岛以外的地区。韩国表示异议：如果将驻韩美军部分兵力派到对韩国国家安全战略影响较弱的地区可以接受，但对驻韩美军介入东北亚地区冲突则表示不支持。韩国坚持驻韩美军部署到东北亚其他地区时，必须事先征得韩国的同意，韩国军队决不会追随美国卷入东北亚纷争。二是对朝鲜政策。在美看来，朝鲜对美不扩散政策是一个严峻的威胁。朝鲜研制核武器、推行“先军”政策、扩散武器和导弹、支持恐怖主义。现阶段美国的主要关注点在于朝鲜的核计划以及朝鲜向恐怖分子扩散核材料上。

在韩国看来，朝鲜的威胁主要在于它的脆弱而不是其政权的强大。韩国担心朝鲜崩溃甚于对韩发动进攻。朝鲜崩溃所引发的社会、政治和经济混乱将带来令人无法承受的损失。美对朝采取打压、孤立、制裁的政策，并抱怨韩对朝不够强硬。韩国反对动辄制

裁朝鲜。即使在朝宣布有核后，也仍主张对朝鲜实行“接触”和经援政策，韩国坚持“美国是同盟，北韩是同胞”的基本立场。

美韩同盟是稳定两国关系的基石，双方尽管存在着分歧，但合作的基础没发生根本变化。美国不会听任韩国走得太远，将通过多种手段拉住韩国，如向韩国转交军事指挥权、提高韩国解决危机中的地位、敦促日本缓和与韩国的关系等，从而保持美日韩“三角同盟”的稳定性。美国还将通过驻军、军售、外交等多种手段对韩施压，以防韩脱美步子往前迈进。而韩国还不具备完全摆脱美国而独立的实力，在诸如维系自身安全和在东北亚事务中发挥作用等方面仍需美国为其提供保障。

美韩的这种同盟关系无疑会对中韩两国合作带来影响，至少中韩双方在处理合作问题上时，韩国会考虑美国的存在，不可能毫无顾忌地进行更深层次合作，这是中韩两国经济关系比政治关系热的一个重要原因。

四、影响中韩合作的因素三：朝鲜与韩国

冷战结束，南方在南北对话中采取主动进攻态势。1990 年 9 月朝鲜总理延亨默与韩国总理姜英勋聚首汉城，开两国总理会谈之先河。1991 年 12 月 11—13 日，第 5 轮总理会谈在汉城举行，朝鲜总理延亨默和韩国总理郑元植签署《关于南北和解、互不侵犯和合作交流协议书》。这是朝鲜半岛分裂后达成的第一个框架性文件。1992 年 1 月朝韩签署《朝鲜半岛无核化共同宣言》，规定：①禁止生产、储存和使用核武器；②和平利用核能；③禁止拥有核处理或浓缩铀设施。

进入 2000 年，朝鲜半岛局势出现可喜变化。3 月金大中总统表示，韩国有意对朝鲜进行经济援助、推进南北对话。朝鲜对南方采取灵活政策，一改以往的“封南通美”政策，积极响应。6 月 13 日朝韩首脑举行历史性会晤。双方本着搁置问题（如驻韩美军、美日韩协调体、朝鲜核问题及导弹发射等问题）、求同存异的会谈原则，发表《南北共同宣言》。

朝韩峰会后，南北关系波折不断，交流与合作步伐放慢。2001 年韩美举行联合军事演习。朝方认为，此举违反《南北共同宣言》

的精神，妨碍双方有关协议的履行。朝方据此拒绝或推迟接触与协议，金正日也迟迟未能访韩。2002 年 10 月朝鲜核危机再度爆发，并引发美朝对峙，韩美多次举行联合军事演习，但朝鲜仍不让步。2003 年上台的韩国总统卢武铉主张继续推行对朝鲜和解的"阳光政策"半岛局势有所缓和。2006 年 10 月朝鲜核试验后，整个国际社会陷入一片对朝谴责中，朝韩关系也因此受到极大影响。李明博上台后对北方采取强硬政策，双方关系更趋向紧张。2009 年 8 月以来，随着南北政策微调，双方关系又出现新的变化，以李明博会见朝方派出的金大中吊唁团为契机，双方都表现出缓和双边紧张局势的心愿。

五、中韩合作的过去与现在

中华人民共和国成立以后，承认三八线以北的朝鲜为朝鲜半岛合法政府。1970 年代后随国际局势渐渐缓和，中国改善同美国、日本及西方国家的紧张关系。1978 年后在推行改革开放和现代化建设过程中，注意到韩国经济的发展，对韩国出口主导型发展战略做出肯定的评价，希望韩国成为经济合作伙伴。1986 年汉城亚运会和 1988 年汉城奥运会，中国与韩国接触交流日渐增多。1992 年 8 月 24 日，中国与韩国建立外交关系，同时韩国与台湾断绝了"外交关系"。

中韩战略合作伙伴关系的建立和中国对朝鲜半岛战略的调整，表明中国实际上承担对半岛政治和安全方面的义务——不允许任何一方以武力解决朝鲜半岛问题。中国将致力于维护朝鲜半岛的和平与稳定，支持朝鲜半岛自主和平统一。随着台海局势的缓和，朝鲜半岛问题在中国东北亚战略中的地位进一步上升。为了在朝鲜半岛核问题和在构建朝鲜半岛和平机制的进程中发挥中国的建设性作用，中国在维护与朝鲜的传统友好合作关系的同时，与韩国建立战略合作关系，提升韩国在中国周边外交中的地位，

过去 10 多年间，朝核问题成为威胁东北亚地区稳定和安全的核心问题。就韩国而言，朝核问题直接关系到朝鲜半岛的和平与稳定及韩国的国家安全。在这种情况下，维护朝鲜半岛和平与稳定、确保朝鲜半岛无核化地位、通过对话和平解决朝核问题，符合中韩

两国的根本利益。两国在为解决朝核问题进行的各种努力（如北京六方会谈）中一直加强协调与合作。

六、中韩在解决朝核问题中的地位和作用

作为负责任大国，中国在维护朝鲜半岛和平方面发挥建设性作用。在朝韩关系上，中国乐见双方关系的改善，多次为南北方有关组织和政府代表秘密接触和会谈提供便利，为南北接触提供场地，并直接促成2000年6月的南北首脑会晤。特别是金正日在首脑会晤前夕访问中国，引起国际社会对中国影响力的广泛关注。中国还支持朝鲜改善与西方国家的关系，以促进朝鲜半岛的稳定与和平。

2002年10月3日，朝鲜向到访的美国助理国务卿凯利承认没有停止发展核计划，引起美国方面强烈反应。在中国的积极撮合之下，2003年4月24～25日，美国、朝鲜及中国代表在北京举行三方会谈。在双方僵持不下的形势下举行这次会谈，其重要意义自不待言。会谈中各方阐明自己立场，充分交换意见，增进相互了解。重要的是，这次会谈为和平解决核危机带来了一个好的开端，各方同意通过外交渠道就继续会谈保持联系。

会谈成果十分有限。美国作为当事国，并没有就解决朝核危机提出新的建议，更没有针对对方的立场做出相应的妥协性表示。在会谈期间朝鲜代表以非正式方式告诉美国：朝鲜已经“拥有了核武器”！并声称是否“展示其核武器或者出口核武器”取决于美国的立场。朝鲜的这一招令国际社会措手不及，也令美国十分被动。美国宣称“决不容忍”，并反复强调决不排除用武力解决的可能性。中国表现出理性、负责任的大国姿态，从2003年5月下旬开始通过积极外交活动，阐述自己在朝鲜核问题上的原则立场和主张，同有关国家进行耐心沟通。7月初，中国派出特使和高级外交官先后出访俄、韩、日、朝、美等国，经斡旋，终于促成有关各方坐到谈判桌前，启动和平解决朝核问题进程。

8月27—29日，第一轮六方会谈在北京举行，会谈有朝鲜半岛南北双方和中美日俄四国参加，囊括东北亚地区所有重要力量，会谈的重要性非同小可，其成败关系到朝鲜半岛战与和走向、东亚地区和平与稳定的大局。中国政府希望“使六方会谈不仅谈起来，还

能谈下去，谈出结果，谈出和平”。六方会谈能够举行即确认了各方对和平与无核化的共识，朝鲜核危机已初步被纳入了多边政治解决的轨道。

中国的作用得到美国和朝鲜的积极评价。美国指出：“中国不仅全面参与会谈，在组织和主持的过程中做出外交努力。”朝鲜代表团团长金桂冠说：“中国在促成第二轮六方会谈的召开和顺利举行中发挥了重要作用，朝鲜对此表示感谢。”“朝鲜称中国在六方会谈中发挥重要作用”，前三轮六方会谈的中方代表团团长王毅曾将中国在六方会谈中的作用归纳为“劝和、促谈”。他认为，中国主要发挥了3个方面的作用：提出了和平解决核问题的总体目标、方向和途径，得到了其他五方以及国际社会的广泛认同；推动形成了三方会谈及六方会谈的框架，现在已成为一个持续的进程；发挥了东道主的斡旋和调停作用，得到各方的肯定。

中国支持南北方进行对话和增进交流。1992年，总统卢泰愚访华，发表《中韩新闻公报》，指出：“中国领导人赞赏朝鲜半岛南北对话取得的进展，希望朝鲜半岛无核化共同宣言的目标能够早日实现，并重申支持朝鲜南北双方早日实现朝鲜半岛的自主、和平、统一。”①

在朝鲜半岛问题上，中国的地位作用较为独特，与美、日、俄的不同之处主要表现在：第一，中国历史上就同朝鲜半岛关系密切，迄今仍然与朝鲜和韩国都保持着良好外交关系，与其他几方也有着良好的互动关系，因而处于重要地位，具有能够发挥独特作用的潜力。第二，为国内现代化建设争取和平的国际环境、最大限度地延长“机遇期”是中国外交的出发点，维护周边地区，特别朝鲜半岛的和平与稳定是中国外交中很关键部分。第三，中国也面临国家统一问题，对朝鲜半岛南北方人民期盼统一的心情有更深刻“同情和理解”。这些方面决定了中国对朝鲜半岛的政策更能顾及半岛南北方利益，得到朝韩尊重，更能发挥建设性作用与影响。

---

① 刘金质、杨淮生主编：《中国对朝鲜和韩国政策文件汇编（1949～1994）》，中国社会科学出版社，1994，第2618页。

七、中韩在东北亚地区安全合作的基本思路

维系朝鲜半岛为核心的东北亚地区的稳定与和平是中国和韩国两国的共同利益所在。未来几年，两国合作的基本思路应包括：

1. 中韩两国在各自对朝和对美关系中寻找新的平衡点。尽管有合作的坚实基础，但中韩关系不可避免地受到两国各自与其他国家关系的影响。中朝关系、韩美关系是影响两国关系进一步深化的重要因素。以朝鲜半岛为核心的东北亚地区安宁直接影响到中韩的社会发展与民生改善，两国应从维系朝鲜半岛直至东北亚地区稳定与和平的高度出发，不断探索在不伤害各自伙伴关系前提下的合作领域和合作方式。以地区和平与稳定为最高利益所在，关键是找到一个既照顾传统盟国关系，但又能维护共同战略利益的平衡点。在某些情况下，两国应对各自盟友说“不”，从而保证该地区的稳定与和平。

2. 进一步深化两国全方位的国家关系。自建交以来，中韩两国政治、经济、外交关系迅速发展，但各个领域里的发展水平是不同的，具体表现是经济热而政治相对冷，两军之间尽管建立起战区级的电话热线，但相互交往，如军事领导人高级互访、海军舰艇港口访问仍没多少突破性发展。为增进相互了解和相互支持，有必要进一步强化两国政治、军事、外交等多领域里的交流，建立起多渠道的信息互通机制，保证一旦朝鲜半岛出现危机能及时沟通联系，控制危机升级。

3. 缓解两国国民的不信任情绪。在中国许多大城市，尽管韩国产品，如电视剧和影星等以及韩国服饰等深受中国年青一代喜欢，但在两国民间层面上存在着很多不信任，甚至谩骂和攻击。随着互联网的普及，这种相互攻击现象相当普遍，如何控制两国民众间的不满情绪是政治领导人值得关注的重要任务，不可因为国民的相互误解与攻击而导致国家间矛盾升级。应该讲，中韩两国关系没有根本性的利害冲突，至于围绕着历史、文化、传统等方面的争议不应影响两国关系的正常发展。

4. 坚持六方会谈，为在东北亚地区谋求和平与稳定的平台。围绕着朝核问题建立和发展起来的六方会谈机制已成为有关国家合

作减少危机升级的重要平台。尽管部分国家出于自身战略利益出发不断地散发出新的主张或采取违反常规的举动，但目前在东北亚地区还找不出第二个能把所有国家都凝聚到一起的机制。朝核问题将是一个长期影响地区稳定与和平的因素，有关各方既需要耐心，也需要精力，更需要资本来寻找一条和平解决的道路。随着时间的推移，这一机制还将对解决地区的其他问题提供重要的保证。中韩两国应全力维持六方会谈的运行。

核困境中朝鲜的外交突围

刘俊波

内容提要：布什政府末期朝核谈判自核验证问题难解而陷入僵局以来，朝鲜的谈判对象就对准了新上任的美国总统奥巴马。在经过了约百天的沉寂之后，朝鲜不再等待，再度施展其屡试不爽的"边缘政策"，其第二次核试验更是把朝核危机推到新的一个顶峰。而这不仅导致美国的严厉制裁，也引发朝鲜在外交各方面的困境。在"边缘政策"过后，面临内忧外困的严峻形势，朝鲜启动了全方位的外交突围战略，以摆脱困局实现朝核问题的新演变。但鉴于朝美根本立场未变，朝鲜策略性的战术难以完全成功。

主 题 词：朝核问题　边缘政策　外交突围

作者单位：中国国际问题研究所

布什政府末期，美朝双方在核验证机制问题上陷入僵局，六方会谈由此停滞不前。奥巴马政府上台后，朝核问题再度经历了一段时间的休眠期。但朝鲜的第二次核试验等一系列强硬行动打破了这一沉寂。一年多来，朝鲜不顾联合国和国际社会的强烈反对，进行核试验及远程导弹试射，招致国际社会的严厉制裁，外交上陷于空前孤立。朝鲜为摆脱制裁和孤立，最近一度改变强硬的做法，放软身段，对有关国家示好，以图实现"外交突围"。在朝鲜的"魅力攻势"面前，朝鲜与美国、韩国等国的互动出现积极的迹象。奥巴马政府也正式启动了其任内的美朝双边对话。但鉴于朝鲜在核问题上仍坚持固有政策立场，其"外交突围"难以成功。

一、核试验引发内外困局

朝鲜进行第二次核试验及导弹试射并宣布永远退出"六方会谈"，被视为是对联合国决议和国际社会促进朝鲜半岛无核化努力的公然蔑视和挑战，不可避免地引起了国际社会的强烈不满和一致反对。朝鲜的这一系列行为不仅招致联合国和美、日、韩更加严厉的制裁，还将一直支持朝鲜合理安全关切的中、俄等国推到自己的反面。朝鲜的行为使其在国际上陷于极端孤立，其内外处境空前恶化。

其一，引发国际社会的严厉制裁。朝鲜第二次核试验后，联合国安理会罕见地迅速发出一致声音，对其行为予以严厉的谴责。美国更是推动联合国安理会通过并严格落实制裁朝鲜的第1814号决议。联合国安理会朝鲜制裁委员会迅速出台具体制裁措施，不仅禁止世界各国为朝鲜提供可能会被用于制造弹道导弹的两种关键原材料，还冻结多家朝鲜贸易金融公司的资产，并将5名朝鲜高级官员列入资产冻结黑名单并禁止其出国旅行。在联合国的严厉制裁下，朝鲜出售武器及金融交易的难度大大增加。与此同时，美国进一步在双边及地区层面强化对朝在金融、贸易、武器各方面的制裁，极力编织孤立封锁朝鲜的包围网。考虑到金融外贸是朝经济的软肋，美国成立跨部门的对朝制裁小组并巡访各国，促使有关各国一起惩处朝鲜在金融贸易领域的违规活动。这对朝鲜的海外金融交易和外贸活动造成致命打击。在美国的带领下，日本和韩国也采取了极为严厉的行动，对朝鲜进行全方位的封锁和制裁。日、韩不仅强化对朝鲜武器走私贸易的监察，还进一步强化对其外贸出口及国际金融交易的管制与制裁。这种联合封锁和制裁对朝鲜本已脆弱的经济造成灾难性后果，并严重压缩了朝鲜的国际生存空间。

其二，外交上陷入空前孤立。一直以来，朝核问题曾被认为是美国对朝敌视政策的产物。朝鲜长期以来受到美国的制裁、封锁、禁运以致“政权更迭”的威胁，经济上严重受损，外交上严重受困，安全上严重受害。国际社会曾对它的处境给予一定的同情，甚至对这个小国和弱者为在强权高压下自保，有时“剑走偏锋”在核问题上搞些“边缘政策”，也予以一定的理解。但在六方会谈取得重大进展、美国愿做出相关安全保障承诺的情况下，朝鲜不顾联合国有关决议及其自身在六方会谈中做出的弃核承诺，再次进行核试验，不仅对周边国家的安全及地区稳定构成连带性负面影响，也将自身置于与六方会谈的其他所有参加国以至整个国际社会的对立面。尤其是在当前各国都致力于维护国际和平稳定和合作应对全球金融危机的情势下，朝鲜进行核试验及导弹试射更招致国际社会的普遍反感。各国不仅接受并执行联合国有关制裁朝鲜的决议，更出现了有关国家不让朝鲜“江南号”货船靠岸，迫使其返航回国的事件。2009 年 8 月 10 日，印度还扣留疑似运载武器的朝鲜货船。随后，有 3 艘疑似运载武器前往伊朗的朝鲜货船在途中被监控，最终难以到达目的地。俄罗斯在朝鲜核试验之后还终止俄朝双边经贸合作磋商。无论在联合国还是在地区多边外交场合，朝鲜不仅成为国际社会关注的焦点，也成为各国普遍担忧的问题。美国国务卿希拉里甚至宣称，朝鲜在世界上已经没有一个朋友。这种“孤立”局面极大地挤压了朝鲜在国际上的活动空间。朝鲜赢得了核试验却输掉了国际社会的外交支持，陷入“光荣孤立”。

其三，刺激有关国家强化对朝“联合行动”。朝鲜在期待美国新政府改变其前任拒绝直接双边对话政策无果后，试图以加剧朝核危机的方法来迫使美国就范，以达到摆脱六方会谈、实现与美直接对话的既定目的。但事与愿违。在朝鲜进行第二次核试验后，美国不仅多次强调“不会对恶行予以补偿”，相反还加紧协调各国强化对朝制裁。美国国务卿希拉里明确表示，在朝鲜改变行为之前，美国不会同朝鲜进行直接对话。同时，美国展开“巧实力外交”，与各国就对朝采取一致立场与行动进行密集协调与磋商，并取得一定成效。现在不仅美日韩三边协调进一步强化，中、俄也被迫与朝鲜拉开了更大距离，在反对朝鲜执意拥核、促进六方会谈重启等问题上与美日韩加强了协商。韩国更是牵头力推“五方会谈”，得到日俄等国的支持。六方会谈原有的平衡结构渐趋打破，新的结构正在向“五对一”方向演变。这不仅破灭了朝鲜与美“一对一”解决问题的幻想及其分化五方的策略，还加剧了其外交孤立被动的处境。

其四，对内部政权稳定和国内建设造成严重干扰。2008 年新年伊始，朝鲜将“到 2012 年建设成为强盛国家”确定为国内建设的中心目标，号召全体朝鲜人民在伟大领袖金正日的带领下掀起新的革命高潮。实现这一目标对朝鲜社会发展和政权稳定至关重要。但朝鲜执意进行核试验直接导致外部生存环境的恶化，更对其国内经济建设产生破坏性影响，增添了政权前景的不确定性。朝鲜的海外贸易及国际金融活动由于美国等的严格管控和制裁而严重受损，武器出口收入及外部援助也严重萎缩。在中断与韩国的交流合作后，朝鲜获取的经济援助及外汇收入急剧减少。据韩国统一部统计，仅朝韩交流事业中断就导致朝鲜一年损失约3000多万美元。这对外汇短缺的朝鲜来说是个沉重打击。与此同时，朝鲜国内水灾等自然灾害频发，粮食紧缺问题再次凸显。可以预见，没有良好的外部环境，"到2012年建设强盛国家"的目标只能是一句口号，政权的稳定更是无从谈起。朝鲜迫切需要打开美国封锁，重新回归国际舞台，以便营造国内建设所需的必要有利环境，为国内政权的交接及稳定奠定基础。

二、全方位的"外交突围"

在严峻的局势面前，朝鲜开始展开以缓和与敌对国家关系为主的全方位示好外交。其特点是以缓和美朝关系为核心，以打破南北关系僵局为基础，以修复与中、俄"传统友好"关系为依托，旨在打破封锁、摆脱核试验后"光荣孤立"、实现"外交突围"。

第一，以"人质外交"为契机，缓和美朝关系并寻求实现朝美直接对话的突破口，最终带动朝鲜外交的全盘转圜。

作为朝鲜突破封锁、重返国际舞台的关键，美国向来处于朝鲜对外政策的核心地位。即便是采取边缘政策，朝鲜的目的也是希望以软硬兼施手段促使美国同意与其举行双边会谈，实现两国关系的突破。在进行第二次核试验之后，朝鲜的"边缘政策"已经快走到尽头。奥巴马政府比布什政府更明确地表示美朝关系的改善必须以朝鲜弃核为条件；美国不愿与朝鲜单独举行会谈，美朝的双边会谈只能在六方会谈的框架内进行。美国还联合日、韩强化对朝鲜的制裁行动。这不仅使朝鲜的如意算盘落空，还加剧了其内外交困处境。朝鲜感到一味对抗和挑战于事无补，遂另辟蹊径寻找"台阶"，以便缓和紧绷的局势并打开与美国直接对话的大门。于是，朝鲜在继续与美国展开口水攻防战的同时，以直接或间接的方式发出"有意举行美朝双边对话"的讯息。2009年7月24日朝鲜驻联合国大使申善浩专门召开记者吹风会，表示朝鲜不反对与美对话，也不反对就共同关心问题进行谈判。仅三日后，朝鲜外务省发表发言人谈话，在重申不参加六方会谈立场的同时，表示"可以解决当前事态的对话方式另外存在。”以美国女记者问题为契机，朝鲜频频向美国伸出橄榄枝，通过“纽约渠道”与美国展开谈判。8月初，朝鲜发出缓和朝美关系的重要信号：邀请美国前总统克林顿访朝解决被朝方扣押的两名美国女记者问题，导演了一场“人质外交”。朝鲜在克林顿访朝之后特意发表新闻公报，声称克林顿带来了奥巴马总统的口信，双方一致同意通过对话解决问题。朝鲜副外相金永日讲话暗示朝美关系将取得“重大进展”。此后，朝鲜继续热切谋求与美国进行接触与对话。8月19日，朝鲜驻联合国代表团公使金明吉专程与美国新墨西哥州州长理查森会晤，表示朝鲜希望与美国进行直接对话。8月下旬，朝鲜正式邀请美国朝鲜问题特使博斯沃思访朝。同时，朝鲜缓和了对美的高调抨击，即使对其一直视为“战争挑衅”行动的美韩联合军演也未像过去那样反应激烈，表态有所克制。继一系列示好姿态后，朝鲜媒体报道称金正日呼吁朝美签署和平协定。10月23日，朝鲜外务省美洲局局长李根借出席美国智库会议之机，赴美与美国朝核问题首席谈判代表金成会晤，就朝美双边会谈等问题进行接触，试图撬动美国的立场。

第二，以民间交流为突破口，着力打破南北关系僵局，从而为获取经济援助并分化联合制裁做好准备。

韩国李明博政府上台后，一改其前任卢武铉的对朝“阳光政策”，将对朝援助与朝彻底弃核挂钩。朝鲜则以强硬对强硬，采取了一系列严厉的反制措施。南北关系陷入自韩国前总统金大中实行“阳光政策”以来的最低潮。但朝韩经济联系和韩国的经济援助攸关朝鲜生存与发展大局，朝鲜经不起与韩关系长期在低潮中僵持。而奥巴马政府以巩固同盟为优先的政策基调使朝鲜“封韩通美”策略落空，朝韩关系持续恶化反而还牵制了朝美的良性互动。这增强了朝鲜打破北南关系僵局的紧迫感。就在与美国进行释放女记者的“人质外交”的同时，朝鲜也通过韩国民间团体向韩国官方提议就释放被其扣留的韩国现代集团员工一事进行“秘密接触”。在克林顿赴朝“领回”两名被扣美国女记者后，朝鲜以解决现代集团人质问题为由邀请韩国现代集团会长玄贞恩访问朝鲜。期间，金正日会见了玄贞恩一行，双方并发表联合公报，达成包括重启金刚山、开城、白头山旅游项目、恢复开城工业园区营运、离散家属团聚五项合作内容。而且朝鲜表示将根据金正日的“特别指示”为重启开城工业园等经济合作安排一切便利。据预计，仅重启开城工业园区一项举措就可为朝鲜带来每年数千万美元的外汇收入，并可解决朝鲜数千人的劳动就业问题。朝鲜由此再度成功导演了一场韩国版的“人质外交”。紧接着，朝鲜“趁热打铁”，继续推动实现朝韩关系“解冻”。2009年8月19日，金正日率先对韩国前总统金大中逝世发出唁电表示沉痛哀悼，并派出由劳动党书记金己男率领的特使吊唁团访韩参加金大中葬礼。作为对这一行动的配合，朝鲜采取了取消自2008年12月1日起实施的限制分界线陆路通行和逗留时间的规定，恢复韩方人员通过军事分界线的陆路通行，重新开通京义线货运列车运行和重新运营南北经济合作协议事务所等示好行动。在吊唁期间，朝鲜代表团会见了韩国统一部长官玄仁泽，并延迟回国日期实现了与韩国总统李明博的会见。在会见中，金己男不仅向李明博转达了金正日关于发展双方合作关系的口信和重启朝韩对话的愿望，还表示朝方将送还上月扣留的韩国“800沿岸”号渔船。这是朝鲜最高领导人金正日在李明博当选韩国总统近两年来首次向韩国政府传达口信。随后，朝鲜继续采取一系列后续缓和举措，包括恢复双方红十字会热线电话联系、重开中断一年之久的西部军事热线、恢复两国西海地区军方通讯网络以及双方就离散家属中秋团聚达成协议等，促使南北关系进一步回暖。即使在南北海上交火事件之后，朝鲜《劳动新闻》仍表示，朝方将改善南北关系继续做出努力，再度展现出友善的姿态。

第三，与中俄重申旧好，以修复传统友好关系，平衡美日韩的制裁压力。

一直以来，中、俄是与朝鲜关系极为密切的友邦，一度被朝鲜视为安全的战略屏障。朝核危机爆发以来，朝鲜把中、俄作为其与美日韩赖以周旋的重要借重。但朝鲜不顾中、俄的战略安全关切，两次进行核试验，不仅公然宣布废弃六方会谈，又为实现与美直接对话而不惜冷对中、俄，使其与中、俄关系严重受损。结果不但其同美国改善关系的打算落空，还在一定程度上将中俄推到美日韩一边，甚至有最终失去中、俄外交支持和经济援助的危险。为了避免这种后果的发生并有效应对美国发起的全面制裁，朝鲜重新重视修复与中、俄的传统友好关系。为此，金正日以“朝中友好年”为由，最近先后指示重新编排并观看朝鲜文艺工作者演出的中国戏剧

《红楼梦》和《霓虹灯下的哨兵》，并表示“发展和巩固朝中友谊是朝鲜劳动党和人民不变的意志”。继中国外交部副部长武大伟访朝后，作为庆祝中朝友好年活动的一部分，朝鲜外务省副相金永日于2009年9月1日率领代表团访问中国，再次表明希望发展两国传统友好关系的态度。紧接着，朝鲜最高人民会议议长崔泰福于同月15日访问中国，以恢复因朝鲜第二次核试验而中断的中朝议会交流。而中国国务委员戴秉国及中国总理温家宝先后访问朝鲜并与金正日进行高层会晤，显示中朝交流已得到一定恢复。随后，中朝军方高层的互访也显示朝中之间各层次的交流互访也开始升温。与此同时，8月15日，金正日与俄罗斯总统梅德韦杰夫在朝鲜半岛摆脱日本殖民统治64周年之际互致贺信，重申两国友谊。11月24日，朝鲜邀请俄罗斯联邦委员会主席访问朝鲜，双方关系逐渐恢复正常。朝鲜与中、俄互访活动频率的上升显示出朝鲜的缓和姿态。

第四，朝鲜还向它一向猛烈抨击的日本也伸出橄榄枝。在朝核谈判中，朝日双方一直因绑架问题和重油援助问题争执不下。朝鲜因而对日本奉行“冰冻”政策，数次声称要排除日本参与六方会谈的资格。在冷落日本很长时间之后，朝鲜借日本政权更迭之机向日本释放出微妙信号。在日本民主党新政权即将诞生之际，朝鲜表示愿意与日本新政府进行对话，以达成促进朝日双边关系的新协议。2009年9月10日朝鲜最高人民会议常任委员会委员长金永南会见日本共同社代表团，呼吁日本即将诞生的民主党政权根据日朝平壤宣言构筑“有成效的关系”。朝鲜朝日关系正常化谈判特使宋日昊9月11日也发表谈话称，朝鲜愿意与日本民主党新政府对话，以促使两国关系以《平壤宣言》为基础重新起步。这些变化反映了朝鲜欲改善对日关系的新姿态。

三、有所斩获但困局难破

朝鲜的全面示好外交收到一定效果，有助于其缓和同有关国家的紧张关系，缓解其外交困境。

首先，朝美关系出现松动迹象。克林顿颇为成功的平壤之行在一定意义上是朝鲜在奥巴马政府上台后与美国的首次非正式高层对话，有利于朝美关系的良性互动。有关舆论甚至将克林顿闪电访问平壤解决“人质”问题的行动与1994年卡特访朝相提并论，认为克林顿的平壤之行可能会为美朝关系由对抗转向对话注入活力。克林顿从平壤带回的“朝鲜愿意与美国改善关系”的信息对奥巴马政府的对朝政策无疑将产生一定积极影响。随后，朝鲜派出代表团秘密访问美国，就相关问题与美方进行讨论。现在美国对美朝直接对话的态度也发生微妙变化，从原来拒绝与朝鲜举行六方会谈框架外的双边会谈，转变为准备与朝鲜举行双边会谈，以劝说其重返六方会谈。尽管美方强调任何双边接触都是为了劝说朝鲜重返六方会谈，但美国朝鲜问题特别代表博斯沃思的平壤之行本身就意味着朝鲜外交战略的某种成功。

其次，朝韩紧张关系出现缓和。韩国现代集团会长的平壤之行使朝韩中断达两年之久的经济文化交流得以恢复，朝鲜进行的“吊唁外交”更促成了双方高层的直接接触。以此为契机，南北民间交流与经济合作开始全面恢复正常。同时，李明博政府公开提出“新和平构想”，朝鲜半岛紧绷的南北政治关系出现缓和迹象。2009年8月24日，美国务院对朝制裁协调官高德伯格表示，开城工业园区发展项目、金刚山及开城旅游重启等，与联合国安理会的对朝制裁决议无关，一定程度上间接默许了朝韩之间的经济合作。

而朝鲜停止挑衅、愿意回归谈判的姿态不仅得到中、俄、欢迎和支持，也带动日朝关系的解冻。朝与中俄之间的互访与交流逐渐恢复正常，这在一定程度上将有效缓解朝鲜面临的制裁压力。而受朝美、朝韩良性互动的带动，朝日关系也出现解冻迹象。日本首相鸠山由纪夫也一度表示愿于2010年访问朝鲜。这显示朝鲜的“外交突围”取得一定成效。

但总体看来，目前朝鲜的柔性变化只是在制裁与困境面前采取的一种策略性的“淡化”压力的收缩性政策，而非核问题上的改弦更张。这种策略性的软化虽在一定程度上可缓和目前僵持的局势，也有助于推动美朝之间的对话，但远不能从根本上解决朝核问题上的分歧与矛盾。朝鲜的这番柔性外交攻势的效果受到一定限制，取得的成果多属表面层次和枝节性的东西，而缺乏深层次和实质性的内容。朝鲜的外交困局未根本改变。

首先，美朝关系尚未出现实质性变化。朝鲜当前对美政策的首要目标是与美国政府进行直接谈判，以实现朝美关系正常化。但奥巴马政府坚持半岛无核化目标和将美朝直接对话与六方会谈挂钩的政策没有发生根本变化，且在继续推进对朝鲜的全面制裁。虽然美国已开启与朝双边对话，但仍强调美国视六方会谈为解决朝核问题的最佳场所，与朝对话目的是促使朝鲜重返六方会谈。重要的是，即使克林顿访朝并带回两名被扣美国女记者之后，美仍未放松对朝鲜的制裁与遏制。2009 年 8 月 11 日，美国将朝鲜的一家银行追加为金融制裁对象。美国对朝制裁小组也二度巡访亚洲四国，协调执行联合国安理会第 1718 号和第 1874 号决议，构筑对朝金融贸易封锁网。韩美年度联合军演也不顾朝方反对而于 8 月 17 日如期按既定规模举行。9 月 8 日，美国继续追加朝鲜的两个机构为资产冻结对象。美国驻国际原子能机构大使戴维斯当天在维也纳举行的演讲中表示，“有效执行对朝制裁的联合国决议案势在必行，履行制裁可以使朝鲜确信无核化和重返国际外交社会是唯一的选择方案”，并敦促所有国家参与对朝制裁。9 月 13 日，美国官员明确表示，朝鲜不可逆的无核化是最终目标，美方不能接受朝鲜摆脱六方会谈的立场。直到博斯沃思赴平壤之时，美国的这一立场仍为改变。可见，在朝鲜不履行无核化承诺并拒绝重返六方会谈的前提下，美国的对朝政策不会因朝鲜的“魅力攻势”而出现戏剧性变化。

其次，朝鲜对韩国的柔性攻势的实质性效果也不彰。在朝鲜的柔性攻势下，朝韩关系虽有所缓和，双方原来中断的一些联系与合作得以恢复，但这些大多是常规性质、民间性质和非政治性质，双方的政府关系和官方交流仍处于停顿状态。朝鲜特使吊唁团虽然成功赴韩并实现与李明博总统的会晤，但并没有达成任何官方协议或共识。韩国总统府在李明博会见朝鲜吊唁代表团后表示，韩国不会参加以前那种形式的南北首脑会晤，暗示坚持既定的对朝原则。2009 年 9 月 15 日，韩国总统李明博向日、韩媒体表示，朝鲜是为了摆脱目前的危机才对美韩日等释放善意，其目标依然是接受经济援助同时通过拖延战术，将核问题拖成既定事实；在朝鲜无核化取得实质进展之前，韩国将继续推动国际社会联合制裁，不会急于改善南北关系。而李明博提出的“韩朝新和平构想”与其说是缓和对朝政策的举措，不如说是“弃核、开放、3000”政策的翻版。而“大交易”甚至可以称为是美国版的“朝鲜弃核一揽子计划”。这不仅再度显示出韩国在朝核问题上的坚决态度，也表明朝韩双方在朝核等关键问题上的严重分歧依旧，南北对立关系没有根本缓解。

再次，朝鲜第二次核试验和宣布永远退出六方会谈所造成的其与中、俄关系的疏离也未能得到真正修补。日朝关系中的绑架问题仍然是影响双方良性互动的一个关键。

朝鲜“外交突围”难以如愿的根本原因在于它只在外交上做表面文章，而实质上却依旧固守其拥核政策。朝鲜在进行第二次核试验后，高调宣布拥核并彻底否定和矢言永不重返六方会谈。更有甚者，朝鲜常驻联合国代表2009年9月3日致函安理会轮值主席，声称其试验性铀浓缩活动已成功进入最后阶段，乏燃料棒的后处理也进入尾声，提取的钚已武器化。朝方还警告说，如果“安理会不做出有利于朝鲜半岛和世界无核化道路的正确判断，”朝鲜“除了采取更强硬的自卫还击手段外别无选择”。朝鲜虽再度希望通过这种强硬政策促使美国同意与其直接会谈，但这种行为进一步引起美韩等国的强烈反应。韩国认为朝鲜的行为“不可容忍”。其外交通商部发言人9月4日表示，韩国政府将“对朝鲜的威胁和挑衅做出坚决和持续的回应”。日本执政的民主党干事长也表示，日本可能考虑单独制裁朝鲜。美国朝鲜问题特使博斯沃思则对此表示“关注”。可见，朝鲜一边在继续推行拥核政策，一边却希望通过外交示好来实现外交突围，这在当前情势下难以如愿。

实现朝鲜半岛无核化不仅是朝鲜对国际社会做出的郑重承诺，也是朝鲜和地区乃至国际社会的共同利益。朝鲜遵循联合国有关决议及其第一代领导人金日成关于“朝鲜半岛无核化”的遗训，重回六方会谈，兑现其以前做出的弃核承诺才是最明智的选择，也是它摆脱安全困境、真正实现“外交突围”的唯一正确途径。

2009年伊朗核问题综述

宫旭平

内容提要：2009年伊朗核问题在较量和博弈中演进，奥巴马政府改变小布什政府对伊朗政策，执行与伊朗接触政策，美伊关系出现缓和迹象。伊朗大选风波后，在国际社会的努力下，伊核会谈重启，10月的“维也纳草案”曾给伊核问题解决带来希望，但在核燃料交换方案搁浅后，伊朗内贾德政府继续高调运作其核计划。美国在对伊政策上寻求俄罗斯和其他国家的支持，俄罗斯为了自身利益，对伊问题上有所改变。伊核问题在回环曲折中进入重要关口。

主 题 词：伊朗　核问题　防扩散　综述

作者单位：北京　空军指挥学院

一、伊朗新政府上任前，有关各方在伊核问题上的较量和博弈

1. 美国奥巴马政府酝酿调整对伊政策，但是没有实质性变化。打着“变革”旗帜的奥巴马政府试图扭转美国战略窘境和外交颓势，自入主白宫以来，提出“巧实力”外交理念以取代小布什政府的“非敌即友”二元论外交哲学原则。为了解决伊核问题，奥巴马政府开始尝试对伊接触政策。首先从总统、国务卿到驻联合国代表纷纷发表言论表示愿意与伊朗政府进行直接接触。1月26日，奥巴马在接受阿拉伯卫星电视台专访时说，如果伊朗愿意“松开拳头”，美国将向它“伸出手”。他会同总统布什的伊朗政策划清界线，与这伊斯兰国家寻求更广泛的处理问题方式及改善关系。① 同日，美国常驻联合国代表苏珊·赖斯也表示，美国将对伊朗开展强有力的

① 伊朗总统说准备与美国展开公平对话，人民网，2009年02月11日。

外交行动，包括与伊朗进行直接接触。次日，美国新任国务卿希拉里·克林顿也表示，奥巴马政府正在酝酿对伊朗政策，希望伊朗在其核计划以及其他问题上能够同国际社会进行合作。

3月20日，在伊朗新年前夕，奥巴马还特意录制了恭贺伊朗新年的录像讲话，他在这个名为“新年、新开端”的讲话中，呼吁结束美伊数十年的敌对状态，并努力通过外交途径迎来两国“新开始”。对于伊朗核问题，尽管美国依然表示不能接受伊朗拥有核武器，但没有再强调以伊朗放弃铀浓缩活动作为任何谈判的“前提条件”。[①] 这是与布什政府明显不同之处。

面对美国新政府的多次表态，伊朗方面多次回应说，伊朗欢迎美国新政府在对伊政策上做出“根本性改变”，而非“战术性改变”。在奥巴马对伊朗新年讲话之后，伊朗最高领袖哈梅内伊21日表示，美国对伊朗的政策并没有发生变化。如果美国能够做出真正的改变，伊朗的态度才会相应做出变化。

尽管奥巴马政府酝酿调整对伊政策，但是并没有实质性变化。奥巴马政府依然认为伊朗“具有非法获得核能力及其支持恐怖主义的野心”。3月1日，美国参谋长联席会议主席马伦称，伊朗已经生产出足够制造一枚核弹的裂变材料。因此，3月12日，奥巴马致信国会称，伊朗政府的政策和行动对美国的安全与利益依然构成严重威胁，美国对伊朗的制裁将延长1年。美国对伊朗的制裁内容包括禁止美国企业、个人与伊朗企业开展进出口贸易，以及商业投资活动等。[②]

对于美国有关伊核问题的言论，伊朗方面给予了驳斥，并认为这是美方在打心理战。同时，伊朗总统内贾德还在海湾地区正式启动天然气计划。

2. 美国把东欧反导与伊核问题挂钩，促使俄罗斯改变对伊朗政策。目前俄罗斯是唯一与伊朗保持核合作的国家。小布什政府时期，美国与俄罗斯的关系因北约东扩、导弹防御计划、俄罗斯-格

---

① 伊朗何以敢在核问题上“与虎谋皮”，新华网，2009年10月23日。<http://news.xinhuanet.com/world/2009—10/23/content_12305187.htm>.

② 美国和伊朗出现新对立，新华网，2009年3月15日，<http://news.xinhuanet.com/world/2009—03/15/content_11014814.htm>.

鲁吉亚战争而降至冷战结束以来的最低点，伊核危机为俄罗斯提供了与美进行战略博弈的筹码。俄罗斯在对待伊朗核问题上，一方面表示反对伊朗发展核武器；另一方面仍坚持与伊朗进行核项目合作，为伊朗核项目辩解。普京任总统时曾明确表示，伊朗作为国际社会的成员，有权开发并和平利用核能，俄伊两国在核领域的合作没有任何障碍。

美国要解决伊朗核问题就不能不得到俄罗斯的支持。为了改善与俄罗斯的关系，奥巴马政府将东欧反导计划与伊核问题挂钩。2月10日，美国国务卿希拉里·克林顿表示，奥巴马政府是否继续推进在东欧部署导弹防御系统计划部分取决于伊朗政府是否在该国核计划问题上转变立场。伊朗追求核武器的举动促使美国在东欧部署导弹防御系统，如果美国认为伊朗采取切实行动改变现行路线，美国将重新考虑在导弹防御系统问题上的立场。[①] 同时美国总统奥巴马致函俄罗斯总统表示，若俄方协助制止伊朗开发核武，作为交换条件，美国也将在东欧部署新导弹防御系统问题上作出让步。就美国对反导提议，俄罗斯给予积极回应。[②]

但是冰冻三尺，非一日之寒，美俄关系的改善并非一蹴而就的。为了试探美国新政府，俄罗斯于3月18日宣布与伊朗签订为期2年，为其提供C—300防空导弹系统的合同。C—300导弹可同时跟踪100个目标并可击中远在120千克以外的飞机。[③] 这将改变力量对比，极大地提高伊朗的防空能力，使其核基地免遭美国和以色列的空中打击。俄罗斯向伊朗出售C—300导弹的消息令美国和以色列感到紧张。

3. 国际社会积极斡旋，伊核问题解决出现新契机。为了促使通过外交途径解决伊核问题，2月4日，美、俄、英、法、德、中六国外交部政治总司长会议在德国威斯巴登举行，讨论伊朗核问题。促使伊朗在其核计划问题上与联合国充分合作，并共同承诺找

① 深度观察：美对东欧反导立场变化令谁不安，新华网，2009年2月16日，<http://news. xinhuanet. com/ mil/2009—02/16/content_ 10826814. htm>.

② 奥巴马致信梅德韦杰夫称想用伊朗做笔交易，搜狐网，2009年3月3日，<http://news. sohu. com/ 2009 0303/n262574749. shtml>.

③ 伊核问题又添敏感点，新华网，2009年3月18日，<http://news. xinhuanet. com/world/2009—03 /18/content _ 11028410. htm>.

到该问题的外交解决办法，并对美国新一届政府愿与伊朗直接对话表示欢迎。①

2月19日，国际原子能机构总干事巴拉迪向联合国安理会递交了一份关于伊朗核问题的报告，称伊朗的铀浓缩活动已出现放缓迹象。3月初，国际原子能机构在维也纳举行该机构理事会会议。会议期间，法国代表伊朗核问题六方宣读了一份共同声明，表示六方已作好同伊朗进行直接对话的准备。这是伊朗核问题六方2009年来首次共同表明一致立场，解决伊朗核问题出现一个新的契机。

4月8日，美国国务院宣布，美国决定“全面参与”六国与伊朗举行的多边核谈判，希望伊朗接受邀请，共同商讨伊朗核问题。②4月9日，美、俄、英、法、德、中六国外交部政治总司长聚首伦敦，再次讨论伊朗核问题。六国发表联合声明，欢迎美国政策显现“新方向”，同时委托欧洲联盟负责外交政策和安全事务的高级代表索拉纳出面邀请伊朗加入会谈。奥巴马政府打破了以往美国避免同伊朗进行直接谈判的政策，表示美国将加入同伊朗的核谈判中。

4. 面对国际社会的压力，伊朗继续采取软硬两手策略进行外交博弈。面对美国重要表态，伊朗方面反应谨慎。伊朗随后表示愿就核问题展开建设性对话，但仍将继续推行自己的核计划。4月9日，伊朗总统内贾德在中部城市伊斯法罕附近出席了该国首座核燃料工厂的落成仪式，并宣布伊朗已对两种具有更高运转速度的新型离心机进行了测试。他表示，伊朗已经为在公平、互相尊重的基础上就伊朗核问题进行谈判做好了准备。首座核燃料工厂的建成标志伊朗核燃料生产能力真正达到“产业规模”。③

4月15日，内贾德再次表示，伊朗正在拟定旨在解决该国核问题的新一揽子建议，并计划将这些新建议送交有关国家。暗示愿意捐弃前嫌与美国发展新关系。美国则回应说，正审视现有对伊政策，可能允许伊朗暂时继续开展铀浓缩活动。

---

① 中、美、俄、英、法、德六国外交部政治总司长会议在德国举行，中国外交部网站，2009年2月5日，<http://www.mfa.gov.cn/chn/gxh/tyb/wjbxw/t535511.htm>.

② 美国全面参与伊朗核谈，新华网，2009年4月10日，<http://news.xinhuanet.com/world/2009—04/10/content_11160500.htm>.

③ 伊朗建成首座核燃料工厂，内贾德出席落成仪式，搜狐网，2009年4月9日，<http://news.sohu.com/20090409/n263300553.shtml>.

为了转移国际社会对其核计划的注意力，伊朗也积极进行外交博弈。5月4日，伊朗在一份最新工作报告中再次抨击美国，指责美国明显违反《不扩散核武器条约》。伊朗在这份4页的报告中称，美国发展新型核武器，并向以色列和印度提供核援助，这明显违反《不扩散核武器条约》。美国是条约缔约国，而以色列和印度均未加入，但印度拥有核武器，以色列据信也已建成一处核军火库。报告说，美国与以色列存在“与核有关的合作”，美国与印度签署核交易“严重损害”《不扩散核武器条约》。这都表明美国在核问题上存在“特殊对待”的做法。伊朗还指责，美国及其西方盟友想要保持在核技术方面的垄断地位，一直试图阻止伊朗以及其他发展中国家建成核项目。该报告称，美国作为拥有核武器国家，它带来的核扩散危险才是最严重的。伊朗认为“（美国的）核裁军义务完全被忽略，而（伊朗）和平利用核能及获得核技术的权利却遭否定”。①

5月20日，伊朗外交部发言人加什加维表示，伊朗最高国家安全委员会秘书贾里里与欧盟负责外交和安全事务的高级代表索拉纳举行了电话会谈，伊朗准备对有关国家提出的解决核问题的一揽子方案做出回复。他还表示，美国总统奥巴马有关“过去30年对伊朗政策是错误”的表态是客观的。他说，伊朗相信具体的行动才是评判美国是否改变对伊朗政策的基础。加什加维强调说，对伊朗实施制裁的政策没有取得效果，对伊朗实施制裁并不能让伊朗放弃包括和平利用核能在内的应有合法权利。②

由于伊朗总统大选，重启伊核问题谈判被延迟。

5. 国际社会敦促伊朗重返会谈。国际社会为伊朗重返会谈进行积极外交斡旋。6月5日，国际原子能机构总干事巴拉迪向该机构理事会35个理事国提交了有关伊朗核安全保障情况的最新报告。报告阐述了自2009年2月19日后伊朗执行核安全保障的进展情况。③

---

① 伊朗指责美国违反核不扩散，新华网，2009年5月5日，<http://news.xinhuanet.com/world/2009—05/05/content_11313417.htm>.

② 伊朗称准备对解决核问题的一揽子方案做出回复，万景新闻，2009年5月20日，<http://news.wanjingchina.com/html/53—6/6016.htm>.

③ 国际原子能机构报告称伊朗已制备生产一颗原子弹的低浓铀，新华网，2009年6月10日，<http://war.news.163.com/09/0610/11/5BEMNVVT00011MTO.html>.

6月28日，欧盟负责外交和安全事务的高级代表索拉纳表示，欧盟盼望与伊朗就核问题重启对话。索拉纳说，欧盟不想插手伊朗内部事务，但是会继续谴责伊朗安全部队的行为；同时，欧盟保持重启对话的大门敞开，愿意同伊朗就核问题重启对话。[1]

7月8日，八国集团领导人发表声明，敦促伊朗于9月重回谈判桌，寻求通过外交手段解决核问题。10日，美国总统奥巴马当天在八国集团领导人会晤结束后举行的新闻发布会上说，如果伊朗对八国集团的要求置若罔闻，那就必须对伊朗采取进一步措施，美国不会无限期地等下去。但他同时表示，此次八国集团峰会无意对伊朗实施新的制裁，只是为伊朗指明道路。[2] 7月15日，美国国务卿希拉里表示，伊朗在大选后态度尚未清晰，美国提出的与伊朗的核谈判并非没有限制。

二、伊朗总统大选后各方开始新一轮外交博弈，重启伊核会谈

1. 伊朗新政府提出一揽子建议，同时其核计划再次遭到西方的谴责。尽管伊朗总统大选国内出现了大规模骚乱，但是强硬派内贾德赢得连任。大选结束后，伊核问题谈判再次提上议事日程。9月7日，总统内贾德表示，伊朗已准备好与六国进行谈判，但伊朗不会就其合法的核权利进行任何讨论。这表明伊朗新政府继续强硬立场。

9月9日，伊朗向六国驻伊大使或代表递交了有关国际问题的一揽子建议，表示希望各方能够在一揽子建议的框架内展开新一轮会谈。伊朗称递交一揽子建议的主要目的之一就是消除国际社会对伊朗核问题的疑虑。但是，美国方面并不满意，认为建议没有针对伊朗核问题这一美国最关切的问题。9月10日，美国国务院拒绝了

---

① 索拉纳说西方希望尽快与伊朗就核问题恢复会谈，新华网，2009年6月28日，<http：//news. xinhuanet. com/ world/2009—06/28/content_ 11615152. htm>.

② 八国集团联合声明敦促伊朗重回谈判桌，新浪网，2009年7月9日<http：//news. sina. com. cn/w/ 2009—07—09/205018189038. shtml>.

伊朗提出的举行国际谈判的最新建议。①

正当重启伊核谈判之时，伊朗核领域一些重磅消息浮出水面。9月21日，伊朗致信国际原子能机构，报告该国正在建设一座新铀浓缩工厂。次日，伊朗原子能组织主席萨利希宣布伊朗已经研制出新一代离心机，掌握了生产核燃料的所有工序。25日伊朗再次发表声明说，该工厂的所有活动将在国际原子能机构有关规定的框架内进行。目前，已知的伊朗首座核工厂纳坦兹是2002年曝光的，2009年年中以来一直处于停工状态。

伊朗建设第二座铀浓缩工厂这一消息强烈地刺激了国际社会的神经。正在美国匹兹堡出席二十国集团峰会的美英法三国领导人一致发表声明，谴责伊朗对国际社会的隐瞒行为。美国总统奥巴马说，"这已经不是伊朗第一次向国际社会隐瞒其核计划了。伊朗有和平利用核能以满足国内能源需要的权利，但其核设施的规模和配置必须符合和平利用核能的标准，伊朗已经违反了这一所有国家必须遵循的规则，威胁到了全球核不扩散体系，给世界和地区安全稳定带来了危险。"②

2. 伊核会谈重启，"维也纳草案"给各方带来希望。经过一番磋商，有关各方商定在日内瓦举行伊核问题会谈。这是2009年伊朗首次参与会谈。10月1日，伊朗问题相关六国在日内瓦的拉萨科地区开始与伊朗代表就伊朗核问题举行谈判。伊朗在这次会谈中同意接受对其第二座铀浓缩设施进行核查，并"原则"同意第三国代为加工浓缩铀。这等于将伊朗的浓缩铀置于国际监管之下。在这次会谈中，伊朗首席核谈判代表贾利利与美国特使伯恩斯举行单独会晤，但是双方都没有透露会谈结果。

10月19—21日，伊朗与美国、俄罗斯和法国三国代表围绕关于第三国代为加工浓缩铀的问题在奥地利维也纳进行了磋商，虽未能达成协议，但同意就国际原子能机构总干事巴拉迪提出的一个方案进行审查。这一方案被称为"维也纳草案"，草案要求伊朗在

---

① 伊朗外长向六国大使和代表递交有关国际问题一揽子建议，新华网，2009年9月9日 <http://news.xinhuanet.com/world/2009—09/09/content_12023848.htm>.

② 美英法三国领导人谴责伊朗建造第二座核设施，国际在线，2009年9月26日，<http://gb.cri.cn/27824/2009/09/26/1062s2633283.htm>.

2009年年底前一次性把相当于75%库存的1100千克低纯度浓缩铀运往俄罗斯，由俄罗斯将其提炼至20%左右的纯度，然后再由法国将其生产成伊朗研究用核反应堆所需的核燃料棒。[①] 伊朗目前仅拥有纯度低于5%的浓缩铀。伊朗随后表示正在“积极而深入地考虑这一建议”，但仍需时间来做出回应。作为回报，伊朗核反应堆可以得到核燃料，生产用于治疗癌症的放射性同位素。美、俄、法三方表示支持该草案。伊朗“初步”的答复是正积极而深入地考虑这一提议。

3. 美国寻求国际社会支持，继续对伊朗施压。美国执行与伊朗接触政策并没有收到成效，美国和欧洲寄予厚望的人物穆萨维并没有赢得大选，伊朗大多数民众，仍然以激烈反美的内贾德为适合的伊朗总统。可以说，美国对伊朗大选的结果是非常失望的。伊朗自身披露它正在兴建第二座铀浓缩工厂，这迫使奥巴马政府把处理伊朗核问题的重点由“接触”转向寻求“国际共识”和采取更加严厉的行动上。

在这一背景下，美国继续寻求俄罗斯的支持。10月12日至14日，美国国务卿希拉里访问莫斯科。希拉里在莫斯科与俄罗斯外长拉夫罗夫举行会谈后表示，伊朗有权发展用于和平目的的核能，美俄支持通过外交途径解决伊朗核危机。

俄罗斯为了自身利益考虑，开始调整对伊朗的政策。首先推迟了布什尔核电站的建设，延迟了向伊朗移送C—300防空导弹。10月28日，俄副总理谢尔盖·伊万诺夫曾明确表示，俄罗斯还没有向伊朗出售C－300防空导弹系统。该系统的合同签署于2005年12月，但是没有正式宣布过合同开始实施。俄已于2008年1月底向伊朗提供了布什尔核电站首期启动所需的全部82吨核燃料以及附属设备，伊朗方面于2009年2月25日对该核电站进行了测试运行，并称布什尔核电站将于年内启动。但是11月16日，俄能源部长什马特科对媒体表示，俄方承建的伊朗布什尔核电站将不会在年内启动。其次俄罗斯政府开始考虑对伊朗实施制裁。11月14日俄罗斯媒体报道说，俄罗斯政府已经做好了制裁伊朗的准备。15日，

① “伊朗核谈判取得进展：各方同意审查协议草案”，人民网，2009年10月22日，<http：//world. people. com. cn/GB/10235293. html>.

美国总统奥巴马和俄罗斯总统梅德韦杰夫在新加坡亚太经合组织领导人非正式会议期间讨论了伊朗核问题，双方均未排除对伊朗实施更多制裁的可能性。

面对伊朗的“一意孤行”，美国还谋求与土耳其在伊核问题上开展合作，让土耳其成为正在陷入僵局状态的伊核局势的关键因素。

此外，美国国会也要求奥巴马政府采取措施处理伊核问题。10月10日，美国众议院对奥巴马政府提出了谈判的最后期限——2010年1月31日。美国众议院已正式做出决议：奥巴马必须在2010年1月31日前向国会提交通过外交途径解决伊朗核问题的报告。决议强调，如果伊朗拒绝美国提出的建议，拒绝中止所有铀浓缩活动，在这种情况下安理会如反对对伊朗实施进一步制裁，那么国会将批准对伊朗进行更严厉制裁。决议还要求美国国防部长盖茨提交关于伊朗的未来战略报告。①

为了阻止伊朗加入国际核俱乐部。奥巴马政府已经为应对一个拥有原子武器的伊朗打下政策基础。这些基础包括改良欧洲防御系统以及与感觉受到伊朗威胁的海湾国家加深防务合作。10月27日，奥巴马政府正悄悄地为远程战略打基础，旨在遏制拥有核武器的伊朗，通过威慑阻止其领导人使用原子武器。美国国会众议院和参议院分别于10月28日和29日通过有关制裁伊朗的议案，措施中包括惩罚向伊朗出售和运送成品油的外国公司以及惩罚向伊朗提供秘密技术的公司等。

三、伊朗实际上拒绝了“维也纳草案”伊核问题进入重要关口

1. 伊朗实际上拒绝“维也纳草案”。维也纳会议后，国际社会出现一种乐观情绪。有人甚至认为如果这一计划顺利通过，将是伊朗化解核危机的重大一步，国际社会承认伊朗有浓缩铀的权利，而伊朗承诺只把核原料用于和平事业。同时，伊朗方面也表示与国际

① 美众院对奥巴马解决伊朗核问题设期限，中国网，2009年10月10日，<http://www.china.com.cn/news/txt/2009—10/10/content_18676889.htm>.

原子能机构进行积极合作的姿态。10月25日，国际原子能机构核查人员抵达德黑兰，开始对伊朗新公开的铀浓缩工厂进行核查。29日伊朗总统内贾德说，伊朗欢迎有关燃料交换的方案和建设核电站、核反应堆等核合作，但伊朗不会在其不可剥夺的核权利上后退一步。

然而伊朗国内出现了不同声音，一些人担心把浓缩铀交出去可能有去无回。伊朗的立场也随之不断发生变化，先是要求分批将浓缩铀运到境外，后来又改为要求在境内进行核燃料交换。11月7日，伊朗议会国家安全与对外关系委员会主席布鲁杰迪说，通过分批或一次性方式将低纯度浓缩铀运往国外进行加工的方案已被取消，伊朗不会用本国的低纯度浓缩铀库存来换取核燃料，以供应德黑兰研究用核反应堆。11日伊朗总统内贾德宣布，伊朗已经准备好在核问题——包括全球核燃料银行等问题上与国际社会合作，但是他坚称，伊朗不会停止核活动。内贾德没有明显提到国际原子能机构提出的核燃料处理方案。11月18日伊朗外长穆塔基说，伊朗不会把国内生产的低纯度浓缩铀运往国外加工，但可以考虑在伊朗境内进行核燃料交换。

实际上伊朗已经拒绝了巴拉迪提出的“维也纳草案”。11月15日，法国外长库什内接受《以色列日报》专访中表示，伊朗实际上已经拒绝了国际原子能机构提出的伊朗核问题协议草案。

2. 国际原子能机构通过新决议，伊朗拒不执行。11月16日，国际原子能机构总干事巴拉迪向国际原子能机构理事会提交了其任内最后一份伊朗核问题报告。该报告称，国际原子能机构在伊朗的核查工作得到伊方配合，没有任何困难。伊朗技术人员已经将高精技术设备搬入库姆附近的核工厂，准备于2011年在此启动铀浓缩活动。报告同时指出，伊朗目前还没有执行《不扩散核武器条约》附加议定书的相关规定。关于库姆核设施的运转方式和目的，需要伊方提供进一步的说明。有分析指出，这座新工厂的曝光抑或说明该国隐藏有更多核活动，而且很可能被用于军事用途。①

面对伊朗提出在境内进行核燃料交换的提议，国际原子能机构

① 国际原子能机构报告称伊朗应继续提供核设施信息，人民网，2009年11月18日，<http://world.people.com.cn/GB/57507/10400741.html>.

表示不能接受。11月26日，国际原子能机构理事会35个成员国在维也纳召开会议，讨论伊核问题的解决方案。伊朗问题相关六国为会议准备了一份伊朗核问题决议草案。要求伊朗与国际社会“全面合作”澄清伊核问题中的一切未决疑问。决议还要求伊朗立即停止库姆城附近核设施的建设工作，并要求伊朗承担义务，在未向国际原子能机构申报的情况下，不得私自批准并建设其他核项目。27日，国际原子能机构理事会以23票赞成、8票反对、3票弃权的表决结果通过这一计划。这是自2006年2月以来，该机构首次通过针对伊朗的决议。

就在新决议通过之时，伊朗方面再度展现了惊人的“强硬”。伊方表示拒绝执行新决议，不会暂停铀浓缩活动，也不会停止库姆核设施的建设。27日，伊朗驻国际原子能机构大使索尔塔尼表示，伊朗不会执行国际原子能机构理事会会议通过的针对伊朗核问题的决议。28日，伊方警告说伊朗可能退出《不扩散核武器条约》，来对抗这份“政治性”意味浓厚的决议。与此同时，伊朗议会强烈敦促总统向联合国提交申请，要求降低同国际原子能机构的合作水平。11月29日，不顾西方压力，伊朗宣布增建10座与伊朗位于纳坦兹的铀浓缩设施规模相当的浓缩铀提炼设施。以向伊朗核电站提供足够燃料。并宣布于12月2日召开会议讨论伊朗自行生产纯度为20%的浓缩铀的问题。

3. 美欧等国正在酝酿对伊朗新的制裁，为免于制裁伊朗提出新的燃料交换方案。面对伊方的强硬立场，美国政府近来多次表示将推动对伊制裁以迫使其废止核计划。11月12日奥巴马签署一份政令，将对伊朗的制裁延长一年。11月14日，国务卿希拉里就曾表示，伊朗数月来的一系列举动加深了国际社会对该国核计划的关切，在外交努力未能取得预期效果后，奥巴马政府将寻求通过制裁向伊朗施压。11月19日，奥巴马在韩国宣布美国等几个西方国家一直以推动联合国安理会制裁为威胁要求伊朗妥协。奥巴马当天说“惩罚性措施”未来几周内可能出炉，但未透露任何具体细节。奥巴马说，伊朗面临的是“双轨方案”，希望伊朗能抓住机会。

11月20日，伊朗问题相关六国集会，目标除了商讨伊朗拒绝国际原子能机构后的应对策略，还包括让伊朗了解事态严重性的相关措施。[1] 德国总理默克尔于12月3日在柏林说，如果伊朗核问题没有进展，就必须考虑新一轮制裁。12月15日，美国国会众议院通过了制裁伊朗的新法案，规定任何向伊朗出口提炼后石油产品或帮助伊朗进口、提炼石油的个人或企业将受到美国制裁。

在美欧等西方国家加大施压力度之际，伊朗并不示弱。15日，伊朗成功试射可覆盖以色列和美国在海湾军事基地的“泥石-2”型导弹。伊朗试图通过试射导弹来表明它不惧怕威胁，更不会以一个弱者的姿态与西方谈判。[2] 同时，伊朗此举也是在警告以色列和美国不要通过军事行动来处理伊朗核问题。

同时为免于制裁，伊朗也提出新的燃料交换方案。12月12日，伊朗外长穆塔基在巴林举行的一个地区安全会议上说，伊朗“原则上”同意国际原子能机构2009年10月提出的交换浓缩铀草案，伊朗愿将400千克本国生产的纯度为3.5%的浓缩铀运往该国基什岛经济自由区，以交换纯度为20%的浓缩铀，其余大约700千克低纯度浓缩铀将在未来几年内逐步交换。[3]这一方案但是遭到了美国方面的拒绝。不久，伊朗又表示愿在土耳其境内与西方国家交换核燃料。12月24日，伊朗外长穆塔基在接受伊朗国家电视台采访时表示，伊朗最希望在本国南部的基什岛与有关国家进行低纯度与较高纯度浓缩铀的交换，不过如果在土耳其境内进行这一交换也“没有问题”。为获取核反应堆燃料，伊朗可以有3种选择：购买、自行生产或在伊朗境内分批与外界交换。如果美国等国不接受伊朗的交换核燃料提议，伊朗专家将自己生产纯度为20%的浓缩铀。

综上所述，伊朗核问题再次走到重要关口。尽管伊朗和美欧互不退让。但是，伊朗核问题显然尚未走进死胡同，仍有转圜空间。第一，与朝核问题不同，伊核问题一直是国际核不扩散体系内的问题，今后国际原子能机构仍将扮演一个不可或缺的角色。随着新任总干事天野之弥的上任，伊朗与美国等各方将展开新一轮的博弈。

---

① 六国将集会讨论伊朗拒绝国际原子能机构提案后应对策略，人民网，2009年11月20日，<http://world.people.com.cn/GB/1029/10419531.html>.

② 伊朗试射导弹叫板西方 美英威胁加大制裁力度，人民网，2009年11月16日，<http://world.people.com.cn/GB/10603044.html>.

③ 伊朗提议在本国境内换铀遭拒，人民网，2009年12月15日，<http://world.people.com.cn/GB/10577649.html>.

第二，美国并不愿与伊朗重回到对抗的老路上，尽管美方不断发出威胁，声称年底将是伊朗的最后期限。但从实际情况来看，美方仍是引而不发，在期待出现转机。第三，有关各方在制裁伊朗问题上各有考虑。欧盟主要追随美国，支持接触政策，目前也不愿意美对伊接触政策过早失效。俄罗斯和中国都支持外交解决，主张当前最佳选择仍是保持对话，认为制裁只会使局势发展进一步失控，并不符合各方利益。第四，目前伊朗国内局势动荡，迫于国内的改革派压力，内贾德政府不会轻易断绝与国际社会的合作。

2010年伊核问题仍将是困扰国际社会的“危险和不确定因素”。即使伊朗同各方就核燃料加工达成最终协议，也只能在一定程度上缓解伊朗核问题，在根本矛盾解决之前，伊朗核问题的解决仍将有很长的路要走。

【防扩散】

国际核不扩散体系面临的挑战及发展趋势

张贵洪

内容提要：《不扩散核武器条约》是国际核不扩散体系的基石，对防扩散起到了积极的作用。但由于其内部防扩散、和平利用核能和核裁军三大支柱的不平衡发展，外部受东北亚、南亚、中东的地区核扩散和非国家行为体核扩散的挑战，条约正面临诸多困境。国际防扩散和核裁军领域的新进展让人们对《不扩散核武器条约》2010年审议会议充满期待，但我们看到仍有大量困难和挑战，因此应持谨慎的乐观态度。

主 题 词：防扩散　国际体系《不扩散核武器条约》审议会议

作者单位：上海　复旦大学国际问题研究院

一、对核不扩散体系的基本评估

从国际法的角度来看，核不扩散体系是由所有双边的、地区的和多边的旨在防止核武器扩散的国际条约组成的法律体系，主要包括七项多边条约、六个无核区条约和若干双边条约。[①]而从国际关系的角度来看，核不扩散体系是一个以维护国际和平与安全为基本目的、以防止核武器扩散为核心内容、以国际合作和国际协调为主要手段的国际安全体系，包括限制核武器部署和发展、无核区和核裁军的条约，核裁军和核军控的组织，以及国际出口控制和核查的机

① 七项多边条约是：《不扩散核武器条约》、《全面禁止核试验条约》、《部分禁止核试验条约》、《核材料物理保护公约》、《核安全公约》、《乏燃料管理安全和放射性废物管理安全国际公约》和《禁止在海床洋底及其底土安置核武器和其他大规模杀伤性武器条约》（《海床条约》）。六个无核区条约是：《南极条约》、《拉丁美洲和加勒比禁止核武器条约》（《特拉特洛尔科条约》）、《东南亚无核区条约》（《曼谷条约》）、《南太平洋无核区条约》（《拉罗通加条约》）、《非洲无核区条约》（《佩林达巴条约》）和《中亚无核区条约》。双边条约如美苏《反导条约》、美朝《框架协定》、印巴《不攻协定》等。

构。在核不扩散体系中，《不扩散核武器条约》无疑是最重要的法律文件，是核不扩散体系的基石和核心，其初衷是避免核武器和核技术的扩散，促进核裁军以及全面和彻底裁军的目标，推动和平利用核能的合作。该条约自1970年正式生效以来，在防止核武器扩散、推动核裁军进程、促进核能和平利用三方面发挥了积极作用。但条约内在的缺陷和外在的矛盾使整个核不扩散体系面临诸多困境。

1. 对《不扩散核武器条约》的解析。条约有三大支柱，即防扩散、和平利用核能和核裁军。五个核大国"合法拥有"核武器并承诺不帮助其他国家获得核武器，五个核大国保证有效核裁军，无核国家不寻求核武器但得到和平利用核能援助的回报。《不扩散核武器条约》把世界各国分为有核国家和无核国家，承认美、苏、英、法、中五个国家拥有核武器的"合法性"并固定化，不再承认新的核国家。《不扩散核武器条约》设想通过核国家和无核国家承担不同的义务，达到和平利用核能和有效防止核扩散的目的。

《不扩散核武器条约》的实施对防扩散起到了非常积极的作用，核扩散得到了有效抑制。主要表现在：第一，体系内无（横向）扩散，缔约国没有出现新的核武器国家。《不扩散核武器条约》签订前，核武器从无到有、从一个国家扩散到五个国家只经历了约20年时间，而条约生效后的25年内，没有出现新的核武器国家。[①] 从总体上来说，《不扩散核武器条约》得到了较好的维护。第二，体系外扩散，核扩散主要发生在非缔约国。1995年《不扩散核武器条约》无限期延长后，印度、巴基斯坦先后公开进行了核试验，朝鲜自称进行了核试。但应该看到，印巴不是《不扩散核武器条约》的成员国，朝鲜也是在退出《不扩散核武器条约》后进行的核试，因此无核武器的缔约国仍保持了某种"纯洁性"。第三，体系内核扩散的危险得到有效的控制。冷战结束以来，前苏联的哈萨克斯坦、白俄罗斯和乌克兰的核武器得到了适当的处置，这三个国家最终放弃了核武器，南非、巴西和阿根廷也先后自愿弃核，伊拉克的核武计划已完全终止，利比亚也已弃核，伊朗长期以来不够遵约但

① 1974年印度进行了核爆，但并不被认为真正拥有了核武器。以色列什么时候掌握了核武器是个未知数。

尚未突破不扩散。第四，核不扩散体系的物理空间扩大，地球上禁止核武器的地理范围越来越广。已有181个国家签署、150个国家批准了《全面禁止核试验条约》，同时，世界上六个地区已宣布为无核区。

但是，《不扩散核武器条约》并未能避免核武器的横向扩散。印度、巴基斯坦、以色列、朝鲜四国公开或不公开地拥有了核武器。伊朗没有充分遵守《不扩散核武器条约》，挑战着和平利用核能的极限。更多的国家成为“核门槛”国家。《不扩散核武器条约》也没有阻止核武器的纵向扩散。美俄的核武现代化进程加快，特别是美国导弹防御计划的实施进一步恶化了核不扩散的环境，核裁军长期没有取得重大进展。

这与《不扩散核武器条约》内在缺陷有一定的关系。第一，普遍性不够。包括五个核武器国家在内的189个国家加入了《不扩散核武器条约》，从而成为参加国家最为广泛的多边裁军协定。但是，由于几个“关键”国家没有加入，使《不扩散核武器条约》的普遍性大打折扣。第二，有效性不足。《不扩散核武器条约》对核国家规定的义务笼统和模糊，对核裁军和和平利用核能没有制订明确和具体的“时间表”和“路线图”。对“事实上的核国家”没有做出“预断”而无法界定其核地位。对缔约国退出《不扩散核武器条约》没有规定明确和严格的退出条件和退出机制。对“核武器”没有做出具体规定，无核国家可以合法地生产一个核武器所需要的所有零件。第三，道义性不高。生化武器已被国际社会视为非法和不人道的武器而被全面禁止，但对同样是大规模杀伤性武器且破坏力更加现实和可怕的核武器，《不扩散核武器条约》立足于限制而不是禁止。没有把核裁军提到与核不扩散同样的高度。第四，公正性不大。《不扩散核武器条约》把世界上的国家永久性地分为核国家和无核国家，对无核国家规定了明确和具体的义务，而对核国家规定的义务抽象和含糊。第五，操作性不强。由于对核国家应承担的核裁军义务没有具体规定，因此无法对核国家构成持续和清晰的压力。第六，组织性不在。《不扩散核武器条约》没有组织保证，缺乏专门的机构实施核查和执行。《不扩散核武器条约》借助国际原子能机构执行核查任务，对违约行为只能诉诸联合国安理会采取措施。

2. 核不扩散体系中的几个困境。一方面，《不扩散核武器条约》存在的内在缺陷和不合理因素，使部分缔约国难以对条约保持完全的忠诚，非缔约国对条约也无法信服；另一方面，因核不扩散领域中国家利益和目标的分歧而产生的矛盾使核不扩散体系面临诸多困境。

第一，缔约国与非缔约国。对于非缔约国来说，尽管要承担国际社会的种种压力，但有种种“好处”和“理由”置身于核不扩散体系之外。比如，加入《不扩散核武器条约》可以得到用于和平目的的核技术对一些国家来说并没有那么迫切和重要，《不扩散核武器条约》以外的国家可以免于安全保障监督措施而进出口核材料和核设施从而在核贸易上取得某种商业优势；在有核国家进行全面和彻底的核裁军以及批准《全面禁止核试验条约》之前不愿意放弃核选择。事实上，到目前为止，核武器扩散正是发生在这些非缔约国，而缔约国对此无能为力。

第二，国家行为体与非国家行为体。核不扩散体系的目标和内容是防止主权国家行为体的核扩散，而没有包括非国家行为体的核扩散。然而，非国家行为体获得核武器的威胁正在增加。冷战结束以来，包括核科学家和核走私分子的个人、跨国公司和恐怖主义组织进行非法生产和买卖，走私和盗窃核材料、核技术和核设备的问题开始凸现。而无论是《不扩散核武器条约》的条款还是国际原子能机构的安全保障监督制度，抑或核供应国集团的核出口控制制度都没有涉及这类非国家行为体的核扩散问题。主权国家显然对此缺乏足够的经验和有效的措施。

第三，有核国家与无核国家。《不扩散核武器条约》体现了有核国家和无核国家间的一种妥协和交换，即有核国家通过承诺核裁军和提供核能援助换取无核国家不拥有核武器的保证。但是，从道义的高度来看，任何国家都不应拥有和使用核武器。有核国家因为处于安全上的优势和强势，因而有义务对无核国家做出某种安全保证和补偿，如不首先使用核武器、不对无核国家和无核区使用或威胁使用核武器、进行核裁军等。但是，除了中国以外的其他四个核国家或从绝对安全的目标出发，或因对付非传统安全威胁的需要，或以维持战略稳定的考虑，都没有对无核国家做出这样的安全保证。而美国推行的导弹防御、外空武器、先发制人等战略举措不仅破坏了有核国家之间的战略稳定，而且对无核国家来说是安全保证上的倒退。

第四，核能与核武。国际社会和平利用核能已有长足发展。[①]随着全球气候变暖问题的突出，人们对核能的需求还在不断上升。但是，从技术上讲，从核能到核武只是一步之遥，核能的和平利用和军事利用的界限是微妙的。现有的核扩散无一例外地走过了从核能到核武的道路。从政治上看，在和平利用与防扩散之间关系上存在三种不同的侧重点。第一种是重和平利用轻防扩散，极端的例子是朝鲜和伊朗；第二种是重防扩散轻和平利用，美国是典型；第三种是和平利用和防扩散并重，以俄罗斯和中国为代表。如何找到核能和平利用与核不扩散之间的临界点和平衡点，避免和平利用与防扩散之间的对立，不仅是一个技术问题，更涉及政治、经济、军事和外交等领域。

第五，权利与义务。在现有核不扩散体系中，有核国家与无核国家在权利和义务上存在不平衡和不平等。有核国家权利大于义务，无核国家义务大于权利。五个核国家合法地拥有核武器，从而在国际安全关系中处于一种优势地位，这具有“质”的意义，核裁军在很大程度上只具有“量”的影响。无核国家承担不寻求发展核武器的义务（即放弃拥有核武器的权利），得到的好处只是核国家提供核能援助的原则性承诺，也没有得到明确、具体和可靠的安全保证。这种权利和义务的不平衡和不平等影响了《不扩散核武器条约》的履约质量。

二、核不扩散体系面临的政治挑战

核武器的出现和扩散一方面是核科技发展的自然结果，核技术的更新对核不扩散体系形成新的挑战，但我们更应看到核选择背后的政治推动和战略意图。冷战结束以来，核武器在一些国家安全战略中的地位有加强的趋势。核扩散与地区安全格局和国际安全形势

① 据世界核协会（WNA）提供的资料，截至2009年6月1日，全球有44个国家共运行436台核电机组，在建45台，计划中131台，拟建282台，2008年核发电量占总发电量的15%。<http：//www. world-nuclear. org/ info/ reactors. html>.

也有非常密切的关系。冷战后的核扩散呈现地区化的特点，东北亚、南亚和中亚是核扩散的三个地区模式。以核恐怖主义为极端代表的非国家行为体核扩散是一个新的重大挑战。

1. 核扩散的地区化。由于地区安全困境的存在和国际安全保障体系的不足，一些国家仍把拥有核武器作为实现国家目标的战略选择之一，不惜绕过、违反或退出核不扩散体系。印度公开核试的一个重要战略意图是把核武器作为取得世界大国地位的政治资本，巴基斯坦跟进则主要是为了维护南亚地区的力量平衡，朝鲜最终突破更多的是考虑其主权和政权安全，以色列采取的“模糊战略”（既不承认也不否认有核武器）显然是为了维护其地区主导地位，伊朗在体系内走极限，是因为它面对巨大的地缘政治和战略压力。上述几个国家所在的中东、南亚、东北亚正是安全困境最为严重、冷战遗留问题最为突出的三个地区。

与冷战时期核扩散主要发生在几个大国的情况不同，冷战后的核扩散有地区化的特点，东北亚、南亚和中东代表了核扩散的三种地区模式。

第一，核扩散的南亚模式。1998 年印度和巴基斯坦公开进行核试验，核扩散第一次从大国化转变为地区化，第一次在短时间内同时向两个国家扩散，第一次向中小国家扩散。尽管印度以邻国威胁作为核试借口，但真正的战略意图是为了获得大国地位和树立大国形象，获得美国的尊重和重视。作为印度在南亚地区的对手，巴基斯坦当然要维护地区力量平衡，核武器从而扩散到伊斯兰国家。由于印巴之间的历史恩怨、领土争端和民族矛盾，核冲突的危险一度笼罩南亚地区。印巴两国一直拒绝加入核不扩散体系，反过来现有核不扩散体系也无法包容这两个拥有核武器的国家。美印核能合作协议则已突破了现有核不扩散规则。这就是核不扩散体系在南亚地区面临的困境。

第二，核扩散的东北亚模式。2006 年朝鲜自称进行了核试验，2009 年又进行了第二次核试验，朝鲜半岛无核化的努力暂时宣告失败。朝鲜是第一个退出《不扩散核武器条约》的国家，目前的核地位也最不确定。朝鲜拥核无论是出于安全需要（避免被先发制人打击）和政治考虑（维护政权生存）还是外交目标（与美国关系正常化）和经济利益（取消制裁、获得援助）都与美国有关。由于韩国和日本都有一定的核能力，且都与美国结盟，因此在朝鲜核问题彻底解决之前，东北亚地区进一步核扩散的危险总是存在的。但是，东北亚也是唯一存在一个多边机制（六方会谈）致力于缓和和解决核危机的地区，“六方会谈”为其他两个地区核问题的解决具有某种启示意义。

第三，核扩散的中东模式。以色列什么时候获得了核武器是一个谜，伊朗核武项目发展到什么程度也是一个未知数。因此中东地区是核扩散最为模糊的一个地区。以色列是唯一没有经过公开核试验但被“确定”为拥有核武器的国家，也是唯一没有加入《不扩散核武器条约》的中东国家。以色列压倒性的军事优势和美国的偏袒政策，加上历史恩怨和现实矛盾，导致一个国家与整个地区对立的局面。伊朗有丰富的油气资源，但对核能开发和利用“情有独钟”，面对美国的对抗、以色列的对立、欧盟的斡旋、俄罗斯的规劝、联合国的压力和国际原子能机构的核查显得“游刃有余”。

尽管各具特点，但南亚、东北亚、中东地区的核扩散有一个共同点，即地区安全格局和形势的复杂性和对抗性。东北亚的南北分立、南亚的印巴对立、中东的阿以对抗是核扩散地区化的重要根源，一旦地区形势出现紧张，核扩散的危险也会随之增加。

总之，地区安全困境的存在是核不扩散体系的首要政治挑战。

2. 美国对外战略和核政策的负面作用。美国的对外战略和核政策不是阻止而是刺激了核扩散。首先，美国核政策为维护其全球超强地位和在具有地缘战略意义的地区维护美国的利益服务的。冷战结束后，来自俄罗斯的核威胁已大大削弱，但美国在依然保持其庞大核武库的同时，开发新型核武器、部署导弹防御系统、发展外空武器、抛弃《反导条约》、拒绝批准《全面禁止核试验条约》，目的是为了获得一种“绝对安全”和维护其“一超地位”，这在很大程度上破坏了全球战略稳定，削弱了核大国之间的战略信任，也极大地恶化了核不扩散所需的国际安全环境。同时，美国以对付地区核威胁为由，在西太平洋和东欧地区发展和部署导弹防御系统，是为了控制战略要地，对中国和俄罗斯进行战略挤压。此外，美国不惜修改国内法律和国际规则，与没有参加《不扩散核武器条约》且拥有了核武器的印度开展民用核合作，除了经济和商业利益，恐怕也有利用印度制约中国的考虑。

其次，先发制人的防扩手段。冷战时期，美国无论是在防止纵向核扩散还是防止横向核扩散方面，其主要手段是通过多边和合作，签订了多项双边和多边核军控条约，成立了多个核军控国际组织，从而建立起防止核武器扩散的国际体系。冷战结束以来，特别是“9·11”事件后，美国对核不扩散体系的立场消极甚至倒退，从多边化走向单边化。2002年美国提出“邪恶轴心”说和“先发制人”的军事战略、2003年对并不拥有核武器的伊拉克发动战争，这使朝鲜和伊朗这样的国家认识到核不扩散体系的不可靠和国际安全保障体系的脆弱性，因而更多地寻求“自助”和“自救”。

第三，选择性防扩散导致的多重标准。美国出于其自身利益考虑，对以色列、印度、巴基斯坦、朝鲜和伊朗采取各不相同的防扩散标准和政策。对以色列采取默认和放任的立场，对伊朗却采取强硬和对抗的政策；与印度开展核能合作却不与巴基斯坦开展同样的合作；与朝鲜开展谈判却不与伊朗进行谈判；只强调横向不扩散而淡化纵向核扩散；对没有核武器的伊拉克动武却向拥有核武器的印度和巴基斯坦伸“橄榄枝”。这在很大程度上刺激了朝鲜（以公开的方式）和伊朗（以隐蔽的方式）在核问题上采取冒险行动和强硬政策。

因此，美国对外战略和核政策已成为核不扩散体系的最大政治挑战。

3. 非国家行为体核扩散。从20世纪90年代初开始，非国家行为体的核扩散问题开始凸现。三大事件的发生使国际社会和各国政府意识到非国家行为体核扩散对国际核不扩散体系构成严重挑战。一是1991年苏联解体导致非国家行为体，特别是核科学家和核走私分子进行核扩散的危险的产生。二是2001年“9·11”事件引起人们对恐怖分子使用核武器的担忧。三是2003年巴基斯坦卡迪尔·汗（Abdul Qadeer Khan）全球地下核走私网络的曝光证明非国家行为体获取核武器的危险的存在。

非国家行为体对核不扩散体系形成的挑战主要表现在以下几个方面：第一，国际法和国际条约规定的义务只针对主权国家，对非国家行为体的行为规范没有约束力。第二，非国家行为体从事核扩散可能承担的政治和道德风险以及遭受报复性打击的代价极低。第三，核技术扩散和核材料走私非常隐蔽，国际社会无法对其进行持续的跟踪和有效的控制。第四，国际上还没有一个具有法律约束力的全球核安全标准，各国对核武器和核材料的安全保护措施各不相同，一些国家对非国家行为体核扩散监控不力。第五，出于商业利益或政治目的非法进行敏感或两用技术和材料交易的现象越来越严重，增加了防扩散的广度和难度。

目前，国际社会为防止非国家行为体核扩散而采取的措施主要有两条：一是 2004 年 4 月通过的联合国安理会第 1540 号决议，决定"各国应采取和实施有效措施，建立国内管制，以防止核生化武器及其运载工具的扩散，包括对相关材料建立适当管制。"①它要求所有国家建立有效的国内控制以防止核武器和相关材料向/从非国家行为体扩散，并把违反这些规定视为犯罪。但发展中国家因为专业技术能力不足、发达国家从工业和商业利益考虑，这一决议的执行不容乐观。② 二是 2005 年 4 月联合国大会通过、2007 年 7 月正式生效的《制止核恐怖主义行为国际公约》，它认定"核恐怖主义行为可能带来最严重的后果并可能对国际和平与安全构成威胁"。③但只有 20 多个国家批准这项公约，这在一定程度上影响了打击国际核恐怖主义的广度和力度。

可见，非国家行为体核扩散将成为核不扩散体系的最严重政治挑战。

三、《不扩散核武器条约》2010 年审议会议及其前景

《不扩散核武器条约》于 1970 年生效，有效期为 25 年。1995

---

① S/RES/1540 （2004），< http：//www. un. org/chinese/aboutun/prinorgs/sc/sres/04/s1540. htm >.

② 关于安理会 1540 号决议执行情况的分析，Peter Crail，*Implementing UN Security Council Resolution 1540：A Risk-Based Approach*，*Nonproliferation Review*，Vol. 13，No. 2，July 2006。Wade Boese，*Implications of UN Security Council Resolution 1540* ，< http：//www. armscontrol. org/events/20050315_ 1540. asp >；Zhang Guihong，"*Implementing UNSC Resolution 1540：China's Perspective*"，载李根信、滕建群编著：《2009 年国际军备与裁军》，北京：世界知识出版社，2009 年版，第 237—252 页。

③ <http：//www. un. org/chinese/terrorism/2005. pdf >.

年，条约得以无限期延长。《不扩散核武器条约》要求每五年进行一次审议会议，以审查缔约国的履约情况。2010年审议会议召开前，已经召开三次筹备委员会会议，评估条款的执行情况并向审议会议提出建议。2009年5月召开的第三次筹委会会议提出的初步建议主要包括：第一，条约以及防扩散、核裁军和和平利用核能原则的普遍性。第二，条约三大支柱的行动计划。第三，加强核安全的方法和手段。第四，开展地区防扩散和裁军行动的方法和手段。第五，执行1995年审议会议有关中东的决议的方法和手段。第六，采取措施应对退出条约的风险和影响。第七，采取行动以加强审议过程，包括可能的制度化措施。第八，促进民间社会在加强《不扩散核武器条约》规范和裁军与防扩散教育的方面参与的方法和手段。① 尽管与会的122个国家的代表最终未能就向2010年审议会议提出一揽子建议达成一致意见，但会议就2010年审议会议的议程和议事规则达成了协议。

2010年是《不扩散核武器条约》生效40周年。现在人们普遍认为，2010年审议会议的结果将对条约的效力产生长远和重大的影响，因此对会议充满着期待。

2009年，国际防扩散和核裁军领域出现一些积极的进展。首先，奥巴马政府上台后，美国在核裁军、防扩散和军备控制方面采取了积极、进步的政策和行动。4月5日，奥巴马在布拉格演讲时提出美国将致力于“一个无核武器世界的和平与安全”。② 9月23日，奥巴马在联大发言时把防扩散和核裁军视为支撑世界未来的四大支柱之首。③ 为此，美国将降低核武器在国家安全战略中的作用，在2009年年底前与俄罗斯达成一项削减战略武器的新协定，推动《全面禁止核试验条约》的批准，就禁止生产裂变材料签订一项新的条约。尽管这并不意味着美国将放弃核武器或核威慑，但无疑向国际社会传达了一个积极的信号。其次，美俄已开始就一项新的削减战略武器条约进行谈判。4月初，美俄两国领导人决定开始政府

① <http: //www.reachingcriticalwill.org/legal/npt/prepcom09/papers/CRP4Rev2.pdf>.

② <http: //www.whitehouse.gov/the_ press_ office/Remarks-By-President>.

③ <http: //www.whitehouse.gov/the_ press_ office/Remarks-by-the-president-to-the-United -Nations- General- Assembly>.

间双边谈判，就削减和限制进攻性战略武器达成一项新的、全面的和有法律约束力的协定。如果能在年底前达成这一协定，对核裁军将是一个极大的推动。第三，中亚无核区的建立。3月21日，《中亚无核武器区条约》正式生效。中亚继南极、拉美、南太平洋地区、非洲及东南亚之后，成为世界上第六个无核武器地区，也是北半球建立的第一个无核区。联合国秘书长潘基文表示，"《中亚无核武器区条约》的生效将推动加强全球核不扩散机制，彰显无核武器区的战略和道义价值，并显示出在实现无核武器世界方面取得更大进展的可能性。"① 第四，9月24日，联合国安理会召开核不扩散与核裁军峰会，这在安理会历史上还是第一次。安理会15个成员中14个国家的元首出席会议，一致通过第1887号决议，"强调《不扩散核武器条约》依然是核不扩散机制的基石以及谋求核裁军与和平利用核能的根本基础。"② 这对2010年的审议会议来说无疑是一项非常积极的进展。

但是，2010年审议会议仍面临大量困难和挑战。第一，《不扩散核武器条约》机制本身面临多种危机，包括：无力通过一致同意的决定，无法应对退出条约和违反防扩散的行为，条约第六条（核裁军）进展甚微，条约三大支柱发展不平衡，条约长期缺乏普遍性，等等。第二，朝鲜的核和导弹试验。朝鲜不顾国际社会的普遍反对，进行了两次核试验，违反了联合国安理会的有关决议。朝鲜的退约和核试验对《不扩散核武器条约》的威信和效力构成了严重的挑战。第三，核恐怖主义的威胁。大规模杀伤性武器落入恐怖主义组织的危险依然存在，核走私活动和核设施的安全问题仍令人担忧。2004年通过的联合国安理会第1540号决议并不能自动弥补《不扩散核武器条约》在处理非国家行为体核扩散方面的空白。第四，美印核能合作协议的消极影响。核供应国集团和国际原子能机构理事会批准美印核协议，从而给印度以获得国际民用核能的例外，而印度是五个核国家以外第一个公开进行核试验的国家，这对《不扩散核武器条约》的总体目标带来负面作用，可能树立一个危

① <http：//www. un. org/chinese/News/fullstorynews. asp？newsID = 11367>.

② S/RES/1887 （2009），<http：//www. un. org/chinese/aboutun/prinorgs/sc/sres/09/s1887. htm>.

险的先例。

为应对上述困难和挑战，国际社会有必要在以下问题上达成共识：第一，同等重视动机和行为。既要密切关注一国在防扩散方面的表现和记录，也要高度重视促使一些国家和非国家行为体通过发展和拥有核武器寻求安全以应对威胁的背后因素。这里的关键是一方面要倡导以互信、互惠、平等和合作为特征的新安全观；另一方面要推动科学、平衡和共同的发展，从而大大减少寻求核武器的动机。第二，实现防扩散和核裁军之间的平衡。在敦促非核武器国家严格履行不扩散义务的同时，核武器国家特别是美俄两国应在核裁军方面采取实质性行动，以换取非核武器国家的履约合作。第三，促进防扩散义务和和平利用核能之间的平衡。一方面，所有成员国有义务和责任全面履约，但这不能减少或削弱这些国家和平利用核能和核技术的权利和能力。第四，努力协调主权权利和国际义务。对大多数发展中国家来说，大规模杀伤性武器的扩散并不是最紧迫的威胁，他们的首要任务是发展和减少贫困。要求这些国家投入大量资源和精力来履约是不明智的。因此，联合国和那些在防扩散和出口管制方面拥有先进技术和丰富经验的国家应该提供必要的人力和财政援助。第五，在防扩散领域，采取类似制裁和孤立这样的强制措施应慎之又慎，应在国际法的框架内主要通过政治和外交途径，通过对话和合作的方法解决防扩散的问题；任何强制性行动应基于充分和清晰的证据，并得到联合国安理会的批准。第六，联合国和国际组织应发挥更重要的作用，加强和改进国际防扩散机制。

2009 年 9 月 24 日通过的安理会第 1887 号决议重申了不扩散和核裁军的精神、价值、目标和原则，同时指出了一些可预期的行动和措施：第一，美俄在 2009 年年底前就进攻性战略武器谈判缔结一项全面的具有法律约束力的新协定；第二，2010 年 4 月 30 日在纽约举行无核武器区条约缔约国和签署国第二次会议；第三，在 2010 年召开全球核安全峰会；第四，呼吁所有国家签署并批准《全面禁止核试验条约》，尽早就禁止生产裂变材料谈判一项条约，就全面彻底裁军条约进行谈判；第五，为了减少和避免民用核技术被用于军事目的的风险，决议为核出口规定一定条件，即如果对方国家不履行义务或退出《不扩散核武器条约》，或不接受国际原子能机构的核查，提供核技术的国家有权收回。这一决议为《不扩散核武器条约》及其2010年审议会议提供了强有力的政治和法律支持。

当然，2010年审议会议的成功还需要国际社会包括有核国家和无核国家做出共同努力，在核裁军、防扩散和核能和平利用方面取得长足的进展。正如联合国裁军事务高级代表杜阿尔特所说，“这三大支柱对于条约的重要性就像心、肺、脑对于人体的重要性。”① 在核裁军方面，有三个方面的进展是至关重要的，一是美俄能否在2009年年底前达成一项新的削减战略武器的协定，因为这显示美俄核裁军的决心和诚意，也将影响全球核裁军的进程；二是《全面禁止核试验条约》能否尽早得到批准从而生效，为防扩散提供一个法律的保障；三是裁军会议能否加快禁止生产裂变材料的谈判步伐，从源头上减少扩散的风险。在核能和平利用方面，有关国家提出了各种多边燃料供应方案。② 这些方案都不违背条约第四条（和平利用核能）的权利，且有助于减少燃料供应中断时出现的风险，但关键是还应包括全面的核废料管理的解决办法。在防扩散方面，伊朗和朝鲜的核问题备受关注，特别是朝鲜进行了第二次核试验，安理会通过的决议是适当和平衡的，制裁并不是目的，而是要朝鲜明白其行为的后果。谈判和对话依然是解决伊朗和朝鲜核问题的唯一正确途径。

尽管《不扩散核武器条约》有自身的缺陷，国际核不扩散体系存在诸多困境，且面临大量的政治和技术挑战，但鉴于上述分析，我们有理由对2010年的审议会议持谨慎的乐观态度。

---

① Sergio Duarte, *Making the* 2010 *NPT Review Conference a Success*, address to the conference on The Nuclear Nonproliferation Treaty at Forty: “Addressing Current and Future Challenges”, organized by Arms Control Association in Washington, D. C., on 16 June 2008, <available at http://www.armscontrol.org/pdf/20080616_ Duarte_ Remarks. pdf>.

② 这些方案主要有美国的“全球核能合作伙伴关系”，美国非政府组织“核威胁倡议”提出的在由国际原子能机构指定的地点建造核燃料库，俄罗斯提出的“国际铀浓缩中心”，德国提出的“多边浓缩站项目”，日本提出的“国际原子能机构确保核燃料供应的备用安排系统”，英国的“浓缩契约”倡议等。

四、结语

国际核不扩散体系是冷战时期国际政治斗争的产物，是国际安全体系的一个重要组成部分。它具有明显的两重性：一方面体系日益显示出它的局限和不足，另一方面体系仍有其存在的必然和必要：一方面体系的某些机制和措施已不能适应现实的需要，另一方面体系的目标和原则仍有其时代价值；一方面体系面临一些困境和挑战，另一方面，体系仍取得某些进展和机遇。

作为国际核不扩散体系的核心和基石，《不扩散核武器条约》面临的最大挑战是国际安全关系。条约的前景很大程度上取决于各国能否以新安全观指导各自的安全行为，形成良性的安全互动。2010年审议会议是对这种安全关系的一种考验。

国际防扩散及核裁军面临的挑战与中国的应对

王仲春

内容提要：国际防扩散及核裁军进程正处于关键的十字路，巨大的风险和难得的机遇并存。本文分析了国际防扩散及核裁军斗争面临的挑战和有利条件，回顾了自冷战结束以来中国为国际防扩散及核裁军事业所做出的努力和贡献，阐述了中国在这一关乎全人类安全的重大问题上的原则立场和政策选择。

主 题 词：防扩散 核裁军 国际体制 中国 挑战 应对

作者单位：北京　国防大学

当前，国际防扩散及核裁军进程正处于关键的十字路。国际社会应进一步加强合作，把握机遇，应对挑战，以实际的行动努力推进国际防扩散与核裁军进程向前发展。

一、国际防扩散及核裁军进程面临的严峻挑战

在冷战结束后国际战略形势缓和的大背景下，国际防扩散与核裁军事业一度取得了许多成果。然而，这一良好的发展势头并未像人们所期待的那样向前发展，而是在20世纪90年代后期发生逆转。此后，国际社会防扩散的种种努力不断遭受挫折，核扩散的趋势日益严峻，不断冲击着国际安全，这表明围绕着防扩散的各种矛盾日益尖锐和更加突出。

1. 寻求核武装的国家构成了复杂而动荡的地区核态势。在南亚，1998年5月间，印度和巴基斯坦先后进行了连续核试爆炸。虽然联合国安理会随后通过了第1172号决议，要求印巴立即停止所有核试验，遵守《全面禁止核试验条约》，并确保不出口可用于生产大规模毁灭性武器及其运载工具的技术。但是，问题的关键在于印巴两国至今仍处于国际防扩散体制之外，而国际社会所担忧南亚

地区出现核军备对峙这一危险的局面已经成为现实。

在东亚，朝鲜核危机更是不断升级，前景未卜。虽然从2003年开启解决朝核问题的六方会谈至今已进行了多轮会谈，但是，朝鲜还是不顾国际社会的强烈反对，于2006年10月和2009年5月，先后进行了两次地下核试验。在联合国安理会一致通过关于谴责和制裁朝鲜的1874号决议之后，朝鲜反应强烈，不但要求联合国安理会立即撤销所有反对朝鲜的决议和决定并做出道歉，而且声称将再次进行核试爆和洲际导弹试射。

在中东，伊朗核问题一波三折，不断凸显。2006年7月和12月，联合国安理会先后通过关于要求伊朗暂停所有与铀浓缩相关活动的1696号决议和对伊采取有关制裁的1737号决议。但是，联合国的决议和国际社会的积极斡旋和调解并无明显成效，伊朗在核问题上立场趋于强硬，2009年5月，伊朗已明确表示拒绝放弃核计划，声称世界必须接受"核伊朗"。

上述问题如不能得到妥善解决，其后果极有可能在地区甚至全球造成获取核武器的连锁反应。美国卡内基国际基金会的研究报告认为：在东北亚，"误判或误解可能导致在朝鲜半岛爆发核战争"；而在中东，"如果伊朗有了核武器，埃及、沙特阿拉伯或其他中东国家可能会启动或恢复核武器计划。如果现存的政治与领土争端一直得不到解决，10年内中东可能从只有1个拥有核武器国家的地区变为有2个、3个甚至5个有核国家的地区。"①

2. 美国单边主义的核政策成为国际防扩散进展的主要障碍。美国的单边主义主要表现在四个方面：一是不批准《全面禁止核试验条约》。该条约是全球核不扩散体制中的重要一环，这一条约的生效时间越往后拖，恢复核试验的危险就越大。二是单方面退出《反弹道导弹条约》。该条约被视为核大国战略稳定的基石，是美俄之间一系列军控条约的基础，美国政府单方面退出《反弹道导弹条约》，为美国发展导弹防御系统，在新的核军备领域获取优势扫除了外部法律障碍。三是以单边主义主导国际核军备控制与核裁军进程。美国与俄罗斯于2002年5月签署的《关于削减和限制进攻性

① 卡内基国际基金会，中国军控与裁军协会等译，《普遍履约：全新的核安全战略》，北京：世界知识出版社，2005年版，第5、21页。

战略武器条约》，不但基本实现了美国试图达成双边不对等削减核武器的目的，更重要的是迫使俄罗斯接受了美国退出反导条约的现实。[①] 四是美国在防核扩散政策上执行双重标准：对一些国家如朝鲜、伊朗和伊拉克等国采取制裁、封锁和军事打击的政策；对另一些国家如印度、以色列等国则采取默许、甚至是庇护的政策，这显然扮演了核不扩散体制的破坏者的角色。美国的这些做法，不能不说在很大程度上刺激了某些承受严重国家安全压力的国家谋取核武器的意向。

3. 核大国继续推动核武器技术的发展形成了纵向的核扩散。当前，美俄两个核大国仍在推进各自的核武器现代化计划。美国提出建设新“三位一体”的战略力量，正逐步构建“核”与“非核”结合的、具有攻防兼备能力的、并由强大快速反应基础能力作支持的绝对优势的战略力量，以确保美国及盟国的安全。[②] 俄罗斯为确保其“核遏制战略”的需求，在继续追求战略力量对美国的低水平均衡的同时，使其“三位一体”的战略核力量结构将更加均衡合理。俄罗斯新的战略武器发展计划几乎都与突破美国的导弹防御系统有关，着眼于突破美国的国家导弹防御系统为目标的新型“白杨－M”导弹的成功试验是这一思想的具体体现。此外，俄罗斯研发具有防空、反弹道导弹和外空防御三位一体能力的战略性空天防御系统的努力从未停止。

4. 恐怖组织和其他非国家行为体获取核技术与核武器的风险增大。近年来，不断被披露的涉及多个国家和地区的国际地下核交易网表明，现有的国际法律和出口管制方面的强制措施显然不足以阻止核技术、核材料扩散的趋势。恐怖主义组织可以更方便地从事跨越国界的地下活动，获取大规模杀伤性武器、技术和材料的隐蔽性更强。而能够在瞬时造成大规模毁伤后果的核武器对恐怖主义者有特别的吸引力，[③]如果不采取严格有效的防扩散措施，可能不需要更长的时间，某些非国家实体和恐怖主义集团就可能拥有核武装，

① 国图参考资料数字图书馆，《各国背景资料·欧洲·俄罗斯》，俄美关系部分。

② DoD：*Nuclear Posture Review*, Jan 8, 2002, P12—13.

③ Bush Administration：*The National Security Strategy of The Untied States of America*, March 2006, P19.

而“恐怖分子攫取核武器是独特且最为严重的核威胁。”[1]

5. 国际防扩散体制本身存在重大缺陷和不足。国际防扩散体制自身存在的重大缺陷突出表现在作为这个体制主要支柱的《不扩散核武器条约》缺乏约束力和操作性。首先，该条约对核国家规定的义务笼统和模糊，难以有效约束核国家的核武器发展。当所有成员国于1995年一致通过将这一条约无限期延长时，其中173个无核武器的缔约国郑重承诺放弃研发核武器的权利，其条件是以换取当时5个核国最终销毁各自核武库的承诺。而形势的发展却使得越来越多的无核缔约国感到核国家并不打算真正履行自己的条约义务。如果核大国不以实际行动履行自己的义务时，条约本身又怎样能以令人信服的法律和道义理由去阻止别的缔约国的核选择呢？其次，该条约对无核国家的义务虽然作了明确规定，但却没有规定强制执行的措施。如果一个无核缔约国以和平利用核能的名义秘密发展核武器技术，在无确凿证据的情况下，条约无权限制，而一旦这个无核缔约国获取了核武器之后即宣布退出条约，条约更是束手无策。特别是该条约对于坚持不参加条约的非成员国更不具任何约束力。再次，该条约没有规定核查的措施，这使得国际原子能组织的核查功能和效率严重受限。实践证明，该机构不但难以完成监测和发现无核国家秘密发展核武器的活动，更难以发现非国家实体（例如恐怖主义集团）非法获取武器的秘密行动或者地下网络组织的非法核交易。[2]

二、国际防扩散及核裁军事业出现的有利条件和机遇

毫无疑问，国际社会在防止大规模杀伤性武器扩散方面也存在着有利条件和机遇。

1. 国际社会在防扩散这一重大国际安全问题上已形成了比较

① 卡内基和平基金会，中国军控与裁军协会等译，《普遍履约：全新的核安全战略》，北京：世界知识出版社，2005年版，第19页。

② 潘振强，试论国际制止大规模杀伤性武器扩散及中国的对策，载李根信、滕建群编著：《2007：国际军备控制与裁军报告》，北京：世界知识出版社，2007年版，第166页。

牢固和普遍的共识。尽管各国对自身安全利益的认定和获取安全的手段有所不同，但在全球和地区安全形势面临核扩散这一严重挑战面前，世界各国对于大规模杀伤性武器特别是核武器与核技术扩散的严重后果有了更加清醒和深刻的认识。2009年9月24日，联合国安理会历史上首次专门就核不扩散与核裁军问题举行峰会，峰会一致通过了第1887号决议，呼吁各国致力于推动防扩散与核裁军，为在全世界范围内全面消除核武器创造条件。会上，美国总统奥巴马表示将努力促成《全面禁止核试验条约》的批准，俄罗斯总统梅德韦杰夫指出国际社会应该建立能避免武器落入恐怖分子手中的机制。其他一些主要国家也都表现出了积极态度，这表明国际社会对于坚决遏制核扩散这一危及全球和地区安全的危险趋势已经形成了牢固和普遍的共识。

2. 联合国开展了比以往更加积极而富有成效的工作。面对日趋严峻的防扩散形势，联合国始终把防扩散作为最经常、最重要的议题之一，为防范和遏制核扩散趋势的升级和蔓延通过了一系列决议，为国际社会营造了一个共同努力防止核扩散的大环境。与此同时，以构建地区多边谈判机制，利用国际原子能组织等相关国际机构，采用合作与磋商而不是单纯施压和制裁的多边主义外交方式解决问题的模式也曾在缓解朝鲜半岛和伊朗核危机中取得过初步成效。潘基文接任联合国秘书长之后积极推进防扩散与核裁军进程。2007年1月22日，他在就任的当月，就在日内瓦开幕的裁军谈判会议上发表致辞，呼吁各国加大努力推动实现防扩散和销毁核武器两大裁军目标。4月30日，他发表讲话，敦促《不扩散核武器条约》缔约国和有关各方重视该条约所面临的信任危机，以积极的行动推进防扩散进程。前不久，在首次核不扩散与核裁军峰会上通过的决议表明安理会决心按照《不扩散核武器条约》的目标，以促进国际稳定的方式，寻求建立对所有国家都安全的世界，为建立无核武器世界创造条件。会上，潘基文再次呼吁安理会充分利用当前国际防扩散与核裁军领域出现的良好势头，积极推动防扩散与核裁军进程。

3. 核大国之间的核安全关系中的合作性加强。冷战的结束直接导致了核大国的核安全关系中的对抗性减弱，合作性加强。核大国核战略的重心已从保持核大国之间的战略稳定和防止发生核意外，逐步转向防范核扩散和应对恐怖主义袭击。正是在这一背景下，美俄两国于2002年5月签署了《关于削减和限制进攻性战略武器条约》。根据该条约，美俄将在未来10年内将各自部署的核弹头总数削减至1700—2200枚。2009年以来，美国总统奥巴马和俄罗斯总统梅德韦杰夫都多次表示，美俄两国正在通过谈判达成一项新的核裁军协议，两国将进一步大规模削减各自的战略核武器及其运载工具。在联合国安理会首次核不扩散与核裁军峰会上，美俄两国总统再次明确表示：将进一步削减各自的核武库，并积极推动旨在替代《关于削减和限制进攻性战略武器条约》的新条约及相关文件尽快签署。

4. 国际防扩散体制仍然发挥着重要的防范和遏制作用。应该承认，现行的国际防扩散体制在公正性、完善性、约束性和有效性方面都存在不尽如人意的地方。但也必须承认，以《不扩散核武器条约》为主要支柱，包括《全面核禁试验条约》、国际原子能委员会、核供应国集团以及《禁止化学武器公约》和《禁止生物武器公约》等条约和机构所共同构成的国际防扩散体制，仍然对大规模杀伤性武器的扩散发挥着重要的防范和遏制作用。

最后还应提到的是，2003年12月，曾长期置身于国际不扩散核武器体制之外并被怀疑从事秘密核武器研发的利比亚正式宣布放弃包括核武器在内的大规模杀伤性武器计划，并表示接受国际社会的核查以履行他的承诺和条约义务。① 尽管对利比亚做出上述决定的动因有不同的解释，但对于国际防扩散事业，这也是一个值得欢迎的新进展。

三、中国为推进国际防扩散及核裁军事业做出的不懈努力

冷战后，中国以一种更为开放、合作、积极的国际形象和角

① 2003年12月19日，在与英国和美国发表的联合声明中，利比亚宣布放弃包括核武器在内的大规模杀伤性武器计划，并于2004年3月签署《不扩散核武器条约》附加议定书，同意遵守《禁止生物武器公约》、《禁止化学武器公约》和《导弹及其技术控制制度》并表示接受国际社会的核查以履行他的承诺和条约义务。见《SIPRI年鉴2005》，中国军控与裁军协会译，北京：时事出版社，2006年版，第888页。

色，积极参与国际多边核军备控制活动，努力为巩固和加强现有国际防扩散体系，进而为进一步推动全面、彻底的国际核裁军做出了应有的贡献。

1. 加入《不扩散核武器条约》并积极推动该条约的无限期延长。中国于1992年3月加入了《不扩散核武器条约》，支持该条约确定的防止核扩散，推动核裁军，促进和平利用核能的国际合作三大目标。中国认为，这三个目标是互相联系和不可分割的。防止核扩散与核裁军是相辅相成的，只有在核裁军领域取得大幅度进展，才是制止核扩散的最有效途径；而建立一个有效的核不扩散体制和机制，有助于实现全部销毁核武器的最终目标。中国认为，《不扩散核武器条约》的无限期延长有助于维护世界和平与安全，是对核裁军、防止核扩散和促进和平利用核能国际合作目标的再次确认。为此，在1995年5月联合国《不扩散核武器条约》审议和延期大会上，中国对该条约的无限期延长做出了积极的贡献。①

2. 签署《全面禁止核试验条约》。中国历来对核试验采取十分克制的态度，在国际社会承认的五个核国家中，中国所进行的核试验次数最少。截至1996年年底，美国进行核试验1030次，苏联（俄罗斯）715次，法国210次，英国45次，中国是独立自主地发展核武器，从技术上说最需要进行核试验，而中国仅进行核试验45次。② 全面禁止并彻底销毁核武器是中国政府一贯的主张，为促进世界核裁军的进程，中国自始至终参加了《《全面禁止核试验条约》》的谈判，并于1996年9月24日条约开放签署当日签署了该条约。但是，另一方面，中国也指出了该条约案文并非完全令人满意的地方。

3. 支持尽早缔结《禁止生产核武器用裂变材料公约》。1994年10月，中国与美国两国外长发表共同声明，表示愿意共同努力，推动尽早达成一项多边、非歧视性和有效核查的《禁止生产核武器用裂变材料公约》（简称《禁产公约》）。1997年4月，中国与美、俄、英、法等国发表声明，重申5国关于支持尽早谈判缔结《禁产

① 《中国的国防》，中华人民共和国国务院新闻办公室1998年版，第56—63页。

② 刘华秋主编：《军备控制和裁军手册》，北京：国防工业出版社，2000年版，第191页。

公约》的立场。[1] 1998年8月，日内瓦裁军谈判会议决定特设一个谈判缔结《禁产公约》的委员会，中国当即表示，在未来复杂和繁重的谈判中，愿与其他成员国一道，积极参与，为尽早缔结一项好的公约而共同努力。

4. 积极支持建立无核武器区的努力。中国积极支持有关国家和地区根据本地区的实际情况，在自行协商、自愿协议的基础上建立无核武器区的努力。中国认为，核国家应尊重无核武器区的地位并承担相应的义务。从这一立场出发，中国早在1973年和1987年就签署和批准了《拉丁美洲和加勒比禁止核武器条约》和《南太平洋无核区条约》。1996年4月11日，《非洲无核武器区条约》开放签署，中国是第一批签署该条约相关议定书的国家。目前，中国已与东盟就《东南亚无核区条约》议定书有关问题达成一致，并对有关地区国家准备建立中东无核区、中亚无核区的愿望和努力表示支持。除此之外，中国尊重和欢迎蒙古国的无核武器地位，支持实现朝鲜半岛无核化。作为对建立无核区努力表示支持的一项措施，中国于1995年4月郑重发表国家声明，重申中国无条件向无核武器国家和无核武器地区提供消极安全保证的承诺，并首次承诺提供积极安全保证。[2] 此外，中国还于1991年2月加入了《禁止在海床洋底及其底土安置核武器和其他大规模杀伤性武器条约》。

5. 提出《互不首先使用核武器条约》草案。中国于1994年1月正式向美、俄、英、法四个核国家提出《互相不首先使用核武器条约》草案，建议五个核国家尽早就此进行磋商。中国认为，缔结这样一个条约将有利于增进核国家间的相互信任，进一步减少核战争的危险，有益于世界的和平与稳定。在积极推动谈判缔结多边条约的同时，中国还积极谋求与其他核国家在双边基础上相互承诺不首先使用核武器。1994年9月，中国与俄罗斯相互做出了不首先使用核武器的保证。1998年6月，中美宣布互不以核武器瞄准对方。2000年5月，中国、法国、俄罗斯、英国、美国五个核国家发表联

① 《中国的国防》，中华人民共和国国务院新闻办公室1998年版，第40页。

② 同上。

合声明，宣布他们的核武器没瞄准任何国家。①

6. 严格而有效地控制核与导弹出口。在核技术出口方面，中国始终严格遵守核出口的三项原则：保证只用于和平目的；接受国际原子能机构的保障监督；进口国未经中国同意不得转让给第三方。自 1991 年 11 月以来，中国扩大了接受国际原子能机构的保障监督范围，建立了完善而严格的核出口管制机制。1997 年 10 月，中国加入作为国际核出口管制机制之一的“桑戈委员会”。2004 年 5 月，中国加入“核供应国集团”，承诺严格按照该集团的原则和清单实施核及核两用品的出口控制。虽然中国不是《导弹及其技术控制制度》的成员国，但中国于 1992 年 2 月承诺遵守《导弹及其技术控制制度》（当时的准则和参数。承担了不出口射程达到 300 千米和有效负荷达到 500 千克的地对地导弹的义务。根据上述政策，中国对导弹及相关物项的出口实行严格而有效的控制。②

7. 严格履行禁止生物武器、化学武器公约义务。中国早在 1984 年就签署了《禁止生物武器公约》，在一直严格履行该公约义务的同时，努力推进旨在加强该公约有效性的多边进程，通过充分协商，研讨制订相关措施；积极鼓励更多国家加入该公约，敦促所有缔约国全面、切实履行公约义务。为达成《禁止化学武器公约》这个合理、均衡并有严格核查机制的国际法律文书，中国参加日内瓦裁谈会关于禁止化学武器的谈判达 10 余年之久并做出了积极的贡献。1992 年 9 月 3 日，日内瓦裁谈会 39 个成员国协商一致通过了《禁止化学武器公约》，翌年 1 月，中国在巴黎签署了该公约并认真履行该公约的各项义务。

8. 积极建议防止外空武器化和外空军备竞赛。作为《外层空间条约》的签约国，中国一贯主张和平利用外层空间，反对外空武器化和外空军备竞赛。认为国际社会应就此缔结一项具有约束力的国际法律文书，以弥补现有外空法律体系的漏洞。2000 年，中国向日内瓦裁军谈判会议提交了题为“关于裁谈会处理防止外空军备竞赛问题的立场和建议”的工作文件，强调防止外空军备竞赛应成

---

① 中华人民共和国国务院新闻办公室：《中国的军控、裁军与防扩散努力》，2005 年版。

② 中华人民共和国国务院新闻办公室：《中国的国防》，1998 年版，第 49—50 页。

为裁谈会最优先议题之一，建议设立防止外空军备竞赛问题特委会，谈判相关国际法律文书。此后，中国多次就这一国际法律文书的主要内容提出具体建议。2008 年 2 月，中国与俄罗斯共同向裁谈会提交了“防止在外空放置武器、对外空物体使用或威胁使用武力条约”草案，希望尽快就这一草案开展实质性讨论，并早日谈判缔结。

四、中国在国际防扩散及核裁军问题上的基本立场与政策选择

中国于 2005 年 9 月公布的《中国的军控、裁军与防扩散努力》白皮书对中国在这一问题上的基本立场作了简要而完整的阐述。[①]具体地讲，有以下几个方面：

1. 支持联合国在国际防扩散及核裁军中发挥更大的积极作用。尽管联合国在国际防扩散领域的工作有时受到大国操控，有时工作效率低下，存在着不尽人意的地方，但是，应该承认，联合国依然是国际社会推进防扩散事业的最好平台。与此同时，还应强调在各国普遍参与的基础上，采取多边主义的途径和综合治理的措施，积极倡导和鼓励以构建地区多边谈判机制，利用国际原子能组织等相关国际机构，采用合作与磋商而不是单纯施压和制裁的多边主义外交方式解决问题的模式。

2. 继续倡导互信、互利、平等、协作的新安全观。大国应该尊重和理解小国的安全忧虑和必要的安全需求，也有责任减少过度的军备和避免武力的使用。试图追求绝对的安全容易导致使用过度的手段，这往往会损害别国的安全利益而遭致极端手段的报复，从而造成地区甚至全球的不稳定。实践已经证明：超级大国那种谋求自身绝对安全而不顾及别国安全关切，将自身安全建立在别国感受威胁基础上的做法，已经对国际防扩散体制造成了重大冲击，也使得自己本身面临越来越多的安全挑战。因此，只有实现国际社会所有成员的普遍安全，才能逐渐营造出持久稳定的全球和地区安全

① 中国国务院新闻办公室：《中国的军控、裁军与防扩散努力》，2005 年 9 月，第 4—5 页。

环境。

3. 努力维护、巩固和完善现有的国际防扩散体制。尽管现行的国际防扩散体制存在不容忽视的缺陷和不足，但这一体系“作为联合国为中心的全球集体安全框架的重要组成部分，增强了国际关系的可预测性，为维护国际和平、安全与稳定发挥了重要作用。”① 当前，在突出强调核国家应严格履行作为国际防扩散体制主要支柱的《不扩散核武器条约》和其他防扩散相关条约规定的责任和义务的同时，应敦促各核国家对无核国家提供永久性的安全保证。在此基础上，加强国际原子能机构在保障监督方面的作用，扩大保障监督附加议定书的普遍性；在不损害各国主权和根本安全利益的前提下，加强各国防扩散出口控制的法规建设和执法力度。

4. 坚持全面禁止和彻底销毁核武器这一根本目标。核武器是有核国家手中独享的资源，而无核国家则随时面临着核国家对其实施核威慑与核打击的危险。因此，要求全面禁止和彻底销毁核武器首先是广大无核国家最根本的要求，也是中国核裁军的基本立场。在国际社会早已就全面禁止生物、化学武器缔结了公约的今天，强调全面禁止和彻底销毁核武器理应提上国际安全的议事日程。

5. 敦促核国家尽早就不首先使用核武器和不向无核国家和无核地区使用核武器缔结国际法律性文件。目前，在《不扩散核武器条约》所承认的5个核国家中，除中国以外，美、俄、英、法四国均坚持必要时首先使用核武器。美国和俄罗斯拥有世界上最强大的核力量，如果两个核大国不能就不首先使用核武器和不向无核国家和无核地区使用核武器做出承诺，就很难说明其实行真正核裁军的诚意，而且容易处于与广大第三世界无核国家对立的地位。

6. 呼吁美俄率先以更大的幅度继续削减各自核武库。虽然在过去的十几年间，美俄根据所达成的双边削减战略核武器条约，对各自的核武库作了相应的削减，但是，对于两国庞大的核武库而言，这些削减并未实质性地降低各自核力量的超强和过度的战略杀伤能力。2009年以来，美俄两国总统多次表示两国将尽快就新的更大幅度的《削减和限制进攻性战略武器条约》开始谈判并争取尽快达成协议。需要指出的是，美俄两国不但应达成更大幅度的削减

---

① 唐家璇外长在联合国裁军研讨会开幕式上的讲话，《人民日报》，2002年4月3日。

战略核武器协议，而且削减的核弹头不应仅仅从运载系统中拆卸下后储存起来，而应予以销毁，并确保这种裁减的“可核查”和削减进程的“不可逆转”。

在前不久结束的联合国安理会核不扩散与核裁军峰会上，中国国家主席胡锦涛呼吁核大国放弃核威慑政策，他在题为《共同缔造普遍安全的世界》的讲话中提出五点主张，即：维护全球战略平衡和稳定，积极推进核裁军进程；放弃以首先使用核武器为基础的核威慑政策，切实减少核武器威胁；巩固国际核不扩散机制，防止核武器扩散；充分尊重各国和平利用核能的权利，积极开展国际合作；大力加强核安全，切实减少核风险。

核时代的安全是全人类的共同安全，维护这种共同安全是联合国的责任，更是世界各国负责任的政治家和世界人民的共同使命。相信经过国际社会的不懈努力，国际防扩散与核裁军事业能够走出困境并取得新的进展。

【外空】

2009 年世界外空武器化发展趋势

戴艳丽　李　梅

从卫星发射看韩国远程导弹的潜在能力

万　红　马志军

2009年世界外空武器化发展趋势

戴艳丽　李　梅

内容提要： 2009年，人类共有的外空并不安宁，主要航天大国继续加强外空力量的发展和建设。这些国家不断加大在外空应用领域里的投资力度，进一步明确各自的外空发展战略，与此同时有关国家还在积极加强外空能力的国际合作，共谋在外空领域里的发展。这其中，美俄等国积极发展外空攻防武器装备，继续增强外空监视能力的开发，研制新型外空快速反应系统，并同时发展外空防护技术手段，目标就是要抢占外空这个新的战略制高点。

主 题 词： 外空战略　外空力量　军事航天　发展趋势

作者单位： 北京　中国军控与裁军协会

一、明确外空攻防政策，加大投资力度

本年度内，许多航天大国在制订航天政策时都明确将外空对抗力量作为重要发展方向，并加大了相关资金的投入。

1. 审议航天政策，明确外空攻防力量建设。由于美国在本年度内出现政府更迭，而新的奥巴马政府与布什政府在国家安全政策上有一定差异，因此新政府在年度内重新审议了国家航天政策，明确了外空攻防力量的建设方向。2009年5月，美国总统奥巴马发布第3号总统令，要求对布什的美国国家外空政策进行审议，以达成指导美国民事及军事外空活动的新战略，审议包括外空保护、国际合作等内容。[①]而此前俄罗斯国防和外交等多次宣称，俄坚决反对外空军事化，如果美国或其他国家开始在外空部署武器，俄罗斯将采取回应措施。此外，日本在本年度4月也发布了《外空开发基本计划》草案，该政策性文件重点强调了发展导弹发射探测能力，这项

① 美国国家外空政策修订版预计2010年出台，美国外空网，2009年7月3日。

5 年外空政策计划以《外空基本法》为基础，计划在 2009—2013 财年发射 34 颗卫星，这是目前日本卫星发射数量的两倍。①

2. 加大投资力度，确定发展规划。随着外空攻防力量建设的深化，各国都开始加大这一方向的投资力度。2009 年 2 月，美国在应对经济危机的 8000 亿美元经济刺激计划中有 10 亿美元供 NASA 使用。而这并不包括美国在 2010 财年预算申请中导弹防御和外空攻防力量建设的投资。在 2009 年预算中，NASA 共获 197 亿美元，比 2008 年增长了 24 亿美元，而 2010 财年将比 2009 财年更高。而俄罗斯紧随其后也加大外空领域的投资力度。2009 年 3 月，俄总理普京表示，在 2009 年预算用于导弹航天领域的支出不会缩减，三个联邦专项将获得拨款金额在 820 亿卢布左右，最近两年来导弹航天综合体获得了超过 210 亿卢布的拨款，这是近 20 年来前所未有的。② 2009 年 3 月，俄罗斯副国防部长、前军事航天部队司令波波夫金将军透露，俄罗斯正在开展与美国类似的反卫星武器研制工作。而日本在 2009 年 6 月公布的新外空政策建议，在 2010—2014 年间为各种军事及民用外空开发活动编制预算 260 亿美元，日本现在每年用于外空活动的经费大约为 31.2 亿美元。新计划重点发展用于探测导弹发射的天基传感器技术。

二、谋求新的合作框架，发展新外空攻防建设理论

外空攻防力量的发展已经引起各国广泛重视，许多国家和组织出于自身利益的考虑，正在寻求类似军控监督体制的合作框架，并积极发展新的建设理论，以推进攻防力量的快速发展。

1. 谋求制订新的合作框架。美国布什政府在 2006 年 10 月出台的外空政策的重点是安全问题，但其拒绝新的限制美国外空行动的武器控制协议。这直接导致了全球范围内外空攻防技术的大范围发展。目前，许多国家和组织已经提出建立相关控制体系，特别是本年度 2 月美俄卫星外空相撞事件，使这一问题再次引起人们的关注。2009 年 2 月，美参联会副主席卡特怀特上将建议，建立一个由

① 日本新外空政策关注探测导弹发射能力，日本《每日新闻》2009 年 4 月 28 日。

② 俄罗斯 2009 年预算不会缩减导弹航天领域支出，中国新闻网，2009 年 3 月 19 日。

中、俄、英、法等国参加的全球卫星及其他航天器的“防撞网”，此后，美军方在3月科罗拉多斯普林斯外空会议上决定，率先在10月1日前对所有800颗在轨卫星予以监控。美军方透露，其正在跟卫星部门和学术机构探讨全球外空监视合作协议的具体内容，并支持制订一个广泛的外空行动准则。①

2. 发展新外空力量建设理论。为了顺利科学地推进外空攻防力量的建设，美俄等航天大国都在积极发展新的外空力量建设理论，为发展提供理论先导。美国在2009年度通过“外空快车”计划实践检验了“外空控制”理论。而俄罗斯媒体在2009年7月也透露，俄罗斯国防部正在论证建立统一的空天防御力量，将全境内的防空和外空防御系统统一为一个整体。按照设想，新系统将在刚被解散的莫斯科特别防空部队的基础上组建，空军的防空兵和外空兵下属的外空导弹部队将被并入新军当中。实际早在1992年，时任俄总统的叶利钦就提出了建立“空天一体防御”的基本构想，随后俄一直在探寻对防空力量的整合之路，而2008年美国用“标准-3”导弹击毁卫星事件后，俄军空天防御一体化开始加速。②这已经成为许多国家空天攻防力量建设的主要方向。

三、利用现有计划，加快外空攻防系统部署

由于发展外空进攻武器目前为全球反对，因此许多国家都通过“寓军于民，寓攻于防”的方式利用反导、航天等合法计划，积极发展外空攻防技术，加快了相关系统的部署。

1. 推进导弹防御与外空监视网络的融合。由于导弹防御与外空攻防技术上的兼容性，美俄等国都在利用现有反导防御技术，积极发展外空攻防装备，尤其是天基监视系统。2009年3月，美国陆军航天导弹防御司令部、陆军战略司令部与波音公司共同启动合作开发计划，以论证集成航天和导弹防御（IAMD）与空间态势感知

① 美军计划在10月1日前开始跟踪800颗在轨运行卫星，英国路透社，2009年3月30日。

② 俄罗斯加速空天防御一体化 防空和外空导弹部队合并，俄罗斯《观点报》，2009年7月4日。

概念，利用并融合多种不同的传感器数据。通过这项联合工作，美国陆军航天导弹防御司令部和陆军战略司令部将发展出一套基于合作和以网络为中心的开放环境，以支持对空间和集成航天和导弹防御的众多事件进行分析。[①] 同年10月，美空军外空司令部与雷声公司签订合同，研发一个态势感知样机（ESP－SSA）。该系统旨在构建一个开放的、服务导向的结构，把外空司令部外空监视传感器与导弹防御局传感器集成到一个单独的传感器系统。这个综合的全球系统将使导弹防御传感器加入到外空监视网络，执行外空与导弹防御指挥与控制系统的任务。

2. 利用反导计划发展天基监视系统。此外，美国的“天基红外系统”（SBIRS）在本年度内取得较大进展。2009年7月，美空军正式接收“天基红外高轨系统”（SBIRS-high）第二颗高椭圆轨道（HEO—2）预警卫星载荷进入运行阶段，该系统将替代目前在轨的“国防支援计划”卫星为美军提供新的天基导弹预警能力。2009年9月，美国发射两颗“外空跟踪与监视系统”卫星，该系统可以提供对导弹与弹头的立体式跟踪。按计划，两颗卫星可以探测到导弹发射，在导弹发射助推段、飞行中段和末段跟踪导弹及弹头。这是其他传感器系统无法做到的。[②]而俄罗斯在2009年7月，将3颗“宇宙”系列军用卫星送入轨道，新卫星是俄Oko（眼睛）轨道导弹预警网络的一部分。而法国也在2009年2月成功发射了两颗“螺旋”（Spirale）导弹预警卫星。这成为欧洲自主天基预警系统的第一步，为未来法国获取国防预警系统奠定基础。

3. 在现有系统基础上发展地基反卫星武器。许多国家的外空攻击能力主要隐藏在现有的导弹防御和外空快速响应计划中，利用这些现有计划，这些国家发展了庞大的反卫星等外空进攻潜力。例如，美国虽然在1985—2008年间一直限制外空反卫星武器，但是有证据表明美国有多个计划用于发展这一能力，等待着政策限制的改变。2008年“标准－3”的拦截证明其有能力在45天内将反导系统改装为反卫星武器，随着“标准－3”导弹系列化发展，特别

---

① 波音与美军合作从事外空态势感知工作，全球安全网，2008年3月15日。

② 美外空跟踪与监视系统可实现立体式导弹跟踪，美国防务新闻网，2009年10月18日。

是与日本合作的“标准-3”Ⅱ系列导弹的开发，这一系统将具备拦截更高轨道卫星的能力。此外，美国还有多个发展反卫星载具的方案，包括地基拦截弹、未使用过的以前的洲际弹道导弹的火箭、卫星发射火箭和“天马”空射火箭，以及“战区高空区域防御”反导系统，这些系统都具备改装为反卫星武器的技术潜力，配合正在开发的外空监视系统，其可以在短时间内组成反卫星进攻系统。① 此外，本年度内媒体透露，美国战略司令部正研制“激光扫帚”计划，以便利用导弹防御计划中发展的空基激光武器等空基激光器清理国际外空站运行轨迹上直径在1~10厘米大小的外空垃圾。这种“激光扫帚”利用激光脉冲锁定外空垃圾，也可以清除、致盲卫星等航天器。

四、增强外空监视能力，发展外空控制技术

为加强外空防御能力，提高外空态势感知能力，各国都十分重视外空监视能力的发展，同时在此基础上发展了天基的轨道攻击和控制技术。

1. 部署外空监视系统。美国实现外空监视能力的核心主要是“天基外空监视系统”和地基的“外空篱笆”计划。“外空监视系统”最早源于美国导弹防御计划，当时美国在国家导弹防御计划的天基预警系统中为确定进入外空的弹头的情况，发展了用于监视外空轨道附近目标情况的“中段外空试验/天基可视（MAX/SBV）传感器”发展计划，但2002年前后该计划中的大部分传感器试验均以失败而告终，但是其中被称为“天基可视传感器”的20千克载荷能够在地球同步轨道（GEO）上利用可见光搜索跟踪卫星，这一成果让美国人看到了外空监视的一线希望，这就是以后的“外空监视系统”“探路者”卫星的雏形。2004年3月，美国波音公司与空军签订合同，研制和部署“外空监视系统”。2009年4月，经过数年的推迟，一颗波音公司制造的“天基空间监视系统”卫星成功发射，“外空监视系统”星座由四颗以上卫星组成，按照试验性计划，该星座将于2014年完成部署，替换已为军队服务12年的天基可见

① 卫星保护是外空新竞赛，《简氏防务周刊》，2009年10月28日。

光传感器，空军希望“外空监视系统”最终能够实时监视卫星和空间碎片。当观测到某一卫星偏离或脱离现有轨道时，“外空监视系统”可以帮助美国空军找到并跟踪这颗卫星；其还可以很快识别敌方秘密卫星，“外空监视系统”可以利用星载相机对其拍照定位，并提供比地基望远镜和雷达更加广阔的外空视野，波音公司称“外空监视系统”“将是外空态势感知的革命”。

此外，2009年7月，美国空军与雷声公司签订合同，进行“外空篱笆”系统阶段A的原型设计。这表明美国空军的“外空篱笆”（Space Fence）计划全面启动。“外空篱笆”是美国空军下一代外空目标监视系统发展计划，将替代现有的空军空间监视系统（AFSSS）。该计划在2015年之前将部署覆盖整个南半球的初始“外空篱笆”传感器，2020财年前完成全部部署。“外空篱笆”是横跨美国南部的雷达系统，其能探测到中低地球轨道上的更小物体，从而及时满足作战人员对外空态势感知的需求。美国空军2009年2月公布的招标书明确：“外空篱笆”是运行在S波段的地基雷达系统，将取代空军现有的外空监视系统。与现有系统相比，“外空篱笆”网中心结构有能力探测到中、低地球轨道内10万个物体，是前者的10倍；还能检测到直径5厘米的物体，现有系统只能监测到30厘米的物体。①

2. 发展轨道攻击技术。目前，美国已经发展了与反卫星技术兼容的卫星修理和燃料加注能力，进行了一系列的飞行试验，从2003年的XSS－10、XSS－11和DART到2006年的“轨道快车”、2008年MiTEx计划。虽然目前主要解决的是外空交会对接或逼近绕飞的试验，但其已经具备外空攻击的技术潜力。其中，本年度内进展最快的是“实验航天器系统”（XSS）和“高轨道微小卫星试验”计划。“实验航天器系统”在2009财年的预算为2930万美元，原计划本年度内发射其第3颗卫星，但截至12月初仍未发射，其可能发展为天基动能反卫星武器。“高轨道微小卫星试验”（MiTEx）计划。2006年6月美国曾发射两枚MiTEx卫星，但直到2008年12月，美国才控制这两颗MiTEx卫星机动到“地球同步轨道”

① 美空军希望7月授出“外空篱笆”阶段1合同，中国航天信息中心，2009年3月17日。

（GEO）检查并报告故障的DSP－23弹道导弹早期预警卫星的情况，演示了高轨道机动/追踪、接近观测/检查、绕飞伴飞技术的可行性，这实际检验了检查或攻击地球同步轨道上卫星的能力，以前曾认为这一高度超出了反卫星武器的射程，因此只有利用轨道攻击武器才能完成对这一高度目标的打击。[①]

3. 验证外空控制技术。为提高外空控制能力，美国进入新世纪后，积极谋求把外空机器人技术应用扩展到军事领域，发展了“轨道快车”和“近期能验证的机器人技术”（FREND）计划，其中“轨道快车”已于2007年4月发射，并成功了诸多开创新试验。目前重点发展了针对敌方卫星的新一代空间机器人计划，该计划最大的特点是能实现对敌方航天器的捕获，这就使其很容易被改造为外空武器，而且由于“近期能验证的机器人技术”的最终运行轨道将在地球同步轨道，这将使美国具备全轨道高度的反卫星能力。虽然本年度内该计划主要是进行地面试验，但2009财年的预算达到了1070万美元，预计2010年将进行轨道演示试验。

五、开发外空快速反应系统，提高快速投送能力

美国满足应对未来多样性威胁的需要和外空系统快速替代的要求，美俄等国积极开发外空快速反应系统，提高快速投送能力。进入2009年后，美国国防部根据“作战及时响应型外空”（ORS）阶段1的安排，检验了利用现有设施支持外空态势感知，通过新的采办填补情报、监视与侦察缝隙的能力；美国空军研究实验室成功演示了4小时内装配即插即用卫星和将SpaceX公司“猎鹰”－1（Falcon－1）火箭快速空运到夸贾林，从一无所有到6日内发射卫星的能力。[②] 3月，SpaceX公司成功进行了“灰背隼”（Merlin）新型真空发动机全任务期点火试验，新发动机将为“猎鹰”－9运载火箭上面级提供动力，这是美国碳氢燃料火箭发动机中效能最高的。2009年4月，美国主持召开了第7届“作战及时响应型外空”大会，会议讨论了“作战及时响应型外空”运行方案、发射、技

① 卫星保护是外空新竞赛，《简氏防务周刊》，2009年10月28日。
② 美国“作战及时响应型外空”进展情况，中国国防科技信息网，2009年6月9日。

术、任务与系统工程、教育与动机等方面问题。

此外，受“作战及时响应型外空”启发，军方正在寻求将亚轨道技术用于军事。2月24—26日，美国国家安全空间办公室邀请多家商业空间公司共同探讨亚轨道技术如何能够应用于军事。国家安全空间办公室对近场技术表示兴趣，近场技术能够在2小时内执行发射，并可在2小时的飞行时间内将200千克重的有效载荷送到9250千米外的目标位置。

六、发展外空防护技术，增强轨道抗打击能力

由于航天器的地位越来越重要以及反卫技术的快速发展，许多国家都开始研制开发形式多样的航天器防护技术和方法。目前美国在这一方面的主要计划是“快速攻击识别探测报告系统”（RAIDRS）和以F6项目为主导的“模块组合航天器技术”。2008年3月，美国空军宣布计划部署首个专门用于对抗反卫星导弹和其他威胁的系统。该系统被称作“快速攻击识别探测报告系统”。虽然该系统目前还只是处于概念设计阶段，但美国国防部希望该系统在2011年之前能及时提供威胁预警数据。[①]按照设计，“快速攻击识别探测报告系统”能够从公开和加密的数据源中收集有用数据以实现对反卫星武器袭击的预警，进而进行相应的卫星机动以规避打击。该系统可对空间气象数据、反卫星导弹发射预警数据、卫星定位与空间遥测数据。以及各种来源的情报数据在内的多种数据进行比较分析，主要用于对抗直接上升式反卫星攻击。

此外，美国还发展了模块组合航天器技术。该技术以F6（未来快速、灵活、分级、通过信息交换编队飞行的航天器）计划为先导，其目标是验证卫星结构的可行性和优势，传统上的“整体式”航天器将被无线联通的航天器模块组群所替代。2008年2月，美国防高级研究计划局与轨道科学公司\波音公司、诺·格公司、洛·马公司签订F6项目第一阶段概念研发的合同，从而实质性启动了F6项目。2009年7月，国防高级研究计划局宣布与轨道科学公司再次签订第2阶段合同，按照计划最终将在2012年第4阶段验证

① 美国空间对抗装备与技术新进展，《现代军事》，2009年9月。

F6 的在轨组网能力。[1]该技术一旦取得成功，将转变目前的军事航天结构，创造一个网络化的空间系统。F6 项目的技术能够增强空间系统的灵活性极大提升航天器的防护能力。

① 外空在召唤，《简氏防务周刊》，2009 年 10 月 28 日。

从卫星发射看韩国远程导弹的潜在能力

万　红　马志军

内容提要：在朝鲜2009年4月发射运载火箭后不久，韩国也在2009年8月25日进行了所谓“自主”运载火箭的发射，虽然此次发射以失败告终，但此举可看出韩国远程导弹的发展潜力，从此次发射透露出的一些情况，我们可以大致推测出韩国远程导弹的发展能力。

主 题 词：韩国　卫星　导弹　能力

作者单位：北京　中国军控与裁军协会

一、韩国卫星发射情况

自1992年以来，韩国共发射了11颗人造卫星，但都是通过外国宇航基地和利用外国火箭送入外空的。如2004年4月中国长城公司的“长征号”运载火箭曾帮助韩国发射过多功能实用卫星。如何尽快地用国产火箭发射卫星一直是韩国努力的目标。

1. 2002年的自主探空火箭试验。韩国航天研究局（KARI）在1993年和1997年分别成功发射了KSR-1和KSR-2固体燃料运载火箭，虽然这两种火箭体积较小，运载能力较小，但其为韩国开发较大型火箭奠定了基础，此后韩国航天研究局从1997年开始开发运载能力稍强的3级液体燃料科学探测火箭KSR-3。1998年朝鲜的卫星发射促进了韩国火箭发展计划的加速发展。

KSR-3火箭于2002年11月28日从距汉城西南160千米的忠清南道一个海上发射场发射，成功坠落在西部海上的预定地点。火箭发射倾角82.6度，飞行时间231秒，燃料点火时间为53秒，飞行高度为42.7千米，飞行距离为79千米。KSR-3从1997年12月开始研制，全长14米，直径为1米，总重量为6吨，推力12.5吨，是韩国首次独立开发研制的液体燃料助推火箭。

同年，韩国航天研究局宣布将以 KSR－3 为基础研发运载火箭，预定 2005 年前完成。但 2004 年 10 月，韩国航天研究局代表团访问俄罗斯的赫鲁尼切夫国家航太研究和生产中心，双方签署协议合建小型运载火箭发射场，协议订定俄方制造火箭第 1 级，韩方制造第 2 级。但该计划由于俄方资金短缺，而使“安加拉”运载火箭的交付一再拖延，直到 2009 年初，俄方才完成了自己负责的第 1 级火箭。

2. 2009 年的合作卫星发射。依据韩俄签订的火箭合作协议，韩国将本国的火箭技术分为 3 个阶段：第一阶段，将首先发展一种 KSLV－1 型韩国空间运载火箭，其 80% 的零配件将来自俄制“安加拉”火箭，以后韩国将总共制造 10 枚 KSLV－1 火箭；在第二阶段，韩国方面将着手研制 KSLV－2 型火箭，其运载能力预计可达 1 吨；第三阶段，在 2015 年，韩国开始制造运载能力为 1. 5 吨的 KSLV－3 型火箭。

从韩国透露情况来看，“罗老”号火箭工程始于 2002 年 8 月，最初定于 2005 年年底完成火箭制造，2007 年 10 月发射，但是发射日期接连推迟 7 次，最后确定 2008 年 12 月发射，但临近最后又推迟至 2009 年 7 月，而到发射最后关头的 30 日，俄罗斯方面以试验装备软件有问题为由，再次推迟了一级火箭的最终点火试验。2009 年 8 月 25 日，在韩国全罗南道高兴郡的罗老宇航中心，一再推迟发射的韩国首枚运载火箭“罗老”号，终于点火升空。

按照原计划，“罗老”号离开地面 215 秒后，升到 177 千米上空时，环绕卫星的整流罩脱落；发射 232 秒后飞行 316 千米到达 196 千米上空，一级推进器分离。随后，在发射 395 秒 303 千米高度开始点燃二级火箭发动机，并在发射 540 秒，即飞行 2000 千米到达 300 多千米上空后，星箭分离。

火箭发射后，起初一切运行良好：第一、二级火箭成功分离，霎时间观看发射实况转播的韩国民众沸腾了，“国民的自尊心高涨到了顶点”。然而 540 秒后，由于覆盖卫星的整流罩没有准确脱落，卫星没能进入目标轨道，最终导致了发射失败。韩方宣称，由于整流罩有一侧未能打开，整流罩的重量使二级火箭没有足够推力将卫星送入预定轨道。但观测结果显示，“罗老”号本应在 306 千米高空分离卫星，但却在 360 千米高空分离，卫星未能成功进入正常轨道。此后卫星以每秒6.2千米的速度飞行，低于进入轨道所需的每秒8千米，因此没能进入公转轨道，随后在坠入大气层时烧毁。

从失败情况来看，原因可能是分离爆炸螺栓未启爆或爆炸威力不足未造成分离，但韩国卫星轨道在整流罩未分离，载荷较大情况下比预定的还要高一些，说明其二级火箭也存在问题，其未能及时关机，导致轨道偏离，不过固体燃料火箭关机问题是世界性难题，这说明韩国并未完全掌握这一技术。此次失败给韩国航天事业带来了沉重打击，但发射活动为韩国提供了航天实践的机会，而且从火箭结构来看，失败原因并不妨碍“罗老”号改进为远程武器运载工具。

二、韩国运载火箭结构与技术来源分析

韩国所处的国际环境与朝鲜截然不同，因此两国运载火箭发展之路虽然都有外来技术因素，但也有着各自的特点。

1. 韩国运载火箭的结构组成。从韩国透露情况来看，“罗老”号火箭分为两级，总长33米，直径2.9米，重140吨，起飞推力170吨。可将一颗100千克重的卫星送入轨道。其采用了与俄罗斯合作的方式制造。

第一级火箭：按照韩俄协议，“罗老”号的一级火箭由俄罗斯制造。俄方共制造了两枚一级火箭，其中1枚用作试验，另外1枚用于发射。如果发射失败，且责任在俄方，俄将无偿再赔付1枚一级火箭。7月30日，俄罗斯试验机构对放在俄罗斯的那枚一级火箭成功进行了点火试验。俄方提供的一级火箭采用液体燃料发动机，全长25.8米，直径2.9米。从外观看，该火箭采用了单台可摇摆发动机，这与朝鲜的一级火箭有明显差别，朝鲜的火箭采用了4枚火箭发动机并联方式，其由4个燃烧室构成，而俄罗斯火箭采用单台发动机，而且火箭长度和直径都明显大于朝鲜，从飞行弹道情况来看，该火箭基本完成了朝鲜“银河”号一、二级火箭的任务（但弹道高度要低于朝鲜），可见，这两种火箭采用的技术和制造能力都有非常大的差别。从透露的俄方试验情况来看，该火箭主要用于较小载荷发射，而且在现有技术基础上进行了较大适应性改进。韩媒体在发射失败后甚至怀疑，俄方提供的一级火箭是俄方自己从

未试用过的一款，因而是将韩国卫星发射作为俄罗斯火箭推动器的试验品。

第二级火箭：二级火箭包括固态燃料火箭以及1颗小卫星，该火箭由韩国航空宇宙研究院开发建造，推力为8吨。该火箭直径2米，第二级火箭及有效载荷舱组成的上级段（长7.7米）。估计火箭长度应在6米左右，从外观尺寸来看，目前韩国已经掌握的“白熊”和“玄武”战术导弹都还没有达到这一水平，但是韩国航空宇宙研究院通过20世纪90年代初期进行的KSR－1和KSR－2固体燃料探空火箭的发展，初步掌握的固体燃料火箭的设计，而此次虽然由韩国负责二级火箭设计和制造，但其通过技术合作项目，引进了俄方部分技术，使该火箭设计得以完成，该火箭虽然长度与朝鲜“银河”号第三级接近，但是直径相差较大，这都表明其加工工艺水平要高于朝鲜。而从韩国卫星最终入轨高度明显高于预期，表明关机点比设计推迟了许多，说明韩国并未完全掌握固体火箭控制技术。

2. 韩国运载火箭的技术来源分析。韩国于20世纪90年代初开始聘请法国及俄罗斯等国的航天工程专家，帮助韩国研发火箭技术。而且韩国从2001年就开始酝酿加入全球《导弹及其技术控制机制》，目的在于通过该机制使其可合法从国外引进火箭技术。加入该机制后虽然韩国将被禁止向外国出口射程300千米、弹头重500千克导弹的部件和技术，但也可以从七国集团、日本、俄罗斯进口导弹与火箭技术。这成为“罗老”号计划中与俄合作的法律基础。

为了发射“罗老”号运载火箭，从购买俄罗斯技术到建造罗老宇航中心，还有韩国本国研发制造的二级火箭、卫星及其他装备，韩国共投资了8200亿韩元（近7亿美元）。“罗老”号80%的零配件来自俄罗斯，而韩国负责惯性导航系统、电子设备、飞行控制设备、安全设备以及点火发动机的设计、制造、装配和初步试验，特别是导致“罗老”号发射失败的火箭顶部整流罩也是由韩国负责制造的。

从火箭结构和技术来源和方式上看，在较大型运载火箭的设计和制造上，韩国还无法与朝鲜相比，韩国只掌握了中小型固体燃料火箭的设计制造技术，但实践经验非常少，导致应用可靠性非常低，而从目前工业实力和长远计划来看，这种韩国中小型运载火箭技术具有较大发展潜力。

三、韩国远程导弹能力分析

由于朝鲜半岛的特殊情况，韩国从很早就致力于导弹发展，但由于其依赖于美国的核保护，导弹发展主要集中在近程导弹技术，但此次“罗老”号的发射表明，其在客观实际上具备了一定的远程导弹发展能力。

1. 卫星载荷能力分析。从前面透露的“罗老”号发射情况看，其发射卫星的高度为340千米左右，明显低于朝鲜的490千米，而卫星质量却要略高于朝鲜，因此两者的运载能力接近，由于“银河”号为三级，而“罗老”号为两级，从各级质量分配情况分析可以看出，“银河”号前两级的运载能力大于“罗老”号的第一级，但“罗老”号的第二级运载能力大于“银河”号的第三级，由于“罗老”号的第二级为韩国自主设计，因此可以看出韩国战术导弹发展潜力要大于朝鲜，而朝鲜的外空运载能力要高于韩国。

2. 导弹运载能力。从“罗老”号的飞行弹道来看，其在飞行2000千米到达300多千米上空后星箭分离，因此“罗老”号的二级火箭应该在大约飞行不到3500米处溅落，这与“银河号”的3200米接近。当然，如果“银河”号的三级火箭运行正常，其距离将更远，将超过“银河号”，由于发射火箭采用了较高弹道，因此射程明显缩短，如果考虑到这些因素，与朝鲜“银河”号相比，“罗老”号的射程也可以达到7500千米。

当然从西方观点来看，与朝鲜不同的是，韩国这样国家的是商业远程运载能力，并不意味着其军事投送能力。而且我们也应该看到，远程运载能力的核心——韩国“罗老”号的一级火箭为俄罗斯制造，韩国目前并不掌握，因此“罗老”号的远程运载能力并不意味着韩国掌握了远程导弹运载技术，其与朝鲜明显不同。但是我们也应该看到，韩国负责的第二级固体燃料火箭的发展潜力非常大，其直径达到2米，这在世界范围内也是十分少见的，而朝鲜的第三级固体火箭只有0.8米，这已经是目前所知道的朝鲜最大直径的固体火箭，其著名的KN-02导弹直径只有0.65米，长度6.4米，而韩国第二级固体燃料火箭如果通过加长长度，而发展为固体燃料导弹，其投送能力将十分可观，即使是俄罗斯“白杨”（SS－25）的直径也只有1.8米，其为了增大射程曾将直径扩大到了1.95米，“罗老”号的第二级火箭长度为6米，这与俄罗斯“白杨”导弹的前身SS－20导弹的第二级接近，可见韩国在固体燃料火箭的发展上采用了较大技术风险的较高标准，但如果发展成功，并对其进行有限改进，其可以发展为较大型固体燃料远程导弹。

四、韩国远程导弹发展的技术难点

目前，韩国发展军事航天和导弹技术的意图十分明显。在20世纪末韩国空军便制订了《战略空军建设发展规划》，其核心是将韩国空军建设成为一支航空航天一体化部队。根据这一规划，韩国的军事航天力量建设将以2015年为界，分两步实施，第一步2015年前建立“空间作战基础体系”，第二步构筑“空间作战能力”。为了有效地管理和控制目前正在推进的军事航天力量建设，为此韩军正在积极推进成立直属空军的“航天司令部”，并计划到2015年，在外罗老岛航天中心进行多达35次的试验发射和正式发射，把5颗科学实验卫星和4颗多功能实用卫星送入外空，此外，韩国还正在开发“白熊”和“玄武”等多个导弹系列项目。此次“罗老”号的发射不但折射出韩国发展远程导弹的技术潜力，而且也反应出了其在该方面存在着诸多技术难点。

1. 航天工业基础薄弱，无法制造大型火箭。韩国导弹火箭技术发展由韩国航空宇宙研究院负责，该研究院由韩国科学技术部部长牵头，抽调124名技术专家组成韩国航空宇宙研究院火箭研究部，负责火箭的设计、试验以及发射任务组织现代集团、韩化集团、大宇集团等分别负责火箭发动机、火箭箭体、点火装置、飞行控制装置等有关部件产品的研制工作。但由于技术基础薄弱和外界限制，其始终无法突破较大运载能力的一级火箭制造障碍，例如，许多工业技术都是韩国企业通过“罗老号”的研发制造而掌握的，韩国科研人员曾透露：“斗源重工已将在开发运载火箭过程中确保的特殊焊接技术应用于产业用内压容器的生产上；SaTReCi将卫星上搭载的低噪音电力装置应用于环境放射线监测器上”。为此，韩国曾求助过盟友美国，但对方却以国家战略产业不允许出口加以拒绝，而法国开价过高，日本则以运载火箭与洲际弹道导弹原理（即能发射运载火箭就能发射洲际导弹）几乎相同为由，拒绝向韩国转让技术。虽然与俄罗斯签订合作协议，但韩国的研究员无法接近俄罗斯研发现场，从而无法了解交付韩国的第一级火箭的内部结构。而韩国在液体火箭发动机研制过程中报废的液体火箭发动机就有40余台，可见，大型火箭的设计与制造是韩国远程导弹发展的主要技术难点。

2. 缺乏火箭开发经验，没有导弹基础测试设施。缺乏火箭开发经验和基础设施也是韩国远程导弹发展的主要技术障碍。直到2008年6月韩国一直没有自己的宇航基地，只有位于忠清南道的安兴战术导弹发射试验场，这远不能满足较大型火箭的使用。2004年，俄罗斯就答应向韩国提供建造罗老宇航中心的设计图纸。然而因为也涉及核心技术保密的问题，在俄罗斯的要求下，韩俄于2007年签署了《禁止转让航天技术的保护协定》（TSA），直到2007年3月，俄才将建造图纸交给了韩方，2008年6月11日，罗老宇航中心落成。为了尽快掌握火箭开发技术，韩方在“罗老”号发射中，希望参与火箭设计、开发、组装、发射、运营等火箭发射的全过程，但由于俄罗斯是技术主导方，韩方处处受俄方摆布，一直无法掌握火箭开发和基础测试设施的核心技术。

3. 火箭部件和原料主要依靠引进，难以转化为导弹技术。从前面“罗老”号的结构和技术来源分析可以看出，韩国涉及远程运载能力的火箭核心技术，主要是依靠引进。韩国航空宇宙研究院火箭研究部负责人朴正柱曾透露：“为研发液态燃料火箭，韩曾向美国提出引进四大关键部件的请求，但屡次遭到拒绝，不得已，技术人员们走上了可能被指责为间谍的危险道路，四处寻求技术”。由于火箭所需的特种燃料触媒在国际市场很难买到，韩国科研人员只有通过欺骗方式，到其他国家实验室采购和试验，这种通过引进直接得到部件和原料的方式虽然可解一时只需，但由于没有通过技术消化而掌握设计、生产核心技术，因此很难转化为将来受到国际市场限制的导弹技术和原料。

4. 核武器技术空白，没有适当的有效载荷。众所周知，作为成本高昂的远程导弹，只使用威力有限的常规弹头的意义不大，因此需要有威力强大的核武器作为有效载荷，但是韩国政治和经济与西方和周围国家联系紧密，而且受到美国所谓的“核保护”，因此外界不可能允许其发展核武器，因此其掌握和拥有核弹头的可能性不大。这将使远程导弹的开发失去意义。

此外，由于韩国军事工业相对透明，难以突破《导弹及其技术控制制度》等国际法律限制，这都将成为其发展远程导弹技术的障碍。但值得警惕的是，尽管韩国尚未掌握所有制造关键火箭助推发动机的技术，但是它已经具备了必要的系统组合和诊断能力，并能够建造发射架和相关设施，将火箭送入外空，这将使其成为实质性的航天大国和远程导弹发展的重要潜在国家。

【导弹】

2009年世界战略弹道导弹发展综述

☞周　伟

2009年世界巡航导弹发展综述

☞邹　懿　盛　纲　王　飞

美国调整东欧导弹防御计划的动因与影响

☞周　伟

美俄“导弹发射通报机制”的由来与发展

☞王继新　张天铎

2009年世界战略弹道导弹发展综述

周 伟

内容提要：2009年，有关国家继续对现役战略弹道导弹进行升级改造，以提高包括安全可靠性在内的综合技术性能，同时加强战略弹道导弹的研制与管理工作。美俄两国开始新一轮削减战略核导弹武器的谈判，印度等发展中国家继续致力于解决战略弹道导弹的有无问题。

主 题 词：弹道导弹　战略武器　核武器　发展趋势

作者单位：北京　中国军控与裁军协会

美俄两国就《关于削减和限制进攻性战略武器条约》的后续条约问题进行了谈判，但未达成相关协议。同时，美俄英等继续对现役战略弹道导弹进行升级改造，以确保其安全可靠性；美国还积极推进战略弹道导弹的管理与研制工作，俄罗斯则强调发挥核武器的作用，重点建设海基战略弹道导弹系统，推动陆基战略弹道导弹的列装工作。对于印度、巴基斯坦、朝鲜等发展中国家来说，它们仍致力于发展远程和洲际弹道导弹能力，并取得相应进展。

一、美国

2009年，美国酝酿出台新的《四年防务评审》和《核态势审议》报告，以确定未来战略导弹的发展与运用战略，并与俄罗斯开展了新一轮削减战略武器谈判。美国通过正式成立全球打击司令部、严格检查程度等措施加强了战略武器的管理，并继续对现役战略武器进行现代化改进，以延长其服役寿命、改进其战术技术性能。同时，美国继续拓展战略导弹力量结构，推进常规战略弹道导弹的开发。

1. 加强战略导弹力量管理与编制体制调整。2009年，针对近年来所发生的多起战略导弹与核武器事故，美国采取了相应措施，加强战略弹道导弹的管理，调整了相关编制体制。

一是执行更严格的战略导弹核武器检查程序。3月，美国空军位于怀俄明州的沃伦空军基地第90导弹（“民兵－3”洲际弹道导弹）联队的总部通过了安全专项检查。该基地在2008年12月被美国空军确定为安全管理措施缺乏的单位。

二是调整编制体制。8月7日，美国空军正式组建全球打击司令部；10月2日，该司令部首任司令弗兰克—劳兹中将称，该司令部要加速形成全面作战能力；到2010年夏天，该司令部将达到23000人的规模。其总部驻地为路易斯安那州的巴克斯代尔空军基地，基本任务是为美国“提供安全、牢固、可靠的战略核威慑能力”以及常规全球打击能力。

该司令部计划于2009年12月1日和2010年2月1日先后从美国空军空间司令部接管所有的3个“民兵－3”陆基洲际弹道导弹联队、从美国空军作战司令部接管所有的3个B－52和B－2战略轰炸机联队。这些导弹联队和轰炸机联队分布于怀俄明州沃伦空军基地、北达科他州迈诺特空军基地、蒙大拿州马尔姆斯特罗姆空军基地、路易斯安那州巴克斯代尔空军基地以及密苏里州怀特曼空军基地5个基地。另外，该司令部还将接管分别是位于范登堡空军基地、负责洲际导弹测试的第576飞行试验中队和驻扎在内布拉斯加州奥弗特空军基地、负责目标分析的第625战略作战中队。除了现役的战略核武器，该司令部未来还将负责管理目前正在研制的常规弹道导弹。

美国空军此次成立全球打击司令部是自20世纪90年代初期战略空军司令部被取消以来，对战略核力量编制体制的首次重大调整，是对其所管辖的战略核力量在建制归属上的再次集中，即再次将之置于某个司令部的统管之下。此次调整的直接动因是近年来，特别是自2006年以来，美国空军核武器管理事故频发，如2009年4月美国北达科他州一个“民兵－3”导弹发射井发生倒灌事件，这些事故严重影响了美国战略核力量的建设与运用。为此，美国空军制订了关于促进战略核力量发展的“核路线图”，建立全球打击司令部即为其提出的重大举措之一。此次调整具有以下意义：一是将提高美国空军的核力量管理水平，二是强化布什政府提出的新

“三位一体”战略力量结构，即将核与常规战略力量真正融合为战略力量中的“一位”，使美国具备应对各种威胁的、机动灵活、快速反应的全球威慑与实战能力。

2. 推进常规弹道导弹的研制。2009财年，美国国会批准为“常规全球快速打击”计划共计拨款1.476亿美元。美国计划于2012年至2020年间获得“常规全球快速打击”系统的初始作战能力，这些备选的“常规全球快速打击”系统包括常规型“三叉戟-2/D5”导弹（CTM-1）系统（近期方案）、CTM-2（中期方案）、“潜射全球打击导弹”（SLGSM）（中远期方案）、“常规打击导弹”（CSM-1和CSM-2）、高超声速巡航导弹等。根据计划，常规战略弹道导弹能够在1小时内打击地球的任意目标，将能够达到很高的飞行高度，敌方的雷达系统无法捕获。

常规弹道导弹是美国于2006年开始实施的“常规全球快速打击”（CPGS）计划的一部分，研制的动因一是核战略弹道导弹武器的使用范围受到极大限制，同时战略轰炸机及其携载的巡航导弹飞行速度慢，也容易被防空系统拦截；二是现有的战略导弹系统难以对移动目标、深埋加固目标、时隐时现目标等多种目标实施快速而有效的打击，这些目标包括恐怖分子藏身处、敌国导弹发射架和指挥控制系统等。为了实现所需能力，包括常规战略弹道导弹在内的各个“常规全球快速打击”方案都必须解决一些共性的关键技术问题，如热保护问题；制导、导航和控制精度问题；弹药和传感器配置问题；推进系统的开发问题以及其他一些问题。

3. 持续改进现役战略弹道导弹的战术技术性能。在陆基洲际弹道导弹方面，6月29日，美国试射一枚未装备弹头的“民兵-3”导弹。这枚导弹装备有美国国家核安全管理局的一套试验组件，通过试射来验证该武器系统的可靠性和精度，所收集的数据将提供给美国战略司令部和能源部各实验室使用。

另外，该弹的W62弹头于2009年开始逐步正式退役，并更换威力更大的W87/MK-21弹头。该型弹头原为已经退役的MX“和平卫士”陆基洲际弹道导弹的弹头。弹头更换工作于2011年完成后，“民兵-3”导弹的命中精度将从185米至450米提高到90米至120米，打击威力将从最低525千吨提高到4750千吨。

同时，美国空军继续实施“民兵-3”导弹的其他改进计划，如更换导弹发动机、燃料、制导装置和软件等，整个计划将于2013年完成。完成改进的“民兵-3”导弹将实际上是一种全新的导弹。

在潜射弹道导弹方面，美国继续更新“三叉戟-2/D5”导弹的核弹头W76。8月，美国海军接收第一批W76/MK-4弹头的改进型W76-1/MK-4A。美国海军于2005年开始实施该弹头的改进计划，并将于2021年完成改造63%（即2000枚左右）的现役W76核弹头。W76-1/MK-4A弹头装备了功能更强的引信弹头，将大幅提高“三叉戟-2/D5”潜射导弹的精度以及打击硬目标的能力。另外，美国海军继续采购延寿型的“三叉戟-2/D5”潜射导弹，并计划到2012年每年将生产24枚延寿型“三叉戟-2/D5”潜射导弹。这项延寿计划将耗资150亿美元，共生产108枚导弹。新导弹将代替旧导弹装备“俄亥俄”级弹道导弹核潜艇，并服役至2042年，同时旧导弹将用于发射试验。首枚改造后的“三叉戟-2/D5”潜射导弹将于2013年部署到美国的弹道导弹核潜艇及英国的新一代弹道导弹核潜艇上。

二、俄罗斯

2009年，俄罗斯继续将导弹武器特别是导弹核武器作为国防建设的重点，再次强调了核武器的使用原则。俄罗斯一方面大力推动新型战略弹道导弹武器系统，特别是海基战略弹道导弹武器及其运载平台的发展与列装；另一方面实施现役战略弹道导弹的延寿改进。

1. 新军事学说强调使用核武器对付常规与核力量攻击和实施先发制人打击。11月，俄安全委员会秘书尼古拉—特鲁谢夫表示，俄罗斯联邦安全委员会已经制订完成新的军事学说，即俄罗斯的第三部军事学说。该军事学说论述了俄罗斯使用核武器用于反击常规武器的入侵以及实施先发制人打击的可能性。12月20日，俄武装部队总参谋长马卡夫上将再次阐明了俄新军事学说确定的核武器使用原则。他说，“首先，如果我们和我们的盟友受到核武器攻击，我们将使用核武器自卫。其次，俄联邦的生存受到威胁，也将使用核武器”。

2. 通过延寿、改进与试射提高现役战略导弹的安全可靠性与战备程度。首先是提高现役潜射弹道导弹及其运载平台的战术技术性能、拓展其功能。6月26日，俄海军司令弗拉迪米尔—威斯托斯基称，“台风”级战略弹道导弹核潜艇将保持服役状态。该级潜艇于20世纪80年代开始服役，总共建造了6艘，其中三艘仍处于服役状态。其中，“德米特里·东斯科伊”号潜艇已经过现代化改造，成为“布拉瓦”新型潜射弹道导弹的测试平台。其他两艘潜艇（“阿尔汉格尔斯克”号和“谢韦尔斯塔”）号正在接受改装。它们经过改装后很可能携载新一代海基巡航导弹，与“俄亥俄”级核潜艇类似，将具备核常兼备、战略战术一体的作战能力。不过，“台风”级核潜艇将逐渐被“北风”级战略核潜艇所替代。10月，俄海军在北太平洋海域发射了两枚SS－N－18潜射弹道导弹，以测试其战术技术性能。该弹于20世纪70年代开始装备，最多可携载7枚分导式核弹头，射程6500千米至8000千米。同月，俄罗斯“德尔塔－4”级K－18“卡雷利亚”号弹道导弹核潜艇完成升级改造，并计划在2009年年底完成海试后交付俄北方舰队。该艇的改进工作始于2004年，这次升级改造使该艇的服役期延长了约10年。“卡雷利亚”号是目前在役的7艘“德尔塔－4”级弹道导弹核潜艇之一，这7艘潜艇中的5艘已完成了升级改造。该艇携载“轻舟”潜射弹道导弹，该弹配备100千吨当量的弹头，射程11000多千米。

其次是继续推进现役陆基洲际弹道导弹的延寿改进工作。12月10日和24日，俄军先后成功试射一枚“白杨”和一枚改进型“撒旦”（RS－20V）陆基洲际弹道导弹。试射目的是检验导弹超期服役后战术技术性能的稳定性。其中，“白杨”导弹于1985年开始服役，设计服役期为10年，目前俄部署了约300枚该弹。该弹采用三级固体发动机，发射重量45吨，射程1万千米；具有飞行速度快、抗干扰和突防能力强等特点。俄军计划将其服役期延长至2015年。届时，更先进的“白杨－M”陆基洲际弹道导弹将取而代之。“撒旦”（RS－20V）导弹于1988年开始服役，设计寿命15年，可携载10个分导式核弹头，弹头重约10吨，射程最远可达1.1万千米。目前，俄罗斯已将其服役期提高到19年，拟通过此次实验来确定其服役期是否可延长至23年。

3. 大力推进战略弹道导弹及其运载平台的研制与列装。首先是新型潜射战略弹道导弹及其运载平台的研制取得不同的进展。7

月15日和12月9日，俄罗斯两次试射“布拉瓦”潜射弹道导弹均遭失败。至此，该弹共经历了15次试射，其中仅有5次成功。综合各次发射的情况来看，该弹发展失利的原因主要有以下几点：①导弹弹体设计存在缺陷。该弹是从“白杨-M”陆基洲际导弹发展而来的，由目前俄罗斯唯一一家从事弹道导弹设计的企业莫斯科热力工程研究所研制。但该所长期从事陆基弹道导弹的研制，在研制潜射洲际导弹方面经验不足，未能在将陆基导弹改造为潜射导弹的过程中克服一些难点，如缩小导弹总体尺寸以配合潜艇内的狭小空间问题、弹体具备良好的水密与气密性以适应水下发射的问题、导弹弹射所产生的筒口效应对出水姿态与水下载荷的影响问题等。②导弹控制系统存在技术问题。从历次试验的报道可以看出，几次失败都是由于导弹第三级点火后爆炸造成的，而这些爆炸又都是由于导弹偏离轨道，地面人员不得不遥控启动自毁而造成的；而从根本上讲，“布拉瓦”导弹所采用的全程惯性制导和“星光制导”系统未能自动校正潜艇的导航误差是导弹偏离弹道并坠海或爆炸的症结所在。近年来，由于俄罗斯国防工业综合能力的下滑和经费的不足，需要精密加工技术和人才的此类制导系统面临设备老化、加工工艺不高和人才流失的问题，新的和先进的制导系统无法从理想草案转化为实际应用。③导弹全系统可靠性有限。由于“布拉瓦”导弹采用了很多“白杨-M”导弹上的尖端技术，两者在很多部件系统上也是共用的。但由于俄对海基与陆基导弹技术通用性面临的问题估计不足，“白杨-M”的高试射成功率也使国防部对以“白杨-M”为基础进行新型潜射导弹的研制过于乐观。从以后的几次试验失败情况来看，其问题出现在动力系统和导弹的自动控制系统、指令制导和子弹头分离系统等多个方面，这说明该导弹整体可靠性不高。④导弹生产过程缺乏质量监督与控制。目前，俄罗斯整个工业界存在着战备意识不高，盲目追求经济效益的问题，这是“布拉瓦”导弹开发事故频出的重要因素。俄罗斯军事专家费尔甘哈伊认为，俄政府赶制“布拉瓦”主要是出于威慑的考虑，而至于导弹质量如何，倒是其次的，因为“没人真的会用弹道导弹”。

另外，“布拉瓦”导弹的运载平台“北风”级战略弹道导弹核潜艇的研制工作比较顺利。7月10日，俄罗斯北德文斯克北方机械制造厂透露，该级潜艇的首艇“尤里—多尔戈鲁基”号已经完成第一轮海试，但需再进行5~6次试验后才能交付给俄海军。另外2艘“北风”级核潜艇“亚力山大—涅夫司基”号和“弗拉基米尔—莫诺马赫”号正在北方机械制造厂建造，预计2009年和2011年完成。俄罗斯计划到2015年建造8艘“北风”级潜艇。第四代核潜艇“北风”级在2018年之后将构成俄罗斯海基战略核力量的核心，部署在俄罗斯北方舰队和太平洋舰队。

其次是计划装备RS-24战略弹道导弹和列装第二个机动“白杨-M”战略弹道导弹团。3月17日，俄罗斯战略火箭兵表示，俄军首个装备可携带多弹头的新型“RS-24”洲际弹道导弹团，在2009年12月5日《关于削减和限制进攻性战略武器条约》到期后进入战斗值班。该团将设有团级移动式指挥所、装备三套机动发射装置的导弹营等单位，导弹将采用地下井和移动平台两种发射方式。11月18日，俄罗斯战略火箭兵称，第二个“白杨-M”机动弹道导弹团将于年底前进入战斗值班。俄罗斯计划于2015年前将机动型的单弹头“白杨-M”导弹的数量由目前的13枚增加到34枚。RS-24多弹头洲际弹道导弹与“白杨”-M单弹头洲际弹道导弹一起将成为俄罗斯战略导弹部队未来的核心力量。

三、英国

1. 实施现役潜射战略弹道导弹系统的延寿改进。3月2日，英国宣布将耗资300万英镑对“警惕”号弹道导弹核潜艇进行升级，为期3年半。英国国防部称，“主要的升级工作是给‘警惕’号装备最新的核反应堆芯，该反应堆已用于‘机敏’级攻击核潜艇。其他升级项目包括潜艇防御系统和‘三叉戟’潜射弹道导弹系统，将大幅提升该艇的作战能力”。5月26日，在美国洛克希德—马丁公司的支持下，英国海军“胜利”号弹道导弹核潜艇成功试射了一枚未带弹头的“三叉戟-2/D5”导弹。此次试射是该潜艇大修后进行的演示与试航行动的一部分。

2. 制订下一代战略核力量发展计划。由于到2024年现役4艘“前卫”级潜艇中的2艘将会退役，2009年英国考虑制订下一代战略核力量的发展计划。3月17日，英国首相布朗表示，英国下一代弹道导弹潜艇将装备12个导弹发射管，从而取代现役“前卫”级装备有16个导弹发射管、使用“三叉戟”潜射弹道导弹的潜艇。10月，英国首相布朗考虑在2010年初将英国核弹头的数量削减四分之一，即将“可实际部署”的弹头从160枚削减到120枚，同时携载“三叉戟”导弹的新潜艇数量可能从4艘减少到3艘。

四、印度等发展中国家

1. 印度和巴基斯坦重点提高战略弹道导弹的射程。2009年，印度开始研制第一种洲际弹道导弹“烈火－5”。该弹在“烈火－3”基础上开发，设计为三级固体燃料火箭助推型，射程可达5000多千米，能够携载多个核弹头，预计2010年进行第一次试射。巴基斯坦也开始研制射程7000千米的洲际弹道导弹。该弹既可以配常规弹头，也可以配核弹头。目前，印度和巴基斯坦现役的远程弹道导弹中，射程最远的分别为射程3500千米左右的“烈火－3”弹道导弹和射程4000千米至4500千米“沙欣－3”弹道导弹。

2. 朝鲜致力于发展远程和洲际弹道导弹和突破核弹头技术。2009年，朝鲜导弹与核问题进展缓慢。4月5日，朝鲜发射了1枚由射程6700千米的“大浦洞－2”远程弹道导弹改装的“银河－2”三级运载火箭，试图将1枚30千克的“光明星－2”通信卫星送入轨道。无论此次发射成功与否，朝鲜通过此次卫星发射既检验了其远程弹道导弹的性能，又为其今后参加朝核问题六方会谈捞取了资本。5月25日，朝鲜进行了第二次核试验。9月4日，朝鲜宣布铀浓缩试验已经进入最后阶段，并正在制造武器级的钚。掌握铀浓缩技术表明朝鲜的核武器技术开发取得了重要进展。

目前，朝鲜的中远程弹道导弹射程在1300千米至约3000千米之间。从朝鲜几次的发射试验看，朝鲜还没有真正掌握洲际弹道导弹技术，因为洲际弹道导弹射程一般需超过5500千米、弹头重500千克到1000千克。同时，虽然朝鲜估计已经拥有30千克至40千克武器级钚，可制造6件至8件核武器，但仍然缺乏制造核导弹所需的相关技术。总之，朝鲜目前的发射能力无论是射程还是运载能力，与洲际导弹的标准仍然有很大的差距。在当前条件下，朝鲜至少需要掌握多级火箭技术、弹头再入技术、核弹武器化和小型化技术等技术。

2009年世界巡航导弹发展综述

邹　懿　盛　纲　王　飞

内容提要：2009年巡航导弹继续在全球范围内扩散，新技术被广泛应用于该领域。各国加快了巡航导弹的部署和演练，探索反导作战中使用巡航导弹，提高武器的兼容性，扩大核威慑能力。

主 题 词：巡航导弹　核常兼容　综述

作者单位：北京　中国军控与裁军协会

2009年度是全球巡航导弹力量平稳的一年。本年度内巡航导弹武器试验和采购活动明显增多，这使本年度中巡航导弹力量和技术发展呈现出了一些新的特点。

一、军贸活动有所加强，巡航导弹扩散仍然明显

本年度内，全球范围内巡航导弹扩散势头仍然不减，通过国际军火市场，已经有越来越多的国家拥有了巡航导弹武器。2008年9月，美国洛·马公司宣称正在为美空军AGM－158“联合防区外空对地导弹”（JASSM）寻求海外用户。2009年7月，美国波音公司向澳大利亚空军交付24架F/A－18F“超级大黄蜂”时，澳方提出尽快出口“联合防区外空对地导弹”的请求，实际上早在2006年2月澳大利亚皇家空军就已经成为了“联合防区外空对地导弹”的首个海外用户。①同样，芬兰政府在2009年4月也通过一项2亿欧元拨款，为其空军的67架F/A－18C/D采购“联合防区外空对地导弹”，如果无法得到“联合防区外空对地导弹”，芬兰将考虑采

① 澳大利亚空军高官表示不会再订购更多FA－18F，英国《飞行国际》，2009年7月8日。

购KEPD公司的“金牛座”350（Taurus 350）导弹。[①]值得关注的是，越南采购俄罗斯的“堡垒-P”岸基反舰导弹在2009年4月交付，该导弹是俄先进的“宝石”高速巡航导弹的岸基型，这是改型导弹首次出口，也是越南目前最先进该类型导弹。外界评论认为，此举将加速该地区反舰和巡航导弹的军备竞赛。

本年度内美国媒体透露美在大陆的压力下暂扣了中国台湾“雄风3”、“雄风2E”等导弹的关键部件，导致这些导弹生产暂停，这表明台湾巡航导弹武器的关键部件均采购自美国，美国等西方国家对当前巡航导弹的扩散起到了推波助澜的作用。

二、积极推进巡航导弹应用研究，拓展巡航武器用途

随着国际安全环境的变化，更多的国家都把巡航武器作为了应对外部威胁的重要手段，拓展巡航导弹武器应用的研究成为本年度的热点。

1. 发展巡航导弹“以海制陆”的应用。近年来，俄美等国一直在探索巡航导弹武器在新的战争条件下应用问题，并逐渐扩大了“以海制陆”战略中潜艇等平台的巡航导弹对陆打击能力。目前，美国海军已经将4艘“俄亥俄”级弹道导弹核潜艇改造为巡航导弹核潜艇，其中最后1艘“乔治亚”号在2009年8月离开了海军潜艇基地金斯湾，开始其改装后的首次部署，这标志着美国弹道导弹核潜艇的巡航导弹改装计划的结束。[②]而俄罗斯在新一代舰艇上巡航导弹的部署也反映出其对巡航导弹武器使用方针的变化。2009年2月，俄罗斯联合船舶公司官员透露，俄新一代航母将不再装备巡航导弹。而俄罗斯国防部在2009年3月则透露，俄将建造至少6艘能搭载远程巡航导弹的核潜艇，首艘潜艇预计2011年投入服役。外界评论认为，这些潜艇将包括“北德文斯克”级等，武器也将包

① 芬兰将采购一批巡航导弹装备“大黄蜂”战斗机队，美国《国防工业日报》，2009年4月8日。

② 美海军第四艘巡航导弹核潜艇开始首次部署，美国《防务专家》，2009年8月7日。

括"宝石"等超音速巡航导弹。

2. 探索反导作战中巡航导弹的作用。许多国家都在积极探索利用巡航导弹等远程常规性兵器对弹道导弹阵地实施先期打击的方法。这大幅扩大了巡航导弹在未来作战中的作用。2009年6月，日本自民党国防问题联席会议通过了对政府将于年底确定的2010—2014年度《防卫计划大纲》的建议，要求日本拥有巡航导弹等"对敌方导弹基地的攻击能力"[①]。2009年7月，美国会战略态势委员会报告明确指出，日本对可携带核弹头的战斧对地攻击导弹（TLAM/N）表现出了浓厚的兴趣，该型导弹能够为日本扩展来自美国的核保护，以阻止中国及该地区其他潜在敌对国家对日本进行核攻击。同样，韩国2009年6月公布了"国防改革基本计划"修订案，该政策文件确立了韩军加强监视、侦察、精确打击及拦截能力的方针，提出了F－15K战斗机挂载"联合防区外空对地导弹"打击朝鲜导弹基地的建议[②]。韩国国防部在2008年4月曾透露，为保证南部的军事优势和应对朝鲜的导弹发展，韩国空军计划于2010年引进可以装配在F－15K战机上的美制"联合防区外空对地导弹"。

三、新技术广泛应用，巡航导弹技术发展迅猛

本年度内，巡航导弹发展国都充分利用新材料和信息化技术成果，积极改进巡航导弹武器性能，使巡航导弹武器技术得到了迅猛发展。

1. 进一步扩大导弹射程。对现有巡航导弹的动力系统进行改进以提高武器射程已经成为了增大巡航导弹远程打击能力的一个重要途径。2008年5月，美国防部经过一年多与承包商洛·马公司的商讨，决定重启已经中断的"联合空对地防区外导弹"计划。2009年度内，美洛·马公司对"联合防区外空对地导弹"项目进行了两批次验收试验，美国空军据此确定了在2010年对该弹的两种新型

① 日本可能允许巡航导弹攻敌基地，《环球时报》，2009年6月10日。

② 韩国计划建立防御与精准打击体系，核工业科技信息中心转载，韩联社，2009年6月26日。

号拨款数额，其中2000万美元用于将射程从370千米提高到920千米，即所谓增程型（JASSM-ER）；增程型与基本型“联合防区外空对地导弹”在外形、生存能力以及杀伤能力上是相同的，但射程明显提高。美空军与洛·马公司在2009年度内还签订了试验用“联合防区外空对地导弹”增程型的生产合同，新的增程型提高了B-1B轰炸机的作战响应速度和精确打击能力，并能使飞机在远程地空导弹射程之外发动攻击，为作战人员提供比基本型“联合防区外空对地导弹”高出1.5倍以上的作战使用能力是增程型联合空地导弹研制计划的主要目标。在本年度内，美国“增程型联合防区外武器”（JSOW-ER）也取得了一定进展。美雷声公司与海军在2009年11月完成了“增程型联合防区外武器”（JSOW-ER）的首次自由飞行（free-flight）演示试验。试验中，“增程型联合防区外武器”飞行了480千米的距离，完成了所有测试目标。“增程型联合防区外武器”是经过作战检验的滑翔型“联合防区外武器”的有动力型改进，射程从原来的130千米增加到555千米。①

此外，2009年10月，韩国媒体透露韩国“玄武-3”型巡航导弹经大约两年测试后，在本年度投入批量生产。该导弹射程为1000千米，而韩国为实现更大的打击能力，目前正在开发射程1500千米的巡航导弹。

2. 拓展目标打击能力。许多国家都积极拓展巡航导弹在不同条件下的目标打击能力。例如，美国在本年度内积极改进的“联合防区外空对地导弹”，为2000磅级（908千克）武器，配用一个双模式侵彻体和一个爆破式战斗部，可在不利气候下昼/夜自动巡航，并利用红外导引头及增强型抗干扰全球定位系统接收机，来搜寻目标的特定瞄准点，其采用隐身设计的气动外形使得防空系统很难对该导弹进行拦截，本年度内该武器多种改进型进行了多次飞行试验，已进入最后试验阶段。2009年5月，雷声公司透露其正在改进“战斧”Block IV导弹，为其增添多效应弹头，目前该导弹携载的454千克弹头能够产生极佳的爆轰破片杀伤效果，但通过安装多效应弹头，如具有侵彻功能的弹头，该导弹将具备对舰船等目标更强

① 美国雷声公司完成JSOW-ER导弹首次自由飞行试验，美国雷声公司网站，2009年11月2日。

的打击能力。此外，印度陆军在2009年7月从波克兰试验场成功试射了对陆攻击型“布拉莫斯”超音速巡航导弹。这是印度陆军在2009年第4次试射陆攻型“布拉莫斯”。试验中导弹击中了25千米之外预定目标，此次试验对具有目标识别能力的先进搜寻软件进行了检验，该系统可从目标群中寻找特定陆地目标实施攻击，即所谓的“定点清除”能力。①

3. 积极发展高速巡航技术。防御系统对巡航导弹的拦截次数随导弹速度的增加而下降，因此高速度已经成为下一代巡航导弹的显著特点之一。目前，高超声速飞行器已经成为世界巡航导弹发展的新制高点，许多国家实施了各种高超声速飞行器演示计划。由于巡航导弹的小型、无人的特点，外界认为最早武器化的高超声技术将是巡航导弹。本年度内许多国家的高超声速巡航导弹计划都取得了长足的进步。目前，美国海、空军和国防高级研究计划局都制订了速度在5倍音速以上高超声速巡航导弹发展计划，这种导弹的速度快、突防能力强、攻击目标范围广，特别是能攻击活动目标、加固目标和地下目标。2008年10月，美国国防高级研究计划局与波音公司签订了价值1830万美元的合同，进行HyFly高超声速导弹的第3次飞行试验，以验证高超声速武器的可行性。2009年3月，印度国防部透露，其正与俄罗斯致力于实施一项名为“布拉莫斯”Ⅱ的高超声速导弹研发计划，预计研发工作将于2013年前完成。该导弹的飞行速度将达到5—7马赫，而且新系统的网络和智能自动化技术将大幅度减少操作人员。该导弹在2009年3月7日进行了初步试验，该导弹飞行2分30秒，速度达到5.26倍音速，准确命中目标。②

4. 广泛应用信息技术。近年巡航导弹在发展中充分利用信息技术发展的最新成果，大大提高了快速反应性和打击精度。2009年5月，美国《每日防务》透露，雷声公司正在开发一种“战斧”巡航导弹的改进型，目前的“战斧”拥有一条双路数据链，能够使

---

① 印度陆军试射“布拉莫斯”导弹，中国航天信息中心转载，英国陆军技术网站，2009年7月30日。

② 印度媒体兴奋称最新型布拉莫斯导弹发射成功，印度《印度时报》，2009年3月7日。

地面观察员在导弹的飞行过程中重新瞄准目标，而新型战斧装备了有源相控阵雷（AESA）和用于目标识别的接收器，这将增强其目标识别和网络中心能力，使其具备打击海上移动目标的能力。此外，美国雷声公司在本年度内积极发展的 JSOW C－1 也具备较强的网络中心能力，具有打击移动目标能力。[①]而洛·马公司目前开发的“联合防区外空对地导弹”改进型也具有较强的信息能力。2009年5月，美国空军拨款800万美元，为“联合防区外空对地导弹”增加数据链和开发末端逻辑算法，以发展反水面舰艇型“联合防区外空对地导弹”，研制将于2011年开始。

四、巡航导弹部署加快，实战能力日益提高

本年度内巡航导弹发展国都加快了武器实际部署，以尽快将科研成果转化为新的作战能力。

1. 加快巡航导弹部署。本年度内许多国家和地区加快了巡航导弹的服役和实际部署进程，这大大增强了巡航导弹武器在未来作战中的地位。本年度中值得注意的是研制已久的法国新一代中程防区外核巡航导弹“改进型中程空对地导弹”（ASMP－A）结束试验，在2009年9月开始服役，其将首先装备驻扎在伊斯特空军基地的第4战斗机联队第3中队的幻影－2000，随后在2010年中装备法国东北部上马恩大区圣迪济耶空军基地的“阵风”F3战斗机。此外，在基本型可靠性问题没有完全解决的情况下，美国空军还是在2009年7月与洛·马公司签订了“联合防区外空对地导弹”增程型的采购合同，这将极大地推进该型导弹的服役进程。2009年3月，印度陆军副参谋长透露，印度已经成功试射“布拉莫斯”导弹约20次，今后还将继续对其进行测试，各型“布拉莫斯”导弹将很快进入现役。“布拉莫斯”导弹将进入印度未来多种武器平台。2009年9月，印度海军第二艘排水量为6500吨的隐身驱逐舰下水，该驱逐舰的主要攻击武器即为“布拉莫斯”导弹。[②]韩国海军正在

---

① 雷声公司研发“战斧”导弹的反舰改型，美国《每日防务》，2009年5月1日。

② 印度国产第二艘隐身战舰下水，中国国防科技信息网转载，《印度时报》，2009年9月18日。

建造的第二艘“世宗大王”级驱逐舰也装备了韩国国产的32枚“天龙”对陆攻击巡航导弹。新型导弹的部署服役将大幅提高各国远程打击能力。

2. 演练巡航导弹运用。在本年度中，在加紧新型号试验的同时，许多国家还加大了武器训练力度，保证了巡航导弹的实战能力。在2008年俄罗斯有超过60架远程轰炸机执行了巡逻任务，完成了超过60次架次飞行，并在各种演习中发射了超过100枚导弹，其中巡航导弹达到20余枚。本年度中俄罗斯仍然十分重视巡航导弹的实战演练。2009年3月，俄空军在当年首次战略轰炸机攻击演习中，多架图－95MS和图－160战略轰炸机分别从萨拉托夫州恩格斯空军基地和远东阿穆尔州乌克兰卡空军基地起飞，联合对俄中部科米共和国境内的片博伊靶场目标实施了攻击，发射的多枚巡航导弹摧毁了预定靶标。在2009年9月的核战争演习中，俄空军再次演练核对波兰等目标的巡航导弹打击。多种形式的实弹发射训练大大提高了部队对巡航导弹武器的运用能力。

五、提高巡航导弹武器兼容性，扩大核威慑能力

为提高巡航导弹作战使用性，扩大应用范围，许多国家不断改进技术提高巡航导弹武器的平台兼容性，并发展核常兼备能力，使巡航导弹武器的核威慑能力大幅提高。

1. 提高武器的平台兼容性。巡航导弹与弹道导弹相比的一大优势即是其平台适应强，因此许多国家在本年度都将武器平台兼容性作为了巡航导弹系统发展的一个重要方向。2009年内，俄加快了图－160、图－95MS战略轰炸机和图－22M3远程轰炸机的大规模现代化升级，俄空军第37集团军军长安德罗索夫表示，现代化改进包括了新的目标指示和导航系统和新型巡航导弹挂载能力。除了对本国飞机进行巡航导弹兼容性改装外，俄还对出售印度等国武器平台进行了改装。2009年1月，印度媒体透露，印度将部分苏－30MKI送返俄罗斯进行现代化改造，以装载俄印联合研制的“布拉莫斯”超音速巡航导弹，按计划全部改造工作将在2010年初完成。而2009年8月，俄官员透露，俄印正在为两国联合研制的“布拉莫斯”超音速巡航导弹开发空射能力，空射型“布拉莫斯”需要

可在高空启动的发动机，导弹质量也需适当减轻，还要解决导弹离开载机后的气动稳定性问题。此外，由于在发射导弹时，载机已经给其赋予了一定的初速度，因此导弹助推器的尺寸也作了适当减少。[①]此外，为了进一步增强印度本国的水下武器发射能力，印度正在研制“布拉莫斯”导弹的水下发射系统。印度科研人员透露，“布拉莫斯”的试射将从国防研究与发展局一体化试验设施浮码头上发射，2009 年初 K－15 潜射导弹就是从该码头发射的，为此印度科研人员已对浮码头进行了改造。

2. 核常兼容成为发展重要方向。许多国家都把巡航导弹视为核力量的重要形式，因此核常兼容成为了巡航导弹发展的重要方向。2009 年 3 月，俄媒体称，俄罗斯可能修改海基核威慑战略，除在核潜艇上部署远程洲际弹道导弹以外，还将部署非战略的核巡航导弹。俄罗斯海军副总参谋长布尔采夫称：“目前导弹已经不需要大当量核弹头，我们将在现有巡航导弹上装备低当量弹头”。其还透露，装配远程巡航导弹的最新式“北德文斯克”号攻击型核动力潜艇将于 2011 年开始在海军服役。[②]本年度中俄罗斯继续对 KH－55 的常规型进行了改进和试验，但在将 KH－55 核导弹改装为 KH－555 常规导弹的同时并未放弃其核打击任务，这使俄罗斯空基核力量具备了核常兼备的能力。此外，本年度服役的法国核巡航导弹 ASMP－A 也具备核常双重能力。

① 空射型“布拉莫斯”超声速巡航导弹将于 2012 年前装备印度空军，《印度防务》，2009 年 2 月 25 日。

② 俄罗斯考虑在核潜艇上部署低当量核巡航导弹，中国国防科技信息网转载，俄罗斯 RIA Novosti 新闻社，2009 年 3 月 31 日。

美国调整东欧导弹防御计划的动因与影响

周　伟

内容提要：2009 年 9 月 17 日美国宣布调整东欧导弹防御系统计划。主要调整内容为放弃在波兰、捷克两国部署陆基导弹防御系统，转而计划分四步发展新的东欧导弹防御系统，部署范围不仅将包括上述两国，也将包括欧洲附近海域。美国此次调整的动因主要为对威胁的判断发生了变化、出于采用成熟技术、降低风险的需要、出于改善美俄关系、获得更大的政治回旋余地的需要。调整的主要影响表现在：缓和美俄关系，但美俄在导弹防御问题上的斗争将是长期的。

主 题 词：导弹防御　弹道导弹　美国　俄罗斯

作者单位：北京　中国军控与裁军协会

2009 年 9 月 17 日，美国总统奥巴马宣布放弃在波兰和捷克部署陆基中段导弹防御系统，同时决定代之以在北欧和南欧海域部署海基中段导弹防御系统。通过此次调整，美国将大力发展海基中段导弹防御系统以及陆基机动导弹防御系统，不断提高拦截中远程乃至洲际弹道的能力；美国通过改变东欧导弹防御系统的发展模式在一定程度上改善了美俄关系，但二者之间的斗争将持续下去。

一、调整的主要内容

1. 原先的计划。2007 年美国布什政府分别与波兰、捷克签署协议，计划从 2008 年起开始在波兰建设导弹拦截基地、在捷克建设相关雷达基地，2011 年至 2013 年投入使用。其中，在波兰将部署 10 枚地基拦截弹，采用动能杀伤拦截弹头在 100 千米以上的高度拦截处于飞行中段的来袭导弹，并通过直接撞击方式将其摧毁。在捷克将部署一部地基 X 波段雷达。该雷达对弹道导弹弹头的探测距离约4000千米。在东欧建立反导基地，可全方位监视和瞄准俄罗斯，不仅能够有效拦截经欧洲上空的弹道导弹，还可通过增强对俄洲际弹道导弹攻击的防御能力。

2. 调整后的计划。美国计划分四步走来发展新的东欧导弹防御系统，即2011年前在地中海和北海部署“标准－3”Block Ⅰ A拦截弹系统应对伊朗现有导弹威胁；2015年前部署陆基和海基“标准－3”Block Ⅰ B拦截弹系统，防御中近程导弹，地点或在东欧（波兰和捷克）；2018年前，部署“标准－3”Block Ⅱ A拦截弹系统，防御近程和中远程导弹，部署地点不明；2020年前部署“标准－3”Block Ⅱ B拦截弹系统，防御中远程和洲际弹道导弹，具体部署地点尚未确定。美国国防部长盖茨表示，“我相信这种新模式能为我们和欧洲盟友提供更好的导弹防御能力”。

二、调整的动因

美国此次调整东欧导弹防御计划主要有以下三个动因：

1. 对威胁的判断发生了变化。按照美国的说法，在东欧部署导弹防御系统的主要目的是对付伊朗发展中的远程乃至洲际弹道导弹。除此之外，美国未明说的另一个目的是对付俄罗斯的战略进攻性导弹核力量。奥巴马在宣布调整东欧导弹防御计划时表示，根据对伊朗导弹威胁的最新评估，美国认为伊朗导弹计划的发展重心已从远程导弹转为中近程导弹，而伊朗开发远程导弹的时间可能比预计的要迟，因此伊朗的近程和中程弹道导弹威胁更紧迫，为了应对这一威胁必须建立新的反导系统。

就美国原先计划在东欧部署的地基中段导弹防御系统来说，它只具备有限的拦截远程和洲际导弹的应急作战能力，到2011年才具备初始作战能力，其全面作战能力的实现需假以时日。就调整后的部署计划来说，除了具备拦截中近程弹道导弹的能力外，海基中段导弹防御系统还将于2015年至2018年之间配备“标准－3”Block Ⅱ A拦截弹或动能拦截弹，从而部分具备或基本具备拦截远程和洲际弹道导弹能力。因此，无论是计划调整前还是调整后，美国一直将俄罗斯视为导弹防御系统所应对的威胁目标。

2. 出于采用成熟技术、降低风险的需要。2009年9月20日，奥巴马表示，放弃在东欧部署导弹防御系统是为了采取更有效、更全面的新技术，以强化美国的导弹防御能力，从而为美国本土以及驻欧美军和盟国提供更强大、更精准和更快捷的保护。

一是海基中段导弹防御系统比陆基中段导弹防御系统更成熟。尽管奥巴马政府认为，对于美国的战略伙伴欧洲来说，导弹防御系统仍是一道必需的安全屏障。但是，奥巴马反对部署任何“匆忙上马的”导弹防御系统，但支持部署“经过有力的试验”验证、具备实战能力的导弹防御系统。他认为，不成熟的导弹防御系统远不足以确保美国及其盟国免遭导弹攻击，同时必然会给国际安全体制造成负面影响，也给美国带来巨大的财政压力。

美国地基中段导弹防御系统在2004年实战部署前后的13次试验中，成功率仅50%，而且都是根据测试重点的不同而简化了程序，这充分说明该系统在技术上并不成熟，离实战要求还有较大差距。相比而言，美国海基中段导弹防御系统更成熟。从2002年1月至2008年9月，该系统所进行的18次大气层外拦截试验中有14次获得成功（这个数据包括由日本的“宙斯盾”舰在日本进行的飞行试验）。因此，美国以海基中段导弹防御系统代替陆基中段导弹防御系统具有技术上的合理性。

二是海基中段导弹防御系统较之陆基中段导弹防御系统有突出的优点。其一，在海洋中的优势位置更利于作战。比起陆基导弹防御系统，海基导弹防御系统可在海洋中选择更利于拦截作战的阵位，如可能位于来袭弹道导弹的飞行路径上，这样便于跟踪和拦截之；而陆基导弹防御系统的作战部署则会受到较大限制。同时，海基中段导弹防御系统的海基雷达可从一个不同于其他导弹防御传感器的角度来探测来袭弹道导弹，这样可使整个导弹防御系统更有效地跟踪来袭导弹。其二，更易于建立前进基地，作战行动自由度高。海基导弹防御系统可公海建立前进基地，实施作战部署，无须与他国政府进行协商，也不会受到他国政府的相关限制。其三，更具机动性和隐蔽性，生存能力更强。海基导弹防御系统可随时实施机动，以满足不断变化的导弹防御能力要求，或者规避敌人的探测和打击，还可减少对美军空中力量的作战压力。同时，未来海基中段导弹防御系统将配备动能拦截弹，由于动能拦截弹发射管需比目前美国海军舰船所配备的更大，因此其作战平台可能为CG（X）

巡洋舰或攻击型弹道导弹核潜艇等其他平台。以攻击型弹道导弹潜艇作为作战平台时，动能拦截弹可用于对来袭弹道导弹进行中段拦截，又由于该艇可靠近敌方海岸实施隐蔽作战，生存能力较水面舰艇强，也适于进行助推段拦截。其四，更易于实施助推段拦截。随着拦截弹飞行速度不断提高，携载海基导弹防御系统的舰艇可部署在离敌国弹道导弹发射器较近的海上，那么该舰艇可拦截该发射器所发射的、处于助推段飞行的来袭弹道导弹。由于处于助推段飞行的弹道导弹相对较大、处于燃烧状态、飞行速度较慢以及易被雷达探测，故此时的来袭弹道导弹易被拦截。同时，在助推段被拦截的来袭弹道导弹所产生的碎片不太可能落入其拟袭击的目标区域或其附件区域。

3. 出于改善美俄关系、获得更大的政治回旋余地的需要。在美国宣布调整东欧导弹防御计划的当天，美国国防部发言人称此次调整“与俄罗斯无关系”。俄罗斯外交部发言人也驳斥了有关俄美双方就此次调整问题进行“交易”的报道。他表示，俄并没有与美国签署任何协定以换取美放弃在东欧部署导弹防御系统；“这不符合我们的政策和与其他国家解决问题时遵守认的立场，这纯属猜测”。

尽管如此，由于俄美两国在东欧导弹防御问题上的分歧是近年来阻碍两国关系发展的重要因素之一，美国在做出此次调整的决定时或多或少地受到俄罗斯的态度的影响。俄罗斯一贯反对美国在东欧部署导弹防御系统，认为这一系统将压缩其战略生存空间，削减其战略进攻性力量的有效性，威胁其国家安全。为此，俄罗斯威胁退出《中导条约》，并决定在靠近波兰的加里宁格勒州部署“伊斯坎德尔”战术弹道导弹，以应对美国的东欧导弹防御系统。

面对俄罗斯在东欧导弹防御问题上的强硬态度，奥巴马政府自上台以来，着力调整对外政策，缓和美俄矛盾，试图以更灵活和现实的方式实现其政治和军事目的。通过调整东欧导弹防御计划，美国不仅可缓解俄罗斯在东欧导弹防御问题上的敌对情绪，还可争取俄罗斯在伊朗核问题、朝鲜核问题、阿富汗问题以及削减战略武器问题上的支持。因此，美国进行此次调整是其改善美俄关系的重要举措之一。

三、调整的可能影响

美国此次调整可能影响到美国与波兰、捷克等欧洲国家的关系，但波兰与捷克等国只是美俄等大国进行博弈的重要筹码而不是国际关系中的决定性因素。另外，美国宣布调整导弹防御计划之后已着手对两国进行安抚，其措施包括为两国提供替代导弹防御系统计划，如可能在波兰演练和部署“爱国者”防空导弹等 。除此之外，美国此次调整可能产生的影响如下：

1. 将缓和美俄关系，但美俄在导弹防御问题上的斗争将是长期的。在奥巴马宣布美国将放弃在东欧建立导弹防御系统计划之后，俄罗斯外交部发言人涅斯捷连科表示，如果美国重新审视其立场，“这对我们将是一个积极的迹象”。俄罗斯总统梅德韦杰夫说，美国此举是美俄建立合作关系的积极一步，他已经准备好与美国继续对话。俄国家杜马外交事务委员会主席康斯坦丁—科萨切夫说，“美国总统的决定是经过深思熟虑的”，“现在我们可讨论重建美俄战略伙伴关系的问题了”。俄罗斯还暗示将在阿富汗、伊朗和核军控等等问题上与美国展开进一步合作。

尽管如此，美俄之间的不信任关系将长期存在。9月17日，俄罗斯驻北约全权代表罗戈津表示，美国拟以海基导弹防御系统取代陆基导弹防御系统，表明美国未放弃称霸世界的目标，而是选择了比原先更灵活的一种战略反导系统部署模式。俄罗斯地缘政治问题学院院长列昂尼德—伊瓦绍夫上将指出，取消在东欧部署导弹防御系统的决定不过是一种政治姿态，并无实质进展，美国人也没放弃“将俄罗斯全境笼罩在其反导大伞这下”的想法；今后若有必要，美国人仍会旧事重提在捷克和波兰部署导弹防御系统。因此，俄罗斯仍然将采取对抗美国导弹防御系统的措施。2009年9月21日，俄军总参谋长马卡罗夫表示，俄方尚未决定放弃在加里宁格勒部署“伊斯坎德尔”战术导弹系统。他说，“俄罗斯对涉及在欧洲部署导弹防御系统的一切问题都持否定态度”。

2. 将挑战中国战略导弹武器的威慑力。此次美国调整东欧导弹防御系统的决定在实质上是通过更灵活、更有效和更现实的途径来强化导弹防御系统建设。通过此次调整，美国海基导弹防御系统，特别是海基中段导弹导弹防御统将得到较大发展，同时美国陆基导弹防御系统的生存能力也将得到加强。

首先，海基拦截弹的性能将提高拦截中远程弹道导弹的能力，并具备拦截洲际弹道导弹的能力。美国将部署“标准－3”BlockⅡA拦截弹和动能拦截弹。其中，前者由美日两国合作研制，将具备部分拦截洲际弹道导弹的能力，计划于2015年年底开始服役；与现役的“标准－3”BlockⅠA/ⅠB拦截弹相比，“标准－3”BlockⅡA拦截弹将配备性能更强的碰撞—杀伤弹头，包括将于2017年服役的多杀伤器（MKV）弹头，从而具备同时识别和拦截多个弹道导弹目标的能力。后者可用作地基或海基弹道导弹防御拦截弹，其中海基动能拦截弹将于2015年以后开始服役；在进行中段拦截时，由于关机速度高，动能拦截弹将能保卫更大的区域，同时其拦截洲际弹道导弹的能力也强于“标准－3”BlockⅡA。

其次，海基导弹防御系统与陆基导弹防御系统的一体化程度将日益提高。这主要体现在，美国计划于2015年前在欧洲部署海基型和陆基型“标准－3”BlockⅠB拦截弹；同时发展海基和陆基两种型号的动能拦截弹。这种系列化、模块化和通用化的发展原则，不仅将使美国导弹防御系统的成本降低，也将使其互联、互通和互操作能力大大增加。另外，为了与其发展全球一体化的多层导弹防御系统的构想相一致，美国导弹防御系统将具备一体化的全弹道防御能力。以动能拦截弹为例。与“标准－3”拦截弹相比，动能拦截弹体积更大（直径98厘米、长约9.56米），关机速度高得多。由于关机速度高，动能拦截弹可部署于前置型战舰上，既可用于拦截处于助推段和上升段飞行的弹道导弹，也可用于中段拦截。

再次，陆基机动导弹防御系统的发展将大幅提高美国导弹防御系统的生存能力。提高机动性是美国导弹防御系统的发展重点之一。美国的长远战略是要最大限度地增强导弹防御系统的灵活性，推进探测器系统和拦截弹部署有更大机动性的导弹防御系统。2005年4月，美国导弹防御局局长在有关会议上说，由于未来威胁的不确定性，在完成Block 2008阶段（2008—2009年）和Block 2010阶段（2010—2011年）的部署后，“我们应该推动更有机动能力，更有灵活性”的系统。如上所述，美国将在2015年前于欧洲部署海基和陆基的机动导弹防御系统。由于机动性所带来的生存能力的提高，美国将可能不仅在中国周边海域部署导弹防御系统，也可能在日本等其盟国的领土上部署陆基中段或助推段导弹防御系统，从而推动导弹防御系统的多层和全程拦截的一体化发展。

在实现上述先进的海基和陆基导弹防御系统的部署后，美国不仅将在欧洲具备不低于原先计划的陆基导弹防御能力，而且在美国本土陆基中段导弹防御系统的配合下，美国及其亚太地区盟国的海基和陆基导弹防御系统将对中国形成多层立体的包围圈，严重威胁中国战略导弹武器的实战与威慑能力。

美俄“导弹发射通报机制”的由来与发展

王继新　张天铎

内容提要：“导弹发射通报机制”是冷战时期美俄各怀动机发展起来的旨在降低战争风险的军控手段，这一手段可增强大国间的战略互信、降低核危险和防止导弹武器扩散。2009 年，中俄签订了建立“中俄导弹发射通报机制”协定，标志着中国有限地加入这一机制。本文分析了“导弹发射通报机制”的发展背景、历史、现状，美俄积极推进建立“导弹发射通报机制”的动因以及中国加入这一机制的意义。

主 题 词：导弹发射通报　机制　协定

作者单位：北京　中国军控与裁军协会

2009 年 10 月 14 日，俄总理普京访华期间签署了两国导弹发展通报文件，将对中国导弹武器发展产生重大影响。所谓“导弹发射通报机制”是怎么由来的？其意义又会是什么呢？

一、“导弹发射通报机制”的发展背景

“导弹发射通报”的思想由来已久，而且大多是核武器大国自动自愿的行为。

1. 危险的“告警即发射”。在冷战时期，美苏双方都积累了巨大的核武库，有数万枚相互瞄准对方的核弹头，且都拥有大量核导弹保持着“告警即发射”的高度戒备状态，两国面临着谁先使用核武器的问题，这是双方战略稳定最没有保障的时期，因此美苏几乎在同一时间建立了早期预警系统。通过建立这样的系统，双方能在确切收到对方发动打击的信息后，做出反击的决定。例如，苏联采用的“还击—迎击”战略，即保证需要通过导弹预警系统保证在美国导弹在击中苏联导弹发射井前的飞行数分钟内，己方导弹发射升

空“还击—迎击”美国本土目标。这样一来，战略稳定的水平就提高了好几倍。在20世纪60年代，古巴导弹危机时，世界就面临着这样的危机。早期预警系统建立后，世界上就没有此类的危机了。

但是，早期预警系统是技术上非常复杂的体系，由地面和空间部分组成。战略稳定水平虽然提高了，但预警系统可能出现的虚警依然难以避免。

2. 更危险的“虚警”。美俄认为虚警的原因主要在于预警系统的通信系统可能受到来自空间的干扰，随着技术的发展，美俄虽逐渐掌握了能有效识别虚警的手段，但并没有完全解决这个问题，依然存在着因预警系统出现的“虚警”或事故及未授权发射等偶发事件而导致核战争的危险。例如，1983年9月，较新型的苏联早期预警卫星进行了机动，以监视美国在北达克塔州的导弹发射场，这一方向的阳光照射使俄罗斯卫星错误报告有6枚美国导弹已经向苏联发射。也许是这种新型卫星发生了故障，监控早期预警卫星数据的指挥中心负责官员没有将这一警报发给其上级。后来他解释说：“当人们发动战争时，不会只发射5枚导弹，只有5枚导弹不会造成多少破坏”。即使冷战后这种危险依然存在。1995年1月，挪威科学家发射了一枚探测火箭，其弹道与美国“三叉戟”导弹非常相近，其可利用高空核爆炸致盲俄罗斯雷达。[①]这一事件显然非常严重，当时俄总统叶利钦已经开启了其“核手提箱”——一种使俄罗斯总统可以与其军事顾问保持联系并评估其发射武器方案的装置，但考虑到俄早期预警卫星没有告警，而最终没有发动反击。

美军的北美防空司令部也曾出现过核预警机制因为电脑芯片故障导致的误警事件，甚至出现过将鸟群误认为来袭导弹的情况。按照美国信息自由法案得到的资料表明，美国和加拿大北美防空防天司令部在1977年和1983年发生过1172次“一定程度”的虚警——几乎每星期发生3次。

即使现在这一问题仍然难以解决。例如，在2009年4月朝鲜宣布即将进行卫星发射前，日本就曾由于“千叶县的航空自卫队雷

① Geoffrey Forden, Pavel Podvig and Theodore A. Postol, *False alarm, nuclear danger*, Center for Arms Control, Energy and Environmental Studies.

达探测有误”而错误发出发射的警报。[①]可见，虚警问题从预警系统建立的那一天起就一直存在。正是在这种情况下，美苏两国虽然在政治和军事都严重对立，导弹活动更是严格保密，但还都迫切希望建立导弹发射的相互通报机制，以减少“偶然事件引发的核战争”。

二、美俄“导弹发射通报机制”的发展历史

美苏（俄）导弹发射通报机制始于冷战高峰时期的20世纪70年代。

1. 避免危及对方的尝试阶段。早期的导弹发射通报是在有可能危及到美苏对方安全和利益的情况下才发挥作用的，其通报内容十分有限。这主要包括70年代内签署的三个有关协定。1971年9月，美苏在华盛顿签署了“美苏关于减少爆发和战争危险措施的协议”，要求如果一方发射的导弹将超越其领土并向另一方国土飞行时要事先通报对方。1972年5月，美苏在莫斯科签署了“美苏关于防止公海水面和公海上空意外事件的协定”，要求提前3～5天通报己方可能危及对方的发生在国际海域的航天或飞行活动。1979年6月，美苏在维也纳签署“美苏第二阶段限制战略武器条约”框架，要求一方事先向对方通报多弹头洲际弹道导弹或计划将超越己方国土的单弹头洲际弹道导弹的发射，但协议中对不超越己方国土的单弹头洲际弹道导弹和潜射弹道导弹的发射并未要求事先通报。而且，该条约始终未得到批准。[②]可见，该阶段的协议内容都十分含糊，对通报方式和核查手段都未做出明确，这只是导弹发射通报机制的雏形。

2. 详细通报的成熟阶段。经过多年磋商，终于在戈尔巴乔夫时代，通报机制有了实质性的进展。当时正处于“核冬天”理论发展时期，核战争的可怕后果使美苏学术和领导层很快达成了共识。1988年5月，美苏签订了《关于洲际弹道导弹和潜射弹道导弹发射事先通报的协定》。该协定要求在不迟于24小时前，通知对方有

① 日本称误报朝鲜导弹发射问题系人为失误所致，中国新闻网，2009年5月15日。

② 《导弹百科辞典》，北京：宇航出版社，2001年6月。

关己方发射的洲际弹道导弹和潜射弹道导弹的发射日期、发射区及落区的情况。具体来说，对从陆上发射的洲际弹道导弹和潜射弹道导弹，通报要指明发射的区域，对从潜艇上发射的潜射弹道导弹，则要指明发射区位于大洋的哪个象限（即包括大洋1/4面积的90度区域）或指明具体水域名称（比如，海或海湾）；而对所有发射，都必须指明导弹再入体溅落区域的地理坐标，即标明该区域边界点的地理坐标，或指明一个圆形区域圆心的地理坐标及其半径大小（以千米或海里为单位），该区域的大下由通报方自行决定。该协定在理论上可以有效减少并最终消除因错误的计算、分析或事故爆发核战争的危险。[①]

借此东风，美苏很快在冷战结束前的1991年7月，在莫斯科签署了《关于削减和限制进攻性战略武器条约》。该条约申明双方有义务通报有关陆基弹道导弹和潜射弹道导弹的任何飞行试验情况。除“弹道导弹发射通报协定”要求的通报计划中的发射日期、发射区及落区外，该条约还要求必须确认导弹遥测信号频率、调制类型以及飞行试验是否采取加密手段等情况，这表明双方的导弹发射活动处于了对方的近乎透明监视之下。

3. 里程碑式的“联合预警中心”。冷战结束后，美俄仍保有大量核武器，目前，俄罗斯拥有核弹头4399枚，美国拥有5966枚。尽管世界核大战威胁减轻，但由于世界范围内弹道导弹日益扩散，使偶发事件导致核武器误射的可能性增大。对此，美俄于1998年9月2日发表了《美俄关于交换导弹发射和预警信息的联合声明》。除通报发射信息外，还要求美俄相互提供各自预警系统探测到的有关战略和战区弹道导弹以及空间运载工具发射的信息。为此，美俄首脑于2000年6月在莫斯科签署了《建立联合数据交换中心议定书》，按照该协定美俄将共同投资700万美元在莫斯科建立导弹发射预警中心，计划于2001年6月4日投入使用。中心的用途主要有以下三个方面：一是最大限度地减少虚警的可能；二是最大限度地消除因虚警而导致的导弹发射的可能；三是进行俄美导弹及空间飞行器发射数据的不间断的交换。该中心完成的任务主要包括三个方面：一是保证实行俄美发射信息的交换；二是及时解决处理俄美

① 《导弹百科辞典》，北京：宇航出版社，2001年6月。

预警系统出现的模糊情况；三是为导弹及空间飞行器数据库的建立创造条件。

联合信息交换中心的运作机制是：从俄罗斯导弹预警中心指挥部将其预警数据发往交换中心，另外美方的预警信息站也将美预警系统的信息，经卫星链路和国际互联网发往数据交换中心。美国的预警系统站位于美国的科罗拉多州，系统相当完善。联合数据交换中心是自动化的，设有一个联合值班室，来自双方的人员 24 小时昼夜值班，工作人员根据本国相对独立的预警系统获取的有关数据进行联合分析决策。但是由于双方各怀心思，本应在 2001 年完成的联合预警工程至今也没能建成运转。

值得注意的是，该中心是对各自掌握的全球导弹发射活动进行通报，其目标已经超越的双边，有监视管理第三方的倾向，表明美俄导弹通报机制有向多边发展的趋势。

三、世界“导弹发射通报机制”的发展现状

进入新世纪后，美俄在相互斗争的同时，将军控目光转向了其他国家，希望通过欺骗性较强的“导弹发射通报机制”将更多的国家纳入到军控体系内，并逐渐建立多边军控体制。但在新形势下，美俄又都从各自利益出发，提出了不同的主张，并都积极将中国作为主要的发展对象，而印巴一些国家为各自利益也都仿照美俄建立了类似的机制，法国、加拿大及澳大利亚等国均在日内瓦裁军谈判会议（CD）上先后提出过有关倡议，这使“导弹发射通报机制”成为了全球战略较量的重要标志。

1. 美俄各自主张。以美国为核心，美国、加拿大、法国、英国、意大利、日本、联邦德国 7 国为控制导弹全球扩散于 1987 年达成《导弹及其技术控制制度》，旨在限制导弹和导弹技术出口，特别是限制导弹及其技术向发展中国家扩散。2001 年 9 月，《导弹及其技术控制制度》成员国提出了《防止弹道导弹扩散国际行为准则草案》，并要求与其他有关国家磋商，使更多的国家加入到其防扩散体制。该协定在导弹和火箭发射上，要求通报发射弹道导弹的类型、发射区域、发射窗口、发射预定方向等。《防止弹道导弹扩散国际行为准则草案》实际是以美国为主导的全球导弹发射的多边

通报机制。

俄罗斯为了主导防导弹扩散机制，提出了建立《全球导弹监控系统》（GCS）的建议，其比美国的倡议更加详细，其提出：第一阶段，建立和实施导弹发射多边通报制度；第二阶段，建立相应的国际中心；第三阶段，建立监督制度。发射通报包括射前和射后通报，发射要在预计的发射前不超过30天做出通报。通报的内容包括发射时间、一般类型、发射和落区的地理坐标及导弹弹头类型。已实施的发射要在发射后不迟于48小时内做出通报。

美俄的主张还都属于倡议范畴，目前尚没有其他国家真正签署法律性文件表示支持，因此都没有实质性的突破。双方倡议并没有太大的实质区别，分歧的本质在于取得该机制的主导权。

2. 印巴自成体系。印度和巴基斯坦是世界上导弹试验最为频繁的地区之一，也是世界上导弹危险最突出的地区，因此双方比照美俄的做法，自成体系地建立了一套互信机制，目前双方签订了“交换核试验设施”、“互不攻击核设施”和“导弹发射通报机制”等一系列协定。其中导弹发射通报是其中履行最频繁的协定。双方于1999年共同宣布了“达成拉合尔声明”，规定互相向对方提供弹道导弹发射通报，但通报内容较为含糊。

3. 中国成为新机制焦点。作为发展迅速的中等核国家，美俄都积极推进将中国纳入到导弹发射通报机制中来，2006年5月，美国战略司令部司令卡特赖特表示，希望中国能够参加美俄之间的导弹联合预警中心，以推进目前尚未运转的联合预警工程建设。[①] 俄罗斯也积极争取中国加入其通报机制中来，为其主导该机制增加筹码。

四、美俄积极推进建立“导弹发射通报机制”的动因

导弹发射通报机制在一定意义上对防止爆发核冲突，增加相互信任起到了积极作用，有利于加强战略和地区稳定。这也是其被越

① 美国担心中国误判“三叉戟”导弹后进行核反击，《国际先驱导报》，2006年5月29日。

来越多国家接受的主要原因，但也不排除一些核大国抱有利用该机制保持核优势，遏制其他国家发展的目的。

1. 增加相互信任，防止导弹发射意外。导弹发射通报机制在客观上可提高预警体系的可靠性，有利于减少战略误判。前“民兵”导弹发射专家、美俄联合预警中心的早期倡议者、负责监管该项目中与俄罗斯科学家具体研究课题的华盛顿国防信息中心主任布鲁斯·布莱尔说，“我们完成了以不同弹道，向从中东到欧洲的不同国家的不同目标发射的各种导弹发射情况的全部模拟试验，我们分别观察与分析了美国和俄罗斯预警系统的探测运行状况，结果发现两国联合运行的保险系数提高了20%到70%”。凭借俄罗斯从波罗的海诸国到阿塞拜疆的7座雷达基地以及美国卫星，“双方拥有了更多对付恐怖威胁的资源，使探测第三国进攻的能力大大增强”。可见，新机制不但可以防止双方发射误判，还能防止由于第三方发射而造成双方的误判，更能尽早预警第三方对双方国家的发射活动。这在战略上具有很大的积极意义。

2. 监视他国发射，为防御提供导弹情报。通报机制有利于对发射活动的监视和侦察，这有利于全球掌握新兴导弹国家导弹技术的发展水平，为制订军控政策提供可靠依据，这是积极的，例如，朝鲜导弹发展和发射活动受到了联合国多个决议的限制，利用联合预警中心监视并交换其发射数据，可对其发射活动进行有效的监视和评估；当然，也不能否认一些国家利用该机制可获得其他国家导弹的一些技术参数。实际上美俄谋求建立多边发射通报机制很大程度上是为了弥补其侦察和预警能力的不足，在谋求建立多边发射通报机制的同时，美国还在不断提高预警能力和侦察能力，并作为其导弹防御系统发展的一个重要组成部分。目前美俄等国的导弹发射预警系统可以发现、跟踪导弹的发射，通过探测导弹发射点、弹道、各点速度，可计算出导弹基本性能和目标特性。这些数据都可以进入数据库，为战时判断导弹攻击和进行导弹拦截奠定基础，特别是目前美国发展的导弹防御技术之所以受到质疑，就是因为其十分缺乏导弹的雷达反射、红外辐射、运动特点等目标特征参数。建立多边的导弹发射通报机制后，就会更加有利于具备先进预警能力的国家针对性地集中侦察手段来获取发射导弹国家的导弹参数，推知其性能，掌握这个国家的导弹发展进度和计划，有针对性地发展导弹防御系统，从而减小甚至消除敌对国家的威慑能力。

3. 利用多边机制，遏制全球导弹发展。在美国（及其盟国）发展导弹防御系统的同时，更多的国家将谋求掌握弹道导弹武器，掌握弹道导弹技术的国家也会进一步完善其武器系统。而导弹发射通报机制的建立，将使得西方和俄罗斯得以借助国际舆论甚至可能进一步建立核查制度来对发展中国家导弹飞行试验造成压力，制约其武器发展进度。从而继续保持甚至拉大它们和其他国家导弹武器水平的差距，遏制发展中国家导弹突防能力的提高。以期最大限度地减轻己方所受压力，给对方造成最大的威慑。这是以美俄为首的核大国建立该机制的重要原因之一。

4. 各成势力，增加己方的国际地位。目前，美俄为争取在军控领域的主导地位，分别提出了各自的通报机制主张。美国以《导弹及其技术控制制度》国家核心率先提出了针对第三方的通报机制，其目的在于监视制约发展中国家导弹的发展，并为其导弹防御技术发展提供情报，而俄罗斯自感国力衰弱，希望通过推动导弹通报机制，建立其主导地位，并利用该机制约束美国导弹防御系统建设，恢复其大国影响力。

5. 减少对常规导弹的误判，为新威慑力量发展奠定基础。美国急于把中国拉入通报机制，除了历史上的原因，还有一个更现实的目的。美军战略司令部为了保持对朝鲜、伊朗等国的遏止，近年来将潜射常规弹道导弹列为发展重点。因为潜射常规弹道导弹灵活机动性很强，与战略司令部的“即时全球打击”的战略目标非常吻合。为了实现这一目标，美军就需要将原来的核导弹改装常规弹头。但这项改装计划却遭到美国国会的反对。因为美军看重的“三叉戟”远程弹道导弹在携带常规弹头和核弹头时飞行状态不太容易区分，这种不确定性很可能引起灾难性的后果。一旦包括中国在内等拥有核武的国家误把美军发射的常规导弹当成核导弹，后果不堪设想。为了说服美国国会同意拨款，美国军方急于把中、俄等国拉入多边通报机制，降低误判的可能性。

五、中国加入“导弹发射通报机制”的意义

如前所述，“导弹发射通报机制”是冷战时期美俄各怀动机发

展起来的旨在降低战争风险的军控手段，进入新时期这一手段也具备着增强战略互信、降低核危险和防止导弹武器扩散的积极意义，中国有限地适时加入这一机制，体现了中国充满大国自信和承担大国责任的战略意图，有着深远的意义。

1. 增强国家安全，加深中俄战略互信。中俄两国是领土大范围相连的核武器国家之一，特别是俄罗斯是世界上最大的导弹武器国家之一，其导弹发射活动最为频繁，而由于两国陆地和海域疆界紧邻，导弹发射后的预警时间非常短，因此十分有必要建立有效的战略互信机制，“导弹发射通报机制”实际降低了中国对俄导弹发射活动的带来的危险担心，使中国战略安全的可靠性大为增加，而这也使中俄战略伙伴关系进入了新的阶段，这有利于中国和俄罗斯在更大范围内的战略合作。

2. 提高军事活动透明，减少威胁论的影响。“导弹发射通报机制”可以在军控框架保障内有效增强国家军事活动的透明度，这可以有效回击所谓的“中国威胁论”，近年来美国和日本等国以中国军事缺乏透明为借口在国际社会上大肆宣传“中国威胁论”，美国甚至每两年推出一次《中国军力报告》，这种形式的报告只有在冷战时期对苏联军事力量采取过，一些别有用心者更是借机诋毁中国政府，这使中国在军备发展方面一直处于被动，中国适时加入通报机制可以有效消除不必要的猜疑，使中国军事力量健康有序的发展，使世界人们看到中国导弹和航天力量在维护世界和平方面的积极意义。

3. 推进国际军控进程，争取国际发言权。在国际军控领域，中国一直坚持积极参与、有所作为的积极态度，但是冷战后的导弹发射预先通报及预警机制，基本上限于美苏（俄）两个核大国双边范畴，其他国家很难在其中获取发言权，这也是美俄两国“导弹发射通报”合作无法深入的根本原因，中国加入该机制使长期停滞不前的这一军控体制得以实质性进步，而中国作为相对弱小的导弹国家，毫不犹豫地加入这一机制，应该说是做出了巨大牺牲和让步，是对国际军控体制做出的巨大贡献。中国加入这一机制有利于建立一种新的统一、全面、公正、合理的导弹防扩散机制和普遍的安全机制；有利于避免该军控体制少数国家或集团所操纵，为广大发展中国家利益争取发言权。

4. 展示国家自信，推动预警技术进步。确保中国战略核力量的有效性，是中国维护大国地位、保证战略利益的可靠保障，也有利于世界的和平与稳定。加入通报机制后，中国导弹和火箭发射活动将会有限地对外暴露，中国导弹武器的性能、参数也必然在一定程度上为外界掌握，但通报机制地加入表明中国已经对此做出了全面评估，这是中国导弹武器技术发展到一定程度后表现出的充分大国自信。此外，由于通报机制中的核查过程要求建立完善的导弹预警系统，因此此举将对中国导弹发射预警技术提出更高的要求，这将大幅推动国家预警系统的发展。

【条约】

美俄《关于削减和限制进攻性战略力量条约》后续条约谈判评析

☞翟玉成

美俄《关于削减和限制进攻性战略力量条约》后续条约谈判评析

翟玉成

内容提要： 虽然美俄两国都有达成新的核裁军条约的愿望，但各自不同的处境，决定了不同的动机和目标。双方在条约的主要规定以及核查等技术环节上的分歧近期将影响条约的质量和按时达成，长远上则影响两国核裁军的进一步深入。已达成的条约框架和媒体透露的若干信息表明，即将达成的新的条约与外界的期待有较大落差，该条约可能隐含的缺陷及艰难的谈判过程已经显示美俄两国的战略互信仍然有限，深度核裁军进程和无核世界的目标说易行难。

主 题 词： 核裁军　条约谈判　美俄

作者单位： 中国国防科技信息中心

2009 年 5 月 19 日，美俄《关于削减和限制进攻性战略力量条约》（START－I）后续条约的谈判正式启动。按照计划，两国将于 2009 年 12 月 5 日《关于削减和限制进攻性战略力量条约》到期前达成新的条约。在奥巴马政府倡导无核世界的大背景下，国际上对于美俄达成新的核裁军协议普遍持乐观态度。但实际情况表明，双方在裁什么、裁多少、怎么裁等一系列重大问题上和涉及核查的许多具体技术细节问题上均存在不小分歧，以至于在双方在直到 2009 年年底仍未就条约的最终文本达成一致。本文就美俄各自的动机、谈判的过程、分歧的焦点、未来条约的可能情况及其背后的含义作一初步探讨。

一、美俄各自动机分析：处境不同，目标各异

对美俄两国来说，核武器在国家安全中的地位与冷战时期相比

已经大不相同。以打赢核战争为目标建立起来的庞大核武库不仅远远超出各自安全的实际需要，而且在新的形势下日益成为经济和安全的负担。适时裁减核武库，有利于消解安全隐患，减轻经济负担，并在核裁军和防扩散方面作占领道义高地，展现所谓“领导作用”。更为实际的考虑则是，2010 年《不扩散核武器条约》审议会即将召开，美俄都需要做出一些姿态，以便对国际社会有所交代。

但是美俄的处境各有不同，具体打算也有差异。对美国而言，常规力量的发展，导弹防御系统的建设，使得核武器在美整个战略威慑中地位的下降，核武器综合体的转型也有助于美国将有形的武库转化为无形的研发和生产潜力。因此，美国有动力也有条件深度削减其核武库。但出于战略考虑，美国不愿独自削减，必须拉上俄罗斯，并在适当的时机再拉入其他核国家。鉴于条约即将过期，美国期望尽快达成新的核裁军条约，以此来稳定与俄罗斯的战略关系，并通过延续原条约中的核查和信任措施，来保持俄罗斯战略力量的掌握。

俄罗斯的核武库处于老化和自然萎缩之中，同样具有裁减核武库的内在动力。俄罗斯经济已经好转，经济负担应该不是裁减核武器的主要动因。相对而言，核裁军谈判对俄罗斯更具象征意义，即保持与美平等战略关系。特别是最近几年，面临西方不断挤压其战略空间、常规武器相对滞后以及美国导弹防御系统的建设，俄罗斯在战略上对核武器的依赖不仅没有减少，反而增加了。与 2002 年签订《莫斯科条约》的情况相比，这次美国似乎更为主动，俄罗斯则相对消极。这种情况在近期会影响条约谈判的进度，长远则会影响美俄核武库的进一步裁减。俄外长拉夫罗夫在 2009 年 3 月裁谈会上的发言已经显示出俄罗斯的忧虑。在谈到无核世界目标时，拉氏提出了“战略稳定”和严格遵守“同等安全”的原则，并列出了一些具体条件：

——所有核国家逐步参与，正如俄美现在所做的一样；

——防止外空武器化；

——防止战略进攻性武器装备常规弹头；

——确保不具备“重新加载”的潜力；

——防止利用《不扩散核武器条约》缔约国地位推进军用核计划；

——确保停止利用常规能力发展来解决国际问题或地区冲突。

拉夫罗夫还特别谈到了进攻性武器与防御性武器的问题，明确提出，在单方面开发战略型反导系统的情况下难以实现真正的核裁军。① 这意味着，上述问题有可能成为俄在与美国进行核裁军谈判时候讨价还价的砝码，也预示着美俄核裁军谈判将不会一帆风顺。

二、谈判过程：曲折复杂，超乎预期

美苏于1991年1月31日签署条约及其核查措施，是美俄双方长期以来维持战略关系、相互掌握对方战略武器动向、维持战略稳定和建立信任的重要平台。但是随着2009年12月5日条约有效期的终止，与之相关的核查安排也将不复存在。虽然两国曾于2002年达成了《莫斯科条约》，但该条约只是笼统规定了双方实战部署的战略核弹头的限额，并无核查措施和具体的执行步骤，因此急需新的协议来填补由于《关于削减和限制进攻性战略力量条约》到期所造成的法律真空。

关于条约的后续协议问题，早在2007年美俄双方就进行过讨论。2008年11月美方还曾就条约后续安排问题向俄罗斯提过建议。但当时的布什政府对总体上对美俄双边核裁军较为冷淡，无意延续该条约，只是希望以自愿为基础，保留某些透明与信任措施。奥巴马宣扬无核武器世界的目标，主张削减核武器，就任美国总统后把与俄罗斯展开双边谈判，达成条约的后续协议作为优先事项，并得到了俄罗斯总统梅德韦杰夫的响应。

2009年4月，在参加伦敦20国集团金融峰会期间，奥巴马与梅德韦杰夫发表联合声明，就核裁军谈判达成若干基本共识，表示将寻求有核查地逐步削减双方战略进攻性武库，未来的协议将是一个全面的具有法律约束力的协议；应在12月5日《关于削减和限制进攻性战略力量条约》过期前达成；削减和限制的对象是战略进攻性武器；应将核武库减至低于2002年《莫斯科条约》所规定的水平；应包含《关于削减和限制进攻性战略力量条约》中有效的

① 俄罗斯外长2009年3月7日在日内瓦裁谈会上的发言，<http://acronym.org/docs/0903/doc11.htm>.

核查措施等。然而，实际的进展不如预期。

5 月 18 日双方第一轮正式谈判开始。7 月 8 日奥巴马访俄，两国就未来条约的框架达成共同谅解，双方同意未来条约将包含下列要素：

——弹头运载器的数量限制，其中弹头 1500—1675 枚，运载工具 600—1100 件，具体数目须进一步谈判确定，并在条约生效后 7 年内实现；

——规定计数规则；

——相关定义、数据交换、通报、销毁、视察与核查的程序，以及信任透明措施，应当比《关于削减和限制进攻性战略力量条约》的规定简化、节省、适当；

——战略进攻与战略防御武器的关系；

——洲际导弹和潜射导弹改为常规弹头对战略稳定的影响；

——战略武器只在本国领土部署；

——不适用于与第三方的合作；

——执行机构；

——自行决定各自战略力量的构成；

——有效期 10 年，除非有新的条约代替。①

到 2009 年年底，双方先后进行了 9 轮紧张的谈判。在谈判的后期，美国总统国家事务助理琼斯曾携带美方折中方案到莫斯科磋商，美参联会主席穆伦也参与了第九轮谈判。但是有报道显示，直到 2009 年 10 月底，具体限额以及核查中的一些重大问题尚未解决，特别是核查中的技术细节没有最终敲定。此外还有大量具体问题，以至于未能按原计划在 12 月 5 日《关于削减和限制进攻性战略力量条约》到期前达成新的条约。

三、争议焦点：从基本规定到技术细节都存在分歧

虽然两国谈判的具体细节处于保密状态，但仍然通过媒体透露出了某些消息，大致来讲，美俄双方的争执焦点主要集中在以下几

① Disarmament Diplomacy, US-Russia Joint Understandings on Strategic Offensive Arms, <http://www.acronyms.org.uk/docs/0907/doc06.htm>.

方面：

1. 关于具体数量限制。根据2009年7月两国确定的协议框架，运载工具的限额为500—1000件，弹头的限额为1500—1675枚。这只是美俄根据各自的核武库状况确定的一个初步范围，具体数额须在谈判中确定。显然，双方在弹头数量上分歧不大，对于运载工具的数量则又较大的落差。在限额上的分歧主要源于两国现有的核武库的不同结构。根据权威机构的估计，目前俄罗斯战略运载工具数量为620件，实战部署的战略核弹头数量为2787枚，运载工具数量较少而弹头的数量较多。美国的情况正好相反，现有核武库中战略运载工具数量较多，共1176件，实战部署的战略核弹头数量较少，不足2200枚。① 保住自身的强项，限制对方的强项，尽量少承担义务，是双方必然选择的谈判策略。谈判中，俄罗斯希望限制美国的运载工具，倾向于保留较多的运载工具和较少的弹头；而美国则希望保留较多的运载器和较少的实战部署的弹头。未来的妥协结果，可能是确定一个具体数目，也可能像《莫斯科条约》那样规定一个范围。

2. 关于运载工具改作常规用途。与运载工具限额分歧紧密相关的是如何处理削减下来的运载工具。美国一直计划将部分战略运载工具加装常规弹头，以提高全球快速打击能力，因此主张在未来的条约中，不将常规的部分计入限额。俄罗斯则坚持认为，这些运载工具实际上也可以重新装载核弹头，因而主张将其纳入运载工具的总限额之内。但就美国而言，由于实战部署核弹头的减少，已有部分陆基导弹、战略核潜艇和战略轰炸机或面临退役，或无弹头可供部署。而且战略运载工具改装常规弹头在布什任内已经做出的决定，是美全球打击力量建设计划的一部分，计划2015年形成能力，在这一问题上美国退让较难。唯一可能的妥协是提高下限，使俄有权拥有更多的运载工具，同时将美改为常规用途的运载工具排除。

3. 关于攻防关系。攻防关系的平衡是美苏（俄）进行核裁军的基本原则。这些年美国发展导弹防御和常规力量的发展，使美俄战略力量对比出现失衡，军力差距进一步拉大，俄罗斯在客观上对

① 参见《原子科学家公报》，2009年第3/4、5/6期关于美俄核武库状况的综合分析。

核武器的依赖增加。为追求与美国的战略平衡，确保其安全不受损失，俄一方面发展新型的战略运载工具，另一方面是在谈判中将核裁军与导弹防御挂钩。2009 年 4 月份俄美共同声明和 7 月份的共同谅解均明确要求新的协议包括"战略进攻武器和战略防御武器相互关系"的内容。俄罗斯总统、总理、外长等在多种场合均强调这一问题对与裁减核武器的重要性。

有消息称，俄要求在新条约中明确规定进攻性武器和导弹防御之间的关系，确保美国的导弹防御系统部署不要超过现有的水平。但美国方面认为，新的核裁军条约主要处理战略进攻性武器，导弹防御问题应该在其他场合讨论。从现实上看，奥巴马调整东欧部署导弹防御系统的计划已经在国内遭遇批评，无论国会还是军方，都不可能同意导弹防御计划接受任何实质性的限制，而俄罗斯估计也不会一味坚持。未来的条约很可能只是将攻防平衡作为一般原则列入条约序文，这样的处理虽然没有满足俄罗斯的要求，但可以给了俄罗斯一个台阶，使俄罗斯在特定情况援用此规定退约，同时也不会对美国的导弹防御计划产生实质性的约束。

4. 关于核查与透明措施。《关于削减和限制进攻性战略力量条约》规定的核查与透明措施包括了详细的数据交换、大量的通报、12 类现场视察、禁止遥测加密、在对方导弹总装厂设点进行不间断的监视等。虽然双方都同意核查措施应在《关于削减和限制进攻性战略力量条约》的经验的基础上，做到简化、节省和适当，但总体而言，俄更倾向于简化程序，减少入侵性，美国则相反。具体分歧集中在两个方面：一是驻厂监视，二是禁止遥测加密。

美国一直保留在俄罗斯沃特金斯克（Votkinsk）导弹总装厂的驻点监视，俄罗斯的新型导弹"白杨"和"布拉瓦"均在此组装。俄曾在美犹他州马格纳市的郝可留斯（Hercluels）导弹总装厂设有监视点，因美国常年没有新型导弹开发，2001 年撤走。俄正在开发新的战略运载工具，保留驻点监视和禁止遥测加密显然对于的俄罗斯是更大的负担，因此俄倾向取消。俄罗斯声称，现有的措施是冷战时期美苏相互猜疑的结果，目前美俄已经不是敌对关系，此类措施已经不需要。此外，在美国没有新式导弹生产和俄罗斯早已撤走其监视人员的情况下，继续保留驻厂监视实质上是单边的。但对美国而言，俄罗斯要取消的，正是美方强烈主张保留的，因为这是掌握俄罗斯导弹发展的重要途径，是美国保留核查透明措施的主因，也是美国推动条约的后续协议谈判的主要动力之一。美国试图说服俄罗斯相信，从长远上来说这种安排对双方都是有益的，但事实证明没有成功。2008 年 11 月，美曾就条约的后续问题向俄方提出一些建议，但因当时的小布什政府对维持条约不感兴趣，且关注重点只是弹头，而非运载工具，所以建议中没有包括维持驻厂监视问题，这使得美在这一问题上比较被动。有报道称，美国已于 2009 年 10 月在导弹工厂驻点监视问题上做出让步，双方同意用审计、情报手段和近距离监视演习活动等来替代，2009 年 12 月 5 日条约到期之后，美方的监视人员已经撤走。

是否保留遥测加密措施是另一个争议点，一直到 2009 年年底尚未解决。据报道，普京在 2010 年年初接受采访时表示，"俄罗斯准备向美国通报俄方进攻性武器的信息，换取美国导弹防御系统领域内的计划和信息。如果我们想交换信息，那么就让他们给我们提供反导信息，我们将准备提供进攻性武器方面的信息。重要的是，双方必须保证这两种系统之间的力量平衡。"① 这被解释为俄罗斯在禁止遥测加密问题上对美的讨价还价。据《俄罗斯独立报》报道，俄罗斯外长随后表示，俄方可能会同意放弃俄罗斯战略导弹试验发射时遥测装置加密，但前提条件是美方必须向俄方公开美国反导系统设备的遥测数据。②

四、对未来新条约的评估：成就不大，缺陷不少

各方对新的核裁军条约均有所期待，但截至本文定稿，新条约尚未出台，因此具体的细节还要看未来条约的规定。但根据先前两国确定的框架，以及各方面透露出的情况，已经可以对未来的条约作一个基本评估。总体看可用三句话概括，即：成就不大，缺陷不少，仍属于阶段性安排。

---

① *Putin urges US to share missile defense data*，< www.washingtonpost.com/wp-dyn/content/.../AR2009122900423.html >.

② 俄美核裁军出现新分歧 俄担忧美军反导系统，《环球时报》。< http://mil.huanqiu.com/world/2010—01/687412.html >.

1. 成就不大。从纯军控的意义上看，特别是同2002年的《莫斯科条约》相比，美俄新条约将在三方面显示其价值：一是实现了核武库的进一步削减，实战部署的战略核弹头从《莫斯科条约》规定的1700—2200枚削减至1500—1675枚；二是涉及了运载工具，规定了限额；三是保留了必要的核查和透明信任措施，有利于保证条约的有效执行；四是使美俄双方核裁军重回传统的模式，即以条约为基础，辅以严格的核查，为进一步裁减奠定了基础。

2. 缺陷不少。一是规定的弹头限额仍然只是针对部署的弹头而言，双方没有试图规定销毁措施和目标；二是对于运载工具只是限制而未要求彻底的物理销毁，而且允许改装常规弹头；三是只规定对运载工具数量的限制，但对其改进和新型号的开发并无限制，这与《关于削减和限制进攻性战略力量条约》相比是一个退步；四是裁减的幅度不大，规定的周期过长。美国据称已于2009年初完成了《莫斯科条约》规定的2012年的削减目标，俄罗斯也接近完成。在这种情况下新条约仍然规定了7年的期限，显然过于保守。

3. 仍属阶段性安排。奥巴马要推进其无核世界目标，按照目前这个条约的削减幅度和速度显然是不够的。而且由于这次谈判时间较紧，条件也不尽成熟，很多问题还没有解决，比如如何进一步深度裁减的问题、战术核武器问题如何降低两国核力量的戒备状态问题以及削减下来的弹头和运载工具如何销毁问题等，这些都需要两国在未来采取进一步的行动。

五、谈判透露出的重要信息：战略互信不足，核裁军说易行难

1. 美俄战略互信程度仍然有限。美俄早就宣称两国已经不是敌人和对手关系，且削减核武器客观上也有利于各方安全。但在具体削减的过程中，不可避免地遇到如何维持两国战略平衡、保持各自核威慑的有效性等问题。奥巴马坚持与俄达成双边裁减核武器的条约，防止美裁俄不裁的情况发生是一个重要考虑；其对核查的坚持，也在于增加对俄罗斯战略力量发展的可预见性。另外，俄罗斯强调攻防关系平衡，主张裁减核武器要考虑外空、反导、常规力量发展等因素以及拒绝过于入侵性的核查措施等，均表明了俄罗斯对

美国的戒心和疑虑。而此次条约的削减幅度有限也表明两国在当前的条件下仍然无法摆脱相互确保摧毁的传统思维。

2. 深度核裁军说易行难。奥巴马和梅德韦杰夫虽然都声称支持无核世界的目标，但许多现实问题，如美俄关系走势、力量对比状况、两国内部的不同声音。在谈判的最后阶段，俄罗斯在攻防力量平衡问题上调门更高了，而美国国内对于新核裁军条约的反对声音也在上升。[①] 此外，其他核国家如何反应，美俄有如何对待这种反应等，都将左右两国深度裁军的进程。条约规定 7 年后核武库的规模达到 1500—1675 枚，有效期为 10 年，这意味着，即使到 2020 年，美俄两国的核武库规模仍不会有大的改变。即便在该条约的执行过程中达成新的核裁军条约，但从这次条约规定的削减幅度看，要决定将两国核武库削减到 1000 枚以下并非易事，彻底实现这一目标所花的时间也会更长。因此，长时间、分阶段、小步走将是美俄未来裁减核武库的总趋势。

3. 美新的核态势审议难有重大突破。在条约谈判期间，美国也在同步进行着核态势的审议，原定年底前出台，但由于美国内在一系列重大问题上的争论而延后到明年初。美核态势审议一般要对未来 10 年核力量的规模、发展、维护和使用等重大问题做出规划。一个国家的国际承诺反映该国国内政策的取向。新条约规定的裁减幅度从一个侧面显示美新的核态势审议不可能有重大突破。除了在核武器的使用、新型核武器研发、核武器试验、核力量的戒备状态等政策和表述上可以作一些有限的改变外，其战略力量的结构、整体规模以及现有的核威慑政策难以有根本性的变化。新的核态势审议会对美核武库规模有一个规划，但不太可能超出新条约所确定的框架；也有可能确定一个裁减核武库的路线图，但估计会有较长的时限，而且会设定诸多条件。

---

① 参见 Putin, *Disclose Missile Defense Plans——Nuclear Deal Held up*, < http://www.nowpublic.com/world/ putin -disclose-missile-defense-plans-held >；另据《参考消息》报道，奥巴马削减核武计划遭军方反对，2010 年 1 月 5 日第 1 版；另有 40 名参议员致信奥巴马，要求新的裁减必须有核弹头、核武器综合体和运载工具的现代化计划配套方可进行，参见 Arms Experts Counter Nuclear Modernization Myth, < http://www.armscontrol.org/ Countering-ModernizationMyth >.

六、结语

无论是2009年12月5日，还是2009年年底，这两个日期都只具有象征意义。因为即便双方如期签署了条约，仍然须经双方议会批准，这大概要花费数月的时间，都不可避免地留下“法律真空”。在2009年12月4日《关于削减和限制进攻性战略力量条约》到期的前一天，美俄两国总统发表声明，称两国将“继续本着条约的精神共同工作”。有报道称，美核态势审议将于2010年3月初完成，[①]鉴于5月《不扩散核武器条约》审议会即将召开，因此，3月至5月《不扩散核武器条约》审议会之前将是两国达成条约的机会之窗。此外，美俄核裁军条约虽然规定了削减期限，但根据以往的经验，两国会在此条约签署或批准后随时开启新的谈判，以便安排对核武库作进一步的裁减。要对美俄核裁军趋势作进一步判断，新的安排才是一个重要的判据。

① *US Nuclear Posture Review Delayed Until March*，< http：//gsn. nti. org/gsn/nw_20100106_ 9016. php >.

【常规武器】

2009年国际常规武器军控态势综述

☞王 宸 龙 涛

2009 年国际常规武器军控态势综述

王　宸　龙　涛

内容提要：中小国家和非政府组织再次在涉及人道主义问题的常规武器军控领域，推动形成新的多边条约，逐步构成影响军控进程新的力量。有关禁止或限制常规武器的法规更加具体影响武装力量作战行为和武器装备的技术发展。在相关军事行动中，各类涉及武装冲突法规的效能影响显而易见。本文对年度常规武器军控领域主要态势做以简要回顾与评述。

主 题 词：常规武器　军控　年度报告

作者单位：北京　工程装备系统工程研究所

2009 年，全球传统安全形势总体平稳，非传统安全问题引起国际社会更多关注，在这种基本背景下国际常规武器军控领域更加活跃。以联合国和主要军事大国长期主导的传统常规军控机制更加注重动态变化，趋向务实，通过建立履约支持机制，增强履约有效性，增大议题控制和讨论范围。《修正的地雷议定书》开始讨论控制简易爆炸物问题，《常规武器登记册》审议当前的登记范围以适应 21 世纪的常规武器转让趋势。非政府组织大力推动的非传统常规军控机制通过人权和人道主义两大核心理念，在常规武器军控领域构建新的核心竞争能力。传统常规军控机制正在受到非传统常规军控机制的压力和推动，而非政府组织也在借鉴联合国的务实性，改进具体行动协调和规划。

一、传统常规军控机制加强履约效力增加控制议题和范围

传统常规军控机制长期受到主要常规武器大国主导，包括《特定常规武器公约》及其各项议定书、“行动纲领”、“常规武器

登记册”以及正在讨论的“联合国武器贸易公约”等。《特定常规武器公约》正通过建立履约支持机制，增强履约的效率；战争遗留爆炸物议定书通过了“国家报告指南”草案和讨论有关附件的执行指南，加强国家报告的规范化，审查履约情况的落实情况；“修正的地雷议定书”开始讨论简易爆炸物问题；“常规武器登记册”正在审议当前的登记范围是否符合21世纪的武器发展趋势，推动增加新的转让登记类别项目。传统的常规军控机制呈现出在深度上加强履约效力，在广度上增加控制范围的趋势。

（一）《特定常规武器公约》成立履约支持机构，旨在提高公约普遍性和履约有效性。2009年11月12日至13日，《特定常规武器公约》缔约国年会的主要内容是全面审议公约及所附议定书一年来的执行情况和政府专家组报告，重点讨论了促进公约普遍性、履约支持机构和集束弹药问题。其中，集束弹药问题是会议的重点议题。

根据去年《特定常规武器公约》缔约国大会最终报告，将在今年的公约缔约国会议上决定是否成立履约支持机构。会议上，澳大利亚、欧盟、法国、加拿大、土耳其等支持在“公约”框架下成立履约支持机构，认为该机构能增强“公约”及所附议定书的履约有效性，提供更好的会议支持并有效促进“公约”普遍性。而俄罗斯、挪威等国则反对成立该机构，认为没有必要在该机构上增加开支。会议最终决定成立一个由两名全职人员组成的履约支持机构，主要任务是辅助行政管理、文档准备、协调各国和各组织间的交流、相关信息管理和数据库维护，以及其他一些辅助职能。预计在2011年的第四届《特定常规武器公约》审议会议上将该机构的人员和运行情况进行审查。

《特定常规武器公约》缔约国会议上，反车辆地雷问题再次被提及。澳大利亚、爱尔兰、加拿大等国再次表示了对该议定书目前进展的失望，欢迎就该议题重启谈判。俄罗斯强调没有数据表明反车辆地雷引起了人道主义危机，因此没有必要重启讨论。巴基斯坦明确表示不应再继续讨论反车辆地雷问题，以色列希望各国将重点放在集束弹药问题上，而德国则表示目前的情况不适合该问题的讨论，建议参照2006年的授权并于2010年再重启谈判。2010年仍将继续保持限于讨论非杀伤人员地雷问题。

（二）集束弹药问题成为公约重点议题，有望达成新的议定书。关于集束弹药问题。“奥斯陆集束弹药公约”目前已有24个批约国，并将在第30个国家批约后6个月生效，与上一年度相比，“奥斯陆进程”推动国家阻挡“特定常规武器公约”框架下达成集束弹药议定书的意愿减弱。美国开始转为对集束弹药问题持积极推动态度。

有关集束弹药问题关切集中在以下三点。

一是政府专家组授权。在一般性讨论中，挪威、澳大利亚、墨西哥等国对“公约”框架下近两年的集束弹药问题谈判没有取得实质进展表示不满，但最后仍表态，由于“公约”缔约国中包含了集束弹药主要生产、使用和储存国，因此“公约”应在解决集束弹药问题上有所作为，最终赞成继续在“公约”框架下讨论集束弹药问题，但墨西哥提出目前的授权过于宽泛，应对授权进行改革。加拿大、瑞士、瑞典建议直接在授权中明确进行“议定书”谈判，而德国、葡萄牙则建议在授权中增加“以达成议定书为目标”。

二是议定书草案的技术指标例外条款，和过渡期过长这两个问题成为部分国家和组织反对的焦点。其中，联合国地雷行动处明确提出要求删除例外条款中的第四条“双或多发火机构”，认为正是采用该种机构的集束弹药引起了巨大的人道主义危机，并在报告中引用近年来数场战争中的事例和数据证明自己的观点。国际红十字会委员会、加拿大、奥地利、瑞士等对现有草案表示失望，一方面认为宽限期过长，另一方面认为例外条款会加大引起人道主义危机。美国、俄罗斯等国均支持在现有草案基础上进行讨论，但俄方认为部分条款仍要讨论修改，以适应议定书对包括俄罗斯在内的许多国家从经济、军事、技术和组织等各方面带来的压力。此外、澳大利亚认为新议定书关于集束弹药的定义应与“奥斯陆集束弹药公约”相一致。

三是议定书达成的时限。美国作为集束弹药的生产、储备和使用最大国家，其立场对于新的集束弹药议定书协商一致有关键影响，美国新政府不仅希望在核军控领域重新取得主动权，同样希望在常规武器军控领域取得一定的成果，以符合新政府外交政策。因此，美国积极推动在“公约”框架下谈判集束弹药问题，达成具有法律效力的文书。美方对议定书达成虽没有设定“最后期限”

(deadline)，但已经设定了“警戒线”(red line)。俄罗斯强调要充分发挥“公约”和所附各议定书在解决人道主义危机中的潜力，不应给集束弹药问题设定时限，而是要让新的文书经充分讨论完善以反映各方关切。巴西、德国、法国、瑞典（代表欧盟）等国希望不要拖延进程，尽快明确授权并开展工作，以尽早达成六号议定书。此外，红十字国际委员会等组织呼吁各国在达成新的议定书前，立即冻结集束弹药的使用和转让。预计明年较大可能在“特定常规武器公约”框架下的集束弹药问题上取得实质性进展。

为进一步推动谈判进程，在2010年4月12至16日、8月30号至9月3号，组织的两次政府专家组会议讨论集束弹药问题时，参加讨论的人员不再仅限于“军事和技术专家”，而是扩展为“与讨论有关的专家”。

（三）《战争遗留爆炸物议定书》履约机制逐步完善。《战争遗留爆炸物议定书》于2003年11月28日通过，2006年11月12日生效，截至2009年11月，已有61个缔约国。11月9、10日，在《战争遗留爆炸物议定书》第三次缔约国会议中，主要审查议定书的现况和实施情况，审议国家报告，战争遗留爆炸物清除技术交流，审议一般性预防措施、国际援助与合作等方面落实情况。由于该议定书当前效果集中于对于以往战争遗留爆炸物的清除方面，备受有关中小受害国的关注。

14个国家和地区的代表进行了发言，主要介绍了本国和本地区在执行该议定书上所做的工作。各方均充分肯定议定书在解决人道主义危机上的效果，对公约普遍性不断增强表示欢迎。此外，联合国地雷行动处和红十字国际委员会等也进行了发言。

会议讨论的重点集中在战争遗留爆炸物的清除与销毁，受害者援助，合作与援助，信息记录、保存和交流，国家报告，一般性预防措施等几个方面。会议通过了“《特定常规武器公约》五号议定书国家报告指南”草案，建议各缔约国按此指南提交国家报告。人权事务高级专员就《残疾人权利公约》与受害者援助的关系作了专题汇报，认为《残疾人权利公约》是对受害者援助的完善与补充，并呼吁建立国家内部和国家间的监督机制。俄罗斯是受战争遗留爆炸物影响较重的国家，对本国执行战争遗留爆炸物清除的情况进行了详细汇报。一般性预防措施方面，部分国家从武器装备全寿命周期管理的角度出发，介绍了本国在一般性预防方面所做的工作，会议决定明年专家组会议详细讨论“技术附件第三部分的执行指南”，即关于一般性预防措施的执行指南。

（四）《修正的地雷议定书》框架下讨论简易爆炸物问题。《修正的地雷议定书》于1998年12月3日正式生效，截至2009年11月，共有93个缔约国。11月11日，召开了《修正的地雷议定书》缔约国第十一次会议，会议审议了议定书一年来的执行情况，并就简易爆炸物等关键问题进行了讨论。简易爆炸物问题引起常规武器军控领域关注主要缘于近年来已经成为恐怖活动和非对称威胁的主要手段，且具有广泛性和复杂性。

会议主要针对议定书的执行情况进行了程序性汇报，并针对今年政府专家组会议时提出的简易爆炸物问题进行了讨论，各国对于简易爆炸物带来的威胁达成共识，尚未涉及实质性问题，大多数国家赞成明年的政府专家组继续在二号议定书的框架下讨论简易爆炸物问题，重点关注如何有效履行相关条款，酌情结合五号议定书，更好应对简易爆炸物威胁。

（五）联合国常规武器登记册审议登记范围。2009年政府专家组的目标是现行的7个登记范围是否能够恰当的反应21世纪全球安全体系，全球的武器贸易趋势，以及在全球特定区域内其他类别武器系统可能具有的威胁特性。事实上，对非洲撒哈拉以南地区的评估就反应了当前登记范围不够完整。包括大量的轻小武器，侦察车辆，架桥车辆，后勤车辆以及地空导弹被广泛转让使用，成为影响地区稳定的重要因素。

政府专家组对登记册的操作，范围和适宜性进行审议，目标是对国家报告的7个登记范围是否需要根据现代战斗的趋势重新定义或更新。专家组对于是否将轻小武器作为第8个登记范围予以了重点讨论。

4月27日至5月1日联合国常规武器登记册第二次政府专家组会议对登记册的执行和操作情况进行了审议。会议对轻小武器的一些新概念，无人战斗车辆以及军用采购等方面予以了关注。这些重要措施将提高现有武器系统的透明性，加强登记册的效力。此外，专家组还寻求将执行指挥控制、侦察和电子战功能功能的装备纳入有关登记转让范畴。①

（六）武器贸易条约谈判设定时间表。2000至2006年，全球枪支贸易增长了28%，从23亿美元增长至30亿美元，全球枪支贸易全球武器贸易日益引起关注，每年小武器造成了375000人的死亡。② 因为法律允许的武器贸易不断地进入非法市场，政府需要在联合国小武器行动计划的框架下建立武器出口控制系统。③

联合国认识到是，有必要处理包括无管制的常规武器贸易及其流入非法市场等相关问题，因为此类危险可能助长不稳定局势、跨国有组织犯罪和恐怖主义，并且应采取国际行动解决这一问题。尽管各方对武器贸易条约的目标、宗旨、适用范围、相关原则和要素等问题仍存在较大分歧，但是2009年推动武器贸易条约的进程取得了很大进展。2009年10月30日，联合国以153票支持19票弃权1票反对通过决议，④同意就建立强有力的武器贸易条约设立时间表，对国际常规武器的转移进行控制。2012年7月将召开联合国武器贸易条约大会，以协商一致、公开和透明的方式，拟订出一项强有力和健全的条约。联合国为联合国武器贸易条约大会成立的筹备委员会，将在2010年和2011年举行四次会议，考虑会员国的回复所表明的意见和提出的建议以及政府专家组的报告和有关工作组的报告所载述的意见和建议，向联合国武器贸易条约会议提出建议，说明为达成关于尽可能高的常规武器转让共同国际标准的有效、平衡、具有法律约束力的文书需要的要点。⑤

政府专家组提出的报告表示，由于常规武器转让问题复杂，需要一步步地以公开和透明的方式，进一步考虑在联合国内做出努力，处理常规武器的国际贸易问题，以便在协商一致基础上做到兼顾各方，使所有国家都受益；这些努力要把《宪章》的原则摆在中心地位，强调必须确保2012年联合国武器贸易条约会议得到尽可

---

① < http://ukunarmscontrol.fco.gov.uk/en/the-uk-disarmament/conventionalarmsregister >.

② <http://www.iansa.org/campaigns_ events/peaceday09.htm>.

③ < http://www.iansa.org/issues/SALW-survey-09.htm>.

④ <http://www.iansa.org/un/ATTvote09.htm>.

⑤ < http://documents-dds-ny.un.org/doc/UNDOC/GEN/N09/538/83/doc/N0953883.DOC? OpenElement>.

能广泛和有效的参与；联合国有专门的工作组审议政府专家组的报告中可以形成协商一致意见的要点，供纳入最终会达成的关于常规武器进出口和转让的具有法律约束力、兼顾各方、使所有国家都受益的条约。

（七）解决小武器问题强调协调一致，强调需求与资源的匹配。2009 年，联合国通过了题为“小武器和轻武器非法贸易的各方面问题”的第 63/72 号决议和题为“协助各国制止小武器和轻武器非法贩运并加以收集”的第 63/66 号决议。[①] 决议着重指出，要解决小武器和轻武器非法贸易的各方面问题，就要在国家、区域和国际各级共同努力，强调小武器和轻武器在世界许多地区的肆意扩散产生各种人道主义和社会经济后果，对和平、和解、安全、安保、稳定和可持续发展构成严重威胁。

联合国更加重视协调一致解决小武器问题的重要性。联合国强调采用区域办法实施《行动纲领》十分重要，多次召开由有关国家和有能力的国际、区域和次区域组织赞助的区域会议，小武器问题协调行动机制实现了联合国系统内更广泛的参与。近年来，联合国系统成功制订了特定主题领域的技术标准，如排雷行动和解除武装、复员和重返社会。同样，小武器问题协调行动机制已经开始了一个项目，制订国际小武器控制标准：一套国际公认、经过验证的技术标准，就围绕小武器控制的法律、政策和业务问题，全面指导实践者和决策者。该项目设想，在计划于 2010 年 6 月召开的第四次各国审议《行动纲领》执行情况两年期会议之前，完成一套标准的制订。《行动纲领》2009 年至 2013 年期间战略框架最终得到赞同，其中包括减少小武器需求和减少武装暴力问题。自从《行动纲领》执行支持系于 2008 年 7 月启动以来，小武器问题协调行动机制加强了信息共享能力。这是一个以网络为基础的全面的信息工具，供所有希望协助执行《行动纲领》的利益攸关方使用。

联合国强调需求与资源的匹配。联合国为执行《行动纲领》而进行的协调努力，包括建立行动纲领执行支助系统，该系统是推动在小武器和轻武器领域能力建设方面进行国际合作与援助的综合信

① < http：//documents-dds-ny. un. org/doc/UNDOC/GEN/N09/425/38/ doc/N0942538. DOC? Open Element >.

息中心，在自愿的基础上更多地利用国家报告，将其作为另一个交流援助需求和关于有哪些资源和机制来满足这些需求的信息的工具，并鼓励有能力提供这种援助的国家利用这些国家报告。[①] 联合国还鼓励各国利用行动纲领实施支助系统和联合国裁军研究所信息中心将援助需求与潜在的捐助者相匹配，以此作为额外工具，用于促进小武器和轻武器方面的全球行动。[②]

二、非传统常规军控机制重视核心理念，构建核心竞争力

尽管非政府组织缺乏国家政府强有力的协调能力和丰富的资源，但是其人道主义和人权两大核心理念，却具有很强的号召力。2009 年 12 月 3 日国际残疾人日，同时也是《渥太华公约》成立 12 周年纪念日和“奥斯陆集束弹药公约”签署一周年，有关组织重申了消除杀伤人员地雷的目标，而且强调了消除集束弹药的努力，并承诺帮助受害者和维护残疾人士的权利。大会不仅审议了《渥太华公约》，而且呼吁提高集束弹药公约的全球化、支持残疾人士权利公约，《渥太华公约》正利用残疾人日的影响力来将《渥太华公约》、集束弹药公约和残疾人士权利公约三者绑定一起进行全球化的推动。2009 年 9 月 21 日国际和平日，国际小武器行动网络组织（IANSA）在全球各个洲举行公众集会，通过媒体和会议对小武器的扩散、滥用造成的威胁进行宣传。《渥太华公约》组织和“奥斯陆集束弹药公约”借助 2009 年 10 月召开的联合国第一委员会（裁军和国际安全委员会），扩大影响力。[③]南非总统则在 2009 年不结盟运动集会上表示“我们如果不能在非洲战胜轻小武器的非法贸易，

---

① < http: //documents-dds-ny. un. org/doc/UNDOC/GEN/N09/538/83/doc/N0953883. DOC? Open Element >.

② < http: //documents-dds-ny. un. org/doc/UNDOC/LTD/N09/573/98/doc/N0957398. DOC? Open Element >

③ <http: //www. icbl. org/index. php/icbl/Library/News-Articles/Universal/UN-23Oct09 >.

我们就无法取得和平和安全”[①]

（一）《渥太华公约》全面审议生效十年来的成就和挑战，制订具体的未来行动计划。2009 年 12 月，《渥太华公约》组织第二次审议大会在哥伦比亚召开，来自很多国家以及裁军，人道主义和人权组织 1000 多名代表参加了集会。《渥太华公约》在召开审议大会之前对会议提出的要求是：拥有高级别的广泛参与；对于公约要有可持续的政治承诺；对公约取得的成果和面临的挑战予以审议；制订强有力的具体行动计划；同其他的公约开展合作。《渥太华公约》对于公约 1999 年生效以来公约主导的地雷行动取得的进展和存在的挑战进行了审议。[②]在全球化方面，取得的进展包括《渥太华公约》已经拥有 156 个缔约国，全球四分之三的国家已经加入《渥太华公约》，其中最近加入的国家有科威特、伊拉克和帕劳。全球地雷使用和武器贸易已经大为减少；存在的挑战是仍然有 39 个国家没有加入《渥太华公约》。还有 9 个非政府武装集团和 2 个国家政府使用了地雷。

在地雷使用方面，1999 年使用地雷的国家有 15 个，2008 至 2009 年使用地雷的国家只有缅甸和俄罗斯 2 个。2001 年在 19 个国家有使用地雷的非政府武装集团，2008 年降至 7 个。

在地雷生产方面，38 个地雷生产国国家停止生产地雷，只有 13 个国家仍然保留了生产地雷的权利。

在地雷清除方面，自 1999 年以来，90 多个国家的 220 万枚杀伤人员地雷，25 万枚反车辆地雷以及 1700 万枚战争遗留爆炸物被清除，法国、洪都拉斯、哥斯达黎加等 10 个缔约国完成了清除，3200 平方千米[③]的雷患地区得到清除。存在的挑战是：44 个缔约国仍然存在雷患地区，大约有 70 个国家的 3000 平方千米的土地有待清除，15 个缔约国没有在 2009 年如期履约，一些地区甚至不知道

---

① http：//www. iansa. org/regions/namerica/OAS_ ms_ gun_ violence09. htm 联合国秘书长潘基文在 2009 年不结盟运动集会上表示“不仅大规模杀伤性武器需要国际反应，常规武器也正在对世界的稳定造成威胁。轻小武器正在成为暴力冲突中的主要武器”。

② < http：//www. icbl. org/index. php/icbl/Library/News-Articles/What-You-Can-Do/MBT_ AchievementsChallenges2009_ MissionPossible >.

③ < http：//www. icbl. org/index. php/icbl/Library/News-Articles/08_ Contents/ICBL-NEWS/ICBL-News-dec-09/ lm2009 >.

雷患土地的数量，一些国家缺乏相关能力，国际援助资金缺乏可持续性。

在受害者统计方面，自1999年以来至少有51711名平民因为地雷和战争遗留爆炸物受伤，新的受害者数量已经逐步减少；存在的挑战是受害者数据搜集存在困难，2007年在71个国家和地区都报告有地雷受害者，2008年记录受害者数量仍有5200名。

在受害者援助方面，取得的进展包括缔约国履行保护地雷受害者权利的责任，阿富汗、阿尔巴尼亚、埃塞俄比亚、克罗地亚、伊拉克等26个受应影响最严重的国家制订了受害者援助目标和计划，澳大利亚承诺在未来5年为地雷行动提供1亿澳元资金。[①] 集束弹药公约和残疾人士权利公约也补充了《渥太华公约》义务的有关内容。存在的挑战包括：缺乏受害者数量以及需求的数据，有关国家的能力方面需要得到提高，很多国家没有清晰的目标和计划，受害者很少参与有关援助的计划和执行。为受害者提供全面及时的援助并全面尊重他们的权利，仍存在巨大挑战。对地雷受害者的援助也成为十年来《渥太华公约》进展最小的地雷行动领域。

在储存销毁方面，取得的进展包括：86个缔约国已经销毁了4400万枚杀伤人员地雷，[②] 145个缔约国不再拥有地雷，80个缔约国不再保留用于训练或研发的地雷。存在的挑战包括：乌克兰表示不能再2010年按时完成销毁储存的目标，需要延期5年以上的时间。秘鲁、约旦、尼加拉瓜、尼日利亚等国表示将在10年期限内完成扫雷。白俄罗斯、土耳其和希腊等3个国家没有按照规定的在2008年3月1日完成数百万枚地雷的销毁，71个国家保留了216000枚地雷用于训练，非缔约国储存有1.6亿枚地雷。此外，在国际合作方面，地雷行动资金的可持续性、年度报告提交率较低以及仍有66个国家没有公约的执行立法等方面受到关注。

《渥太华公约》在总结经验教训的基础上，制订了未来五年的行动计划。该计划在受害者援助，地雷清除，雷患区域，储存销毁以及国家合作等地雷行动领域予以展望。行动计划对于未来5年

① <http://www.icbl.org/index.php/icbl/Library/News-Articles/Work/pr-4dec2009>.

② <http://www.icbl.org/index.php/icbl/Library/News-Articles/08_ Contents/ICBL-NEWS/ICBL-News-dec-09/ lm2009>.

《渥太华公约》的行动提供了清晰具体的路线图，并确保所有有关支持计划的宣言和承诺转型成富有成效的行动。[①]参加大会的各方均表示政府与平民社会之间的合作是公约能够成功的关键因素，120多个国家政府承诺执行喀他赫纳五年行动计划。

（二）集束弹药公约利用集会推动影响力，加强与《渥太华公约》的合作。“奥斯陆集束弹药公约组织”于2009年11月16日在印尼的巴厘岛举行了集会，号召亚太地区的国家加入公约。亚太地区当中有14个国家加入集束弹药公约，其中2个国家批约。2010年下半年老挝将主办该公约第一次缔约国大会。[②]集束弹药公约目前已经有103个国家签约，24个国家批约，在批约国达到30个之后半年公约将成为正式的国际法律条约。[③]

集束弹药公约还在条约中规定了受害者援助的具体责任，并扩大了受害者的内涵。这对于国际人权和人道主义法律制定了一个新的标准。

2009年举行的《渥太华公约》第二次审议大会再次向国际社会提醒集束弹药，地雷和其他爆炸武器造成的平民伤害，推动政府对于所有三个公约的全球执行予以全力支持。[④] 特别是已经加入《渥太华公约》的国家应该对基于同样人道主义目标的集束弹药公约予以全力支持。有关组织的权威人士表示，三个公约都有各自关注的重点，但是它们在执行方面，特别是受害者援助方面都具有非常强烈的联系，都与人权紧密相关。《渥太华公约》的诞生源自合作精神，这也成为集束弹药公约产生的基石。

三、美国新政府灵活调整常规军控政策，对国际常规军控形势产生较大影响

军控服务于外交，常规武器军控也是如此。奥巴马上台之后，主张外交政策与小布什主义剥离，改变新保守主义主导的强硬单边

① <http：//www. icbl. org/index. php/icbl/Library/News-Articles/Work/pr-4dec2009>.

② < http：//www. stopclustermunitions. org/news/？ id = 1934>.

③ <http：//www. armscontrol. org/act/2009_ 11/UNROCA>.

④ <http：//www. icbl. org/index. php/icbl/Library/News-Articles/Work/pr-2dec09>.

军控，运用“巧实力”逐步改善美国的地位与影响，重新提升美国的软实力；重塑美国的安全观，回归多边主义，着力加强与传统盟友的关系，并在全球缔造伙伴关系来共同应对所面临的挑战，从而建立一个美国领导下的新时代。美国最为重要的同盟——北约组织，其绝大多数国家都不同程度地选择了支持常规武器军控领域中的《渥太华公约》、“奥约”和“武器贸易公约”等。奥巴马政府更加重视多边合作特别是协调同盟立场，因此将积极考虑在这一领域的立场调整，适应其外交政策的现实需求。

（一）维护国家目标一致性，决定军控政策继承性。

无论党派如何更迭执政，美国政府在制定常规武器军控政策时的最高目标都是维护国家利益，重塑其在全球的领导权，选择的军控政策都将服务于这一目标。因此，无论加入《渥太华公约》还是“奥约”能够带来的人道主义声誉，对其软实力的增强，都难以使美国常规武器军控政策马上就会有质的改变。奥巴马接受访谈时表示“我们的部队自身正开始不再使用集束弹药和杀伤人员地雷，这些趋势也正随着在创新技术领域的投资得到加速”。2009 年 11 月美国国务院发言人的讲话中宣称，美国对于地雷政策的重新审议已经结束，决定延续布什时期的地雷政策。[①]这一发言引起了非政府组织的强烈反对，认为“美国连地雷都不愿意禁止，更不用说在核军控领域了，这与奥巴马宣称的重视裁军、多边主义无疑是背道而驰的”，而且对其他大国也起到了负面的示范作用。

这意味美国只要地雷替代武器没有研发成功，可靠性、小型化、精确性达到先进技术标准的集束弹药没有成功研发之前，美国加入《渥太华公约》和“奥约”的可能性就不大。

（二）形势变化需要改变理念，常规军控政策灵活调整。

2006 年联合国通过决议决定讨论起草规范常规武器国际贸易

① 国际禁雷运动等非政府组织对于奥巴马政在该问题的立场进行了强烈谴责，并强烈要求奥巴马总统公开澄清在该问题上的立场。非政府组织认为，这一审议完全没有透明性，“这是一个缺乏远见，缺乏人道主义，缺乏基本常识的决策”。拒绝加入《渥太华公约》同奥巴马政府一直强调的多边主义、裁军和人道主义背道而驰。随后美国出席了《渥太华公约》审议大会，美国代表表示新的地雷政策还在审议当中。

条约，小布什政府由于幕后集团利益始终持反对“武器贸易条约”的立场。奥巴马政府则极有可能认为，加入这一条约对于美国的国家安全利益和军事利益影响甚微，但在外交和国内政治领域带来的益处却是巨大的。奥巴马在接受美国《今日军控》访谈时表示：“我们在避免小武器的非法贸易问题上具有强烈的国家安全利益，包括恐怖分子获得的火箭发射器。我们将通过同盟国家协商恢复在这些议题上的领导地位。”2009 年 10 月 14 日，美国国务卿希拉里表示美国将“积极寻求能够最大可能的对国际常规武器转移进行强有力法律禁止的条约”。[①] 作为世界上最大的武器出口国，美国的这一立场将对武器贸易条约的谈判前景产生重要影响。当然，新的美国政府对加入“武器贸易条约”持积极态度的同时，会在这一进程中力争主导地位，制定符合自身和盟国军贸、外交等综合利益的条约内容，让常规武器军控真正发挥“保护自己，限制别人”的作用。

对于暂时不能加入的《渥太华公约》和“奥约”，美国不会再像布什时期对于两个公约简单粗暴的拒绝方式，而是会在行事方法上力争与盟友北约靠拢，同时加速研发地雷替代武器和提高集束弹药可靠性、精确性和推动弹药的小型化。美国会力争在地雷和集束弹药问题上的另外两个机制——“修正的地雷议定书”和《特定常规武器公约》框架下陷入僵局的“集束弹药议定书”中争取主导权。

美国作为世界上的最强大的军事大国，其常规武器军控政策的改变必然会对整个国际常规武器军控形势特别是主要军事大国带来重要影响。美国禁止绝大多数集束弹药的出口，也为其他国家在此武器上的立场构成压力。集束弹药作为面毁伤效能单一指标中效费比最高的常规武器之一，有关的军控政策历来备受关注。尽管美国选择加入集束弹药公约的可能性不大，但是美国会协调各方关注，争取在《特定常规武器公约》框架下主导通过一项集束弹药议定书，既维护其关注人道主义的形象，又能够进一步增强其主导军控格局的软实力。

---

① <http://www.iansa.org/regions/namerica/US-supports-ATT.htm>.

四、结束语

随着常规军控领域的控制范围从地雷、小武器等议题向集束弹药等更加影响军队作战能力的武器范畴延伸，常规武器军控机制对武器装备发展的影响已经日趋凸现。一方面，各国在制订常规武器军控政策的时候充分考虑武器装备的最低承受能力。尽管奥巴马政府外交政策调整，在军备控制与裁军领域重新审视以往政策，但诚如美国国务院发言人在审查美国地雷政策终结时所表示的，地雷政策仍将延续。无疑表明美国在制定常规军控的政策时装备在整体军事战略中的军事效用仍将是决定因素之一；另外一方面，各国武器装备的研发等各个方面更加考虑常规军控带来的影响。俄罗斯、印度等众多国家在有关报告中，均介绍了其从武器装备全寿命管理着手，在论证、研发、使用等各阶段，都尽力采取措施，以新的要求为起点提高装备可靠性，充分利用常规军控对装备带来的牵动效果，避免负面的制约作用。

【附件】

附件一：2009年国际军控与裁军大事记

附件二：2009年中国军控与裁军文件选编

附件三：2009年国际军控与裁军文件选编

附件一：2009年国际军控与裁军大事记

1月

2日　美国彭博社报道称，为了在与中国新的外空竞赛中保持绝对领先优势，当选总统奥巴马可能会拆除长期以来美国军事和民用外空项目之间的藩篱，加速重返月球的进程。奥巴马将会敦促美国国家航空航天局与五角大楼之间加强合作。

2日　朝鲜《民主朝鲜》报发表评论，指责美国在核问题上推行“双重标准”，实际上起到了核扩散的作用。美国在核问题上的“双重标准”使世界上的核问题变得更加复杂。它实际上把核扩散问题当作了一场交易。因此，在核扩散问题上，美国绝对逃脱不了干系。

3日　印度托拉斯报业《PTI》报道，继月球任务后，印度外空研究组织（ISRO）正在研发下一代运载火箭，旨在将卫星送入轨道的成本降低到原来的一半。2009年将进行一系列静地卫星运载火箭（GSLV）MARK III的研发试验，火箭有望在2010—2011年间发射升空。

3日　美“全球安全组织”报道，俄军战略导弹部队司令日前宣布，俄军将在2009年进行13次弹道导弹发射任务，但实际发射次数可能会减少。具体发射计划为：5次新型导弹发射试验，3次经延寿改进的导弹发射试验，5次SS－18改进型导弹发射卫星任务。

4日　俄新社报道，俄副总参谋长表示，尽管去年12月发生“布拉瓦”导弹试射失败事件，但俄不会放弃该型导弹试验。俄军方2009年将对“布拉瓦”导弹进行不少于4次的试射。

6日　新华网报道，俄罗斯战略火箭兵司令索洛夫佐夫称俄战略火箭兵不会大规模裁减人员。俄武装力量关于裁减约20万名军官的计划基本上不涉及战略火箭兵。作为俄战略核力量“三位一体”的基础，俄战略火箭兵有着很好的发展前景，不会进行结构改革，它将继续发挥核遏制作用。

6日 《印度时报》报道，印度空间研究组织计划在2009年发射新加坡、荷兰、意大利和阿尔及利亚的4颗卫星，以寻求在国际卫星制造和发射市场上占领一席之地。

7日 英国《泰晤士报》报道，美国将向印度提供价值约1500亿美元的核电设施。分析人士认为，美国此举表明其要利用印度制衡中国。

7日 共同社报道，美国总统国家安全事务助理哈德利在美智库战略与国际研究中心发表演讲时强调，制订验证朝鲜核设施去功能化议定书的重要性。他说，在缺少对朝鲜核设施去功能化验证的情况下，六方会谈不可能取得进展。

8日 日本宇宙航空研究开发机构理事长立川敬二对2009年日本航天事业展望时表示，2009年日本航天事业将以日本宇航员首次在国际空间站长期工作、发射温室效应观测技术卫星、发射新型大推力火箭H－IIB、通过国际空间站补给机向国际空间站运送物资等为重点工作目标。

8日 英国《金融时报》报道称，美已开始就向印出售导弹防御系统与印进行技术层面的初步会谈。美五角大楼发言人厄普顿发表谈话，否认美国与印度就导弹防御系统的出售问题举行商谈。

11日 路透社报道，美国当选总统奥巴马接受美国广播公司采访时称，伊朗将是其任内面临的最大挑战之一，一旦伊朗拥有核武器则有可能引发中东地区的核军备竞赛。他将采取新的对伊政策，与伊进行接触是新政策的开始。

11日 《印度防务》网站报道，巴基斯坦已与巴西签署协议，将购买100枚反辐射导弹（ARM）。该型导弹是空对地导弹，最大射程25千米，战斗部重200磅（90.8千克）。

12日 印度《教徒报》报道，印空军日前已同印巴拉特电子有限公司签署“阿卡什”国产中程防空导弹的采购合同，用于装备2个“阿卡什”导弹中队，合同总价值120亿卢比（约2.4亿美元）。

12日 韩国《东亚日报》报道，由于六方会谈在2008年取得进展，中东、东南亚和拉美国家从朝鲜购买武器的压力减轻，朝武器出口额大幅提高，达1亿美元，占朝出口总额的10%以上。

12日　美国国务院发表声明说，在巴基斯坦“核弹之父”卡迪尔汗及其同事的帮助下，朝鲜得到铀浓缩技术，伊朗和利比亚也受益于这个网络。

12日　《中新网》报道，波兰外长西科尔斯基在出席美波建交90周年纪念活动中表示，希望奥巴马政府继续推进在波兰部署导弹防御系统的计划。

12日　美国务卿赖斯接受《华盛顿邮报》采访时称，美情报部门认为朝通过秘密生产或进口拥有武器级高浓缩铀，各方应通过强有力机制对朝核活动，包括铀浓缩项目、向他国转移核技术等进行验证。

13日　《印度防务网》报道，印度从以色列引进的首架“费尔康”预警机于1月11日提前抵达首都新德里。该预警机将部署于印北部阿格拉市的阿格拉空军基地，成为印度最近组建的空中预警机中队的一部分。

13日　朝鲜外务省发言人在平壤称，实现朝鲜半岛无核化，维护东北亚地区和世界和平与稳定，这是朝鲜的一贯立场。只有在美国消除对朝鲜的核威胁以及美国不再对韩国提供核保护伞的时候，朝鲜才会放弃核武器。在缺乏信任的条件下，履行共同声明的基本方法是遵守“行动对行动”的原则。

13日　日本共同社报道，韩国外交通商省宣布，六方会谈韩国代表团副团长、朝鲜核外交企划室室长黄浚局将于15日率政府调查团访朝，就如何处理保存于朝鲜宁边地区的未使用核燃料棒问题进行协商。

13日　韩联社报道，继美国国防部联合部队司令（JFC）在年度报告中将朝鲜纳入拥核国之后，国防部其他报告近日也将朝鲜与印度、巴基斯坦等国家一同列入尚未得到正式承认的拥核国范畴。

13日　巴西通讯社报道，巴西核工业公司宣布，巴西海军科技中心和巴西能源和核研究所将在里约热内卢州的雷森德工厂开始生产工业级浓缩铀。目前已在雷森德工厂成功安装了两台离心机，预计到今年年底有望生产12吨工业级浓缩铀，用于巴西核电站发电之用。

13日　伊拉克向总部位于荷兰海牙的禁止化学武器组织递交了加入《禁止化学武器公约》文书，公约将在30天后生效。伊也成为该公约的第186个成员国。联合国秘书长潘基文通过发言人发表声明，欢迎伊拉克加入《禁止化学武器公约》，实现《禁止化学武器公约》的普遍性目标，将极大地促进国际和平与安全。

14日　欧洲航天局在位于巴黎的总部召开新闻发布会，公布了该机构在2009年计划完成的航天任务，其中包括宇宙探测和空间站建设等多个项目。除具体项目外，还公布了一些改革计划，如成员国的扩充、资金管理体系的改革及内部协调机制的完善等。

16日　日本共同社报道，日防卫省公布“宇宙开发利用基本方针”，提出有必要研发能够及时捕捉弹道导弹发射的早期预警卫星。

16日　日本共同社报道，美候任国务卿希拉里14日向参议院外交委员会提交的文件显示，在明年4、5月召开的《不扩散核武器条约》（NPT）审议会上，奥巴马政府将努力推动有关大规模核裁军的新一揽子文件获得通过。

16日　共同社报道，日本防务省公布“宇宙开发利用基本方针”，其中提出有必要研发能够及时捕捉弹道导弹发射的早期预警卫星。

20日　越共《电子报》报道，越南驻瑞士大使黎怀忠在联合国总部主持召开第1118次裁军全体会议，这也是2009年的首届裁军会议。裁军会议的65个成员国代表出席了此次会议。

20日　路透社报道，印军在靠近巴基斯坦边境附近的博克兰地区成功试射一枚“布拉莫斯”超音速巡航导弹。该导弹航速2.8倍音速，射程290千米。

21日　印度新德里电视台报道，印国防研究与发展组织对外界承认，20日试射的“布拉莫斯”超音速巡航导弹因最后阶段出现误差，没能击中目标。

22日　俄新社报道，俄战略火箭兵信息与社会联系局宣布，俄战略火箭兵换装移动式“白杨－M”导弹系统的工作将在2009年结束，换装竖井式“白杨－M”导弹系统的工作仍将继续。

27日　英国国际战略研究所（IISS）发布报告称，伊朗近年将突破制造核武器的关键技术，将在2010年制造出首枚核弹。

28日　俄罗斯国际文传通讯社报道，鉴于美新政府建立导弹防御系统政策上的改变，俄军方宣布暂停在加里宁格勒部署“伊斯坎德尔”导弹的计划。

28日　俄罗斯中央机器制造研究所副所长科夫诺夫日前表示，如果国际空间站参与国家同意延长空间站的使用年限，俄罗斯将向国际空间站增加发射3个舱，这些舱将大大提高空间站俄罗斯舱段的能源供给，推动俄罗斯科学试验项目的开展。

2月

2日　俄罗斯《莫斯科防务新闻》公布俄罗斯战术导弹公司自1992年以来的导弹出口情况，对该公司出口产品类型、产品型号、出口数量、出口市场、交付时间等一系列因素进行了较为详细的介绍。

3日　俄罗斯航天署载人航天项目主管克拉斯诺夫日前表示，俄航天署计划建造新的轨道空间站，用于替换退役后的国际空间站。新的轨道站将同国际空间站一样成为科学试验基地，此外它还将扮演“外空组装车间”的角色，为星际旅行及探月做准备。

4日　斯里兰卡电信调整委员会负责人表示，斯里兰卡计划成立空间局并发射两颗卫星。斯将于2009年3月宣布卫星发射的具体时间。

4日　香港《凤凰网》报道，美总统奥巴马正在准备同俄开展近数十年来最为重大的削减军备谈判，旨在分别削减美俄两国核武器储备的80%。同时美还将重新审视东欧导弹防御计划。美将在白宫内设立防止核武器扩散办公处，以监督核裁军谈判的进展。尽管俄尚未得到白宫正式建议，但已做出积极反应，表示准备就此展开谈判。

7日　国际原子能机构近日公布的报告显示，伊朗已经在核研发方面取得巨大进展，可能掌握了提炼浓缩铀等关键技术，并且可能在未来3年内拥有核武器。在此过程中起到至关重要作用的核技术和相关设备，是伊朗从主要西方国家走私过来的。

8日　俄通社报道，俄副总理伊万诺夫当日表示，一旦美国方面条件成熟，俄打算与美就核裁军问题展开谈判，共同讨论达成新的核武器条约。伊万诺夫称，两国将尽快建立相应的机制，尽快展开积极的谈判，核裁军问题，特别是削减战略进攻武器，是谈判最重要的议题。

10日　美国防部长盖茨在当天的国防部记者会上表示，如朝鲜持续准备发射“大浦洞－2号”导弹，美国将做好拦截准备。

10日　法新社报道，俄罗斯在哈萨克斯坦的人造卫星发射基地向国际空间站成功发射“进步M－66”货运飞船。

11日　香港《凤凰网》报道，美国务卿希拉里10日表示，奥巴马政府是否继续推进在东欧部署导弹防御系统的计划，部分取决于伊朗政府是否在该国核计划问题上转变立场。

12日　美国防部官员近日表示，美军将用舰对空导弹在地球大气层外摧毁预计将于2009年3月上旬坠落地面的代号为“美国193”的失控间谍卫星。

13日　香港《凤凰网》报道，美副国务卿威廉姆·伯恩斯在访问莫斯科时表示，美国愿意和俄罗斯在导弹防御领域展开新形式的合作，称“奥巴马政府对两国在导弹防御领域可能的新形势的合作持开放态度”。

14日　《星岛环球》网站报道，印度国防研究与发展组织负责人近日表示，印将在2010年底前研制“烈火－3”加强型远程弹道导弹，并于当年完成试射。该型导弹将在已成功试射的“烈火－3”型导弹上增加第三级发动机，射程达5000千米，可装载核弹头，将使印首次具备打击中国全境的能力。

15日　韩国《朝鲜日报》报道，为监视朝鲜导弹试射准备情况，美军在嘉手纳基地紧急部署2架RC－135S电子侦察机。

16日　日本共同社报道，朝鲜中央通讯社针对日美韩等对朝可能正在准备发射远程弹道导弹表示担忧一事发表评论，反驳称日美韩的担忧实为“挑衅”，并坚持认为“外空开发是朝鲜的自主权利和现实要求”，暗示该国正在准备发射“人造卫星”。

20日　韩国外交通商部长官柳明桓在同美国务卿希拉里会谈时，敦促朝鲜停止挑衅行为，并不附带任何条件的对韩国的对话要求做出回应。韩美双方还同意通过六方会谈机制推动实现朝鲜“全面和可核查的去核化”。

20日　美国国防部长盖茨在参加北约成员国国防部长非正式会议记者招待会上表示，美国需要重新审视布什政府提出的在波兰和捷克建立导弹防御系统的计划。

20日　香港《凤凰网》报道，国际原子能机构总干事巴拉迪在接受采访时表示，现在已可以排除因伊朗核危机而对伊朗动武的可能性了。

21日　俄罗斯国际文传电讯社报道，俄“金刚石-安泰”公司将首次在阿联酋阿布扎比“IDEX-2009”国际武器展上推出S-400“凯旋”远程防空导弹系统。该系统能发射多种型号导弹，可构建起梯次防御体系，具备全天候和在强电磁干扰条件下作战能力。

22日　香港《凤凰网》报道，伊朗议长拉里贾尼21日在会见德国前总理施罗德时表示，伊朗已经研究了所有的国际法律和条例，剥夺伊朗出于和平目的的核研究权利对伊朗人民来说是荒谬的和无法接受的。伊朗驻国际原子能机构代表苏丹尼耶20日重申，伊朗将继续与国际原子能机构合作，但不会停止铀浓缩活动。

22日　俄罗斯国际文传电讯报道，俄武装部队总参谋长马卡罗夫大将在阿布扎比举行的国际武器展表示，俄军将在2009年恢复“布拉瓦”海基洲际弹道导弹的发射试验。

22日　伊朗原子能组织副主席赛义迪表示，由俄罗斯原子能公司承建的伊朗第一座核电站——布什尔核电站25日开始“预备阶段”的运转。

24日　朝鲜宇宙空间技术委员会发言人表示，朝鲜已正式进入通信试验“光明星-2号”试射准备阶段，届时将在咸镜北道花台郡东海卫星发射场用运载火箭“银河-2号”发射该卫星。

25日　美国国防部导弹防御局局长奥赖利出席众议院军事委员会导弹防御体系听证会时表示，针对朝鲜向美国发射远程导弹的可能性，美已进行了3次拦截演习，确信以美国目前的导弹防御体系，完全可以拦截朝鲜远程导弹。

26日　伊朗原子能组织主席阿加扎德称，伊朗用铅燃料对由俄罗斯承建的该国首座核电站布什尔核电站进行了运行测试并获得圆满成功。

3月

2日　香港《凤凰网》报道，伊朗外交部当天表示，伊朗并没有发展核武的计划。伊朗的核项目主要集中用于发电，而非制造武器。即使伊朗想把现在拥有的浓缩铀转换成生产武器的材料，在国际核能监察员的严密监视下实际操作起来也会很困难。

3日　《俄新网》报道，俄副总理伊万诺夫3日表示，“俄罗斯主张在联合国监督下通过从法律上限制弹道导弹扩散的条约”。俄应当从这个角度出发，确定俄罗斯参与弹道导弹不扩散领域的国际机制，包括“防止弹道导弹扩散海牙行为准则”。

4日　联合国安理会五大常任理事国与德国发表联合声明，称他们已准备好同伊朗展开直接对话，解决僵持已久的核问题。这6个国家在国际原子能机构董事会召开的闭门会议上宣读了联合声明，表示对伊朗核问题“仍将坚决采取全面的外交解决方案，包括通过直接对话”。

4日　伊朗外交部长穆塔基称，伊朗首座核电站布什尔核电站将于今年夏天正式启动运行。他称，尽管该项目的执行遇到一些障碍，但伊朗外交部和伊朗原子能组织一直在尽力完成这个项目。

5日　俄罗斯国防部负责装备的副部长波波夫金大将表示，俄罗斯国防部计划于2009年完成“布拉瓦”导弹系统的飞行试验并开始列装。波波夫金指出，“布拉瓦”导弹在完成飞行试验之后将与“尤里·多尔戈鲁基”号核潜艇一同进入战斗值班。

6日　《印度前线》报道，印度国防研究与发展组织当天在奥里萨邦惠勒岛综合靶场成功进行了第3次弹道导弹防御系统试射，1枚2级“大地”防空拦截导弹在75千米海拔高度成功拦截1枚“敌方”导弹。

8日　俄外长拉夫罗夫在日内瓦裁军会议期间同美国国务卿克林顿举行了会晤。双方强调了俄美两国推进裁军进程的立场，就签署削减战略核武器协议的后续性协议展开讨论。

9日　印度《新卡拉拉》报道，印国防研究与发展组织研发工作负责人表示，印正努力发展导弹防御系统，计划下一步建立空间雷达站。空间雷达将安装在卫星上，可以跟踪射程超过2000千米的导弹。

12日　朝鲜中央通讯社报道称，朝鲜最近已正式加入了《关于各国探索和利用包括月球和其他天体在内的外层空间活动的原则条约》和《关于登记射入外层空间物体的公约》。朝鲜加入上述国际条约，有助于在宇宙科学研究和发射卫星领域，增进国际信任，加强合作。

12日 俄新社报道，美国国家情报总监布莱尔日前在参议院中表示，现在伊朗已拥有生产核弹所需的科学技术以及工业生产能力，阻止伊朗获得核武器变得非常困难。

17日 美国务院日前表示，综合政治、军事、经济及军控等多重因素考虑，美政府决定批准波音公司向印度出售价值21亿美元的8架P－81型海上巡逻机，这将是迄今价值最高的美对印军售项目。该项军售还包括在2019年6月前向印提供相关零部件以及训练与后勤支援服务等。波音公司将在未来两年内交付首架该型机，其余7架将在2015年前交付。

19日 韩国《朝鲜日报》报道，美国防部称，美于17日在夏威夷考艾岛附近的导弹试验场进行了一次末段高空区域导弹防御试验，成功拦截了弹道导弹目标。

16日 日本《共同网》报道，“核不扩散与核裁军国际委员会”咨询委员阿部信泰等透露该委员会制定的消除核武器进程的报告书草案概要。该草案建议美总统奥巴马宣布将讨论采取“不首先使用核武器”政策，领导核裁军，分三个阶段全面消除核武器。

17日 英国《泰晤士报》报道，英首相布朗公开承诺将考虑削减该国的可用核弹头数量为日后举行的多边核裁军谈判做出“表率”。

23日 路透社报道，伊朗最高领袖哈梅内伊近日表示，伊朗已经向世界大国表明，伊朗核进程不可阻挡。

29日 印度国家电视台网站报道，印度在博克兰的昌丹靶场成功地进行了“布拉莫斯导弹”试射。此次试验的目标全部达到要求，试验标志着研发阶段已结束，不久将装备陆军。这是“布拉莫斯”导弹继1月20日和3月4日后的第三次试射。

4月

3日 日本《产经新闻》报道，日美军事消息人士称，美韩两国侦查卫星并未发现朝鲜建有卫星地面测控设施，证明朝鲜的意图并不是在发射卫星，而是进行导弹测试。

3日　日本《产经新闻》报道说，日美军事消息人士称，美国和韩国的侦察卫星并未发现朝鲜建有卫星地面测控设施，也就是说即使朝鲜发射的是“人造卫星”，卫星升空以后地面也控制不了，证明朝鲜的意图并不是在发射卫星，而是进行导弹测试。因此他们认为朝鲜这次发射的并非卫星，而就是为了测试导弹技术。

3日　共同社报道，美朝鲜问题特使博斯沃斯表示，即使朝鲜发射导弹，他也将会致力于重启中断已久的朝鲜问题六方会谈。

5日　韩联社报道，韩国总统府发言人李东官证实，朝鲜已于当地时间上午11时30分15秒发射一枚远程火箭，但目前还不能认定发射已经成功。

5日　朝鲜中央通讯社发表新闻公报称，朝鲜于5日当地时间11时20分在东海卫星发射场成功发射“光明星－2号”试验通信卫星，该卫星利用朝鲜研制的“银河－2号”三级运载火箭发射升空。

5日　法新社报道，伊朗前总理穆萨维于在对其参选团队的讲话中表示，如果他成功当选，他将推动伊朗备受争议的核计划大踏步前进。和平利用核能、不对世界造成威胁是伊朗核计划的发展目标。

8日　韩联社报道，美财务部7日对向伊朗弹道导弹及核项目提供支持的6家伊朗企业和1名中国人实施制裁。

8日　美国务院表示，美方愿意与英、法、中、俄、德一起，与伊朗就其核问题举行会谈。

9日　共同社报道，外交消息人士透露，美日两国常驻联合国大使正就朝鲜发射火箭拟定一项较温和的安理会决议草案，不谋求对朝鲜施加更严厉的制裁，仅对发射活动表示关注，而不是予以谴责，同时重申安理会第1718号及1695号决议，但避免确认朝鲜的发射活动违反这两项决议。

9日　香港《凤凰网》报道，伊朗总统艾哈迈迪·内贾德在伊朗中部城市伊斯法罕附近出席了伊朗首座核燃料工厂落成仪式。这座核燃料工厂完全由伊朗自主建造，年产核燃料40吨。

9日　伊朗政府在庆祝“国家核能日”时宣布其核项目取得重大进展，包括伊朗第一座核燃料工厂开工，以及试验了两部新的大功率铀浓缩离心机。

10日　俄罗斯战略火箭兵成功试射1枚“白杨RS—12M”型洲际弹道导弹，导弹准确命中远东堪察加半岛的目标。

12日　俄罗斯航天署副署长达维多夫在与国际空间站驻站宇航员通话时称，俄将于年底向国际空间站发射小型试验舱，该试验舱将于今年11月发射升空。

13日　伊朗首席核谈判代表贾里里当天同欧盟负责外交政策事物代表索拉纳进行了电话交谈。贾里里表示，伊朗欢迎同世界主要大国就其核项目进行直接谈判。美、俄、中、法、英等国及德国上星期提出正式和直接对话的建议。这显示华盛顿首次展现出在没有先决条件下，愿意同伊朗进行一贯的和直接的对话。

15日　俄通社报道，俄战略导弹部队司令索洛夫佐夫上周揭露，俄计划在今后9个月内试射14枚洲际导弹。这14枚洲际导弹属于不同的型号。到2009年底俄罗斯“白杨”机动洲际导弹的数量将翻两番。

15日　美国《防务新闻》报道，印度在其东部奥里萨邦的昌迪普尔综合试验靶场成功试射一枚可携带核弹头的“大地－2”弹道导弹。该型导弹有效射程为150至250千米，能运载500至1000千克的弹头。

21日　美国军方在洛杉矶北方的莫哈维沙漠进行了一系列迷你型导弹试射。这些导弹仅重5磅，美军希望把未来应用于战场上的武器微型化，同时在攻击敌方时能够更精准、自动化并具强大杀伤力。

21日　俄新社报道，俄总统梅德韦杰夫在赫尔辛基大学演讲时宣布，新的削减战略进攻武器条约应限制弹药投送手段，包括洲际弹道导弹、潜射弹道导弹和重型战略轰炸机。

22日　伊朗国家电视台援引官方声明报道称，伊朗欢迎与主要国家就其核计划举行“建设性”会谈，但该国核计划工作将继续进行。

24日　日首相麻生太郎与美总统奥巴马通电话，确认了依联合国安理会谴责朝鲜发射活动的主席声明切实履行对朝制裁的方针。同时，双方还就争取尽快重启六方会谈的目标达成了共识，并就两国政府加强全球性核裁军展开讨论。

25日　综合外电报道，朝鲜外务省发言人称，朝已开始对废燃料棒进行再处理，以提取制造核武器的原料钚。美国务院发言人马特森随后表示，美国不接受朝鲜是一个核武国家，并呼吁朝鲜回到六方会谈中来。

27日　日本共同社报道，日外相中曾根弘文在东京以《全球核裁军的11个指标》为题发表了新的一揽子核裁军构想，对禁产、削减核武器等问题提出了具体构想。此外，批评中国“未致力于削减核武器，正推动核军备的现代化”，敦促中国削减核武器。

27日　外电报道，俄外交部副部长里亚布科夫表示，俄罗斯与美国就签署削减进攻性战略武器新条约进行的初步磋商成果显著。俄美拟起草新条约以取代即将在12月到期的《第一阶段削减进攻性战略武器条约》。里亚布科夫强调，俄美将于5月在华盛顿就签署削减进攻性战略武器新条约进行全面谈判。

27日　日首相麻生太郎即将访问中国之际，日本外相中曾根弘文批评中国核武库缺乏透明度，并敦促中国进行核裁军。

29日　朝鲜外务省发表声明称，如果联合国安理会不就针对朝鲜发射火箭问题通过主席声明等做出“道歉”，朝鲜将进一步采取自卫措施，再次进行核试验和试射洲际弹道导弹。

5月

3日　共同社报道，联合国负责裁军事务的高级代表杜阿尔特日前接受采访时表示，奥巴马上台后美俄等有核国家出现了削减核武器的动向，预计明年春季召开的《不扩散核武器条约》审查会议可以在确认核裁军目标等方面“向前迈进”。

3日　韩联社报道，由美国前国防部长、对朝鲜政策协调员威廉·佩里等专家撰写的最新报告认为，朝鲜虽于2006年10月进行了低性能核装置爆破试验，但应该尚不具备核武器部署能力。

4日　美联社报道，日首相麻生太郎在布拉格出席欧日首脑会谈时称，中国的核武库现代化进程和朝鲜的核活动对东北亚地区的安全环境造成了危害。日本希望在2010年举办一次国际会议，讨论全球核裁军问题。

4日　俄塔社报道，俄外交部表示，签署新的俄美进攻性战略武器条约可成为对核裁军的重要贡献，必须根《不扩散核武器条约》消除目前对不扩散制度的挑战。

5月4日　韩联社报道，联合国秘书长潘基文在联合国《不扩散核武器条约》审查会议的筹备委员会议上表示，尽管面临严峻挑战，六方会谈仍是以和平方式实现朝鲜半岛无核化的最佳机制。朝鲜应重返六方会谈，以使有关各方能够在安理会决议以及各项多边和双边协议的框架内通过对话与合作解决问题。

5日　日本《产经新闻》报道，日本防卫省决定将于2009年9月在美国试射日本国产的“爱国者－3”型导弹。

5日　俄罗斯《新闻网》报道，美国负责与俄罗斯进行削减战略核武器谈判的助理国务卿高特莫勒在华盛顿宣布，美国暂时不准备大幅削减其核武实力。美方准备在新的削减战略进攻武器条约制定后开始与俄方谈判削减欧洲非战略核武器的问题。

6日　美朝鲜问题特使博斯沃思6日起将率团访问日本、韩国、中国和俄罗斯，与四国讨论如何让朝鲜重返朝核问题六方会谈，但博此行没有访问朝鲜的计划。

6日　韩联社报道，正在中国访问的韩国前总统金大中表示，只有朝鲜核问题六方会谈的主席国中国再次出面与朝美两国及其他参加国进行接触，朝核问题才能解决。

7日　韩联社报道，美国务卿希拉里在同俄罗斯外长拉弗罗夫会谈后举行的新闻发布会上表示，她本人没有访问朝鲜的计划，美已派遣朝鲜问题特使博斯沃思前往该地区访问，但在朝鲜改变态度之前，博斯沃思也没有访朝意愿。

7日　韩国《朝鲜日报》报道，韩国当局近来不断发现，朝鲜2006年进行第一次核试验的地方吉州再次呈现“繁忙景象”，人员与车辆往来频繁。未透露姓名的韩国政府消息人士称，信朝正在准备进行第二次核试验。

8日　俄新社报道，俄战略火箭兵司令索洛夫佐夫上将7日表示，俄首个装备最新型机动式RC－24多弹头洲际弹道导弹团将于2009年底进入战斗值班状态。

8日　日广岛与长崎两市市长在华盛顿会晤了美国务院负责武器控制和不扩散事务的代理助理副国务卿卡恩，呼吁为实现奥巴马总统提出的销毁核武器的长期目标而合作，并邀请奥巴马访问两市。

10日　以色列《国土报》报道，有机密报告显示美国已经将2009年10月设定为与伊朗就其核问题进行第一轮谈判的最后期限。

12日　《耶路撒冷邮报》报道，伊朗一位高级官员当天表示，伊朗革命卫队已在霍尔木兹海峡和几处波斯湾区域部署了地对空及地对海移动导弹发射台。报道，伊朗此举为应对美以两国针对伊朗核设施所发起的攻击。

12日　经过5昼夜的自主飞行，俄罗斯“进步M－02M”货运飞船与国际空间站成功对接。

19日　《印度时报》报道，印度当天在奥里萨邦惠勒岛成功试射1枚“烈火－2”型导弹。

20日　《美国之音》报道，伊朗总统内贾德当天表示，伊朗军队成功地发射了一枚射程约2000千米的“赛吉尔－2”型导弹。

5月19日 俄国际文传电讯社报道，俄美两国在莫斯科就制定新的削减进攻性战略武器条约展开第一次正式谈判。两国代表团计划在5个月内制定出具有法律效力的条约，以取代于今年12月5日到期的《第一阶段削减战略武器条约》。

20日　伊通社报道，伊朗外交部发言人加什加维日前表示，伊朗最高国家安全委员会秘书贾里里与欧盟负责外交和安全事务的高级代表索拉纳举行了电话会谈，伊朗准备对有关国家提出的解决核问题的一揽子方案做出回复。加什加维强调说，对伊朗实施制裁的政策没有取得效果，对伊朗实施制裁并不能让伊朗放弃包括和平利用核能在内的应有合法权利。

20日　《耶路撒冷邮报》报道，日前，“独立智库东西学会”邀请了6名美国专家和6名俄罗斯专家首次联合评估伊朗的核潜力。美俄专家称，伊朗1到3年内将制造出简易的核装备，再过5年将制造出核弹头。

21日　波兰通讯社报道，波兰国防部副部长科莫罗夫斯基当天表示，波美双方就美在波建立反导基地相关技术问题的磋商2009年7月结束，美方将在年底前向波兰派遣100至110名士兵，并提供196枚“爱国者”导弹。

23日　英国《简氏防务工业》报道，俄罗斯一位高级官员21日表示，如果美在波兰部署“爱国者”导弹的计划顺利进行，俄可能在波兰附近部署其最新型“伊斯坎德尔”。

24日　巴基斯坦常驻联合国代表哈卡尼向记者表示，巴基斯坦准备着手削减本国的核武库，条件是印度当局采取相同的措施。

25日　伊通社报道，伊朗外交部发言人加什加维25日就部分西方国家官员关于伊朗在未来的三年内可以制造出核武器的言论做出回应，称在伊朗的核计划中完全没有核武器的一席之地。

25日　韩联社报道，朝鲜当天在咸镜北道花台郡舞水端里发射了1枚130千米的地对空短程导弹。另韩国《联合新闻》网报道，朝鲜于当天下午在咸镜北道花台郡舞水端里追加发射2枚短程导弹。

26日　韩国《联合新闻》报道，有韩政府消息人士透露，朝鲜于当日下午在咸镜南道咸兴市附近地区向朝鲜东部海域发射2枚短程导弹。

26日　路透社报道，伊朗总统艾哈迈迪—内贾德25日表示，伊朗与朝鲜在导弹与核领域无合作。此前有军事专家认为，伊朗"流星－3"型导弹是在朝鲜"劳动"导弹基础上研制的。另报道，内贾德当天表示，回绝西方国家提出的"冻结换冻结"弃核协议，并称不会与主要国家磋商该议题。

26日　路透社报道，美国国务院发言人凯利称，美国务卿希拉里正在做工作，以确保"国际社会向朝鲜传递一个强有力的信息：如果朝鲜一意孤行，它将为其核试验付出代价"。但他同时也表示，华盛顿对于重启朝核问题六方会谈持开放态度。

26日　法新社报道，亚欧外长会议闭幕时发表声明，谴责朝鲜25日进行的地下核试验，称此举"明显违反"六方会谈协议和联合国安理会相关决议，敦促朝鲜不要再进行任何核试验，并呼吁其立即重返六方会谈。

27日　共同社报道，联合国外交消息人士说，日美两国已经起草了一份有关朝鲜核试验的联合国安理会决议草案，内容包括呼吁加强对朝鲜的先行制裁措施，如扩大贸易禁运的商品范围。预计两国将在当天晚些时候将草案提交安理会审议。

29日　《泰晤士报》报道，英军方一架VC10加油机正飞往日本，协助确定朝鲜地下核试验的威力和使用材料的类型等情况。

29日　韩联社援引消息人士的话报道，朝鲜于当天再次在其东海岸地区发射了一枚短程导弹。

30日　综合外电悉，美国防部长盖茨在新加坡表示，美国的目标是实现朝鲜半岛完全可验证的无核化，美国不会接受一个拥有核武器的朝鲜。美国不会坐视朝鲜获得摧毁亚洲或者美国目标的能力。他表示，美国及其盟国仍然对于朝鲜对话持开放态度，但不会屈服于任何挑衅。

30日　香港《凤凰网》报道，联合国裁军谈判会议打破持续12年的僵局，同意就禁止生产武器级核材料开始谈判。各国代表计划于6月4日开始磋商，决定谈判的具体形式。

30日　日本共同社报道，日本防卫大臣滨田靖一日在新加坡“亚洲安全会议”上发表演讲，强烈支持奥巴马的“无核世界”提议，并要求中国也进行核裁军。

31日　《产经新闻》报道，在新加坡亚洲安全大会期间，美国防部长盖茨与中国人民解放军副总参谋长马晓天举行了会谈，双方就美中两国在朝核问题上的合作问题达成一致，强调通过六方会谈解决问题的必要性，以及将密切关注朝鲜的动向。

6月

1日　韩国《中央日报》报道，朝鲜于上周从平壤附近的山阴洞导弹研究所通过3辆货车载运过1枚洲际弹道导弹，目前已经运抵平安北道铁山郡东仓里的新发射基地。这枚导弹是“大浦洞2号”改良型相似的洲际弹道导弹，射程推测为4000至6500千米。

1日　联合国秘书长潘基文1日在联合国全体会议上发表非正式讲话称，对于朝鲜的选择深感遗憾。潘基文还表示，朝鲜应停止一切挑衅行为，并及早重返对话。

2日　日本共同社网载，美副国务卿斯坦伯格率领的政府代表团与日本外务事务次官薮中三十二围绕应对朝鲜问题举行了磋商，双方就力争实现“共同的战略”达成了一致。奥巴马政权计划在继续保持与朝鲜对话的同时，进一步对朝施加压力，与参加朝核问题六方会谈的国家一起构建“朝鲜包围网”。

2日　日本共同社网载，日本外务大臣中曾根弘文在记者会上表示，如果朝鲜再次发射，显然将违反联合国安理会决议。国际社会理应保持一致，做出强硬的应对措施。中曾根还强调，日本将与美国等合作，继续关注朝鲜的动向。另外，有关朝核问题六方会谈，中曾根指出，从朝鲜宣布退出六方会谈后的行为来看，六方会谈复会及今后开展六方会谈将异常困难。

3日　韩国《联合新闻》网载，美国务院副发言人伍德表示，美政府对朝鲜权利继承问题的事实还无法确切把握，就此问题的态度应十分谨慎，也尽量回避谈及此话题。白宫发言人吉布斯也在当日的例行发布会上表示，白宫国家安保会议就朝鲜的权利继承问题也没有明确的立场，目前最重要的还是让朝鲜回归六方会谈，遵守国际义务并进行有建设性的对话。

4日　韩国《东亚日报》载，朝核试验后，自然界中未发现氪和氙等放射性物质向外放出。韩军政当局和专家提出两种可能性：第一、放射性物质可能受到风力影响，急速向朝鲜半岛周边扩散，导致浓度不够，从而无法测定。第二、朝在第一次核试验后，可能增强了实验厂的地道设施，放射性物质几乎没有向外部放出。但是，即使密封得再彻底氪也会少量的向外放出。因此，专家对朝核试验产生了不少疑问。韩相关人员表示，从朝核试验经验看，欺诈的可能性很小，在未检出氪之前，国际社会对朝核试验的官方确认也会很难。

4日　韩国《联合新闻》网载，安理会5个常任理事国以及韩、日等主要7国，当地时间3日下午举行第5次磋商，针对朝第二次核试验商讨应对方案的联合国安理会，与会各方在很大程度上就对朝决议缩小了分歧。

4日　韩总统李明博就朝第2次核试验等一连串挑衅行为表示，应在韩美密切合作下与日、中、俄等邻国齐心协力进行应对。李明博还表示，自奥巴马担任美总统以来，韩美首脑一直开展了密切的交流，希望6月16日在华盛顿举行的韩美首脑会谈上，与奥巴马就朝核问题等两国共同关心的问题进行真诚的对话。

4日　美第一副国务卿斯坦伯格在首尔会见韩国领导人时表示，如果平壤对继续进行对话表现出认真的态度，美国准备同朝鲜就朝鲜半岛无核化问题进行谈判。

5日　韩总统李明博表示，韩愿意随时与朝鲜见面，讨论无核化及韩朝合作问题。李还就朝实施第二次核试验等一连串武力示威批判表示，韩并不畏惧朝的威胁。韩政府有责任在任何威胁下保护国民生命及财产安全，并具有相应的国防能力。他还表示，所有国家都希望朝尽早弃核，重返六方会谈。六方会谈当事国中、俄也在强烈谴责朝鲜核试验。朝这次核试验不会再次不了了之。

5日　国际原子能机构的报告称，尽管国际社会一致谴责，但伊朗仍在继续扩大其铀浓缩项目。该报告称，伊朗在其核基地纳坦兹增加了一些浓缩铀离心机，5月底离心机的数量为4920台，这要比前4个月多出1000多台。报告还称，伊朗也在通过增加低浓缩铀的生产率进而加速其核发展。

5日　俄罗斯地面飞行控制中心发言人伦金表示，两名宇航员5日成功完成外空行走任务，并顺利返回国际空间站内。

6日　香港《大公网》网站报道，俄武装部队总参谋长马卡罗夫称，在美对东欧反导计划做出明确表态前，俄不会触及自身核武库，也不打算削减战略导弹部队。

7日　韩国《联合新闻》网载，韩情报当局称，朝鲜东仓里导弹基地尚未设置发射洲际弹道导弹所必需的控制、追踪雷达及相关辅助装置。江原道安边郡旗对岭导弹基地有5至6辆装载导弹发射架的车辆反复出没。韩军方分析认为，朝鲜的做法一方面是渲染发射洲际弹道导弹的威胁气氛，另一方面可能是提前将导弹运抵东仓里基地以在竣工仪式上展示。

8日　韩国《联合新闻》网载，美国防部长盖茨9日表示，美现在部署的30枚拦截导弹，在未来数十年里可充分应对朝鲜导弹的威胁。如威胁程度大大超出预期，美可轻易补充拦截导弹数量。

10日　俄塔社报道，俄罗斯战略火箭兵司令索洛夫佐夫表示，俄美可能通过签署新的削减战略武器条约将各自核弹头数量削减至1500枚，核弹头的具体数量最终取决于国家领导人的决定。

10日　联合国秘书长潘基文在出席“国际科学大会”时指出，核裁军是当前最紧迫的一个政治问题，朝鲜不久前进行的核试验是对国际核裁军及防扩散努力的直接挑战，这一举动使国际社会更加意识到核裁军的紧迫性。

11日　朝鲜《劳动新闻》发表评论称，朝的核遏制力是“防止核战争”和“捍卫国家主权及和平的手段”，在“美国没有消除对朝鲜的核威胁之前，朝决不会放弃核遏制力”。

11日　韩国《联合新闻》网载，10日，韩外交通商部长官柳明桓就朝第二次核试验后愈演愈烈的核主权论表示反对。柳明桓称，这是不合理的主张。和平利用核能是所有国家固有的权利，韩是《不扩散核武器条约》成员国，有权和平利用核能，但这与核主权另当别论。

12日　韩国《联合新闻》网载，安理会对朝制裁决议草案的核心是以切实履行安理会第1718号决议为基础，纳入了禁止武器出口、对货物进行检查、金融制裁等更强硬的措施。新决议草案与第1718号决议的谴责相比使用了更高标准的文字。

13日　朝外务省发表声明称，在美主导下通过的1874号决议是美妄图从武装与经济上颠覆朝鲜的思想与制度的又一波国际攻势。美国的敌朝政策使朝鲜半岛进入了不可挽回的紧张局面。朝第二次核试正是对应美国的敌对行为而进行的，这是任何国际法都无法阻止的自卫措施。朝外务省对该决议表示强烈谴责，并将采取如下对应措施：一是将新提取的钚武器化，将对目前三分之一的核废燃料棒进行再处理；二是启动浓缩铀作业，进入自主建设核反应堆燃料储备的实验阶段；三是美国及其追随势力的对朝鲜封锁将被视为战争行为，朝将采取军事措施予以应对。

14日　韩国《联合新闻》网载，13日0时12分，联合国安理会全票通过对朝决议案。决议案由15个理事国全票通过，决议案包括了扩大对朝武器禁运，金融制裁，货物检查措施，还包括了有关执行的具体内容。该决议案通过后，根制裁履行的程度，朝鲜将受到相当大金融压力。

14日　韩国《联合新闻》网载，联合国秘书长潘基文呼吁朝履行安理会通过的1874号决议，该决议针对朝进行核试验一事补充了对朝鲜的制裁措施。潘基文表示，联合国安理会各成员国都明确表达了各自的立场，一致通过了1874号决议。

14日　韩国《联合新闻》网载，针对朝对联合国决议案表示谴责和反对，并发表声明称将着手进行铀浓缩活动和将新提炼的钚全部用于武器化。美国务卿希拉里表示非常遗憾。她表示美会竭尽所能，阻止朝鲜的核扩散，朝鲜的做法已经进一步受到孤立，不符合朝鲜人民的利益。并表示，安理会的新决议，有助于国际社会采取适当行动，处理朝核问题。

15日　韩国《联合新闻》网载，韩总统李明博表示，韩希望与美、中、俄、日举行五方会谈，磋商向朝施压使其放弃核武器事宜，但依然是中国会有最终决定权。

15日　平壤举行了“谴责和反对联合国安理会制裁决议”群众大会，朝人民武力部副部长朴在京在会上表示，在朝鲜停战协定“已经失效”、朝美“处于战争状态的情况下”，朝军有权对任何微小的挑衅立即进行先发制人的打击，攻击美国的“要害”。

16日　韩国《联合新闻》网载，美众议院15日通过了敦促朝弃核和停止对韩敌对行为的决议案。其内容为5个项目。决议案强调，美承诺将为南北对话和增进合作关系，竭尽全力。韩美同盟的战略性对于朝鲜半岛和东北亚的和平与繁荣，至关重要

17日　韩国《联合新闻》网载，由前、现任联合国大会主席组成的“联合国大会主席协商会”16日在首尔举行特别会议，并通过了“首尔声明”。声明称，全力支持联合国安理会制定的第1874号对朝制裁决议。

18日　韩国《联合新闻》网载，美白宫发言人吉布斯17日就朝准备发射洲际弹道导弹表示，虽不清楚朝持续进行的挑衅行为会演变为何种结果，但朝的举动只会令其自身更加孤立。美政府与国际社会将切实履行联合国安理会对朝制裁决议。吉布斯又称，奥巴马总统为朝提供了另外一个选择，就是重新回到朝鲜半岛无核化的道路上。这是美又一次敦促朝鲜放弃核武，回归谈判桌。

18日　日本共同社网载，朝再次将东部元山沿岸长约263千米，宽度最大为54千米范围的日本海设定为禁航区，时间为30日前每日7时至19时。

19日　韩国《联合新闻》网载，美国防部部长盖茨表示，针对朝将向美夏威夷方向发射远程导弹一事，美计划将导弹拦截网和雷达网向夏威夷方向转移，并称朝已经做好了发射准备，随时可能进行发射，阿拉斯加地面导弹防御系统方面正密切注视朝鲜动向。

20日　朝鲜《朝鲜新报》发表评论称，韩美首脑会谈达成的共同展望，公然否定了2000年朝美联合公报。共同展望中明确规定的核保护伞使韩国的核遏制力成为既定事实，证明了朝走强化核遏制力道路是正确的。

20日　日本《读卖新闻》报道称，朝可能于7月4日或8日在平安北道东仓里发射射程为4000至6500千米的“大浦洞－2”型洲际弹道导弹。另俄塔斯社报道，朝消息人士称，如朝将进行导

弹发射，将会向相应的国际组织进行通报。

22日　韩联社报道，韩国防卫事业厅和国防科学研究所当天表示，韩成功研发出反潜导弹“红鲨鱼”，成为继美国之后第二个自主研发出反潜导弹的国家。“红鲨鱼”反潜导弹长5.7米、直径0.38米、重820千克。

22日　韩国《联合新闻》网载，美总统奥巴马表示，美做好了应对朝鲜挑起任何突发事件的准备。奥巴马强调，美不会接受朝传统的边缘政策，并指出“过去一直有一种模式，朝做出好战举动，并等待足够长的时间，那么就会被奖赏以粮食、燃料、特许贷款和一揽子好处。”奥巴马重申他不会再奖赏朝鲜的挑衅行为。

6月23日　《俄罗斯报》报道，苏联解体后俄罗斯建造的第一艘战略核潜艇“尤里·道尔戈鲁基”号于19日进入白海海域，开始为期20天的海上测试。该潜艇是俄罗斯海军第一艘“北风”级潜艇，长160米，宽13.5米，续航能力可达90天，下潜深度480米，舰艇上人员数量为107人，装备有巡航导弹、便携式防空导弹系统和6个533毫米鱼雷发射管。

24日　韩国《联合新闻》网载，美政府官员23日表示，朝在试射远程导弹之前，有可能会先发射短程或中程导弹，并已探测到相关信息。美情报机构还表示，没有发现朝试射“大浦洞2号”远程导弹的任何迹象。

24日　美总统奥巴马决定，针对通过实施第二次核试等措施而加速核开发进程的朝鲜，对其实施的各项制裁措施延长一年。

26日　韩国《联合新闻》网载，在当天公布的G8集团外长会谈共同声明草案中，外长们强烈谴责朝5月25日进行的核试是违反联合国安理会第1718号决议的行为，4月5日发射的远程火箭是威胁地区安全与和平的行为。

28日　美国媒体报道，欧盟负责外交和安全事务的高级代表索拉纳近日表示，欧盟盼望与伊朗就核问题重启对话。索拉纳表示，欧盟不想插手伊朗内部事务，愿意同伊朗就伊朗核问题重启对话。

28日　在日韩首脑会谈中，日本首相麻生太郎与韩总统李明博一致同意，为有效履行联合国安理会对朝制裁决议，日韩两国将通过交换情报等方式，在对与朝鲜有关的船只上的货物实施检查等方面加强合作。双方认为，朝开发核武器和导弹对其安全构成了重大威胁，日美韩三国将继续合作加以应对，包括中国在内的所有联合国成员国也有必要对朝实施制裁。

26日　驻韩美军司令夏普在陆军士官学校演讲时具体解释了《韩美同盟未来展望》协议中“延伸威慑”概念。夏普称，“延伸威慑”概念包括美核保护伞政策、提高朝鲜半岛常规战斗力、导弹防御计划。

7月

1日　美国《防务新闻》报道，美国已经向台湾提供价值4530万美元的合同，将对台出售171枚“毒刺”空空导弹。雷声公司导弹系统获得了此次合同。该导弹将在10月装备于新式AH－64D“阿帕奇”战斗直升机上。

2日　韩国军方表示，朝鲜分别于当天16时20分、17时、18时50分左右，20时20分左右，在咸镜南道咸兴市以南新上里基地发射了4枚地对舰短程导弹。4枚射程均达100千米。

3日　韩国《联合新闻》网载，因朝射导和核试而一度中断的对朝支援物资开始运往朝鲜。韩统一部表示，韩最近批准了3批价值1.3亿韩元的对朝支援物资运往朝鲜。

4日　韩联社报道，朝鲜当天在位于江原道的导弹基地向东部海上发射了7枚导弹。韩国政府人士称，这些导弹的射程估计约400～500千米，有可能是“飞毛腿”地对地导弹。

5日　伊朗国会高级官员称，伊朗已对以色列对其核设施的可能打击做好准备，一旦以色列敢于发动这样的袭击，伊朗的反击将会是“真实而坚决”的。

6日　外电报道，美总统奥巴马与俄总统梅德韦杰夫在克里姆林宫举行会谈，签署了一系列双边文件及有关反导、核合作等领域的联合声明。双方在签署的《进一步削减和限制进攻性战略武器问题谅解备忘录》中表示，俄美将在近期签署新的具有法律效力的《削减和限制进攻性战略武器条约》。

6日　联合国安理会6日就朝鲜连续发射弹道导弹一事进行紧急协商，认定朝鲜的行为违反了安理会决议，发表了谴责的主席谈话。谈话要求成员国履行过去的决议，敦促有关国家通过外交与政治手段解决朝鲜问题的内容。

8日　美国有线电视新闻网报道，奥巴马7日称，美国绝对没有在以色列对伊朗采取军事行动问题上“开放绿灯”。奥巴马重申，美国希望和平解决伊朗核问题。

8日　八国集团领导人在意大利中部城市拉奎拉举行会晤后发表声明，敦促伊朗重回谈判桌，寻求通过外交手段解决核问题。声明还说，八国集团领导人将于2009年9月联合国大会期间再次评估伊朗核问题。

10日　美海军与雷神公司签订了价值1280万美元的合同，提前推进战斧巡航导弹升级计划，使该型巡航导弹具备掩体打击和广域目标作战能力。

11日　伊朗外交部长穆塔基当天宣布，伊朗正在准备一份新的有关政治、安全和国际问题的一揽子方案，以此作为同西方国家谈判的基础。他指出，这份一揽子方案能为伊朗与西方进行对话奠定良好的基础。

11日　香港《凤凰网》报道，英首相布朗日前表示，愿意在全球核裁军协议下，削减160枚核弹，以此说服朝鲜和伊朗放弃核计划。但他强调英不会单方面放弃核武器，有关国家也必须“一起行动”。布朗坚持，英会削减核弹以及核潜水艇数量，但不会废弃更换“三叉戟”弹道导弹的计划。

12日　印度空间研究组织主席奈尔表示，该组织于当天接收到“月船1号”探测器上传来的月球数据。奈尔称，“月船1号”跟踪和探测的几个要素对绘制月球表面矿物质成分图非常重要，将有助于进一步研究月球的起源和进化。

15日　奥地利新闻社报道，针对德国媒体有关伊朗将在半年内拥有核武器的报道，国际原子能机构一名欧洲高级外交官15日表示：“我所了解的信息并不能证实这一点，对这个说法我感到吃惊。”迄今为止，国际原子能机构尚未就德国媒体报道做出正式表态。

18日　美《国防航空》报道，美国航空航天局宣布，“奋进”号航天飞机于18日成功与国际空间站对接。按照计划，2名宇航员将进行外空行走，为日本“希望”号实验舱安装外部试验平台。经过3小时努力，日“希望”号实验舱外部试验平台安装完毕。这是日本组装完成的首个载人宇宙设施，标志着日本拥有可独自充分利用舱内外空间的宇宙实验设施。

20日　日本共同社报道，在国际空间站工作的日本宇航员若田光一等成功将奋进号航天飞机运抵的最后配件舱外实验设施成功安装于日本希望号实验舱主体上。这是日本组装完成的首个载人宇宙设施，标志着日本拥有可独自充分利用舱内外空间的宇宙实验设施。

29日　印度陆军在拉贾斯坦邦博克兰试验靶场成功试射了对地攻击型“布拉莫斯－2”超音速巡航导弹，该导弹在距发射场25千米的阿杰萨尔地区击中预定目标，顺利完成所有相关参数的测试。此次试射是印陆军今年第4次试射“布拉莫斯－2”超音速巡航导弹。

8月

9日　印度空间研究组织主席称，该组织正在积极研发“地区导航卫星系统”（IRNSS），以增强印国家安全防务能力。该系统由1个卫星群和相关地面支持部分组成。卫星群包括7颗卫星，其中3颗将部署在地球同步轨道上，4颗部署在这一轨道附近区域。

10日　日本《产经新闻》报道，朝鲜除帮助伊朗建设核设施外，可能还在与缅甸军政府秘密进行核开发合作。国际社会正面临来自朝鲜的“核扩散”威胁。

10日　朝外务省发言人表示，朝正关注朝核问题六方会谈参与国是否将韩国发射卫星一事提交联合国安理会。六方会谈参与国对韩国发射卫星的反应和态度，将再次证明六方会谈的平等原则是否继续存在。

11日　俄罗斯空军指挥官称，美国将于2030年建成可以从外空直接打击俄罗斯任何目标的导弹系统，为了抵御美国的威胁，俄罗斯也将发展新的导弹防空系统。俄军高级官员称，俄罗斯目前正在发展15代地对空火箭S－500，将提高俄罗斯的防空系统的防御能力，并且能够超音速打击空中目标。

11日　美国务院助理发言人伍德在例行发布会上表示，美政府希望在朝的所有被扣留者获释。针对重开朝美对话的条件，伍德表示，如果朝坚持过去的做法，绝对不可能改善两国关系，朝应履行2005年的无核化承诺，能否改善关系取决于朝的态度。伍德还确认，美前总统克林顿访朝之后，至今两国还没有进行过接触。

12日　联合国秘书长潘基文表示要运用一切可利用的手段，帮助重启与朝鲜的无核化谈判，必要的话联合国将与朝鲜直接接触。

13日　《耶路撒冷邮报》报道，伊朗外交官透露，伊朗正寻求在9月14日国际原子能机构IAEA大会上，提议禁止对核设施的攻击，并称伊朗此举并非因为受到以色列声称炸毁伊朗核设施的威胁。

13日　韩国《联合新闻》网载，美常驻联合国大使苏珊·赖斯表示，美致力于朝鲜半岛全面、可核实的无核化，并准备在六方会谈框架内通过双边行动实现该目标，但前提是朝鲜态度认真，落实既有承诺。

14日　韩国《联合新闻》网载，美国务院13日表示，由美对朝制裁协调官高德伯格率领的对朝制裁小组将于下周巡访新加坡、泰国、韩国、日本等亚洲国家。主要讨论安理会第1718、1874号决议履行合作方案。

16日　日本《产经新闻》报道，为加强因应朝鲜弹道的威胁，日本防卫省日前内定方针，决定把“爱国者－3”型导弹的部署范围扩大至全国，构建防卫日本全境的反导弹防护网。日本防卫省将在2010年读的预算案中追加相关装备的费用，以期实现航空自卫队高射部队全部装备“爱国者－3”型导弹。

16日　印度《亚洲世纪报》，巴基斯坦开始研制新型洲际导弹，其射程将达到7000千米。巴基斯坦军方匿名人士透露，新型洲际导弹研制工作已经开始，不久将进行试射工作。该新型导弹既可配常规弹头，也可配核弹头。

17日　《韩国时报》报道，韩国导弹发展部门称，韩国已经开始部署射程为1000千米的“玄武－3”型地对地陆基巡航导弹，这种新型导弹射程能够达到北京与东京，也能够覆盖朝鲜境内的关键目标。这是韩国首次承认地对地巡航导弹的存在。

18日　香港《凤凰网》报道，伊朗总统内贾德任命伊朗驻国际原子能机构代表萨利希为该国新任原子能机构主席，接替辞职的阿加扎德。有分析认为，无论谁担任伊朗原子能机构主席都不能改变伊朗对西方核谈判的基调，目前该国核计划和核谈判由最高领袖哈梅内伊和内贾德主导。另《美国之音》报道，萨利希18日呼吁西方国家结束对伊朗的敌对态度，并呼吁双方重新开始建立信任。

18日　第12届外空与导弹防御（SMD）年度大会暨展览会于8月17日至20日在美国阿拉巴马州举行。2009年的会议主题是“外空与导弹防御——前面的道路”。大会吸引了来自美国及其盟国的6000多名专家参与。

18日　伊朗国家电视台称，伊朗驻国际原子能机构大使苏丹尼耶表示，伊朗准备在相互尊重以及不带任何先决条件的基础上，同西方国家就伊核计划进行谈判。对此，美国等西方国家尚未表态。

19日　香港《大公报》报道，《印度时报》称，印度国防采购委员会已批准陆军采购以色列“蜘蛛”防空导弹系统，以加强地面部队防空作战能力。

19日　日本外务省宣布，将于8月26至28日在新潟市召开第21届联合国裁军会议。本次会议将围绕朝鲜核开发、2010年的《核不扩散条约》审议大会以及对人地雷等议题展开讨论。

19日　“美国之音”报道，韩国于2009年早些时候开始部署射程达1000千米的“玄武-3”型地对地巡航导弹，射程能够到达北京和东京，也能覆盖朝鲜境内的关键目标。

19日　韩国KBS电视台报道，韩首枚运载火箭“罗老号”于发射前7分56秒中止发射，初步调查原因为自动排序器（SEQUENCE）出现异常。

20日　英国《简氏防务周刊》刊文说，台湾当局已收到并签署美方发出的一份报价书，台将向美采购4套“爱国者-3”型防空导弹系统，相关交易价值约32亿美元。

21日　一名不愿透露姓名的外交官表示，国际原子能机构核查员上周视察了接近完工的阿拉克重水反应堆。伊朗还同意国际原子能机构关于扩大对纳坦兹核设施监督的要求。这是一年来伊朗首次允许联合国核查员视察核反应堆。

21日　波兰国防部长克利赫表示，波兰和美国关于“爱国者”导弹的谈判已经进入尾声，下一轮磋商将于今年秋天在华盛顿进行。虽然目前还存在一些分歧，但是双方的立场正在逐步接近，美国向波兰提供的首批“爱国者”导弹系统可能明年部署到位。克利赫同时指出，美国将在波兰境内派驻士兵的驻军地位问题是目前双方谈判中最困难的问题之一。

22日　日本《读卖新闻》报道，日本将加强导弹防御系统，在全国部署“爱国者－3”型防空导弹，以加强因应朝鲜发射弹道导弹。

23日　韩国青瓦台外交安保首席秘书金星焕表示，在朝发射导弹并实施核试验的情况下，短期内韩将继续实施对朝制裁。虽然制裁仍将继续，但韩会考虑制裁结束后的局面，制裁不是目的，希望朝鲜能够弃核并重返对话。金再次强调，在地球上，能够真心帮助朝鲜的国家只有韩国。朝应改变态度将韩视为对话伙伴，六方会谈也会成为以南北为主的“2＋4”会谈。

24日　朝鲜向美表达了邀请美对朝政策特别代表博斯沃思访问朝鲜之意。美方接受了朝方的邀请，但博斯沃思是否出访还没有最终确定。博斯沃思在2008年2月担任对朝特别代表之职后，曾数次向朝表达访朝之意，但遭拒绝。这次朝表达邀请之意，表明朝最近有意改善朝美关系。

24日　伊朗常驻国际原子能机构代表苏丹尼耶在接受伊朗法尔斯通讯社采访时表示，100多个不结盟运动成员国支持伊朗关于禁止攻击或威胁攻击核设施的提议。

25日　日本外务省亚大局局长斋木昭隆与美国务院负责制裁朝鲜的协调官高德伯格举行了会谈。双方确认，日美两国将在检查朝鲜船只上的货物、监督朝鲜的金融交易等方面加强合作。高德伯格还表示，美方担心朝鲜可能向缅甸转移核技术，正在游说处于朝缅海上航线之间的国家在落实制裁朝鲜措施方面与美保持合作。

25日　印总理辛格称，开发新的空间前沿技术，研发重型推进器以发射重型卫星，研发高性能全天候高带宽通信卫星和遥感卫星是印度面临的空间技术挑战。这是印度“2025空间展望”计划的重中之重，是印度科学家从事空间技术研发活动的重要项目。辛格称，“2025空间展望”计划不仅要扩大，而且还要掌握新的前沿技术，印科学界应当为国家发展如何更有效地利用空间技术而努力。

27日　《联合早报》报道，俄罗斯武装力量总参谋长马卡罗夫表示，俄美计划成立一个导弹监控中心，避免双方发射导弹时出现意外或误会而引发冲突。新中心的地点可能位于莫斯科。

26日 俄罗斯武装力量总参谋长马卡罗夫称，“布拉瓦”导弹发射失败的问题与其设计特点无关，而是由其制造工艺引起的，因此俄方将更换该导弹的生产企业。

27日 韩国《联合新闻》网载，韩企划财政部表示，根联合国安理会决议，韩将启动对5名朝鲜人及5家朝鲜企业和机关的金融及相关制裁。受到制裁的朝鲜人为：南川江贸易公司经理尹浩镇、原子能总局局长李济善、原子能总局高级官员黄锡夏、前宁边原子能研究所所长李洪燮和Ryongaksan贸易公司经理韩渝鲁。制裁企业和机关则包括南川江贸易公司、朝鲜原子能总局、朝鲜革新贸易公司和朝鲜檀君贸易公司。

27日 美国《美国之音》报道，联合国核检查小组的观察员，定于晚些时候发布关于伊朗核项目的报告，西方国家敦促国际原子能机构公开更多关于伊朗发展核武器的情报报告。

28日 香港《凤凰网》报道，第21次联合国裁军会议在日本新潟闭幕，与会代表呼吁各国采取具体行动，为实现“无核武世界”付出实际努力。会议期间，来自中国、美国、日本、法国和英国等21个国家的90名核问题专家和官员讨论了禁止核试验、朝鲜半岛无核化以及削减常规武器等议题。

29日 《纽约时报》报道，美国政府已经制订出可能的导弹防御系统替代计划，从而取消之前提出的在波兰和捷克设立导弹基地的计划。

29日 《凤凰网》报道，国际原子能机构28日就伊朗、叙利亚核问题发表报告。报告称，在伊朗曾从事的核计划是否具有军事性质问题上，原子能机构仍然缺乏必要的信息来加以确认。报告同时指出，伊朗用于铀浓缩的离心机数量仍在增加。但核查人员在伊朗的核查工作条件得到改善。

30日 韩国《联合新闻》网载，美对朝政策特使博斯沃思将同六方会谈特使金成以及白宫和国务院等相关部门主要官员于9月初访问韩国、日本、中国。通过博斯沃思一行的巡访，美希望协调恢复美朝对话所需要的条件和形式，以及一揽子方案的具体内容等。9月2日 日本NHK报道，由于巴基斯坦对早期进入谈判表示慎重，日内瓦裁军谈判会议宣布，放弃在2009年的会议期间启动新条约的谈判工作。

9月

1日　正在奥地利访问的联合国秘书长潘基文8月31日接受奥地利媒体采访时，要求伊朗执行联合国安理会的有关决议，伊朗核计划的进展和性质还没有完全清除，因此要求伊朗签署“核不扩散条约附加议定书”，以便国际原子能机构能够全面了解伊朗的核计划。

1日　美国《原子能科学家公报》报道，国际原子能机构总干事巴拉迪在接受该报采访时认为，所谓伊朗核威胁是一种“夸大了的广告宣传”，没有证据显示伊朗将很快拥有核武器。

2日　香港《凤凰网》报道，伊朗首席核谈判代表、最高国家安全委员会秘书贾里里1日称，伊朗已准备好就该国核问题与美国、俄罗斯、中国、英国、法国和德国等六国进行谈判。

3日　香港《大公报》报道，中国、美国、俄罗斯、英国、法国、德国六国外交部高级官员2日在德国法兰克福举行，讨论伊朗核问题。

3-4日　美、俄、英、法、中五国“建立核裁军信任措施会议”于9月3日至4日在伦敦举行。会议主要讨论了在核裁军领域建立信任措施问题，以及应对防扩散领域面临的挑战。五国政府官员和专家介绍了各自在信息交换和自愿透明方面采取的措施，并就如何加强战略稳定和建立互信交换了意见。

5日　香港《凤凰网》报道，伊朗驻国际原子能机构代表苏丹尼耶在给巴拉迪的一封信中声称，美国在就有关伊朗研制核武器问题向IAEA提交的文件中“作假”，伊朗对此予以谴责。

6日　俄塔斯社报道，俄战略火箭兵副司令加加林5日称，俄战略火箭兵正在列装最新型的带分弹头RC-24洲际弹道导弹。新的RC-24导弹团先期包括一个前进指挥所和一个导弹营，将于2009年12月在第54火箭师担负战斗值班任务。

6日　俄新社报道，俄罗斯战略火箭兵副司令加加林中将称，2016年之前将会缩减俄战略火箭兵人数，缩减后人数约为6万人左右。

7日 《美国之音》报道，伊朗总统内贾德当天表示，伊核计划是一种“权利”，其永远不会就该项权利与世界大国谈判，在伊看来，核问题已结束了，伊将讨论如何就“和平利用”核能展开合作。

9日 香港《凤凰网》报道，伊朗外长穆塔基当天正式向美、俄、中、英、法、德六国驻德黑兰大使和代表递交了伊朗有关国际问题的一揽子建议。

9日 韩联社报道，联合国秘书长潘基文参加在墨西哥城召开的第62届联合国新闻部与非政府组织大会开幕式时指出，国际社会应该以1967年签署的《拉丁美洲禁止核武器条约》为基础，积极扩大禁止核武器的地区范围。希望全球各国以及非政府组织共同努力，推动国际裁军进程，使世界远离核武器威胁。

10日 法英两国国防部宣布，两国将共同研制一种新型直升机发射的反舰导弹。

10日 日本共同社报道，日本民主党代表鸠山由纪夫在国会与日本共产党委员长志位和夫等人进行会谈时表示，新政权起步后将进行调查默许搭载核武器的美军舰艇经过和停靠日本的日美“核密约”问题。

10日 美国科学家联合会核武器专家克里斯坦森和美自然资源保护委员会核专家诺里斯统计了各国情报等资料发布报告称，尽管冷战后各国努力裁减核武器，但截至9月1日各国持有的核弹头并没有减少，其总量将达到2.33万枚。

11日 韩联社报道，美国国会调查局近日发表了2001—2008年发展中国家常规武器转移情况报告书，其中韩国2001—2008年共进口了价值64亿美元的武器，朝鲜在2001—2004年间向发展中国家出口武器总值为6亿美元，出口规模居世界前10位以内。

12日 韩联社报道，美国政府11日透露，美国计划向土耳其出售总价值78亿美元的武器。此项武器出口计划包括向土耳其出口13个“爱国者”导弹发射架、72枚“爱国者-3”型导弹及相关零部件。这是土耳其首次采购“爱国者-3”型导弹。

12日 台湾中央社报道，美国正在协助台湾进行导弹防御系统升级、启动第一座早期预警雷达及考虑兴建第二座早期预警雷达。报道，美国政府已于9月1日支付雷神公司2700万美元技术援助合约金，协助台湾“爱国者-2”型导弹防御系统升级。

12日　香港《凤凰网》报道，美国白宫发言人克劳利11日表示，美方将接受伊朗9日提出的同中、美、英、法、俄、德六大国重新开启伊朗核谈判的一揽子建议。虽然伊朗在其建议中未将本国的核问题作为谈判的内容，美国还是表示愿同伊朗进行接触和谈判。

14日　伊朗同意于10月1日同六国就其提出的一揽子建议举行会谈。

14日　日本共同社报道，“核不扩散与核裁军国际委员会”的报告草案中写明，将敦促美国把核武器的“唯一目的”限于阻止核战争，并采用降低核武器作用的新核战略。

15日　韩联社报道，美国雷神公司14日表示，将向韩国和台湾出售AGM-65D和AGM-65G2等红外制导空地导弹250枚，合同规模为7740万美元。

15日　俄新社报道，国际原子能机构现任总干事巴拉迪与候任总干事天野之弥与俄罗斯国家原子能公司总经理基里延科举行了会谈。基在会谈中指出，俄罗斯是世界上唯一持之以恒和公开透明地利用高浓缩铀的国家。目前已有370吨武器级别的浓缩铀被稀释至低浓缩能源。

17日　《华尔街日报》引述美国官员的话报道称，美国白宫将搁置布什政府提出的在波兰和捷克部署导弹防御系统的计划。另据俄新社报道，捷克媒体援引外交人士消息称，美总统奥巴马与捷克总理费舍尔进行电话通话，宣布华盛顿拒绝在捷克部署雷达。晚些时候捷克新闻发言人对此进行了证实。

17日　俄罗斯新闻网报道，美总统奥巴马邀请俄罗斯在研制新型导弹防御系统方面合作，他还强调，该系统将用来发现来自伊朗的潜在威胁。奥巴马在有关重审导弹防御系统结果问题的专门发言中说:“我不止一次的说过，俄罗斯对原导弹防御系统的担忧毫无根据。我们欢迎与俄罗斯在研制有效导弹防御系统领域合作。”

17日　美总统奥巴马在宣布取消在波兰和捷克的反导计划后，公布了新的欧洲导弹防御计划。奥巴马在公告中重申了美国帮助其盟友防御伊朗导弹威胁的承诺。美国防部长盖茨称，新的导弹防御系统将由传感器、拦截装置以及舰载导弹组成。另香港《凤凰网》

报道，新反导系统的部署将会分为四个阶段。

19日　英国广播公司报道，国际原子能机构要求以色列准许联合国检查其所有核设施，并加入核不扩散条约。

20日　伊通社报道，伊朗向国际原子能机构提交的关于禁止攻击或者威胁各国核设施的提议18日在国际原子能机构获得通过。

20日　美总统奥巴马宣布放弃在东欧部署反导弹系统后遭到美国内批评。对此，美国防部长盖茨20日在《纽约时报》发表文章，为美政府的战略进行辩护，否认这是向俄妥协。

21日　俄罗斯《俄新网》报道，俄总统梅德韦杰夫在接受CNN采访时认为，应该建立全球导弹防御系统，而不是创建防御两三个国家的导弹防御系统。

21日　伊朗最高精神领袖哈梅内伊近发表全国电视讲话，宣称"我们从根本上抵制核武，并禁止制造及使用核武。"哈梅内伊还批评现在的美国政权仍然仇视伊朗，提出西方必须改变其政策，并称伊朗不会退缩。

21日　俄新社报道，俄美两国即将在日内瓦就制定新的削减战略进攻性武器条约举行为期1周的例行性谈判。谈判将以秘密方式进行，可能就新条约的具体条款问题展开讨论。

22日　香港《凤凰网》报道，伊朗外长穆塔基21日在纽约表示，伊朗希望与各国建立互信，伊朗的一揽子建议旨在消除外界对伊朗核计划的疑虑。他同时表示，伊朗希望安理会核裁军峰会也能够促成制定《消除核武器公约》，人类从此生活在安宁的环境中。

22日　伊朗原子能组织主席萨利希当天表示，伊已研制出新一代离心机，新仪器比目前使用的装置能更好地提炼铀。

23日　《德黑兰时报》报道，伊朗原子能组织主席萨利希近日向海湾一带的阿拉伯国家发出邀请，欢迎各国官员前来参观伊朗的核设施，并表示愿意与大家分享经验。

23日　英国广播公司报道，英国首相布朗将会在联合国安理会会议中提出，英国拟将现有的装备"三叉戟"导弹的核潜艇数量从4艘减为3艘，旨在为防止核武器扩散做出表率。

23日　英国《泰晤士报》报道，俄总统梅德韦杰夫在与美总统奥巴马会晤时首度表态，愿意支持以美国为首的国家制裁伊朗。梅特别强调，某些时候制裁确实是必要的。

24日　香港《凤凰网》报道，联合国安理会核不扩散与核裁军峰会在联合国总部开幕后一致通过决议，寻求为全人类建设一个更加安全的无核武器世界创造条件。决议说，安理会决心按照《不扩散核武器条约》的目标，以促进国际稳定的方式，寻求建立对所有国家都安全的世界，为建立无核武器世界创造条件。

25日　波兰《选举报》报道，波兰外交界一位消息人士称，美国虽然已宣布放弃在波兰和捷克部署反导系统，但美国要在波兰建立永久导弹基地，以部署短程和中程导弹，同时还要部署导弹移动发射架。

26日　俄罗斯《报摘》报道，俄总统梅德韦杰夫25日在20国峰会新闻发布会上宣布，俄决定不在本国相应地区部署“伊斯坎德尔”导弹系统。

26日　香港《凤凰网》报道，伊朗总统内贾德25日表示，伊朗完全遵守了有关新的核设施投入运作前6个月告知国际原子能机构的规定。他表示，伊朗正在建设的新的铀浓缩设施在一年半内是不会投入使用的，因此，伊朗并没有违反任何相关规定，甚至还比规定的6个月的通报时间大大提前了。另伊朗国家电视台报道，伊朗原子能组织主席萨利希当天表示，伊朗将允许国际原子能机构对其新建核燃料工厂进行核查。

26日　印度《新卡拉拉》报道，印度已经拒签《不扩散核武器条约》，因此也拒绝美总统奥巴马邀请参加无核武器国家同盟的邀请。

27日　印度宣布，已建成20万吨当量核武器，大大提升了其针对地区内潜在入侵者的战略防御能力。

28日　伊朗新闻电视台报道，伊朗伊斯兰革命卫队当天在军事演习中成功发射一枚“流星-3”型中程弹道导弹。该型导弹射程约为1300—2000千米，可以覆盖以色列全境和美国在中东地区的一些军事基地。

29日　俄塔斯社报道，美国中央司令部司令彼德雷乌斯28日称，美国为应对伊朗铀浓缩已经在波斯湾西部部署了8套“爱国者”地空导弹系统。共部署在四个国家，每个国家2套。但他没有指出具体部署在哪个国家。

30日　英国路透社报道，伊朗29日表示，不会在本周的国际会议上讨论之前建造的核工厂的情况，但美国扬言将提出这一议题，要求伊朗证明该国将不会发展核武器。

10月

1日　就朝反对安理会“无核化”决议的警告，美政府表示，若朝拒绝弃核，将会很难摆脱孤立和制裁的困境。美对朝鲜半岛无核化的立场非常明确。这是美制定有关政策，并且是与六方会谈与会国进行对话的基础。

1日　外电报道，中、美、俄、法、英、德六方与伊朗有关伊朗核问题的谈判当天在瑞士日内瓦结束。各方商定将在10月底举行下一轮会谈。伊朗首席核谈判代表贾里里在会谈后举行的记者会上表示，会谈不会中断，还将继续下去，伊朗的一揽子建议为各方继续合作和谈判奠定了良好基础。

2日　法新社报道，国际原子能机构总干事巴拉迪将于3日起访问伊朗，与伊朗核能官员进行对话。报道称，巴拉迪将可能于3日会见伊朗原子能机构主席萨利希。

2日　韩国《联合新闻》网载，法国爱丽舍宫2日表示，法国总统萨科齐任命前文化部长贾克·郎为朝鲜问题特使。贾克·郎将访问包括韩国在内的六方会谈与会国。

4日　一份国际原子能机构的机密文件透露，伊朗应该是从2002年就开始研发核弹，它们已经完成很多研究和试验，但目前研究处于何种阶段，尚不得而知。

5日　金正日会见温家宝总理。对于朝鲜半岛无核化问题，金正日指出，朝鲜半岛无核化是金日成主席的遗训。通过朝美双方会谈，朝美之间的敌对关系要转化为和平关系。朝已经表明了将视朝美会谈结果来举行多方会谈的想法。多方会谈也包括六方会谈，朝将继续为实现朝鲜半岛无核化目标做出努力。

6日　韩政府消息人士表示，朝从2009年初开始对宁边等地的核设施进行复原工程，从各种迹象来看，该工程现已进入了收尾阶段。4月14日，朝因不满安理会通过1718号决议，发表声明称将会重新处理宁边核设施的废燃料棒，并增强其核遏制力。

7日　俄新社报道，以波兰副国防部长为首的波兰代表团刚刚从华盛顿回国，美国政府已向波兰保证“爱国者”地空导弹将部署在波兰领土上。导弹部署具体细节将于10月底在华盛顿美波例行性会晤中讨论。

8日 韩驻美大使韩德洙表示，韩美两国一致认同，即使为解决朝核问题进行朝美对话，仍要按联合国安理会决议，继续进行对朝制裁。对于朝美对话，韩德洙表示，会谈的目的是促朝重返六方会谈。为彻底解决朝核问题，将推进整体上的、大框架内的妥协（“大妥协”）。若朝不可逆转地放弃核武及核物质等核心部分，将保障其安全，并提供经济援助。美对“大妥协”没有异议。韩将同美及相关国家，继续商讨“大妥协”的具体内容。

8日 俄罗斯国际文传电讯社报道，针对朝最高领导人金正日5日在平壤同中国国务院总理温家宝举行会谈时表示愿视朝美会谈情况进行包括六方会谈在内的多边会谈，俄外交部发言人涅斯捷连科表示，莫斯科欢迎平壤方面愿有条件重返六方会谈的声明，并希望美朝双方顺利进行双边会谈。涅斯捷连科同时表示，俄将积极参与任何形式的核问题讨论，但这些讨论不会取代六方会谈，相反将有助于为恢复六方会谈创造条件。

9日 俄罗斯未命名的第四艘“北风”级潜艇将会于12月22日在谢夫马什船厂开始建造，该级的第一艘“尤里·多尔戈鲁基”号目前正在进行海试，计划在2010年服役。其他两艘潜艇在正位于阿尔汉格尔斯克地区的谢夫马什海军船厂建造。

9日 “美国之音”报道，俄国家安全会议秘书近日表示，俄将实行新的军事战略，改变动用核武的条件规定。对此，美国军事专家认为，俄将提高核武使用门槛，以此回应奥巴马全球核裁军的倡议。

9日 《俄罗斯新闻网》报道，乌克兰总统尤先科表示，由本国专家自行研制的新式海基和陆基战役战术导弹系统将会在2012年之前列装部队。乌克兰政府已经将导弹研制初期的费用列入2010年国家预算中。

9日 美“军事新闻”报道，美国防部导弹防御局局长赖利中将表示，美导弹防御计划的核心是通过卫星及其他传感器系统有效连接美国及盟国的雷达防御系统，从而实现对已发射导弹的全程监控。新的导弹防御计划将防控重点从保护欧洲国家及驻欧美军免受潜在导弹威胁转移到遏制伊朗发射中短程弹道导弹。美政府计划继续增加部署导弹拦截器，最终构建可覆盖全欧的导弹防御体系，依照计划，美军将在军舰上增加部署导弹拦截器并加入现有的导弹防御体系，首批舰载导弹拦截器将于2011年开始投入使用，此外，增加部署陆基SM－3拦截导弹的目标将于2015年最终达成。

10日　俄通社报道，俄外交部官员表示，俄美两国将于12日在莫斯科举行导弹防御会谈，俄方表示希望美方能就导弹防御系统的构成提出完整的、具体的意见。

10日　伊朗《伊朗新闻》报道，联合国前核裁军事务副秘书长称，伊朗作为《不扩散核武器条约》的缔约国，有权使用出于和平目的的核能源和进行浓缩铀提炼活动。

11日　《美国之音》报道，伊朗原子能组织称，如与世界大国就提供核反应堆燃料用于研究的谈判破裂，伊朗将自己进行铀浓缩。

12日　英国广播公司报道，美国国务卿希拉里·克林顿在访问英国伦敦时称，没有任何证显示激进组织将可能掌控巴基斯坦全局，美国对巴基斯坦核武器的控制仍然有信心。英国外交大臣米利班德也称，巴基斯坦的核武器没有落入"恐怖分子"手中的风险。

12日　韩国《联合新闻》网载，朝鲜于上、下午共发射5枚射程120千米的KN－02型短程地对地导弹。发射场所位于咸镜北道花台郡舞水端里以南至江原道元山市之间的东海岸，KN－02型导弹通过移动式发射架发射，发射地点不能确定。韩军事人员分析，此次发射是正常的军事训练，但不排除朝进行武力示威的可能。

12日　俄罗斯战略火箭兵司令施瓦琴科宣布，俄战略火箭兵将于今年12月开始换装RS－24新型多弹头洲际弹道导弹。该型导弹将加强俄战略火箭兵的作战打击能力。首次开始换装的将是部署在俄伊万诺沃州的捷伊科沃导弹部队。

12日　日本内阁负责绑架问题的副大臣大塚耕平前往新潟县，会见了绑架受害者，视察了绑架现场。这是鸠山政府执政后，日内阁官员首次会见绑架受害者。视察结束后，大塚向记者表示，通过此次会面与视察，进一步加强了必须要早日解决绑架问题的决心。日政府可能会在本周内做出改组绑架问题对策本部的决定。

13日　韩国《联合新闻》网载，韩政府及国防部大部分人士认为,此次朝进行导弹发射是正常的军事训练。首先,在朝美对话前夕,朝在8月份以后向有关各国采取了较为缓和的基调。其次,朝此前曾宣布在10月10日至20日期间在其东西部海域设定了禁航区,所以此次导弹发射行为是根其日程进行的正常军事训练的一部分。再次,通过10月4日至6日到访朝的中国务院总理温家宝向外界传达“朝鲜希望改善韩朝关系”的信息,因此朝立即改变对韩政策基调的可能性不大。但也有少部分韩政府人员认为,此次朝进行导弹发射是在向韩国发出警告信号。

14日　美国务院表示,美对朝发射短程导弹是否违背安理会决议持保留态度,朝此次导弹试射不会改变美通过六方会谈解决朝核问题的目标。此外,针对朝核问题,美国务卿希拉里表示,为重启六方会谈,美有可能与朝进行双边会谈,但这与放松对朝制裁毫无关系。美前总统布什称六方会谈是实现朝鲜半岛和平的最佳方案,美有必要以双边或多边形式参与该地区问题。

14日　日本广播协会网站报道,日本政府正在争取联合国通过一项要求核持有国采取进一步行动废除核武器的决议,并为此与各国开始协调。

14日　台湾日前在位于屏东市南部海岸的导弹发射基地试射了“雄风-2E”、超音速反舰导弹“雄风-3”、地空导弹“天弓-3”等型导弹。台湾“总统”马英九在现场观摩了发射。

15日　日本共同社网载,访朝后途经北京的美国牧师富兰克林·格雷厄姆透露,在访朝期间,朝政府高官邀请美国负责朝鲜问题的特使博斯沃斯访问朝鲜。朝还希望与美国举行双边磋商。富兰克林称,在与朝方的会谈中并没有转达美国政府的口信。

15日　美国参议院通过议案,制裁向伊朗出售汽油的外国公司。该议案将禁止出售燃料给伊朗的公司与美国能源部签订任何合同,为美国战略性石油储备提供燃料。

16日　俄罗斯之声报道,俄外长拉夫罗夫在接受采访时表示,除俄美之外的有核国家将来也应加入俄美战略进攻性武器条约,这一问题在短时间内将具有现实性。

16日　波兰副国防部长16日称,美国最早将于2010年第1季度向波兰部署“爱国者”导弹。双方将在下周美国副总统拜登访问波兰时就部署爱国者导弹的细节问题进行进一步磋商。

16日　美国防部宣布，雷神公司将为台湾进行“爱国者”导弹系统性能提升工作，工程将在该公司位于麻州的两个工厂进行，总价7786万美元，预计2015年完成。

18日　日本共同社报道，旨在探讨如何销毁核武器的“核不扩散与核裁军国际委员会”最终会议在广岛市召开。该委员会将于明年1月发表报告，提出建立“无核武世界”的具体进程。

18日　日本外相冈田克也18日表示，日本要求美国承诺不首先使用核武器。冈田强调，应认真探讨采取切实可行措施，以形成不首先使用核武器的趋势。

19日　美助理国务卿坎贝尔表示，为尽快重启六方会谈，美已阐明在适当条件下将与朝方进行“初步对话”，并为此做好了准备。同时，坎贝尔对最近的访华结果进行说明称，已向中方传达了美方的关切，即朝需要表现出重返六方会谈的意愿，并履行2005年和2007年签署的六方会谈有关承诺。

20日　美“防务新闻”报道，俄美关于《削减进攻性战略武器新条约》的第七轮谈判于日前在日内瓦举行。此次谈判中，双方已开始就新条约的文本内容进行具体细节磋商。俄外长拉夫罗夫近日透露，俄美两国总统已就新条约中的个别问题达成了口头共识，但还未变成正式文件语言。

22日　韩美在首尔举行第41次年度例行安保会议。韩国防部长官金泰荣、美国防部长盖茨出席会议。双方对朝鲜的军事动态进行了评价，围绕朝核问题的合作方案进行了讨论，并于会后发表了联合声明。声明指出，美将向韩提供核保护伞、常规打击力量、导弹防御力量等全方位军事力量，以应对朝鲜军事威胁。两国不会承认朝为拥核国，将通过六方会谈为实现朝鲜无核化而共同努力。战时作战指挥权的移交工作也将按计划稳步推进。

22日　韩国《联合新闻》网载，美国务卿希拉里当地时间21日表示，美已做好在六方会谈框架内同朝鲜进行双边对话的准备，但朝尚未充分地表达重返谈判桌的意愿。在朝未采取可验证和不可逆转的弃核措施之前，美不会同朝发展正常关系，也不会缓解对朝制裁。

22日　香港《凤凰网》报道，美、俄、法和伊朗代表在维也纳举行的核燃料问题磋商于当地时间21日中午结束，与会四方在这次为期两天半的磋商中未能达成最终协议，但同意就国际原子能机构总干事巴拉迪提出的有关方案的可行性进行审查。根据巴拉迪提出的方案，伊朗不自行生产研究用核反应堆所需的纯度更高的浓缩铀，其研究用核反应堆所需的这类核燃料组件在其他国家生产。

23日　伊朗驻国际原子能机构代表苏丹尼耶称，伊朗将于下周就国际原子能机构提出的关于伊朗核燃料问题的方案做出答复，同时希望有关方面也就伊朗提出的建议进行评估并做出反应。

25日　伊朗迈赫尔通讯社报道，国际原子能机构核查人员25日开始对伊朗新申报的第二座铀浓缩设施进行首次核查。报道说，国际原子能机构4名核查人员将分几次对伊朗新近申报的位于中部城市库姆附近的铀浓缩设施进行核查，以判断该设施是否用于和平目的。

26日　印度《新卡拉拉》报道，印度高级科学家拉达克里希南接替奈尔成为印度空间研究组织新任主席。

26日　韩国官方消息称，朝鲜西部的东仓里发射基地已完成兴建，已经具备发射经改良的洲际导弹能力。

26日　伊朗外长穆塔基表示，伊朗可能会签署联合国要求其将潜在核燃料运往海外加工的协议，这是伊朗官方首次释出可能对联合国框架协议做出积极回应的信号。穆塔基称，伊朗可能将部分国内生产的低纯度浓缩铀运往国外精加工成燃料，或者从国外购买核反应堆所需燃料。

26日　韩联社报道，韩国高级官员26日表示，朝鲜已经在西海岸东仓里建成其最大、最先进的导弹基地，这为它改良洲际导弹奠定了基础。

27日　正在日本访问的美国核安全局局长达戈斯蒂诺在东京向部分媒体透露，奥巴马总统计划于2010年春季在华盛顿举行的“核安全峰会”将于12月在日本召开准备会，美国希望和日本合作推动核不扩散体制的强化工作。

28日　日本NHK报道，“全球零核倡议运动”呼吁，为实现2030年之前彻底消除世界上所有核武器的目标，美国和俄罗斯两国应缔结新的核裁军条约，率先进一步削减核弹头。

29日　联合国大会裁军与国际安全委员会通过了由日美等国共同提交的“销毁核武器决议案”。此次是该决议案连续16年获得通过。决议案对最近的核裁军声势高涨表示欢迎，表明为实现“无核武世界”而采取现实和有效措施的决心。

29日　《朝鲜新报》报道，朝鲜在平壤千里马文化会馆举行了裁军研讨会。会议讨论了裁军运动的历史发展及其紧迫性、联合国及日内瓦裁军会议在裁军中的地位和作用等问题。会议认为，要想实现核裁军，核大国应该首先带头销毁核武器。

29日　伊朗向国际原子能机构起草的核协议提出修改意见。伊朗的要求直接撼动了美法俄—伊朗协议的基本原则。国际原子能机构总干事巴拉迪表示，已经收到德黑兰的“初步回应”。伊朗有媒体称，伊朗希望分阶段将低浓缩铀运送海外加工，而非一次完成。此外，伊朗要求在运出低浓缩铀的同时从他国进口高浓缩铀，供同一核反应堆使用。

30日　韩统一部长官玄仁泽表示，朝鲜的态度已经发生了变化，显示了在举行美朝对话的前提下重返六方会谈的积极姿态，美朝之间也积极进行接触，朝重返六方会谈的可能性正在逐渐加大。

31日　朝鲜《劳动新闻》发表文章表示，朝当前迫切希望缓和朝鲜半岛紧张局势，为加快国家经济建设创造和平环境，但文章同时还强调了朝将继续加强国防力量，阻止美国发动战争的一贯态度。

31日　伊朗通讯社报道，伊朗伊斯兰议会国家安全和外交政策委员会发言人贾拉里10月31日表示，西方国家在保障核燃料方面不值得信任。他表示，伊朗首先希望的就是购买浓度达到19.7%的燃料，如果谈判向交换发展，首先应该将所需燃料交给伊朗。

11月

3日　新加坡《联合早报》报道，伊朗正面对国际社会要它签署该协议的压力。在该方案下，伊朗将把低纯度浓缩铀运到俄罗斯和法国提炼，然后回购这批已不能用来发展核武器的浓缩铀，以便用在德黑兰一个受到国际原子能机构监督的核反应堆上。

3日　韩国《联合新闻》网载，朝鲜通过朝中社等媒体对外宣称，其已完成对8000个核废燃料棒的再处理工作。朝方表示，联合国通过1874号决议后，朝就开始着手恢复宁边核设施的一环，并启动了再处理设施，至8月底成功地完成了对8000个核废燃料棒的再处理工作。

4日　美消息人士表示，李根访美时曾提出“可以在六方会谈框架内举行朝美对话”，表现出了松动的态度。朝鲜代表团还转达金正日的话称，对最近出现的同美双边关系讨论氛围感到满意，朝随时都可以同美进行对话。朝鲜代表团希望安理会取消对朝的制裁，但又明确表明取消制裁并不是对话的前提条件。

6日　捷克国防部副部长富利克在布拉格表示，捷克将向美国导弹防御局派驻代表，寻求参与美国新导弹防御系统计划的可能性。

7日　韩国《KBS》网载，美副国务卿斯坦伯格当日在“美国进步中心”进行的演讲中表示，即使美朝举行双边会谈，也不会进行实质性谈判。他还表示，朝首先应重回六方会谈，这样美才会与朝进行实质性谈判。就美朝鲜问题特使博斯沃思访朝问题，斯坦伯格称美将于下周美国总统奥巴马启程前往亚洲进行巡访前正式公布详细内容。

7日　《联合早报》报道，伊朗议会国家安全与外交政策委员会主席布鲁杰迪当天表示，伊朗将拒绝把低浓缩铀运至国外进行加工。

7日　印度ZEE新闻报道，印度与欧盟举行第10届欧盟与印度峰会，并签署了民用核能协议，旨在加强双方在民用核能领域的科研合作。

8日　伊朗首席核谈判代表贾里里8日表示，他希望关于伊朗核燃料的草案协议尽快达成。

9日　英国政府公布庞大的核电站发展计划，将在英格兰和威尔士地区兴建10座新核电站，预计将在2025前建成。

11日　印度《新卡拉拉》网站报道，印度已与以色列达成协议购买以制先进“巴拉克”导弹防御系统，并将其装备于舰船上。另俄罗斯“纽带”网站报道，此次购货合同总价值为11亿美元。根据合同，以色列将于2017年向印度交付第一批导弹防御系统。

11日　美国务卿希拉里表示，韩朝西海交火事件不会影响美朝鲜问题特使博斯沃思的访朝计划。希拉里强调，博斯沃思访朝是重启六方会谈的一个重要环节，美已向朝通知了此次访问的目的和界限。另据韩联社报道，韩朝官员上周在开城举行了秘密接触，就韩朝关系等问题进行了协商。有分析认为，在博斯沃思即将访朝之际，韩朝两国官员进行接触，旨在朝美开始对话之际商讨韩朝对话的可能性。

12日　美国《美国之音》报道，伊朗总统内贾德在接受国家电视台采访时称，伊朗政府愿意在核燃料储存、建设核电厂和核反应堆方面与其他国家合作。但是，内贾德重申伊朗不会停止它自己的核项目。

13日　日本共同社报道，日本航空自卫队芦屋基地（福冈县）12日向媒体公开展示了刚刚部署于此的“爱国者－3”型导弹。该基地是日本第9个部署“爱国者－3”型导弹的基地，也是九州地区的第一个。

15日　有英国媒体称，伊朗议会国家安全与外交政策委员会主席布鲁杰迪当天表示，如果俄罗斯不向伊朗提供导弹防御系统，伊朗将在不久的将来自行研制先进的导弹防御系统。

16日　印度《新卡拉拉》报道，印度空间研究组织负责人表示，该组织目前正大力研发地球同步轨道卫星运载火箭（GSLV MK III），该火箭的研发将大大提高运载能力，增强在国际发射市场的竞争力。

16日　《美国之音》报道，国际原子能机构表示，伊朗必须提供更多关于库姆市附近核基地的信息。在伊朗披露了这个基地后，国际原子能机构10月派人对其进行了检查。

16日　德国《防务专家》报道，英国首艘“机敏”级攻击型核潜艇已于15日离开BAE系统公司巴罗因弗内斯船厂，驶往英国克莱德海军基地，进行第一阶段为期数月的海试，监测并评估潜艇各项性能指标是否符合设计参数。

18日　安理会评估小组提供的一份报告称，朝鲜正在违反联合国的制裁，向亚非拉国家，并掩饰为本国导弹与核计划提供资金的金融交易。

16日　日本NHK报道，美俄两国总统15日在新加坡举行会谈并决定，为在年内签署将要取代于下月5日失效的《第一阶段削减战略武器条约》的新条约，要加快谈判进程。奥巴马和梅德韦杰夫在会谈中就是否减少今年7月份的协议就核弹头运载工具所规定的数量，以及如何检验对方是否遵守条约等问题交换了意见。

17日　韩国《联合新闻》网载，正在中国访问的美国总统奥巴马就朝核问题表示，朝鲜如果不弃核，将会在国际社会上遭到孤立。朝鲜目前有面临挑衅和加入国际社会两种选择。如果继续挑衅，朝鲜将会不可能实现繁荣，反而会遭到孤立。如果选择成为国际社会的成员，履行义务，并且放弃核武，朝鲜老百姓的生活质量将会很快得到改善。

18日　《印度时报》报道，美国科学家联合会核武器研究员汉斯·克里斯坦森与罗博特·诺里斯在发表文章指出，印度拥有约60枚至80枚核武器，但是专家估计巴基斯坦拥有的核武器数量多达70至90枚。

19日　俄战略火箭兵高级官员日前聚集莫斯科，总结2009年战斗训练情况及制定2010年的训练计划。战略火箭兵2009年内共举行了11次大型战略作战水平操演、22次战术水平演习和两次战略导弹试射。

19日　正在韩国访问的美国总统奥巴马在记者会上表示，美对朝政策特使博斯沃思将于12月8日访问朝鲜。博斯沃思此次访朝的目的限定为促进朝出席六方会谈和履行《9·19共同声明》。奥巴马此前在韩美首脑会谈上表示，此次对话不会取代六方会谈，而是为促进朝鲜重返六方会谈，并且推动会谈圆满进行的一次会晤。

19日　乌克兰总理季莫申科宣布，俄罗斯和乌克兰相关部门准备签署2020年前核领域战略合同。

20日　香港《大公报》报道，俄罗斯在公布2020年国家战略安全规划后，又出台了最新军事政策。该政策强调在预防为主的前提下，保留对以常规武器入侵行为使用核武器的权力。

21日　俄罗斯导弹和炮兵部队司令博加季诺夫表示，俄军将在2010年建立第一个“伊斯坎德尔”导弹旅，之后每年还将建立一个这样的导弹旅。

22日　韩国《联合新闻》网载，美对朝政策特使博思沃斯访朝，是由于朝做出了愿意重返六方会谈的“暗示”。美国务院的高官表示，因朝做出了愿意重返六方会谈的间接表示，美才决定派遣博思沃斯访朝。在此之前，朝主张先进行朝美双边对话，根对话结果决定或重返六方会谈，或出席其他形式的多方会谈。另悉，六方会谈美国代表团长金成，将会陪同博思沃斯访朝。

23日　印度在其东部奥里萨邦试射一枚“烈火－2”型中程弹道导弹。这是印军首次在夜间试射战略导弹。“烈火－2”型导弹全长约20米，重约16吨，射程可达2000多千米，能携带常规弹头或核弹头。

24日　应朝最高人民会议的邀请，俄联邦委员会主席米罗诺夫飞抵平壤，对朝鲜展开访问。同机抵达的有俄联邦外交部副部长、联邦委员会主席书记局局长、联邦委员会国际联络局局长和委员会主席顾问等。

25日　赴朝鲜访问的俄联邦委员会主席米罗诺夫表示，他与朝鲜最高人民会议议长崔泰福和内阁总理金英日进行会晤时，并表达了“对话是解决问题的唯一方法”的观点。米罗诺夫还表示，今后将会发生什么事情都难以预料，而除对话外，没有其他解决办法，因此朝应重返六方会谈。

27日　香港《星岛环球》报道，日前，美国科学家联盟和自然资源保护协会发表年度报告称，全球约有23300枚核弹头，部署于14个国家的111处设施内，其中近半核弹头与其可在短时间内发射的运载武器系统一起部署。

22日　伊朗武装力量开始举行大规模保卫本国核设施的军事演习。演习将持续5天，范围覆盖伊朗部署有核设施的各个地区。

26日　俄罗斯空军总司令泽林表示，俄空军计划在2010年新增5个装备S－400防空导弹系统的导弹营，从而使俄空军装备此类防空系统的导弹营数量达到7个。

26日　国际原子能机构理事会35个成员国举行会议，开始就伊朗拒绝核协议等一系列问题展开讨论。

27日　国际原子能机构成员国当天以25国赞成，3国反对，6国弃权通过决议，谴责伊朗秘密发展铀浓缩工厂，并要求伊朗立即冻结该项目。

30日　俄《国际文传电讯社》报道，伊朗政府近日委托其核部门开始建设5个新铀浓缩工厂，并计划在2个月内组建另外5个（铀浓缩工厂）。伊朗强调，其核计划纯粹出于和平目的。

30日　韩政府高官表示，朝虽希望以12月8日进行的朝美对话为开端，持续进行朝美双边对话，但美方却只期待与朝进行一次性对话。他表示，美朝鲜问题特使博斯沃思此次访朝的目的是让朝重返六方会谈。如博斯沃思能够取得不可逆的可验证的无核化成果，希拉里国务卿则可能访问平壤，但从朝鲜目前的态度来看，此种可能不大。

12月

2日　印度空间研究组织称，印度正考虑发射8颗国外卫星，并且征求发射合同。这些发射将提高印度获取转发器反馈地面信息的能力并将于未来的2—3年内发射。

2日　俄新社报道，美波两国已经就2010年美在波新建军事基地部署“爱国者－3”防空导弹系统和相关军事人员事宜达成一致，相关双边协议将在12月份签署。报道，英国“军事技术”网站援引美国国防部长盖茨的话称，华盛顿同样希望能在2015年前在捷克部署导弹。

3日　星岛环球网报道，印度海军最高指挥官维尔马上将称，印度海军首艘核潜艇“阿里汉特”号将于近两年最终建成并投入使用。“阿里汉特”号排水量为6000吨，艇长104米，造价约29亿美元，可配备最大射程为700多千米的K－15型弹道导弹，最大续航时间为90天。

4日　俄新网报道，俄印合资的“布拉莫斯”公司近日宣布，“布拉莫斯”超音速反舰巡航导弹将于2012年年底完成空射试验，并且机载发射试验将与潜艇发射试验并行开展。

9日　俄新社报道，俄罗斯战略火箭兵司令施瓦伊琴科8日在莫斯科宣布，俄军将在2016年前研制出新一代导弹系统。新一代导弹系统将由固定导弹发射系统和移动导弹发射系统组成，“以最小的成本和风险来应对可预见的新威胁”。

10日　俄罗斯《生意人报》报道，俄军方按计划于9日进行的“布拉瓦”（即布拉瓦导弹）潜射洲际导弹发射试验再次失败。本次发射试验失败的原因估计是由于导弹第三级的工作出现了故障。

13日　《美国之音》报道，伊朗外长穆塔基月12日表示，愿意用其部分浓缩铀储备换取核燃料棒。但美国不同意伊朗方面提出的建议，认为伊朗的建议与联合国原子能机构有关协议草案不符。

14日　“核不扩散和核裁军国际委员会”分别向日首相和澳大利亚总理提交一份报告，呼吁2025前将全球的核武器数量削减到当前数量的10%，同时敦促美俄两国大幅削减其核武库，所有拥有核武器的国家宣布不发动先发制人的核攻击。

15日　俄新社报道，俄国防部一位高官当天透露，俄海军“布拉瓦”导弹可能将于2010年1月再次试射。

16日　俄战略火箭兵司令施瓦伊琴科宣布，2009年俄战略火箭兵共成功进行了3次洲际弹道导弹试射，在2010年将完成13次洲际弹道导弹发射任务。

16日　土耳其国家媒体称，反对美国在土耳其本土部署导弹防御系统，因为这将使土耳其与俄罗斯和伊朗的关系恶化。

16日　伊朗于16日成功试射一枚“泥石－2”中程弹道导弹，导弹击中指定目标。称该导弹射程可覆盖以色列纵深地带。

16日　俄罗斯战略火箭兵司令施瓦伊琴科表示，根俄美削减战略进攻性武器条约，2009年俄战略导弹部队销毁了9枚洲际弹道导弹，包括7枚RS－18型导弹和2枚RS－20型导弹。

17日　英国路透社报道，美政府高官表示，虽然美国和俄罗斯领导人呼吁在年底前达成替代《削减和限制进攻性战略武器条约》的协议，但目前看来相关谈判可能要拖到2010年。谈判双方很有可能在圣诞新年期间休息，2010年1月份再恢复磋商。

17日　亚外空间合作组织17日在北京正式成立。该组织成员国包括伊朗、中国、巴基斯坦、泰国、蒙古、孟加拉国和秘鲁。亚外空间合作组织是亚太地区国家参加的政府间国际组织，其宗旨是推动成员国间开展空间科学、技术及其应用领域的多边合作，并在技术研发、应用、人才培训等方面相互协助。

18日　萨利希在接受采访时说，伊朗正在制造的新型离心机名为“IR3”和“IR4”，计划在2011年3月前投入运行。

19日　新加坡《联合早报》报道，美国和俄罗斯官员就核裁军新条约的框架已达成协议。俄罗斯国际文传电讯社引述俄罗斯外交消息人士说，美国和俄罗斯的谈判代表已在日内瓦达成此项协议，并且会在不久后发表声明宣布此事。

21日　《美国之音》报道，伊朗总统内贾德驳斥了英国报纸关于伊朗正在研制一个触发核炸弹爆炸装置的报道。

22 日　伊朗总统内贾德表示，伊朗方面不会理会美国要求其在年底前接受核燃料协议的最后期限。另外，美国也无权设定最后期限。

23 日　美国《防务新闻》报道，美雷神公司与台湾签署了一份价值 11 亿美元的合同，为台湾更新“爱国者”导弹系统。根据合同，美将向台湾出售 4 部新的“爱国者”导弹火力单元，包括价值 9.656 亿美元的地面系统硬件合同以及价值 1.344 亿美元的零部件合同。

24 日　俄新社报道，针对俄国内部分议员和国防工业专家对是否继续进行“布拉瓦”导弹研制提出质疑，俄国防部长谢尔久科夫 23 日强调，“布拉瓦”导弹系统无可替代，研发工作将继续进行，俄最早可能于 2010 年 1 月再次进行该型导弹的试射。

24 日　俄新网报道，美国国务院发言人克劳利 22 日称，负责与俄罗斯方面谈判削减战略武器新条约的美方代表已从日内瓦回国，相关谈判有望于 2010 年 1 月中旬重启。为签署削减战略武器新条约，以替代 12 月 5 日到期的《削减战略武器条约》，美俄双方代表团已在日内瓦开展 8 轮谈判。美国总统奥巴马 18 日在哥本哈根参加气候变化峰会期间与俄罗斯总统梅德韦杰夫会晤商谈此事。双方已经“相当接近”达成新条约，但仍有一些技术细节需要敲定。

27 日　伊朗通讯社报道，伊朗最高领袖代表、最高国家安全委员会秘书贾里里 26 日表示，核武器没有合法地位，任何国家都不应该拥有核武器。

（中国国际战略学会军控与裁军研究中心 辑）

附件二：2009 年中国军控与裁军文件摘编[①]

中国常驻禁止化学武器组织代表张军大使在第 55 届执理会上的发言

（2009 年 2 月 17 日，海牙）

主席女士：

首先，请允许我代表中国代表团欢迎您再次主持执理会。我相信，在您的引导下，本届会议将取得成功。中国代表团将与您及其他代表团充分合作，为顺利完成会议各项议程做出积极贡献。

我要感谢总干事菲尔特阁下就禁化武组织工作所做的全面报告，并重申对总干事和技秘处工作的支持，赞赏其长期以来为推进实现公约宗旨和目标所作的不懈努力。我完全赞同尊敬的古巴大使 Oscar de los Reyes Ramos 代表不结盟和中国所做的发言。我也愿借此机会欢迎伊拉克成为公约第 186 个缔约国，这使公约普遍性又向前迈进了一步。

2009 年对禁化武组织来说是承上启下的一年。回顾过去一年，二审会和第十三届缔约国大会进一步明确了下一步工作目标和方向。另一方面，毋庸置疑，我们在库存化武销毁、遗弃化武销毁、改进工业核查和加强国际合作等领域仍面临严峻任务。这要求我们在今年首届执理会上就加倍努力，以负责任、建设性态度和合作精神扎扎实实地推进各项工作。在此，我愿重申对协商一致原则的支持。下面，我愿结合会议相关议题阐述中方立场：

① 文件资料主要来源参阅中国外交部网站，编著者对部分行文格式做了相应的修订。

一、尽快、彻底完成化武销毁是禁化武组织当前最紧迫的任务。2012年是公约规定的最终销毁期限，现在距此时限仅三年时间，各国化武库存总量的近58%仍待销毁，中方对当前销毁进展深表关切。中方呼吁有关国家增强紧迫感，克服困难，加快销毁进程，确保在公约规定时限内完成销毁。希望技秘处充分保障对化武销毁核查资源的投入，确保公约核心目标的实现。

二、日本遗弃在华化武销毁问题始终是中国政府和人民的重大关切。日遗化武每时每刻都严重威胁着中国人民的生命和生态环境安全，伤人事件屡屡发生，锈蚀后泄漏的毒剂已严重污染环境，启动销毁刻不容缓。近期，在中日双方共努力下，哈尔巴岭日遗化武试挖掘工作已开始，但遗憾的是实质销毁工作迄未启动。中方认为，尽快启动销毁、彻底消除遗弃化武的现实危害，同销毁库存化武具有同等重要意义。中方敦促日方本着负责任的态度，切实加大投入和工作力度，早日启动并在公约规定的最终期限内尽快完成销毁。中方欢迎技秘处在处理日遗化武进程中发挥更积极的作用。

三、改进工业核查机制应在循序渐进基础上稳妥推进。有关改进措施应充分考虑地域平衡和缔约国承受能力等因素，并需缔约国全面、深入讨论。技秘处在核查资源分配上，应严格按照各类设施风险度大小合理、有效分配。中方注意到总干事已就其修订后的其他化学品生产设施视察选择方法执行情况向执理会提交报告。该选择方法实施情况表明，其合理性和有效性尚待提高。中方认为，该选择方法只是一项过渡性措施，应尽快重启其他化学品生产设施视察选择方法磋商，以找到符合公约要求的妥善解决办法。

四、促进化工领域的国际交流与合作应得到充分重视。绝大多数缔约国系非化武国，但始终认真履约、积极支持禁化武组织各项工作，理应享受公约赋予的各项权利。化工业是广大发展中国家的重要经济支柱。加强化工领域的国际合作，不仅有利于实现公约的宗旨和目标，也有利于促进缔约国的经济发展，从根本上讲也有利于世界和平、安全与发展。中方呼吁各方从长远角度和战略高度看待此问题，加大对该领域工作的重视和投入，以实际行动推进公约第11条的全面、有效实施。

中国代表团团长、外交部军控司司长成竞业在《不扩散核武器条约》第八次审议大会第三次筹备会一般性辩论中的发言

（2009年5月4日，纽约）

主席先生：

首先，我对你当选本次筹备会主席表示祝贺。相信你的丰富经验和智慧将引导会议取得积极进展。中国代表团将积极支持和全力配合你的工作。

《不扩散核武器条约》作为国际核不扩散机制的基石，长期以来对维护国际安全发挥着重要作用。当前，我们注意到在核裁军领域提出了一系列倡议。越来越多的国家开始开发核能。同时，核不扩散形势依然严峻。如何利用好2010年审议大会这一契机，全面、平衡地推进《不扩散核武器条约》确定的核裁军、核不扩散及和平利用核能三大目标，是国际社会面临的共同任务。

一、核裁军

全面禁止和彻底销毁核武器，实现无核武器世界，是国际社会的共同夙愿，也是中国一贯倡导和为之努力的目标。早在上个世纪六十年代，中国政府就曾发表声明，郑重建议召开世界各国首脑会议，讨论全面禁止和彻底销毁核武器问题。今天，令人鼓舞的是，建立无核武器世界的主张得到越来越多国家的支持。我们认为，人类既然能在二十世纪制造出核武器，也完全有能力在二十一世纪消除核武器。

作为核武器国家，中国多年来为推动全面禁止和彻底销毁核武器做出了不懈努力。

——中国自拥有核武器之日起，就郑重宣布在任何时候和任何情况下都不会首先使用核武器。中国并承诺无条件不对无核武器国家和无核武器区使用或威胁使用核武器。中国是五个核武器国家中唯一做出上述承诺的国家。

——中国始终坚持自卫防御的核战略，对发展核武器一直采取极为克制态度，从未在其他国家部署核武器，过去没有、今后也不会参加任何形式的核军备竞赛。

——中国是首批签署《全面禁止核试验条约》（CTBT）的国家之一，始终恪守"暂停试"承诺，支持《全面禁止核试验条约》早日生效，将继续为此做出积极努力。

——中国支持日内瓦裁军谈判会议在达成工作计划的基础上，尽早启动谈判一项多边、非歧视性和可有效国际核查的"禁产条约"。

中国愿与各国一道为建立一个无核武器世界的崇高目标继续做出自己的应有贡献。

中国认为，核裁军应遵循"公正合理，逐步削减，向下平衡"的原则。任何核裁军措施均应以"维护国际战略稳定"和"各国安全不受减损"为指针。有关各方应在以下方面做出努力，推动核裁军进程。

——核武器国家应明确承诺全面、彻底销毁核武器，并尽早就此谈判缔结国际法律文书。

——在达成上述目标之前，核武器国家应降低核武器在国家安全政策中的作用，明确承诺不首先使用核武器，并缔结不对无核武器国家和无核武器区使用或威胁使用核武器的国际法律文书。

——美、俄作为拥有最大核武库的国家对核裁军负有特殊、优先责任，它们继续大幅削减核武库对推进核裁军进程，并进而最终实现全面、彻底核裁军是不可或缺的。我们欢迎两国启动新的双边核裁军条约谈判，希望两国以可核查、不可逆的方式进一步削减核武库。

核裁军与国际战略稳定密切相关。无论是在外空部署武器，还是建立并部署导弹防御系统或开展相关合作，都不利于维护全球战略稳定，不利于国际军控与防扩散努力。裁谈会应尽早就防止在外空部署武器谈判达成一项新的国际法律文书。有关国家在反导问题上应切实考虑其他国家的安全利益，避免采取任何损害国际核裁军进程的举措。

建立无核武器区是推动国际核裁军进程、防止核武器扩散的重要步骤。中国一贯尊重和支持有关国家和地区根据本地区实际情况，在自行协商、自愿协议的基础上建立无核武器区或无大规模杀伤性武器区的努力。我们欢迎《中亚无核武器区条约》不久前生效。我们支持尽早建立中东无核武器区。1995年《不扩散核武器条约》审议大会关于中东问题的决议十分重要。国际社会应继续做出积极努力，促进上述决议的落实。

二、核不扩散

加强国际核不扩散体系，消除核武器扩散风险是国际社会面临的重要任务。核武器扩散有着复杂的根源，需要标本兼治，综合治理。

——应努力营造一个合作与信任的国际安全环境，尊重彼此安全利益，寻求普遍安全。这有助于从根本上消除谋求核武器的动因。

——应坚持通过对话与谈判解决有关地区核问题。制裁或诉诸武力，只会激化矛盾，无助于问题的妥善解决。

——应加强国际核不扩散机制的权威性和普遍性，摒弃任何选择性做法。

中方支持加强国际原子能机构的保障监督职能，赞成促进机构保障监督协定及其附加议定书的普遍性。

作为联合国安理会常任理事国，中国一直为推动通过外交谈判和平解决有关地区核问题积极努力。

中方认为，六方会谈仍是处理朝鲜半岛核问题的有效机制。有关各方应着眼大局，保持冷静和克制，共同维护六方会谈进程，维护半岛的和平与稳定。

中方主张通过外交谈判妥善解决伊朗核问题。当前，伊核问题形势正处于关键阶段。有关各方应抓住有利时机，加大外交努力，尽快重启六国与伊谈判，以寻求全面、长期、妥善的解决办法。

三、和平利用核能

和平利用核能是《不扩散核武器条约》赋予缔约国不可剥夺的权利。在当前核能开发日益受到重视的情况下，无核国家和平利用核能的权利更应得到充分尊重和切实维护。这对维护《不扩散核武器条约》的权威性和有效性十分重要。

中方一向主张,应平衡处理和平利用核能与防扩散之间关系,确保其相互促进,而非彼此对立。我们既反对以防扩散为由,限制或剥夺无核国家和平利用核能权利,也反对借和平利用核能从事核扩散活动。

中方赞赏国际原子能机构在推进和平利用核能方面所发挥的积极作用,鼓励和支持机构继续加大投入,推动各国在和平利用核能领域的国际交流与合作,促进共同繁荣与发展。

目前,一些国家提出了不少关于建立多边核燃料供应机制的倡议。中方总体上支持相关倡议的宗旨和目标,并积极参与了相关国际讨论。鉴于这些倡议涉及政治、经济、技术、法律等多方面因素,国际社会应进行深入、广泛的讨论,寻求可为各方普遍接受的具体办法。

《不扩散核武器条约》的三大支柱,互相关联,同等重要,应当平衡地推进。我们希望,在《不扩散核武器条约》大会的议程设置、组织结构、时间分配、文件制订等各方面,都能体现平衡推进这三大支柱的原则。

本次筹备会对明年审议大会十分重要。我们希望有关各方加紧努力,尽快就审议大会议程达成一致。同时,我们希望各方进一步就如何推进核裁军进程,防止核武器扩散以及促进和平利用核能等问题深入交换意见,争取逐步形成共识,为明年审议大会取得实质性成果奠定坚实基础。

中国代表团在《不扩散核武器条约》第八次审议大会第三次筹备会上关于不扩散核武器问题的发言

（2009年5月，纽约）

主席先生：

作为国际核不扩散体系的重要基石，《不扩散核武器条约》生效以来为防止核武器扩散，维护国际和平与安全发挥了重要作用。新形势下，国际社会在防止核武器扩散领域面临诸多新的挑战。这迫切需要国际社会采取有效措施，维护和加强国际核不扩散体系，消除核武器扩散风险。这符合国际社会的共同利益。

核武器扩散有复杂的根源。对于防扩散问题，应重点从以下几个方面着手，标本兼治，综合处理。

——核武器扩散与国际和地区安全环境密切相关，国际社会应致力于建立以互信、互利、平等、合作为核心的新安全观，尊重彼此安全利益，谋求普遍安全，从根本上消除有关国家发展核武器的动因。

——维护并加强国际核不扩散机制的权威性和有效性，确保其公正性和非歧视性，对于有效应对核不扩散挑战具有重要意义。应确保《不扩散核武器条约》各项义务都得到全面、忠实、平衡履行，采取切实措施维护和加强其普遍性、完整性和权威性。应加强国际原子能机构保障监督职能，推进机构保障监督协定及其附加议定书的普遍性，并进一步完善国际核出口控制机制。

——坚持通过对话与谈判的方式解决防扩散问题。制裁或诉诸武力，以防扩散为借口谋求其他目的，均无助于解决问题。应继续鼓励有关国家加强对话、增信释疑、实现国家关系正常化，为解决防扩散问题创造有利条件。

——平衡处理防扩散与和平利用核能之间的关系。防扩散与和平利用核能是相辅相成，而非对立的关系。保证各国和平利用核能权利，有助于实现防扩散目标。同时，各国也应严格履行条约规定的责任与义务，不以和平利用为借口从事扩散活动。

中国一贯坚决反对核武器扩散，始终以高度负责任的态度处理防扩散问题。

中国已加入核领域所有有关国际条约与机制，严格执行联合国安理会第1540号决议及其他与防扩散有关的决议。我们已建立起全面的核出口管制法规体系，并不断采取有力措施确保相关法规的贯彻落实。

同时，中国积极参与国际防扩散进程，为推动有关地区核问题的解决做出积极努力。

在朝鲜半岛核问题上，中国一贯主张通过对话以和平方式解决半岛核问题，实现半岛无核化。目前，朝鲜半岛局势十分复杂敏感，半岛无核化和六方会谈进程面临一些困难。中方认为，六方会谈仍是解决朝鲜半岛核问题的重要平台。有关各方应着眼大局，保持冷静与克制，共同维护六方会谈进程，确保半岛无核化进程继续向前迈进。

中方支持主张通过对话与谈判解决伊朗核问题。当前，伊核问题复谈面临重要机遇。有关各方应抓住有利时机，加大外交努力。美伊应尽快直接接触，六国与伊尽快重启谈判，以寻求全面、长期、妥善的解决办法。中方将继续为此发挥建设性作用。

中国代表团在《不扩散核武器条约》第八次审议大会第三次筹备会上关于和平利用核能问题的发言

（2009年5月，纽约）

主席先生：

促进和平利用核能是《不扩散核武器条约》的重要目标之一，2010年审议大会进程应对这一问题开展广泛、深入的讨论。

中方一向认为，和平利用核能与防扩散相互促进，而非彼此对立，应平衡处理两者之间的关系。推广民用核技术应用，加强和平利用核能国际合作，有助于促进各国社会经济发展，也有利于防止核武器扩散。

近年来，受经济发展、能源供应及应对气候变化等因素影响，核能在全球范围内出现复兴势头，受到越来越多的国家关注与重视。许多国家重新评估核能在能源安全中的战略地位，把发展核能作为满足能源需求、改善能源结构的重要选择。在此背景下，《不扩散核武器条约》缔约国所享有的和平利用核能权利更应得到充分尊重和切实维护。这对全面推进《不扩散核武器条约》各项目标，确保其普遍性、权威性和有效性具有重要意义。

长期以来，国际原子能机构认真履行《机构规约》赋予的有关职责，在核电、核安全以及核技术应用等方面向成员国提供了大量帮助，为促进和平利用核能做出了重要贡献。在新形势下，机构应进一步根据成员国的需求，大力加强技术合作活动。我们也呼吁各成员国尤其是发达国家提高对技术合作的重视和支持，确保机构全面、平衡地开展各领域活动。

当前，国际上出现不少关于建立多边核燃料供应机制的倡议。对于这些倡议，中方总体上持开放态度，愿积极参与相关讨论。

我们认为，鉴于有关倡议涉及政治、经济、技术、法律等多方面问题，国际社会有必要就此开展深入讨论与研究，寻求可为各方普遍接受的方案。在此过程中，国际原子能机构可以发挥重要作用。

进入21世纪以来，为改善能源结构，实现能源、经济、社会的可持续发展，中国制订了“积极发展核电”的战略方针，将核能纳入国家能源发展总体规划。根据中国核电中长期发展规划，中国的核能事业进入了新的快速发展时期。

中国在核能发展过程中高度重视核安全问题，先后加入了《核安全公约》和《乏燃料管理安全和放射性废物管理安全联合公约》，建立了与国际接轨的核安全法规体系、安全监管体系和核事故应急体系。中国的核设施一直保持着良好的安全运行纪录。中国长期以来对核材料和核设施实施严格的管理和保护，积极参加核材料实物保护与核保安国际合作。在筹备北京奥运会的过程中，中国与国际原子能机构及有关国家就核保安工作开展了卓有成效的合作，中方愿与其他国家分享所积累的经验。

中国重视在平等互利的基础上开展和平利用核能的国际合作，先后签订了二十多个政府间和平利用核能合作协定，开展了广泛的交流与合作，取得了丰硕的成果。今年4月20日至22日，由国际原子能机构主办，中国政府承办的“面向21世纪的核能部长级国际大会”在北京成功召开。来自60余国的代表参加会议，交流核能发展经验，探讨核能发展战略，并形成广泛共识。中国将一如既往地与国际社会各方开展合作，为推动世界核能事业发展做出新的贡献。

中国代表团在《不扩散核武器条约》第八次审议大会第三次筹备会上关于核裁军和减少核战争危险问题的发言

（2009年5月，纽约）

主席先生：

全面禁止和彻底销毁核武器、消除核战争威胁，是国际社会的共同愿望。中方高兴地看到，自本轮审议进程启动以来，实现无核世界的呼声得到越来越广泛的响应和支持。这与中国多年来一直坚持的全面禁止和彻底销毁核武器的立场是一致的。

2000年审议大会达成的“13条措施”仍具有重要的现实意义，其有关精神和原则，包括“维护全球战略平衡与稳定”和“各国安全不受减损”有助于确保实现核裁军目标。

中方主张，当前国际社会应继续做出以下努力，推进核裁军进程：

——营造合作、稳定的国际安全环境，维护全球战略稳定，为核裁军取得进展奠定良好基础；

——所有核武器国家明确承诺全面、彻底销毁核武器，并尽早就此谈判缔结国际法律文书；

——核裁军应遵循公正合理、逐步削减、向下平衡的原则。有关措施应以“维护全球战略平衡与稳定”与“各国安全不受减损”为指针；

——两个拥有最大核武库的国家对核裁军负有特殊和优先的责任，应认真履行已达成的削减核武器条约，并以可核查、不可逆方式进一步大幅削减其核武库，为最终走向全面、彻底核裁军创造条件。在此方面，我们欢迎美俄启动新的双边核裁军条约谈判；

——在实现全面禁止和彻底销毁核武器的目标之前，最现实的核裁军中间措施是：所有核武器国家承诺在任何时候和任何情况下不首先使用核武器，承诺无条件不对无核武器国家和无核武器区使用或威胁使用核武器，并就此缔结国际法律文书。

——降低核武器在国家安全政策中的作用，放弃以首先使用核武器为基础的核威慑政策和降低核武器使用门槛的政策；

——停止研发新型核武器；

——所有削减的核武器都应予销毁；

——不将核武器瞄准其他任何国家，不将其他任何国家列入核打击对象名单；

——在国外部署核武器的国家将其核武器全部撤回本国，废除核保护伞及核共享政策和做法。

应当指出的是，全球导弹防御计划将损害战略平衡与稳定，不利于国际和地区安全，并对核裁军进程产生消极影响。同时，防止外空军备竞赛与核裁军努力相辅相成，在防止外空军备竞赛方面取得进展，不仅有利于维护外空安全，也有利于促进各国战略互信，为核裁军向前迈进创造有利条件。因此，裁谈会应早日谈判一项防止在外空部署武器、不对外空物体使用或威胁使用武力的条约。

中方认为，明年审议大会应就上述有关措施达成共识。

中国一贯积极支持国际核裁军努力，认真履行核裁军义务，以自己的方式为推进核裁军做出了重要贡献。

——中国始终恪守在任何时候、任何情况下都不首先使用核武器的政策，承诺无条件不对无核武器国家和无核武器区使用或威胁使用核武器。

——中国坚持自卫防御的核战略，过去没有、今后也不会参加核军备竞赛。中国从未在其他国家部署核武器。

——中国支持《全面禁核试条约》尽早生效，将继续为此做出努力。中国将继续恪守“暂停试”承诺。我们积极支持和参加禁核试条约组织的筹建工作。中国现已建成其境内80%的禁核试台站，国家数据中心已与维也纳国际数据中心实现数据联接。中国还将于本月在北京与禁核试条约组织筹委会合办国家数据中心国际研讨会。

——中国支持达成一项非歧视性、多边和可以有效国际核查的“禁产条约”。裁谈会应在达成工作计划的基础上尽早启动“禁产条约”谈判。

——中国已签署并批准了《拉美和加勒比禁止核武器条约》、《南太平洋无核区条约》、《非洲无核武器区条约》的相关议定书。

中方与东盟已就《东南亚无核武器区条约》议定书有关问题达成一致，并愿在议定书开放签署后早日签署。中方支持中亚五国建立无核武器区的努力，欢迎《中亚无核武器区条约》生效。

中国代表团在《不扩散核武器条约》第八次审议大会第三次筹备会上关于无核国家安全保证问题的发言

（2009年5月，纽约）

主席先生:

无核武器国家安全保证是核裁军和核不扩散领域的一个重要问题。妥善解决这一问题，对推动核裁军和核不扩散进程具有重要意义。

无核武器国家获得安全保证将有助于增强其安全感，减少谋求核武器的动因。这对防止核武器扩散，维护国际核不扩散体系具有积极作用，也有助于为核裁军创造良好的国际和地区安全环境。应该说，无核安保不是核武器国家给予无核武器国家单方面的好处，而是对防扩散和核裁军的贡献。无核武器国家要求不受核武器威胁，并把这种安全保证以具有法律约束力的形式确定下来，是完全正当、合理的。

中方认为，解决无核安保问题的根本途径是全面禁止并彻底销毁核武器。在此之前，所有核武器国家应承诺在任何时候、任何情况下都不首先使用核武器，无条件地不对无核武器国家和无核武器区使用或威胁使用核武器，并尽快就此缔结国际法律文书。

中国从拥有核武器之日起就郑重宣布，在任何时候和任何情况下都不首先使用核武器，无条件不对无核武器国家和无核武器区使用或威胁使用核武器。我们始终恪守这一承诺。中国支持裁谈会尽早就达成一项无核安保问题国际法律文书开展实质性工作，同时对其他任何有助于推进无核安保问题取得进展的建议或举措，中国均持开放态度，愿予积极考虑。

中国代表团在《不扩散核武器条约》第八次审议大会第三次筹备会上关于中东核问题的发言

（2009年5月，纽约）

主席先生：

中东核问题是《不扩散核武器条约》审议进程中需要妥善处理的一项重要议题。

在中东地区建立无核武器区，不仅有利于维护和加强国际核不扩散体系，防止核武器在中东地区的扩散，更有助于促进地区安全环境的改善，营造信任与和解的政治氛围，推进中东和平进程。

为此，国际社会应当遵守并切实执行历届联大关于建立中东无核武器区的决议、1995年《不扩散核武器条约》审议大会关于中东问题的决议以及2000年《不扩散核武器条约》审议大会最后文件中的有关内容，切实推进中东无核武器的建立，进而最终建立无大规模杀伤性武器区。

中方认为，以色列应早加入《不扩散核武器条约》，并将其所有核设施置于国际原子能机构全面保障监督之下，对于推进条约的普遍性和加强国际防扩散机制具有重要意义。

中方注意到叙利亚代表阿拉伯联盟和埃及在第二次筹备会上提交的有关建立中东无核武器区的工作文件。我们相信，这些文件将有助于各方集思广益，探讨如何推动落实1995年《不扩散核武器条约》审议和延期大会的有关决议。我们希望，各方共同努力，通过协商找到能照顾彼此关切的妥善解决方案。

中国一贯支持中东国家在自行协商、自愿协议的基础上建立中东无核武器区的努力。作为联合国安理会常任理事国，中国一直通过双边和多边途径做各方工作，努力推动各方通过谈判妥善解决争端，并积极推动中东无核武器区的建立。中国将与国际社会一道，为建立中东无核武器区、实现中东地区的和平与安全而继续努力。

中国代表团在《不扩散核武器条约》第八次审议大会第三次筹备会上关于无核武器区问题的发言

（2009年5月，纽约）

主席先生：

首先，我代表中国代表团，对今年3月21日正式生效的《中亚无核武器区条约》表示祝贺，这标志着北半球第一个无核武器区的建立。我们对中亚五国及有关各方为此做出的不懈努力表示赞赏。同时，我们也希望有关国家尽快通过友好协商，早日就条约及议定书相关问题达成解决办法。

建立无核武器区是实现无核武器世界目标的重要步骤，对推进核裁军和核不扩散进程，促进全球及地区的和平与安全均具有重要意义。

无核武器国家根据本地区实际情况，在自行协商和自愿协议基础上建立无核武器区的有关努力应得到尊重和支持。核武器国家应尊重各无核武器区的法律地位，并以具有法律约束力的形式承担相应义务，切实落实各无核武器区条约议定书规定的安全保证，承诺无条件不对无核武器国家和无核武器区使用或威胁使用核武器。

联合国裁军审议委员会于1999年通过的关于建立无核武器区的指导原则，对于当前有关建立无核区的努力仍有不可替代的重要意义。有关各方在建立无核武器区的过程中应忠实遵守这些原则。

中国一贯支持无核武器国家按照有关指导原则建立无核武器区的努力，承诺无条件不对无核武器国家或无核武器区使用或威胁使用核武器。

中国政府签署并批准了《南极条约》、《拉丁美洲和加勒比禁止核武器条约》第二附加议定书、《南太平洋无核区条约》第二、第三议定书及《非洲无核武器区条约》第一、第二议定书，并严格履行相关义务。

中国与东盟已就《东南亚无核武器区条约》议定书问题达成一

致，期待东盟与其他核武器国家尽快解决有关未决问题，使议定书早日开放供签署。

中国支持中东国家根据《不扩散核武器条约》1995年审议和延期大会以及历届联大有关建立中东无核武器区的决议，通过协商早日在中东地区建立无核武器区。

中国尊重并欢迎蒙古的无核武器地位。

中国将一如既往地支持建立无核武器区的努力，为实现无核武器世界目标做出贡献。

王群大使在外空研讨会开幕式上的致辞

（2009年6月，日内瓦）

尊敬的裁军研究所所长希金斯女士、奥尔忠尼启则秘书长先生、各位代表：

我十分荣幸地出席本次题为“迈向更安全的外空环境”研讨会。我想借此机会感谢联合国裁军研究所、俄罗斯、加拿大同事为会议召开所做的积极贡献，以及秘书处提供的大力协助，并欢迎各国代表和专家与会。

防止外空军备竞赛，维护外空和平与安全，一直是国际社会高度关注的问题。维护外空安全的重要性无需赘言。我想借此机会就此谈三点看法：

第一，抓住机遇，切实推进维护外空安全工作。当前，多边裁军和军控领域出现新的积极势头。裁谈会打破多年僵局，达成了今年工作计划，要求成员国就“防止外空军备竞赛”等重要议题开展实质性工作。在新形势下，我们期待各方均能体现良好政治意愿，推进裁谈会“防止外空军备竞赛”议题相关工作并努力取得实质性进展。

第二，应继续寻求通过谈判达成法律文书，妥善解决外空安全问题。多年来，无论是联大通过的“防止外空军备竞赛”决议，还是裁谈会就“防止外空军备竞赛”议题开展的富有成效的工作，都充分证明，国际社会有早日谈判达成“防止外空军备竞赛”国际法律文书的共同意愿。我们理应珍惜此种意愿，共同致力于实现早日达成外空新法律文书的目标。

第三，中、俄去年向裁谈会提交的“防止在外空放置武器、对外空物体使用或威胁使用武力条约”（PPWT）草案，是向“防止外空军备竞赛”目标迈进的重要步骤。该草案体现了裁谈会成员国多年工作的结晶，是确保外空安全的最直接途径，应作为裁谈会下步实质性工作的基础。未来“防止在外空放置武器、对外空物体使用或威胁使用武力条约”草案讨论并不排斥各方提出新建议。中俄将根据各方对“防止在外空放置武器、对外空物体使用或威胁使用武力条约”草案已提出的评论意见,向裁谈会提交一份“问题和澄清”的补充文件。我们期待通过广泛讨论,该草案能得到进一步充实和完善。

近年来,为妥善应对外空领域的挑战,中、俄、加等与联合国裁研所合作,成功举办了一系列相关研讨会,收效显著。中方对此表示赞赏。

中方注意到,本次会议议程丰富,将全面探讨“防止外空军备竞赛”、“促进更安全外空环境”涉及的政治、法律、技术等问题。同时,“防止在外空放置武器、对外空物体使用或威胁使用武力条约”草案亦是会议重要议题之一。中、俄代表愿在会议上就该草案相关重要内容继续加以介绍、澄清,与各方深入交换意见,为进一步完善草案做好准备。我相信,在各位共同努力下,会议不仅能就促进外空安全问题相互启发、凝聚更多共识,还将为裁谈会关于PAROS及“防止在外空放置武器、对外空物体使用或威胁使用武力条约”草案实质性工作提供有益的借鉴。

最后,预计本次会议取得圆满成功。

中方在东盟地区论坛首次防扩散与裁军会间会上关于“防扩散与裁军机制现状”议题的发言

（2009年7月1日，北京）

主席先生：

当今世界正处在大变革大调整中，国际安全形势发生深刻复杂变化。全球安全形势总体平稳，但影响政治、经济形势的不稳定、不确定因素增多，局部冲突和热点问题此起彼伏，国际金融危机蔓延，非传统安全问题引起国际社会广泛关注。

多年来，国际裁军与防扩散体系作为全球安全秩序的有机组成部分，为维护世界和平与稳定依然发挥着重要作用。新的形势为推进裁军与防扩散进程提供了新的机遇：

——“无核武器世界”主张日益受到国际社会重视，推动核裁军进程呼声日益高涨，一些国家和非政府论坛相继提出不少新倡议。美俄重启新的核裁军条约谈判，为推动两国核裁军进程注入新的积极因素。

——随着日内瓦裁军谈判会议达成工作计划，沉寂11年的裁谈会即将就“禁产条约”、核裁军、防止外空军备竞赛、无核安保等议题开展实质性工作。

——国际社会在推进裁军、防止大规模杀伤性武器扩散总体目标上共识加深，合作加强。《不扩散核武器条约》审议大会筹备进程取得积极进展，为2010年审议大会取得实质成果，全面推进条约三大目标，加强条约的普遍性、权威性和有效性打下良好的基础。

另一方面，推动多边军控、裁军与防扩散进程仍然面临诸多挑战，任重而道远：

——全球和地区战略平衡与稳定受到挑战，谋求绝对安全和战略优势的做法令人关切。局部和热点地区仍存在动荡和不稳定因素。

——实现全面禁止、彻底销毁核武器，建立无核世界的目标任重道远，是一个长期的过程，需要国际社会的不懈努力。

——防扩散形势不容乐观。国际核不扩散机制有待进一步加强与改进，朝鲜核问题和伊朗核问题等地区热点问题远未得到妥善解决。

——各国在核裁军、防扩散、和平利用三大目标优先次序上分歧犹存，重防扩散而轻裁军、重防扩散而轻和平利用的倾向并未消失。

亚太地区各国重视防扩散和裁军问题，共识不断加深，合作进一步加强。作为亚太地区最主要的官方多边安全对话渠道，东盟地区论坛近年来为推进地区防扩散和裁军进程做出了不懈努力。

东盟地区论坛外长会高度重视地区安全及防扩散与裁军问题，曾在声明中多次呼吁推进本地区防扩散与裁军进程。外长会曾于2004年和2007年分别发表专门声明，呼吁各国加强防扩散努力，执行安理会1540号决议。2008年的外长会决定在东盟地区论坛框架下建立防扩散与裁军会间会机制，作为东盟地区论坛推动该领域进程的一项具体而长期的措施。此外，东盟地区论坛并曾多次举行研讨会，就裁军、防扩散、反导等问题进行讨论。上述努力为地区各成员加强交流、促进互信与合作提供平台，为构筑和谐的地区安全环境做出了贡献。

维护和平稳定，促进发展合作，是当前国际社会的普遍诉求。中国坚持走和平发展的道路，奉行独立自主的和平外交政策和防御性的国防政策。大规模杀伤性武器的发展和扩散对各国求和平、促合作、谋发展的共同愿望构成威胁，与中国政府倡导和谐世界的主张背道而驰。为促进国际和地区安全，凝聚共识，使国际军控、裁军和防扩散进程重新焕发活力，中方认为应在以下几方面做出努力：

首先，应推动建立以“互信、互利、平等、协作”为核心的新安全观，尊重彼此安全利益，寻求普遍安全。任何国家和国家集团在维护自身安全利益的同时，必须充分尊重和顾及其他国家的正当关切，遵循《联合国宪章》的宗旨和原则以及其他公认的国际法准则，这有助于构建一个合作与互信的全球安全环境，消除危害和平与稳定的根源。

第二，应坚持多边主义，维护现有国际军控、裁军和防扩散机制，加强其权威性、有效性和普遍性。

第三，应全面、平衡推进裁军、防扩散、和平利用科学技术三大目标，三者相辅相成，同等重要，不可偏废。

应致力于维护全球战略稳定，不断推进核裁军进程。任何核裁军措施应遵循“公正合理、逐步削减、向下平衡”的原则，以“维护全球战略稳定”和“各国安全不受减损”为前提。核武器国家应明确承诺全面、彻底销毁核武器，并尽早就此谈判缔结国际法律文书。在达成上述目标之前，核武器国家应降低核武器在国际政治事务和各国安全政策中的作用，承诺不首先使用核武器，并缔结不对无核武器国家和无核武器区使用或威胁使用核武器的国际法律文书。两个拥有最大核武库的国家对核裁军负有特殊、优先责任，我们欢迎美俄启动新的双边核裁军条约谈判，希望两国以可核查、不可逆的方式进一步削减核武库。应切实防止外空武器化和外空军备竞赛，确保外空的和平利用。建立全球导弹防御系统并在包括亚太在内的一些地区部署这种系统或开展相关合作，不利于维护战略平衡与稳定，不利于国际军控和防扩散努力，也不利于国家间的互信和地区稳定。

在防扩散方面，应坚持标本兼治、综合治理。要摒弃选择性做法和双重标准，确保国际防扩散努力的公正性和非歧视性。既要充分发挥联合国和其他相关国际组织作用，加强国际原子能机构的保障监督，严格履行安理会有关决议，更要靠坚持不懈的政治和外交努力。制裁和施压不是根本目的，只是推动外交努力及和平解决的手段之一。应坚持通过对话与谈判而非对抗或诉诸武力解决有关地区防扩散问题，任何防扩散措施都不能损害地区和平与稳定。有关国家之间双边关系的正常化和健康发展，对推动解决防扩散相关问题具有不可替代的重要作用。

和平利用科学技术是各国不可剥夺的权利，应得到充分尊重和切实维护。中方一向主张，应平衡处理和平利用科学技术与防扩散之间关系，确保其相互促进而非彼此对立。不能以防扩散为借口，限制或剥夺各国和平利用科学技术并开展国际合作的权利，也不应借和平利用从事扩散活动。

中方始终不渝走和平发展道路，倡导新安全观，致力于推动建设持久和平、共同繁荣的和谐世界。作为国际军控、裁军和防扩散进程的维护者和推动者，中国从不回避对国际安全和多边军控进程所承担的责任和义务，多年来为国际军控事业做出了自己的贡献。

作为核武器国家，中国一贯主张并积极倡导全面禁止和彻底销毁核武器。中国是五核国中唯一承诺不首先使用核武器，无条件不对无核国家和无核武器区使用或威胁使用核武器的国家。中国坚决反对任何形式的扩散活动，建立了涵盖核、生、化、导、常规军品的完备的出口管制法规体系，积极参与国际防扩散进程，加入了所有相关的国际条约与组织，积极开展国际防扩散交流与合作，严格履行有关国际义务和承诺。中国支持建立东盟国家建立无核武器区的努力，支持各国开展和平利用相关的国际合作。中国一贯反对外空武器化和外空军备竞赛，积极推动裁谈会就外空问题，包括中俄联合提交的“防止在外空部署武器、对外空物体使用或威胁使用武力条约”草案开展实质性讨论。

中国积极参与国际社会推动通过外交谈判和平解决地区核问题的努力。

在朝鲜半岛核问题上，实现朝鲜半岛无核武器化、反对核扩散、维护东北亚和平与稳定是中国政府的一贯立场。为实现上述目标，中国一直积极劝和促谈，同各方一道坚持六方会谈的大方向。在当前半岛局势更趋复杂的情况下，中国积极做各方工作，呼吁各方保持冷静克制，坚持通过对话协商和平解决朝鲜半岛核问题，为缓和局势、维护地区和平稳定做出了不懈努力。

在伊朗核问题上，中方主张通过外交谈判妥善解决该问题。当前，伊核问题形势正处于关键阶段。有关各方应抓住有利时机，加大外交努力，尽快重启六国与伊谈判，以寻求全面、长期、妥善的解决办法。

防扩散和裁军是国际社会面临的一项长期任务，需要各方参与、与时俱进。中方愿同东盟地区论坛成员一道，为进一步推动国际军控、裁军和防扩散进程，为维护国际和地区的和平、安全与稳定做出贡献。

何亚非副部长在东盟地区论坛首次防扩散与裁军会间会开幕式上的讲话

（2009年7月1日，北京）

尊敬的各位同事，女士们，先生们：

首先，我谨代表中华人民共和国外交部，对各位同事来华参加东盟地区论坛首次防扩散与裁军会间会表示热烈欢迎，对美国、新加坡政府为与中方共同筹备和举办此次会议做的努力表示衷心感谢！

当前，国际安全形势正经历着深刻变化。全球蔓延的金融危机影响深远。传统与非传统安全威胁相互交织。如何维护世界和平、促进共同发展，仍是国际社会面临的重大课题。

裁军与防扩散是国际和地区安全的重要基石之一。多年来，国际社会为此做出了不懈努力，业已建立起以《联合国宪章》为准则，以《不扩散核武器条约》、《禁止化学武器公约》、《禁止生物武器公约》等一系列国际条约为基础的裁军与防扩散机制。国际社会在防扩散总体目标上共识不断加深，有关努力与合作不断加强。随着《不扩散核武器条约》新一轮审议的启动，有关方面就核裁军、防扩散以及和平利用核能提出了不少新倡议。

在此背景下，东盟地区论坛建立防扩散与裁军会间会机制并召开首次会议，非常及时，富有意义。此次会议无疑为各方全面、深入分析当前国际裁军与防扩散形势，特别是就东盟地区论坛如何推进裁军与防扩散进程提供了难得的机会。

中方认为，防扩散与裁军会间会作为东盟地区论坛框架下一个重要的安全对话渠道，应秉承东盟地区论坛长期以来增进互信、相互尊重、对话合作、循序渐进的有益经验与做法，遵循尊重主权、不干涉内政、平等对话的安全理念，在协商一致、求同存异的基础上，不断寻求和扩大共同利益的汇合点，从而保证论坛稳定、有序、健康的发展，为维护亚太地区的和平发挥建设性作用。

为此，我们希望，会议能够在以下几条原则的指导下开展工作：

第一，铭记服务于增进各国普遍安全的总体目标。通过国际合作实现共同的安全，才是真正的安全。裁军、防扩散的根本目的是构建一个互信、互利、平等、协作的全球安全环境。希望会议能为促进实现这一目标做出贡献。

第二，统筹考虑裁军、防扩散与和平利用科学技术的关系。这三者历来相辅相成，不可偏废。只有平衡推进，才能保证有关国际进程的可持续性发展。

第三，既要努力凝聚共识，也要相互尊重与包容。只有每个成员都致力于平等、建设性对话，才有可能最大限度消除分歧，达成共识。

中方十分高兴成为首次东盟地区论坛裁军与防扩散会间会的东道国。我相信，在各方共同努力下，本次会议定将进一步加深各方对裁军与防扩散问题的认识，增进理解、扩大共识，为推进国际裁军与防扩散进程，为促进亚太地区安全做出建设性的贡献。

中国代表团团长王晓宁参赞在禁化武组织第57届执理会一般性辩论中的发言

（2009年7月，海牙）

主席先生：

首先，请允许我代表中国代表团祝贺您担任执理会主席。我相信，您丰富的外交经验和杰出的才能，一定能指导执理会的工作取得成功。中国代表团愿与您和各国代表团充分合作。在此，我愿对前任主席斯洛伐克大使 Oksana Tomoavá 女士的杰出工作表示赞赏。

我要感谢菲尔特总干事阁下所作的全面报告。我完全赞同古巴大使代表不结盟和中国所作的发言。我也愿借此机会，对巴哈马成为第188个缔约国表示欢迎。

公约生效十二年来，实施总体平稳顺利，普遍性显著增强，化武销毁取得进展，核查机制行之有效。公约在禁止和销毁化学武器、防止化学武器扩散、促进化工领域的国际合作等方面发挥了重要作用。同时，我们也应看到，我们在全面、有效履行公约方面仍面临严峻挑战。缔约国间、缔约国与禁化武组织之间进一步加深合作、凝聚共识，加倍努力推进各项工作至关重要。下面，我愿结合会议相关议题阐述中方的有关看法：

一、化武销毁。在公约规定的时限内，彻底销毁化学武器是禁化武组织特别是化武拥有国最优先和最紧迫的任务。在这方面，我们祝贺已完成销毁工作的缔约国。然而，我们也关切地注意到，随着2012年4月29日这一化武销毁期限日趋临近，超过半数的库存化武仍未销毁。我们理解一些化武拥有国的销毁工作的确遇到了未曾料到的困难，但在距销毁期限近三年的时间里，有关国家应当以负责任的态度，采取切实步骤，寻找解决办法，确保在公约规定的时限内完成销毁。

说到这里，我想说，近年来有一些缔约国主张推动公约组织工作重心由化武裁军向防扩散转移。这本身不是问题，中方也一贯支持加强国际防扩散的努力。但现在看来，化武销毁依然任重道远，需要缔约国及技秘处全身心投入和关注。化武销毁依然是本组织的最核心任务。

二、日本遗弃在华化武。尽快启动并按期完成日本遗弃在华化武销毁事关公约的核心目标，也是中国政府和人民的重大关切。

今年4月，温家宝总理和日本麻生首相会谈时强调，处理日遗化武问题既是中日间重大历史遗留问题，也是履行公约的重要工作，希望日方加快相关工作进度。

的确，近年来，处理日遗化武工作取得了一些进展，但在公约生效12年后，日遗化武仍无一枚被销毁，中方对此深表关切，启动销毁刻不容缓。公约规定，为销毁遗弃化学武器，遗弃国应提供一切必要的财政、技术、专家、设施及其他资源。中方敦促日方本着负责任的态度，充分重视并切实履行义务，加大人力、物力投入，尽早启动实质性销毁工作，并在规定的期限内完成销毁。中方欢迎技秘处在日遗化武销毁问题上发挥更积极的作用。

三、工业核查。如何在确保化武裁军的优先目标的前提下公平、合理地推进防扩散与改进工业核查，是禁化武组织应当认真探讨的重要问题。中方认为，工业核查资源应按设施风险度进行合理分配，并充分考虑地域平衡。

中方注意到技秘处就修订后的其他化学品生产设施视察选择方法执行情况向执理会提交的报告。根据这一新的试行选择方法，2008年其他化学品生产设施视察明显集中于一些地区以及这些地区的一些国家。作为一个全球性条约，公约防扩散的对象不能仅是或长期是某些地区、国家。我们认为这并不符合公约规定的公平地域分布原则，也不利于真正实现公约防止化武扩散的初衷。中方认为，作为一项过渡性措施，该方法的合理性、有效性尚待提高。中方希望技秘处结合核查经验就试行方法做进一步评估，中方也将加强与各方的沟通和磋商，争取早日达成合理的视察选择方法。

四、采取切实步骤，积极推进化工领域的国际交流与合作。国际合作是多边裁军与经济技术发展相互促进的具体体现。有效的国际合作不仅对增进公约普遍性有积极意义，也有助于增强各国，特别是发展中国家履行公约义务、化武防护等方面的能力。中方呼吁各方着眼长远，更多重视该领域的工作，投入更多资源，并采取切实步骤进一步推进第十一条的全面、有效实施。

中国高度重视并积极参与国际合作和援助，并提供力所能及的帮助。今年春天,中国政府决定向禁化武组织对非国际合作项目捐献个人电脑及对非洲履约及化工人员提供技术培训。目前,中方正与技秘处密切合作,有关工作正在有序进行。

本次执理会将首次在总干事候选人提名结束后正式讨论选举问题。明天下午,总干事候选人将向会议做自我推介,中方期待着各位候选人的介绍。总干事选举事关本组织的未来,特别是在下一任总干事任期内,他将面临确保化武按期销毁的严峻形势。因此,我们希望看到一位能力出众、经验丰富、处事公道的人选担任下任总干事。我们希望各方珍视禁化武组织协商一致做决定的良好传统,争取协商一致向大会推荐合适人选。当然,我们也注意到,为了使选举过程公正、透明,给每个候选人以平等机会,南非代表非洲组提出制定合理、可行的选举程序,使选举有章可循。中方对我们非洲同事的工作表示赞赏,并将积极参加相关讨论和审议,发挥建设性作用。

外交部长杨洁篪在日内瓦裁军谈判会议上的讲话

（2009年8月12日）

主席女士，秘书长先生，

各位代表，女士们，先生们：

我很高兴到裁军谈判会议讲话。裁谈会作为唯一的多边裁军谈判机构，曾经达成许多重要的军控法律文书，为增进国际和平与安全做出了积极贡献。前不久，在各方共同努力下，裁谈会达成工作计划，即将就各项主要议题开展实质性工作。我对此表示祝贺。我相信，凭借诸位的辛勤工作和聪明才智，裁谈会将不辜负各方期待，有力推进各项工作，取得新的成果。

当前，国际安全形势正在发生冷战结束以来最为深刻的变化。世界各国的命运从未像今天这样紧密相连，休戚与共。和平与发展仍然是时代主题，多边主义和以合作求安全的理念深入人心，各国间的安全对话与合作进一步深化。这为推动国际军控、裁军和防扩散进程提供了重要机遇。

同时，国际社会面临的安全挑战也在增多。恐怖主义十分猖獗，地区热点问题延宕难决，防扩散形势依然严峻，国际金融危机和经济衰退带来的社会冲击使不确定因素增多。维护国际战略稳定、促进世界和平与安全依然任重道远。

中国在国际事务中一贯致力于和平、发展、合作。正如中国国家主席胡锦涛指出的那样，中国始终不渝走和平发展道路，始终不渝奉行互利共赢的开放战略；我们主张，各国人民携手努力，推动建设持久和平、共同繁荣的和谐世界。中国政府将军控、裁军和防扩散作为外交工作的重要组成部分，为推进国际军控、裁军和防扩散进程做出了应有的贡献。

裁谈会是多边军控和裁军工作的缩影，有过辉煌的成绩，也曾长期陷于停滞。在今天裁谈会历史即将翻开新的一页的时候，我们有必要认真总结过去的经验教训，思考如何确保多边军控与裁军全面健康发展。为此，我们认为：

首先，应秉持互信、互利、平等、协作的新安全观，致力于营造和谐、稳定的国际和地区安全环境。

其次，应坚持多边主义，充分发挥联合国等多边机制作用，不断巩固和加强现有多边军控、裁军和防扩散体系。

第三，应维护国际战略平衡与稳定，在相互尊重和平等对待各方合理安全利益的基础上，实现各国普遍安全。

第四，应加强对话与合作，坚持以和平方式解决国际争端。

自核武器出现以来，人类一直生活在核战争威胁的巨大阴影之下。全面禁止和彻底销毁核武器，实现无核武器世界，是一切热爱和平人们的共同夙愿，也是中国一贯倡导并不懈追求的目标。

早在上世纪60年代初，中国政府就郑重发表声明，倡议召开世界各国首脑会议，讨论全面禁止和彻底销毁核武器问题。作为核武器国家，中国从不回避自己在核裁军方面的责任。

中国发展有限的核力量，完全是为了自卫。中国始终恪守在任何时候和任何情况下都不首先使用核武器，无条件不对无核武器国家和无核武器区使用或威胁使用核武器的承诺，是唯一做出上述承诺的核武器国家。中国这一政策今后也不会改变。

中国在核武器发展方面，始终采取极为克制的态度。中国从未在别国部署核武器，从来没有、今后也不会参加任何形式的核军备竞赛。这本身就是我们为核裁军事业做出的独特贡献。

中国是首批签署《全面禁止核试验条约》的国家之一。中国政府致力于推动早日批准条约，将继续为此做出积极努力。我们愿同国际社会一道，共同推动条约尽早生效。

中国支持裁谈会尽早启动关于“禁止生产核武器用裂变材料条约”的谈判，将积极参与谈判工作。

中国反对大规模杀伤性武器及其运载工具的扩散。中国已加入所有有关国际条约与机制，并建立起一整套与国际接轨的法律法规体系，严格执行安理会第1540号决议及其他防扩散决议，不断加大出口管制力度，致力于开展多、双边防扩散交流与合作。

中国始终主张通过对话与谈判和平解决朝鲜半岛核问题和伊朗核问题，并为此做出了不懈努力。我们愿与有关各方一道，继续积极推进朝鲜半岛无核化目标和伊朗核问题的妥善解决，维护国际核不扩散体系，维护地区和平与稳定。

当前，国际核裁军努力正面临前所未有的机遇。全面禁止和彻底销毁核武器，实现无核武器世界的目标日益得到广泛认同，各种核裁军倡议不断提出。我们对此表示欢迎。

我们认为，要全面禁止和彻底销毁核武器，实现无核武器世界，必须切实推进核裁军进程。

——美俄作为拥有最庞大核武库的国家，对核裁军负有特殊和优先的责任。两国应继续大幅削减核武库，为最终全面、彻底核裁军创造必要条件。我们欢迎两国正在进行的核裁军谈判，希望双方如期达成实质性协议。

——核武器国家应降低核武器在国家安全中的作用，并尽早承诺不首先使用核武器。中国早在1994年就正式提出“互不首先使用核武器条约”草案，我们希望有关各方能在新形势下认真考虑这一提议。

——无核武器国家放弃发展核武器的选择，理应获得免受核武器威胁的权利。国际社会应尽早就无核武器国家安全保证问题谈判缔结国际法律文书。

——建立无核武器区，对推动核裁军和防止核武器扩散具有积极意义。核武器国家应支持有关地区国家建立无核武器区或无大规模杀伤性武器区的努力，并承担相应义务。

——国际社会应共同推动《全面禁止核试验条约》早日生效。裁谈会应平衡推进各项实质性工作，尽快谈判缔结“禁止生产核武器用裂变材料条约”。

——应放弃谋求绝对战略优势的做法，不发展破坏全球战略稳定的导弹防御系统，不在外空部署武器。

——作为长期目标，国际社会还应谈判缔结《全面禁止核武器公约》，在有效国际监督下，最终实现全面、彻底核裁军。

我们认为，要全面禁止和彻底销毁核武器，实现无核武器世界，必须消除核武器扩散风险。

——应进一步加强《不扩散核武器条约》的普遍性、权威性和有效性，确保条约得到切实遵守。

——应继续加强国际原子能机构的保障监督职能，促进全面保障监督协定及其附加议定书得到有效执行和普遍遵守。

——应坚持通过政治外交手段解决防扩散问题，努力消除核武器扩散的根源。

——应加强核设施和核材料的安全保护，打击核恐怖主义，完善各国核出口控制体系，并开展相关国际合作。

——应摒弃一切双重标准的做法。

我们认为，要全面禁止和彻底销毁核武器，实现无核武器世界，必须大力促进核能的和平利用及其国际合作。

——《不扩散核武器条约》缔约国和平利用核能的权利应得到切实尊重和维护，不能以防扩散为由剥夺上述权利。

——国际原子能机构应在促进和平利用核能方面发挥更大作用。

——坚持多边协商，积极探讨既能减少扩散风险，又能促进和平利用核能的妥善办法，包括建立多边核燃料供应机制的可能性。

明年5月举行的《不扩散核武器条约》审议大会意义重大。各方应抓住这一契机，全面、平衡推进条约确立的核不扩散、核裁军与和平利用核能三大目标，推动审议大会取得实质性成果。

外空是人类的共有财产，维护外空安全，确保和平利用外空，符合各国的共同利益。当前，外空领域正日益面临武器化的危险。采取切实有效的多边措施，防止外空武器化和军备竞赛，具有重大的战略意义，也是国际社会的共同使命和责任。裁谈会应在这方面发挥重要作用。

去年2月，中国与俄罗斯共同向裁谈会提交了“防止在外空放置武器、对外空物体使用或威胁使用武力条约”草案。我们希望裁谈会能尽快就该草案展开实质性讨论，以便为完善外空法律体系，维护外空安全做出贡献。

中国古代思想家荀子有句名言：“不积跬步，无以至千里；不积小流，无以成江海。”要推动国际军控、裁军和防扩散进程，我们也必须从点滴做起，不因困难挫折而动摇信念。我相信，在全世界爱好和平人民的共同努力下，国际军控、裁军和防扩散事业定能不断取得进展，为建设持久和平、共同繁荣的和谐世界做出应有的贡献。

胡锦涛主席在安理会核不扩散与核裁军峰会上的讲话

（2009年9月24日，纽约）

主席先生，各位同事：

当前，国际安全环境复杂多变，核扩散问题依然突出，核裁军任重道远。为缔造普遍安全的世界，我们要努力做到以下几点。

——努力营造和平稳定的国际大环境，通过和平方式解决国际争端，增加各国安全感，促进发展，消除贫困，消除冲突和动荡根源。

——充分尊重和照顾各国正当合理的安全关切，不把本国安全凌驾于别国安全之上，通过互利共赢实现普遍安全。

——致力于建立相互理解和信赖的国家关系，化解分歧和猜疑，在平等基础上开展对话和合作。

——坚持多边主义，巩固以联合国为核心的集体安全体系，增强其公正性和合理性，使之在国际安全合作中发挥强大作用。

一个普遍安全的世界，首先应该摆脱核战争威胁。借此机会，我愿提出5点主张。

第一，维护全球战略平衡和稳定，积极推进核裁军进程。所有核武器国家应该切实履行《不扩散核武器条约》第六条规定的义务，并公开承诺不寻求永远拥有核武器。拥有最大核武库的国家应该继续率先大幅度实质性削减其核武器。《全面禁止核试验条约》应该早日生效。应该尽快就“禁止生产核武器用裂变材料条约”进行谈判。条件成熟时，其他核武器国家也应该加入多边核裁军谈判进程。为最终实现全面彻底核裁军，国际社会应该适时制订一项切实可行的分阶段的长远规划，包括缔结《全面禁止核武器公约》。

第二，放弃以首先使用核武器为基础的核威慑政策，切实减少核武器威胁。所有核武器国家应该明确承诺无条件不对无核武器国家和无核武器区使用或威胁使用核武器，并就此达成有法律约束力的国际文书。同时，核武器国家之间应该谈判缔结互不首先使用核武器条约。

第三，巩固国际核不扩散机制，防止核武器扩散。所有国家应该加入《不扩散核武器条约》，切实维护和加强条约权威性和有效性。强化国际原子能机构保障监督职能。所有国家应该严格履行防扩散义务，不搞双重标准，加强和改进防扩散出口管制。

第四，充分尊重各国和平利用核能的权利，积极开展国际合作。发达国家应该积极帮助发展中国家为和平目的开发利用核能。国际原子能机构应该加大投入，推动核电、核安全、核技术应用等方面技术合作和援助。

第五，大力加强核安全，切实减少核风险。各国应该严格遵守核安全领域各项国际法律文书，采取切实措施，确保其核设施和核材料安全，有效防止核材料流失。国际社会应该加强合作，共同打击核恐怖主义。

中国一贯主张全面禁止和彻底销毁核武器，我愿在这里郑重重申，中国坚定奉行自卫防御的核战略，始终恪守在任何时候和任何情况下不首先使用核武器政策，明确承诺无条件不对无核武器国家和无核武器区使用或威胁使用核武器。中国不参加任何形式的核军备竞赛，将继续把自身核力量维持在国家安全需要的最低水平，将继续为推进国际核裁军进程做出努力。中国愿继续为维护国际核不扩散体系发挥建设性作用。

中国代表团团长、特命全权裁军大使王群在第64届联大一委一般性辩论中的发言

（2009年10月6日，纽约）

主席先生：

首先请允许我代表中国代表团对你当选本届联大一委主席表示衷心的祝贺。我相信，你丰富的外交经验和智慧将引导本次会议取得成功。中国代表团愿与你和各国代表团通力合作。

进入新世纪，世界多极化和经济全球化继续深入发展，求和平、促发展已成为时代主流。各国相互依存不断深化，共同利益不断增多，交流与合作不断加强。同时，世界仍很不安宁。局部冲突和热点问题此起彼伏，恐怖主义十分猖獗，核扩散问题依然突出。

面对复杂多变的国际安全形势，各国应秉持互信、互利、平等、协作的新安全观，充分尊重和照顾各国正当合理的安全关切，努力建立相互理解和信赖的国家关系，化解分歧和猜疑，在平等基础上开展对话和合作，以和平方式解决国际争端。同时，坚持多边主义，巩固以联合国为核心的集体安全体系。只有这样，才能互利共赢，有效维护国际和平与稳定，实现普遍安全。

中国国家主席胡锦涛在刚刚举行的安理会核不扩散与核裁军问题峰会上，就缔造普遍安全的世界提出五点重要主张和四点殷切希望。我们希望国际社会能抓住当前国际军控和防扩散领域出现的前所未有的机遇，共同推进国际军控和防扩散进程，为缔造普遍安全的世界做出贡献。

全面禁止和彻底销毁核武器，实现无核武器世界，是一切热爱和平人们的共同夙愿，也是中国一贯倡导并不懈追求的目标。为早日实现这一目标，国际社会应从以下方面付出不懈的努力：

第一，核武器国家应切实履行核裁军义务，公开承诺不寻求永远拥有核武器。同时，应切实维护全球战略平衡与稳定，放弃谋求绝对战略优势的做法。美俄作为拥有最庞大核武库的国家，应继续率先大幅度削减核武器。我们对美俄正在进行的核裁军谈判表示欢迎，希望双方如期达成协议。

第二，核武器国家应降低核武器在国家安全中的作用，放弃以首先使用核武器为基础的核威慑政策。在新形势下，国际社会应尽早就无核武器国家安全保证问题谈判缔结国际法律文书。核武器国家之间应谈判缔结“互不首先使用核武器条约”。

第三，国际社会应共同推动《全面禁止核试验条约》早日生效，尽早就“禁止生产核武器用裂变材料条约”展开谈判。有关地区国家在自行协商、自愿协议的基础上建立无核武器区的努力必须得到尊重和支持。

第四，国际社会应适时制订一项切实可行的分阶段长远规划，包括缔结《全面禁止核武器公约》，在有效国际监督下，最终实现全面、彻底核裁军。

核不扩散与核裁军相辅相成。要全面禁止和彻底销毁核武器，实现无核武器世界，必须大力推进国际核不扩散努力，切实消除核武器扩散风险。

第一，应巩固和加强国际核不扩散机制。进一步加强《不扩散核武器条约》的普遍性、权威性和有效性。提高国际原子能机构保障监督能力。促进全面保障监督协定及其附加议定书得到有效执行和普遍遵守。

第二，应坚持在现有国际法框架内，通过政治外交手段和平解决防扩散问题，努力消除核武器扩散的根源。

第三，应全面执行联合国安理会第1540号决议，加强和改进各国防扩散出口管制，开展相关国际合作。同时，应摒弃在防扩散方面采取双重标准的做法。

第四，应高度重视核安全问题。采取切实有效措施，确保各国核设施和核材料安全，有效防止核材料流失。国际社会还应加强合作，共同打击核恐怖主义。

要实现无核武器世界，必须大力促进核能的和平利用及相关国际合作。

——和平利用核能是无核武器国家不可剥夺的合法权利，应得到切实尊重和维护。不能以防扩散为由，妨碍或限制各国和平利用核能的权利。

——国际原子能机构应加大在这一领域的投入，在核电、核安全、核技术应用等方面向发展中国家提供更多帮助。

——各国应通过多边协商，探讨既能减少核扩散风险，又能促进和平利用核能的妥善办法，包括建立多边核燃料供应机制的可能性。

明年5月举行的《不扩散核武器条约》审议大会意义重大。各方应抓住这一契机，全面、平衡推进条约确立的核不扩散、核裁军与和平利用核能三大目标，推动审议大会取得实质性成果。

中国一贯主张全面禁止和彻底销毁核武器，坚定奉行自卫防御的核战略。中国始终恪守在任何时候和任何情况下都不首先使用核武器，无条件不对无核武器国家和无核武器区使用或威胁使用核武器的承诺，是唯一做出上述承诺的核武器国家。

中国对核武器发展采取极为克制的态度，始终把自身核力量维持在国家安全需要的最低水平。中国无意参加任何形式的核军备竞赛，也从未在别国部署核武器。

中国一直积极支持国际核裁军努力。中国政府致力于推动早日批准《全面禁止核试验条约》，愿与国际社会共同推动条约早日生效。中国欢迎今年裁谈会达成工作计划，支持尽早启动“禁止生产核武器用裂变材料条约”谈判。中国将积极参与谈判进程。

防止外空武器化和外空军备竞赛，具有重大的战略意义，也是国际社会的共同使命和责任。我们希望裁谈会能尽快就去年2月中国与俄罗斯共同向裁谈会提交的“防止在外空放置武器、对外空物体使用或威胁使用武力条约”草案展开实质性讨论，为完善外空法律体系，维护外空安全做出贡献。

中国重视信息安全和生物安全问题，支持在联合国框架内就上述问题探讨合理可行的应对措施，切实加强相关国际合作。

中国为推动通过对话与谈判和平解决朝鲜半岛核问题和伊朗核问题做出了不懈努力。中方认为，坚持朝鲜半岛无核化，维护半岛和东北亚和平与稳定，符合有关各方的共同利益。通过对话协商实现半岛无核化，是国际社会的普遍共识，也是解决朝核问题的必由之路。中方欢迎近日六国与伊朗在日内瓦会晤取得的进展，赞赏与会各方体现的灵活立场。希望各方抓住当前的有利时机，进一步加大外交努力，保持对话势头，以寻求全面、长期、妥善解决伊朗核问题的办法。中方愿与有关各方一道，继续积极推进朝鲜半岛核问题和伊朗核问题解决进程。

几天前，中国人民刚刚度过了中华人民共和国60华诞。站在这继往开来的新的历史起点上，我们深深地认识到，中国的发展进步离不开世界，世界的繁荣稳定也离不开中国。中国将始终不渝走和平发展道路，始终作维护世界和平的坚定力量。中国愿同各国一道，继续为推动国际军控、裁军与防扩散事业持续健康发展不懈努力，为实现持久和平、共同繁荣的和谐世界做出新的贡献。

中国代表团在第64届联大一委关于核裁军问题的专题发言

（2009年10月14日，纽约）

主席先生：

在不久前举行的安理会核不扩散与核裁军问题峰会上，中国国家主席胡锦涛明确指出，一个普遍安全的世界，首先应该摆脱核战争威胁。胡主席并全面、系统地阐述了中国的核裁军主张：

——维护全球战略平衡和稳定，积极推进核裁军进程。所有核武器国家应该切实履行《不扩散核武器条约》第六条规定的义务，并公开承诺不寻求永远拥有核武器。拥有最大核武库的国家应该继续率先大幅度实质性削减其核武器。《全面禁止核试验条约》应该早日生效。应该尽快就“禁止生产核武器用裂变材料条约”进行谈判。条件成熟时，其他核武器国家也应该加入多边核裁军谈判进程。为最终实现全面彻底核裁军，国际社会应该适时制定一项切实可行的分阶段的长远规划，包括缔结《全面禁止核武器公约》。

——放弃以首先使用核武器为基础的核威慑政策，切实减少核武器威胁。所有核武器国家应该明确承诺无条件不对无核武器国家和无核武器区使用或威胁使用核武器，并就此达成有法律约束力的国际文书。同时，核武器国家之间应该谈判缔结互不首先使用核武器条约。

当前，国际核裁军努力正面临前所未有的机遇。全面禁止和彻底销毁核武器，实现无核武器世界的目标日益得到广泛认同，各种核裁军倡议不断提出，美俄开始谈判新的双边核裁军协议，裁军谈判会议多年来首次达成工作计划。我们对上述进展表示欢迎。

我们希望国际社会能抓住目前的机遇，秉持互信、互利、平等、协作的新安全观，坚持多边主义，共同营造有利于核裁军的国际安全环境；从推进核裁军进程和减少核武器威胁两方面入手，巩固和加强来之不易的核裁军势头；切实维护国际战略平衡与稳定，增进各国战略互信，为核裁军取得进展创造必要条件。

将于明年召开的《不扩散核武器条约》第八次审议大会意义重

大。各方应抓住这一契机，进一步凝聚共识，推动审议大会取得实质性成果，为国际核裁军进程注入新的动力。

中国一贯主张全面禁止和彻底销毁核武器，并为之做出了不懈努力。中国坚定奉行自卫防御的核战略，始终恪守在任何时候和任何情况下都不首先使用核武器的政策，明确承诺无条件不对无核武器国家和无核武器区使用或威胁使用核武器。中国不参加任何形式的军备竞赛，始终把自身核力量维持在国家安全需要的最低水平。中国将继续与国际社会共同努力，不断推进国际核裁军进程，为尽早全面禁止和彻底销毁核武器，实现无核武器世界的崇高目标做出应有的贡献。

中国代表团在第64届联大一委关于外空问题的专题发言

（2009年10月19日，纽约）

主席先生：

半个世纪以来，人类对外空的探索和利用取得了巨大进展，人类对外空的依赖与日俱增。维护外空安全，确保和平利用外空，是全人类的共同使命和责任。然而，自人类开始开发外空以来，外空就从未摆脱武器化的危险。随着空间技术和国际安全形势的发展，这一威胁日益现实。

现有外空国际法律体系为规范外空行为、维护外空安全发挥了重要作用。但我们必须看到，现有外空立法存在明显缺陷，无法防止除大规模杀伤性武器之外的武器进入外空，也不能有效防止对外空物体使用或威胁使用武力，难以确保外空的长久安宁。

中国认为，防患于未然是防止外空武器化和军备竞赛的关键。谈判达成新的法律文书，填补外空国际法律空白，是全面维护外空安全的根本手段。联大连续20多年以压倒性多数票通过“防止外空军备竞赛”决议，要求缔结一项防止外空军备竞赛国际法律文书，充分证明国际社会在这一问题上的广泛共识。

作为唯一的多边裁军谈判机构，裁谈会无疑是谈判缔结维护外空安全国际法律文书的最佳场合。随着裁谈会达成工作计划，有关维护外空安全的国际努力迎来新的机遇。国际社会应抓住有利机遇，进一步明确和巩固有关共识，推动裁谈会外空工作取得进展。

在裁谈会成员国多年工作基础上，中国和俄罗斯于去年联合向裁谈会提交了“防止在外空放置武器、对外空物体使用或威胁使用武力条约”草案，这是国际社会向完善外空法律体系迈出的重要一步。中俄对条约草案采取开放和包容态度，欢迎各方提出的建议和问题。中俄已对各方评论和问题做了进一步解答和说明，并向裁谈会提交了补充工作文件。我们期待裁谈会尽早就外空条约草案开展实质性讨论，以进一步充实和完善草案，为早日启动正式谈判打下坚实基础。

中国对有关制定外空领域透明和建立信任措施的倡议总体持开放态度。中方相信，适当可行的外空透明和建立信任对维护外空安全具有积极意义。同时，中方认为，有关措施不具法律约束力，不能取代我们制定外空领域新国际法律文书的努力，而应作为其有益补充。早日达成一项防止外空武器化和防止外空军备竞赛的国际法律文书，有利于维护外空和平，增进各国共同安全。中方愿与各方携手努力，完善外空国际法律体系，为确保外空安全做出贡献。

中国常驻禁止化学武器组织代表张军大使在第58届执理会上的发言

（2009年10月13日，海牙）

主席先生：

首先，请允许我代表中国代表团欢迎您再次主持执理会。中国代表团将与您及其他代表团充分合作，顺利完成本届会议各项议程。

我要感谢总干事菲尔特阁下所作的全面报告，并对总干事及其领导下的技术秘书处在推进《禁化武公约》实施方面的重要贡献表示赞赏。我完全赞同古巴大使Oscar de los Reyes Ramos阁下代表不结盟和中国所做的发言。

本次执理会是年内最后一届，除审议化武销毁及2010年工作计划和预算等重要议题外，还肩负向缔约国大会推选新总干事人选的历史重任。下面，我愿结合相关议题阐述中方立场：

一、按期、彻底销毁化武攸关化武裁军这一《公约》核心目标，是禁化武组织最优先和最紧迫的任务。《公约》生效以来，化武销毁取得长足进展，化武拥有国所付出的巨大努力值得肯定。但令人担忧的是，随着2012年这一最终时限日趋临近，有的化武拥有国提出新的延期申请，有的启动销毁面临重重困难，有的在按期完成销毁方面面临更为严峻复杂的挑战。如何妥善应对上述挑战，着力避免或减少其对《公约》权威和有效实施可能造成的消极影响，既是全体缔约国共同努力的方向，更是有关化武拥有国义不容辞的责任。中方认为，当前的工作重点仍是敦促所有化武国切实增强紧迫感，克服困难，加大投入力度，确保销毁按期完成。

二、尽快彻底消除日本遗弃在华化武危害，确保人员和环境安全是《公约》的核心任务和基本安全保障。《公约》生效已十二载，日遗化武的销毁进程仍迟迟难以启动，人员伤亡时有发生，生态环境长时间遭受破坏和污染，其现实威胁远远超出库存的现实化武。就在不久前，日遗化武伤人事件再次发生。日遗化武处理工作迟滞已经成为《公约》实施中的严重缺憾，长此下去，必将对

《公约》的有效性和权威性造成消极影响。销毁刻不容缓。中方不否认相关工作取得的成果，但更对销毁无任何实质性进展表示严重关切。中方敦促日方本着负责任的态度，切实履行义务，进一步加大投入，尽早启动并按期完成销毁。中方积极评价并继续支持技秘处在处理日遗化武问题上发挥重要作用。

三、核查资源的分配直接涉及《公约》相关规定的全面、有效、准确和平衡实施，各国应严格遵循《公约》要求和大会相关决定，本着严肃和负责任的态度寻求解决办法。第13届缔约国大会期间，各方围绕工业视察资源分配问题进行了艰苦磋商和反复协调方达成一致，并在相关决议（C-13/DEC.5）中明确，第六条视察次数问题应当在工业问题磋商范围内讨论，并由缔约国考虑预算和其他相关因素作为政策事项予以商定；2009年的第六条视察次数是例外安排，不构成先例。上述妥协来之不易，大会的决议必须予以尊重和遵守。令人遗憾的是，工业问题、特别是"其他化学品生产设施"问题的磋商或难以开展，或未取得任何进展。在此情况下，明年预算草案中再次建议增加工业视察总数，而且完全集中在其他化学品生产设施。中方认为，上述增长及分配缺乏充分、合理的依据，也难以让人信服，更不符合大会决议精神。中方希望各方遵守《公约》关于各类设施风险度的规定，遵循上述大会决议，协商找到妥善的解决办法。

总干事选举是本届执理会的重要议题。各方均对执理会顺利完成推出最佳人选的使命寄予厚望。在您的积极引导下，选举进程正按"路线图"稳步推进。中方对您在会间所做大量工作表示赞赏，并将继续给予全力支持和配合。中方希望本届执理会继续秉承公开、透明和民主的原则，凝聚共识，通过协商一致推出得到广泛拥护的人选。同时，中方希望在新的总干事就职前，成员国继续支持菲尔特总干事的工作，确保技秘处各项工作在过渡期间内的连续性。

中国代表团在第64届联大一委关于常规武器问题的专题发言

（2009年10月20日，纽约）

主席先生：

中国政府一贯坚定支持并积极参与国际常规军控进程，致力于妥善解决常规军控领域的人道主义问题。中国主张在平衡处理各国正当安全需要和人道主义关切的基础上，不断加强和完善常规军控领域的国际法律机制，促进国际和平与安全。

《特定常规武器公约》是常规军控领域重要的国际条约，在解决地雷等常规武器引发的人道主义问题方面发挥了不可替代的作用。近年来，与人道主义相关的常规军控问题越来越引起国际社会关注，公约框架内的各项工作日益受到各方重视，公约活力不断增强。中国一贯重视并支持公约各项工作，忠实履行公约及所附议定书有关义务，致力于加强公约的普遍性和有效性。

中国重视与集束弹药相关的人道主义关切，支持国际社会共同努力，采取现实可行的措施解决相关问题。《特定常规武器公约》包括了集束弹药主要生产、使用和转让大国，是处理集束弹药问题最合适的场所。中国积极参加了《特定常规武器公约》集束弹药问题政府专家组工作，为专家组工作取得进展发挥了建设性作用。中方愿继续与各方共同努力，在平衡处理军事安全需要和人道主义关切的基础上，尽早在《特定常规武器公约》框架内找到切实可行的解决集束弹药问题的妥善办法。

中国积极参与国际人道主义扫雷援助活动，向雷患国提供力所能及的援助。自1998年以来，中国政府通过捐款、援助扫雷装备、举办扫雷技术培训项目等方式，向20余个亚、非、拉国家提供了人道主义扫雷援助。今年9月，中国为阿富汗、伊拉克举办扫雷技术培训班，为两国各培训20名扫雷人员，并捐赠一批探、扫雷器材。

中国重视轻小武器非法贩运和滥用引发的地区不稳定和人道主义问题，主张全面、有效地落实联合国轻小武器《行动纲领》和

《识别与追查非法轻小武器国际文书》等现有国际文书，加强各国相关能力建设，不断推进打击轻小武器非法贸易的多边进程。

常规武器贸易问题直接关系到各国政治、安全和经济利益，也关系到地区甚至全球安全。中方赞成国际社会采取适当措施，规范有关武器贸易，特别是打击非法武器贩运。

中方认为，“武器贸易条约”的首要目标是维护全球和地区稳定，确保各国行使自卫权和安全需要。条约应具有普遍性、客观性和非歧视性。

从“武器贸易条约”（ATT）开放式工作组的讨论情况看，目前各方对ATT的目标、宗旨、适用范围、相关原则和要素等问题仍存在较大分歧。上述问题的解决，离不开各主要武器贸易国的普遍参与。我们支持有关各方在联合国框架内，以循序渐进的方式，并在协商一致的基础上继续探讨上述问题，以寻求共识。只有这样，才能确保讨论结果将来得到普遍支持和有效落实。同时，有关讨论不能削弱裁谈会作为唯一多边裁军谈判机构的地位。

中国代表团在第64届联大四委关于“协助地雷行动”问题的发言

（2009年11月2日，纽约）

主席先生：

近年来，在国际社会共同努力下，国际地雷行动取得积极进展，部分国家和地区雷患困扰有所缓解。中国代表团愿借此机会对联合国在该领域所做大量工作表示高度赞赏。

中国政府秉持“以人为本”理念，高度重视地雷引发的人道主义关切，重视并积极支持有关国际法律文书。中国是《特定常规武器公约》经修订的《地雷议定书》缔约国，忠实履行议定书各项义务，参加议定书相关专家组工作。并按要求提交年度履约报告。

中国赞赏《渥太华禁雷公约》体现的人道主义精神，认同其宗旨和目标，与“渥约”缔约国保持着沟通与交流，支持联大一委“《渥太华禁雷公约》的执行”决议案，并以观察员身份出席“渥约”相关会议。此外，中国还与国际地雷行动领域的许多非政府组织进行了接触与交流。

在不少遭受战争或武装冲突影响的国家和地区，地雷仍严重威胁着平民生命和财产安全，阻碍经济发展和社会重建。继续加强地雷行动领域的国际援助与合作，加快国际地雷行动进程，仍是一项重要课题。

中国政府主张，国际地雷行动合作应努力体现以下三个原则：一是要充分考虑雷患国国情和要求，因地制宜开展扫雷援助与合作。二是要加强雷患国自身能力建设，努力使其实现从依靠外援向以自身能力为主的转变，实现地雷行动可持续发展。三是要注重提高扫雷援助与合作的实际效果，不断开创地雷行动国际合作新方式。

中国曾饱受雷患困扰，对有关雷患国的遭遇感同身受。从国际人道主义出发，中国政府积极参与国际扫雷援助活动，帮助有关国家摆脱雷患困扰。自1998年以来，中国政府建立起长期、机制化的国际扫雷援助规划，迄今共向20多个亚、非、拉国家提供了扫雷援助，通过捐款、扫雷援助装备、举办扫雷技术培训项目等多种方式支持这些国家的地雷行动。

去年，中国政府为来自苏丹的20名学员举办了扫雷技术培训班，并捐赠了一批扫雷器材。2009年2月，中国政府向埃及无偿援助了一批扫雷器材，并为15名埃及学员进行了技术培训。目前，中国政府正在为阿富汗、伊拉克举办人道主义扫雷技术培训班，两国各派出20名扫雷人员参加此次培训。培训结束后，中国政府将向两国各捐赠一批扫雷器材。中国政府注意到雷患问题对斯里兰卡战后平民安置和经济社会重建造成的负面影响，积极响应联合国秘书长与斯里兰卡政府发表的联合声明中关于在扫雷领域开展国际合作的呼吁，重视并积极支持斯政府为解决国内雷患问题所做的努力；决定向斯政府提供扫雷援助。多年实践证明，中国的扫雷技术安全成熟，设备可靠实用，成本低、效率高、效果好，获得了受援国和有关国际组织的高度好评。

中国政府愿继续与各方密切合作，为解决地雷引发的人道主义问题做出新的贡献。

中国代表团团长张军大使在《禁止化学武器公约》第14届缔约国大会一般性辩论中的发言

（2009年12月1日，荷兰海牙）

主席先生：

首先，请允许我对你当选大会主席表示祝贺。我相信，你丰富的外交经验和杰出才能，一定能引导大会取得成功。中国代表团愿与你和各国代表团充分合作。我也愿对上届大会主席日本大使涩谷阁下的辛勤工作表示赞赏。我完全支持古巴大使OSCAR DE LOS REYES RAMOS阁下代表不结盟和中国所做的发言。

当前，国际安全形势正发生深刻变化。一方面，和平、发展的时代主流强劲。多边主义深入人心，国际社会在安全领域的对话与合作不断深化。另一方面，国际安全面临复杂挑战。传统安全和非传统安全互相交织，地区热点此起彼伏，恐怖主义依然猖獗，凸显了加强多边军控、裁军和防扩散体系的重要性和紧迫性。

中国国家主席胡锦涛在前不久举行的安理会核不扩散与核裁军问题峰会上，就缔造普遍安全的世界提出了五点主张和四点希望。中方愿与国际社会一道，加强多边合作，共同应对挑战，推进国际军控、裁军与防扩散进程，为缔造普遍安全的世界做出努力。

《禁止化学武器公约》（下称“公约”）生效12载，已成为最具普遍性和最成功的多边军控条约之一，在消除化武威胁、促进化学造福人类方面发挥了重要作用。禁化武组织也成长为一个以合作和协商为主流，成熟、高效的国际组织。缔约国完全有理由为此而自豪，同时，我们也面临诸多挑战。缔约国应以更负责的态度，加强合作，共同努力，全面推进履约各项工作。

第一，在公约规定时限内，尽快、彻底完成化武销毁是禁化武组织当前和今后几年最优先、最核心的工作。公约以全面禁止和彻底销毁化学武器这一整类大规模杀伤性武器为根本目标，是多边裁军进程为维护世界和平与安全服务的重要体现。国际社会对此寄予厚望。公约生效以来，销毁已取得长足进展，但距2012年这一最终期限时日不多，仍有近半数库存化武有待销毁，按期完成销毁面临严峻挑战。中方赞赏化武拥有国所做的积极努力，同时也敦促有关国家切实履行义务，增强紧迫感，加大投入，确保按期完成销毁。

第二，尽早、安全、彻底销毁日本遗弃在华化武是公约核心目标的重要组成部分，也是中国政府和人民的重大关切，应全力推动有关工作取得实质进展。免遭化武危害是缔约国应享有的最基本和最重要的安全保障。公约生效12载，迄今仍未有一枚日遗化武被销毁，伤人事件不断发生，有关地区的生态环境长时间遭受污染。这充分说明，遗弃化武的现实威胁并不亚于库存化武，销毁工作同样紧迫，启动销毁刻不容缓。日方最近向中方提交了总体销毁计划草案，南京移动销毁设施有望于明年投入使用，中、日和技秘处也已就相关的核查计划基本达成一致，中方对此表示欢迎。中方敦促日方本着负责任的态度，切实履行公约义务，加大投入，尽早启动并在2012年前完成销毁。中方重视并欢迎技秘处继续发挥积极作用。

第三，工业核查是防范化武扩散的重要手段，在高度重视的同时，应不断开拓思路，改进方法，公平、合理、平衡、有效地推进有关工作。在此方面，一是遵循地域平衡原则，合理分配工业核查资源，避免过分集中在某些地区或国家。二是充分考虑有关设施的风险等级，保证重点，统筹兼顾，避免不必要的资源浪费。三是在依靠技秘处核查力量的同时，充分利用缔约国的资源和力量，探讨更加合理、有效的核查机制、方法，既增强防扩散效果，也减轻缔约国压力。中方呼吁尽快启动其他化学品生产设施视察选择方法等相关问题的磋商，在上述原则基础上，努力取得实质性进展，寻求妥善解决办法。

第四，化工领域国际合作是公约的重要支柱之一，应予高度重视，全力推动。在化工领域深入开展国际合作，有利于促进国际贸易，有助于缔约国共享化工领域发展成果，也有利于提高有关国家、特别是发展中国家的履约能力，促进其化工业发展。中方赞赏缔约国和技秘处为此做出的努力，呼吁各方制定实质性交流合作计划，投入更多资金和技术，发达国家尤其要加大对发展中国家的化工援助与合作力度。

大会将任命尤祖姆居大使阁下为下任总干事，这对禁化武组织承上启下、继往开来具有重要意义。过去8年，菲尔特总干事及其领导下的技秘处辛勤工作，以高度的敬业精神和出色的专业能力，确保了禁化武组织平稳、高效运转，为公约实施做出了重要贡献。中方赞赏菲尔特总干事杰出的领导才能和管理能力，并祝愿他在新的职业生涯中取得更大成功。

同时，我也愿借此机会对新任总干事人选尤祖姆居大使阁下表示祝贺。执理会全体成员一致推选尤祖姆居阁下担当重任，既是对其个人才能的充分肯定和高度信任，更对他进一步推动公约实施、有效推进现实化武及遗弃化武销毁进程寄予厚望。中方将全力支持和配合他的工作，推动禁化武组织各项工作在更高的起点上取得更大成果。

中国始终以负责任和建设性态度参加禁化武组织各项工作，认真履行义务。经过不懈努力，我们建立了一套完善的履约法律规范，形成了从中央到地方、覆盖全国、管理有效的履约体系。中国按时、准确提交了各类宣布，顺利接待200余次视察，其中今年前11个月达到33次。同时，中国政府高度重视与禁化武组织的合作。今年6月，中方与禁化武组织在香港成功举办了亚洲地区海关执法研讨会。中方还通过禁化武组织“援非项目”向非洲国家提供了化工人员进修名额，并向非洲9个缔约国捐赠了计算机。中方愿与各方一道，继续为促进公约的全面、有效实施做出积极、建设性贡献。

中国政府一向重视公约在中国香港特别行政区的适用问题，下面请允许我邀请香港特区工业贸易署副署长刘利群女士发言介绍公约在香港特区的适用情况。

中国代表团团长王群大使在《禁止生物武器公约》缔约国会上的发言

（2009年12月7日，日内瓦）

主席先生：

首先，请允许我代表中国代表团对您担任《禁止生物武器公约》（下称“公约”）缔约国会主席表示衷心祝贺。中国代表团将积极支持您的工作。

当前，国际安全形势正在经历重大、深刻变化。世界多极化深入发展，科技进步日新月异，金融危机影响深远，传统与非传统安全因素相互交织。恐怖主义、大规模杀伤性武器扩散和传染病流行等全球性问题日益突出，对国际安全构成严峻挑战。

《禁止生物武器公约》在消除生物武器威胁、防止生物武器扩散、应对生物恐怖主义、加强生物安全等方面发挥着不可替代的重要作用。当前公约执行情况总体良好，普遍性稳步提高，公约缔约国已达163个。62个缔约国提交了2008年建立信任措施宣布。69个缔约国建立了国家履约联络点。履约支持机构运行平稳，得到缔约国普遍支持和信任。中方感谢主席和履约支持机构在促进履约、提高公约普遍性、加强缔约国沟通等方面发挥的积极作用。

在公约框架下加强疫情监控，对防范生物恐怖主义、加强全球生物安全、提高缔约国履约能力具有重要积极意义。缔约国在专家组会上就加强疫情监控能力及国际合作提出了许多有益建议。中方感谢主席提交的总结各方观点的“综合文件”，希望各方在此基础上进一步增进共识，争取在本次会上提出现实可行的具体建议。

当前，大规模传染病的跨国流行进一步加剧，全球疫情监控形势严峻，各国无法独善其身。发展中国家与发达国家相比疫情监控能力差距悬殊，成为全球疫情监控的薄弱环节。许多发展中国家在疫情监测、检测、诊断和控制等领域能力不足，在发展基础设施、培养专业人才等方面缺少资金和投入，在获取疫情监控领域所需材料、设备和技术方面也存在困难。

公约第十条规定，有条件的缔约国应在预防疾病方面进行国际合作。切实增强发展中国家的疫情监控能力，既符合公约宗旨，也是提高全球公共卫生安全的重要前提。鉴于上述，中方在加强疫情监控及国际合作方面有如下看法：

第一，疫情监测和应对首先是国家责任，缔约国应建立并完善符合本国国情及需要的疫情监测与应对机制，最大限度地改善本国卫生状况。

第二，政府主管部门对疫情监控应发挥主导作用，积极推进人类、动物和植物卫生部门的合作与协调，同时引导医药界、学术界、非政府组织在各自领域发挥积极作用。

第三，加强对发展中国家的援助。发达国家及有能力的国家应在平等、协作、互相尊重的基础上，通过多种形式帮助发展中国家增强疫情监控应对能力建设，发展必要的基础设施和人力资源，努力缩小各国经济和技术差距。

第四，促进国际交流与合作，加强疫情信息、相关设备、科学技术和人员的交流，消除在和平目的转让方面的不合理限制，推动缔约国相互学习，分享经验。

第五，充分发挥世界卫生组织、世界动物卫生组织、联合国粮农组织等相关国际组织的积极作用，推动他们继续在合作与援助方面发挥协调作用，促进其更加关注发展中国家的流行疾病。

公约所有条款同等重要，都应得到充分执行，包括国际合作条款。加强国际合作有助于提高缔约国履约能力，促进公约有效性，吸引更多国家加入公约，最终提高公约的普遍性。促进国际合作与防扩散互不矛盾。

基于上述，中方支持不结盟提出的关于“建立全面执行公约第十条机制”的工作文件。希望缔约国就此展开深入讨论并达成共识。中方支持会议取得积极成果，将本着开放、务实的精神，与其他各方合作，为会议成功做出积极贡献。

军控司副司长李松在北约防扩散研讨会上的发言

（2009年12月10日，华沙）

各位同事：

当前，国际军控、裁军与防扩散形势正在经历重要变化。核问题在国际安全议程上的重要性进一步凸显。核裁军、核不扩散、核安全与和平利用核能问题，都引起国际社会的高度关注。在此背景下，北约召开这次研讨会，对各方探讨在新形势下如何维护和加强国际核不扩散体系、促进国际军控、裁军和防扩散合作，无疑具有重要的现实意义。

根据主办方安排，我愿就如何应对当前亚洲地区的扩散威胁和挑战，谈几点看法。

今年以来，围绕朝鲜半岛核问题的形势出现了一系列举世瞩目的变化。朝鲜宣称进行了卫星发射试验，继而又进行了第二次核试验。安理会针对上述事态发展，先后采取了行动。六方会谈进程陷入停顿。与此同时，有关各方继续积极致力于打破僵局，寻求通过政治和外交手段解决问题。半岛无核化进程在经历了新的严峻挑战之后，面临新的发展机遇。

众所周知，朝鲜半岛核问题，“冰冻三尺，非一日之寒”。它是在东北亚政治、安全格局的历史发展进程中出现的，始终与东北亚和平与稳定密切相关。这个问题处理得好，东北亚可望实现长治久安。处理不好，东北亚安全格局将进一步出现消极变化。另一方面，半岛核问题事关国际核不扩散机制的权威性和有效性。实现半岛无核化、维护东北亚和平稳定、巩固国际核不扩散机制，符合各利益攸关方的战略利益，是国际社会的普遍期望。

中方认为东北亚地区各国与世界上所有国家一样，都真诚地希望国家政治稳定、经济发展、人民安居乐业。它们也都深知，国家的发展，需要和谐顺畅的对外关系，以及和平稳定的外部环境。朝鲜也不例外。这个基本的判断，对冷静、稳妥处理东北亚安全和半岛核问题至关重要。

正是基于这个判断，中方在处理半岛核问题的过程中，无论面临怎样复杂、困难的局面，都始终主张各方面尊重历史、立足现实、着眼大局、标本兼治。我们认为，只有树立互信、互利、平等、协作的新安全观，超越意识形态和社会制度的差异，相互尊重各方的安全利益，通过互利共赢的方式，缔造一个普遍安全的国际和地区环境，才能从根本上消除东北亚地区核武器扩散的诱因，向半岛无核化目标不断迈进。

中方主张，要妥善处理半岛核问题，必须坚持把握以下原则：

一是坚决维护朝鲜半岛和东北亚地区的和平稳定。这个地区不能乱，乱了对任何一方都不利，也丝毫无助于解决核问题。维护和平稳定与实现半岛无核化同等重要。因此，中国始终主张，半岛核问题必须也只能通过对话和谈判，以和平的方式寻求解决。在任何时候和任何情况下，中方都坚决反对诉诸武力或以武力相威胁的做法，敦促各方避免激化矛盾，或因擦枪走火导致紧张升级。

二是坚持朝鲜半岛和东北亚地区无核化的目标。无论对朝鲜，还是对东北亚地区其他有关国家而言，成为新的核武器国家都不会给它们带来真正的安全，只会进一步破坏和恶化周边战略安全环境，后患无穷。因此，中国明确反对朝鲜发展和拥有核武器，从未以任何方式向朝核计划提供过帮助。与此同时，中方也坚决反对个别势力以朝鲜局势为借口，在本国国内鼓吹拥核论调。有关各方应该通过坚定不移地致力于实现半岛无核化，使半岛乃至整个东北亚地区永远摆脱核武器扩散、核军备竞赛与核战争的威胁。

三是坚持维护六方会谈机制，争取早日重启会谈。几年来，六方会谈经历了风风雨雨，有成功，也有挫折，但其作用和贡献有目共睹，得到了各方和国际社会的一致肯定。六方会谈有三个目标，即实现朝鲜半岛无核化；实现有关国家关系正常化；建立东北亚和平与安全机制，实现本地区所有国家的共同安全。历史和实践证明，六方会谈能够兼顾各方利益和关切，是通过对话协商解决朝核问题的有效平台。各方应在坚持六方会谈框架的前提下，根据新的形势变化，对这一机制加以改进和完善，使其在东北亚安全合作中焕发出更强大的生命力。

四是致力于逐步建立相互尊重、相互信任、共同安全、共同发展的东北亚新秩序。各方应平衡照顾彼此合理关切，通过冷静、耐心、审慎和创造性的外交努力，实现彼此之间的相互理解和信赖，消除地区冲突和动荡的根源，增加包括朝鲜在内各有关国家的安全感，促进共同发展和繁荣。

通过各方的共同努力，当前形势发展有三个积极面。一是各方都坚持六方会谈的框架，认为这是实现半岛无核化和维护地区和平稳定的最佳平台。二是朝鲜的立场出现积极变化。中国总理温家宝10月初访朝期间，朝方表示实现半岛无核化目标没有改变，愿视朝美接触情况，举行包括六方会谈在内的多边会谈。朝并在东北亚合作对话会上重申了有关立场。三是各方积极互动增加。8月份以来，朝鲜与美国、韩国之间的一些重要互动，引起国际社会普遍关注和欢迎。10月底，朝鲜代表团访美。日前，美对朝政策特别代表博斯沃思大使访朝，在六方会谈框架内开展高级别双边接触。尽管我们不能指望一、两次接触解决问题，但这些努力都是朝着正确的方向迈出的重要步子。我们希望看到，有关各方都能够在加强与朝对话、发展对朝关系方面继续做出积极努力，为早日顺利重启六方会谈营造有利气氛。

中方高度重视朝核问题。几年来，中方与各方保持密切沟通，积极劝和促谈，为实现半岛无核化、维护地区的和平与稳定发挥了独特的建设性作用。中方愿与有关各方和国际社会一道，争取早日重启六方会谈，实现半岛无核化、推动有关国家关系正常化，维护东北亚地区的长治久安继续做出不懈努力。

李金章副部长在第七次中美军控、裁军与防扩散研讨会开幕式上的讲话

（2009年12月16日，北京）

女士们，先生们：

很高兴出席第七次中美军控、裁军与防扩散研讨会。首先，我谨代表中国外交部，对此次研讨会的召开表示热烈祝贺，对参加会议的中美双方代表表示欢迎。

一个月前，奥巴马总统对中国进行了首次国事访问。在双方共同努力下，访问取得了积极成果。两国领导人就新时期中美关系和共同关心的重大国际地区及全球性问题深入交换意见，达成许多重要共识。双方在《联合声明》中重申致力于建设二十一世纪积极合作全面的中美关系，并表示将采取切实行动稳步建立应对共同挑战的伙伴关系。这对新形势下的中美关系做出了明确定位，为今后一个时期两国关系发展指明了方向。中美《联合声明》也提及双方在军控和防扩散领域的合作。此次中美研讨会，从某种意义上说，就是落实两国领导人有关共识和中美《联合声明》的一项具体步骤。

军控和防扩散关系到国际和平、安全与稳定。当前，军控和防扩散领域出现新的形势发展。要公正、有效地推进多边军控和防扩散进程，既面临难得的机遇，也面临不容忽视的挑战。中美同为安理会常任理事国，在应对地区和全球安全挑战、维护国际和平与安全方面拥有广泛的共同利益和广阔的合作前景。两国在军控和防扩散领域建立相互信赖、真诚合作的伙伴关系，既符合双方根本利益，也有利于世界的和平、安全与稳定。为此，我们应从以下三方面共同努力：

一、持之以恒地培育和深化战略互信

战略互信是建立伙伴关系的前提和基础。中美关系30年的发展历程证明，双方和则两利，斗则俱伤。进入新世纪，中美两国相

互依存和利益交融达到了前所未有的水平，已形成你中有我，我中有你的格局。为进一步推进互利合作，使两国关系发展具备更加坚实的基础，双方应共同致力于增进战略互信。具体而言，就是要从战略高度和长远角度看待和处理彼此关系，超越在意识形态、发展模式等方面的差异，尊重和照顾彼此核心利益和重大关切，坚持以理性、客观、平和的心态看待对方发展，避免战略猜忌和误判干扰和损害两国关系。

二、坚持不懈地加强和拓展务实合作

加强合作是建立伙伴关系的重要内容。多年来，中美在军控和防扩散领域的交流与合作，伴随着两国关系的发展逐步扩大与深化。双方应该在当前中美关系发展的大框架下，以新的眼光看待两国在军控和防扩散领域的关系，积极推进相关交流与合作。

首先，两国可共同推动国际社会为最终实现全面禁止和彻底销毁核武器的目标采取一些实实在在的步骤，比如共同推动《全面禁止核试验条约》早日生效，推动日内瓦裁军谈判会议尽早启动“禁止生产核武器用裂变材料条约”谈判，推动《不扩散核武器条约》2010 年审议大会取得成功。

其次，两国可共同致力于真正有效地巩固和加强国际防扩散机制，包括加强相关国际法体系和安理会的作用，共同促进有关多国防扩散出口控制机制的有效性和普遍性，从而加强这些机制的权威性，使其在推动国际防扩散努力方面发挥更加积极的作用。

第三，两国可继续推动妥善处理朝鲜半岛核问题、伊朗核问题等防扩散热点问题，维护东北亚和中东地区的和平与稳定。

第四，两国可共同推动和平利用核能国际合作，支持国际社会探讨既能保障各国和平利用核能权利，又能防止核扩散的有效办法。

第五，两国可共同支持加强核安全和打击核恐怖主义国际努力，包括推动明年举行的核安全峰会取得积极成果。

第六，两国可就和平利用外空、加强外空安全以及网络安全问题进行对话与交流，推动国际社会开展相关合作。

三、坚持相互尊重和平等互利的原则

相互尊重和平等互利，是建立伙伴关系的应有之义。中美国情不同，双方在防扩散领域的一些具体问题上存在不同看法和关切，这是难以避免的，重要的是我们要正确对待和处理分歧。应该看到，中美两国在防扩散领域总体目标一致，共同利益和共识远远大于矛盾和分歧。双方应始终从建立和发展伙伴关系的战略高度出发，坚持在相互尊重和平等互利的基础上，认真对待和照顾彼此关切，通过对话磋商，而不是对抗，寻求解决分歧的妥善办法。只有这样，中美两国在防扩散领域的交流与合作才能持续健康发展。

自1998年以来，中美两国政府官员和学者利用军控、裁军与防扩散研讨会这个平台，就共同关心的问题深入、坦诚地交换意见，增进了相互了解，密切了彼此联系，为推动两国在军控和防扩散领域的交流与合作发挥了有益的作用。我希望双方代表在此次研讨会上，能继续本着开放、务实的态度，就军控和防扩散领域的重大问题进行建设性的对话和交流，共同推动研讨会取得积极成果。

最后，我预祝本次研讨会圆满成功。

中国观察员代表团团长、外交部军控司司长成竞业在《渥太华禁雷公约》第二次审议大会上的发言

（2009年12月21日）

主席女士：

首先，请允许我祝贺您当选本次大会的主席。我也愿借此机会，向会议主办方哥伦比亚政府表示感谢。

《渥太华禁雷公约》生效十年以来，为推动解决地雷引发的人道主义问题发挥了重要的积极作用。此次审议大会及其取得的成果，无疑将进一步促进消除全球范围内的雷患问题。

中国目前尚无法加入《公约》。但是，我们高度赞赏《公约》体现的人道主义精神，也认同《公约》的宗旨和目标。我们以观察员身份参加了《公约》历次缔约国会议和相关活动，并自2005年起对联大历届“《渥太华禁雷公约》执行”决议投了赞成票。

中国政府秉持“以人为本”理念，十分重视地雷问题，始终以建设性态度积极参与相关国际努力。中国主张平衡处理各国正当的国防需要与地雷引发的人道主义关切。中方支持在《特定常规武器公约》框架内妥善处理地雷问题。

近五年来，中国政府为解决地雷造成的人道主义问题作出了不懈努力。中国已圆满完成历时8年的新一轮边界地区扫雷行动，在广西勘界通道清障排雷和中越陆地边界云南段勘界保障作业中，共清除雷障总面积达514.59万平方米，至此基本消除中国境内雷患。中国政府忠实履行《特定常规武器公约》二号议定书义务，销毁了大量不符合要求的老旧杀伤人员地雷，一直恪守承诺，停止出口杀伤人员地雷。过去五年，中国政府继续积极致力于开展国际扫雷合作，尽最大努力帮助有关国家摆脱雷患困扰。我们先后向16个亚、非、拉发展中国家提供了总值约3100万元人民币的人道主义扫雷援助。这些援助主要包括直接捐款、援助探扫雷器材和防护装具、举办扫雷技术培训班、实地指导扫雷等。

今年，中国为来自阿富汗和伊拉克的共38名学员举办了为期2个月的扫雷技术培训班。中国并向上述两国和埃及援助了一批扫雷

器材。中国政府还决定将向斯里兰卡提供人道主义扫雷援助。事实证明，中国的援外扫雷技术安全成熟、设备可靠实用，成本低、效率高、效果好，获得了受援国和有关国际组织的高度好评。

我愿重申，中国政府将继续加强与《公约》缔约国和有关国际组织的合作与交流。我们愿与各方携手努力，为早日彻底解决地雷造成的人道主义问题做出应有贡献。

（滕建群 辑）

附件三：2009年国际军控与裁军文件选编

第1874（2009）号决议2009年6月12日安全理事会第6141次会议通过

安全理事会，

回顾其以往各项相关决议，包括第825（1993）号决议、第1540（2004）号决议、第1695（2006）号决议，尤其是第1718（2006）号决议，以及2006年10月6日和2009年4月13日的主席声明（S/PRST/2006/41和S/PRST/2009/7）。

重申核、生物和化学武器及其运载工具的扩散对国际和平与安全构成威胁，

表示极为关切朝鲜民主主义人民共和国（朝鲜）于2009年5月25日（当地时间）违反第1718（2006）号决议进行的核试验、这一试验对《不扩散核武器条约》和旨在加强防止核武器扩散全球机制以备举行2010年《不扩散核武器条约》审议大会的国际努力构成的挑战以及它对区域内外和平与稳定带来的危险，

强调安理会一致支持《不扩散核武器条约》和加强《条约》各方面的承诺以及促进核不扩散和核裁军的全球努力，并回顾，根据《不扩散核武器条约》，朝鲜在任何情况下都不能享有核武器国家的地位，

痛惜朝鲜宣布退出《不扩散核武器条约》并谋求发展核武器，

再次强调朝鲜回应国际社会其他安全和人道主义关切的重要性，

还强调本决议制定的措施无意对朝鲜平民造成不利的人道主义影响，

表示极为关切朝鲜进行的核试验及导弹活动进一步加剧了该区域内外的紧张局势，认定继续存在着对国际和平与安全的明显威胁，

重申所有会员国维护《联合国宪章》宗旨和原则的重要性，

根据《联合国宪章》第七章采取行动，并根据第四十一条采取措施，

1. 最严厉谴责朝鲜于2009年5月25日（当地时间）进行的核试验，此举违反并公然无视安理会相关决议，特别是第1695（2006）号和第1718（2006）号决议以及2009年4月13日安理会主席声明（S/PRST/2009/7）；

2. 要求朝鲜不再进行任何核试验或使用弹道导弹技术进行发射；

3. 决定朝鲜应暂停所有与弹道导弹计划相关的活动，并就此重新做出其原先关于暂停导弹发射的承诺；

4. 要求朝鲜立即全面遵守安全理事会相关决议，特别是第1718（2006）号决议规定的义务；

5. 要求朝鲜立即收回其退出《不扩散核武器条约》的宣告；

6. 还要求朝鲜早日重返《不扩散核武器条约》和国际原子能机构（原子能机构）的保障监督，铭记《不扩散核武器条约》缔约国所享有的权利和义务，强调《不扩散核武器条约》所有缔约国均需继续履行其条约义务；

7. 呼吁所有会员国履行第1718（2006）号决议规定的义务，包括与第1718（2006）号决议所设委员会（“委员会”）依照2009年4月13日安理会主席声明（S/PRST/2009/7）所作关于指认的义务；

8. 决定朝鲜应以完全、可核查和不可逆的方式放弃所有核武器和现有核计划并立即停止所有相关活动，严格履行《不扩散核武器条约》订立的缔约方义务以及国际原子能机构（原子能机构）保障监督协定的条款和条件（IAEA INFCIRC/403），向原子能机构提供超出这些规定范围的透明措施，包括让原子能机构接触其可能要求和认为接触的人员、文件、设备和设施；

9. 决定第1718（2006）号决议第8（b）段规定的措施也应适用于所有武器及相关材料，并适用于与供应、制造、维护或使用相

关武器或材料有关的金融交易、技术培训、咨询、服务或协助；

10. 决定第1718（2006）号决议第8（a）段规定的措施也应适用于所有武器及相关材料，并适用于与供应、制造、维护或使用相关武器（轻小武器及相关材料除外）相关的金融交易、技术培训、咨询、服务或协助，呼吁各国对直接或间接向朝鲜供应、销售或转让小武器或轻武器的活动保持警惕，还决定各国应在向朝鲜销售、供应或转让小武器或轻武器前至少5天通知委员会；

11. 呼吁所有国家根据本国权力和立法并遵循国际法，在其掌握的情报可提供合理理由令人相信船只所载货物中包含第1718（2006）号决议第8（a）、8（b）或8（c）段或本决议第9或10段禁止供应、销售、转让或出口的物项时，在其领土内，包括在海港和机场检查所有进出朝鲜的货物，从而确保这些规定得到严格执行；

12. 呼吁所有会员国在其掌握的情报可提供合理理由令人相信船只所载货物中包含第1718（2006）号决议第8（a）、8（b）或8（c）段或本决议第9或10段禁止供应、销售、转让或出口的物项时，征得船旗国同意，在公海检查所涉船只，从而确保这些规定得到严格执行；

13. 呼吁所有国家配合依照第11和12段进行的检查，并决定如果船旗国不同意在公海进行检查，则船旗国应指示船只驶往适当、方便的港口，由当地主管当局根据第11段进行所需检查；

14. 决定授权并要求所有会员国以不违反其根据安全理事会相关决议，包括第1540（2004）号决议所规定义务，不违反《不扩散核武器条约》、1997年4月29日《关于禁止发展、生产、储存和使用化学武器及销毁此种武器的公约》和1972年4月10日《禁止细菌（生物）及毒素武器的发展、生产和储存以及销毁这类武器的公约》缔约国任何义务的方式，扣押和处置在根据本决议第11、12或13段进行检查时查出的第1718（2006）号决议第8（a）、8（b）或8（c）段或本决议第9或10段禁止供应、销售、转让或出口的物项，还决定所有国家均应配合进行此种行动；

15. 要求任何会员国如根据本决议第11、12或13段进行货物检查，或根据本决议第14段扣押并处置货物，须迅速向委员会提交包括有关检查、扣押和处置相关细节的报告；

16. 要求任何会员国在没有获得船旗国同意根据本决议第12或13段提供合作的情况下，迅速向委员会提交包括有关细节的报告；

17. 决定会员国在其掌握的情报可提供合理理由令人相信朝鲜船只所载货物中包含第1718号决议第8（a）、8（b）或8（c）段或本决议第9或10段禁止供应、销售、转让或出口的物项时，应禁止本国国民或从本国领土向这些船只提供加油服务，例如提供燃料或补给，或其他船舶服务，除非此种服务系出于人道主义目的所必需或相关货物已接受检查并视必要予以扣押和处置，强调本段措施无意影响合法的经济活动；

18. 呼吁会员国除了履行其根据第1718（2006）号决议第8（d）和（e）段承担的义务外，防止提供可能有助于朝鲜的核、弹道导弹或其他大规模杀伤性武器相关计划或活动的金融服务，防止向、通过或从本国领土，或向或由本国国民或依据本国法律组建的实体（包括海外分支机构），或在本国领土上的人员或金融机构转移任何可能有助于这些计划或活动的金融或其他资产或资源，包括冻结本国领土上现有或今后进入本国领土的，或受其管辖的或今后受其管辖的与这些计划或活动有关的任何金融或其他资产或资源，并依据本国权力和立法规定加强监测，以防止一切此类交易；

19. 呼吁所有会员国和国际金融和信贷机构不再承诺向朝鲜提供新赠款、金融援助或优惠贷款，但与平民需求直接相关的人道主义和发展用途或为推进无核化所需者不在此限，并呼吁各国提高警惕，减少当前的援助承诺；

20. 呼吁所有会员国不向对朝贸易提供公共金融支持（包括批准向参与对朝贸易的本国国民或实体提供出口信贷、担保或保险），目的在于避免此类金融支持被用于朝鲜核、弹道导弹或其他大规模杀伤性武器相关计划或活动；

21. 强调所有会员国执行第1718（2006）号决议第8（a）㈢和8（d）段时，根据《维也纳外交关系公约》，不应影响驻朝外交使团活动；

22. 呼吁所有会员国在本决议通过后45天内，并在其后应委员会的要求，向安全理事会报告其为有效执行第1718（2006）号决议第8段及本决议第9和10段所述规定以及本决议第18、19和20段所定金融措施而采取的具体行动；

23. 决定第1718（2006）号决议第8（a）、（b）和（c）段所定措施同样适用于核供应国集团的核及核两用品转让准则和控制清单（INFCIRC/254/Rev. 9/Part 1a 和 INFCIRC/254/Rev. 7/Part 2a）中所列的物项；

24. 决定调整第1718（2006）号决议第8段及本决议规定的措施，包括将有关实体、物项和个人列名，指示委员会开展上述工作并于本决议通过后30天内向安全理事会提出报告，并进一步决定，如委员会未采取行动，安全理事会将在收到所述报告后7天内完成调整措施；

25. 决定委员会应加紧努力，通过制定工作计划，推动所有会员国全面执行第1718（2006）号决议、2009年4月13日主席声明（S/PRST/2009/7）和本决议，该工作计划涵盖执行、调查、联络、对话、协助与合作，将于2009年7月15日前提交安理会，此外委员会还应接收和考虑会员国根据本决议第10、15、16和22段提交的报告；

26. 要求秘书长与委员会协商，任命一个由最多7名专家组成的小组（“专家小组”），首次任期一年，在委员会指导下履行以下职责：（a）协助委员会执行第1718（2006）号决议规定的职责和本决议第25段规定的任务；（b）收集、检查并分析由各国、联合国相关机构和其他利益方提供的有关第1718（2006）号决议和本决议所定措施执行情况的信息，特别是不执行的情况；（c）就安理会、委员会或会员国的行动提出建议，供其改进执行第1718（2006）号决议和本决议规定措施时参考；并且（d）至迟于本决议通过后90天内向安理会提交一份关于专家小组工作的中期报告，并至迟于其任期终止前30天向安理会提交一份载述其结论和建议的最终报告；

27. 敦促所有国家、相关联合国机构和其他相关方与委员会及专家小组全面合作，尤其是提供关于执行第1718（2006）号决议和本决议所定措施的任何信息；

28. 呼吁所有会员国保持警惕，防止在本国领土内或由本国国民对朝鲜国民进行可能有助于朝鲜进行扩散敏感核活动和开发核武器运载系统的学科的专门教学或培训活动；

29. 呼吁朝鲜尽早加入《全面禁止核试验条约》；

30. 支持和平对话，呼吁朝鲜立即无条件地重返六方会谈，敦促六方会谈成员加紧努力，以全面、迅速落实中国、朝鲜、日本、大韩民国、俄罗斯联邦和美国于2005年9月19日发表的《共同声明》以及2007年2月13日和2007年10月3日发表的共同文件，以可核查方式实现朝鲜半岛无核化，维护朝鲜半岛及东北亚的和平与稳定；

31. 承诺以和平、外交和政治方式解决当前局势，欢迎安理会成员及其他会员国努力通过对话方式推动和平、全面的解决方案，并避免采取可能使紧张局势升级的任何行动；

32. 申明安理会将继续审议朝鲜的行动，并随时准备审核第1718（2006）号决议第8段及本决议相关段落所列措施的适当性，包括根据朝鲜遵守第1718（2006）号决议和本决议相关条款的情况，视需要加强、修改、暂停或解除这些措施；

33. 强调如有必要采取补充措施，须由安理会进一步做出决定；

34. 决定继续积极处理此案。

联合国裁军谈判会议的报告
2009 年届会大会
(2009 年 10 月 13 日)

一、导言

1. 裁军谈判会议兹向联合国大会第六十四届会议提出其 2009 年会议的年度报告及有关的文件和记录。

二、本会议的工作安排

A. 本会议 2009 年会议

2. 本会议于 2009 年 1 月 19 日至 3 月 27 日、5 月 18 日至 7 月 3 日和 8 月 3 日至 9 月 18 日举行了会议。在此期间,本会议共举行了 45 次正式全体会议,会上各成员国和应邀参加讨论的非成员国就本会议所审议的各项问题阐述了各自的看法和建议。

3. 本会议还就其议程、工作计划、组织和程序及其他事项举行了 20 次非正式全体会议。

4. 根据议事规则第 9 条,下列成员国依次担任了本会议主席:越南、津巴布韦、阿尔及利亚、阿根廷、澳大利亚和奥地利。

5. 在 2009 年 1 月 20 日会议开幕上,本会议秘书长谢尔盖·奥尔忠尼启则先生宣读了联合国秘书长潘基文先生的祝词。此外,在 2009 年 5 月 19 日第 1135 次全体会议上,联合国秘书长潘基文先生本人对本会议讲了话(CD/PV. 1135)。秘书长特别提到各国及其领导人的若干倡议为裁军注入了新的动力,还提到他自己的重振国际裁军议程的五点建议,敦促本会议把握机会,将裁军议程向前推进。他呼吁本会议发挥其作为全世界唯一多边裁军谈判机构所应当发挥的作用。

6. 此外,应本会议主席黎怀忠大使(越南)和裁军谈判会议秘书长兼联合国秘书长个人代表谢尔盖·奥尔忠尼启则先生的共同邀请，下列高级官员对裁军谈判会议讲了话：孟加拉国外交部长迪普·莫妮女士（CD/PV. 1121）、挪威副国防大臣埃斯彭·巴尔特·艾德先生（CD/PV. 1124）、智利外交部副部长阿尔韦托·范克莱弗伦先生（CD/PV. 1128）、意大利外交部副国务秘书温琴佐·斯科蒂先生（CD/PV. 1128）、刚果民主共和国内政部副部长泽菲林·芒冈戈先生（CD/PV. 1129）、俄罗斯联邦外交部长谢尔盖·拉夫罗夫先生（CD/PV. 1130）、阿尔及利亚外交部长穆拉德·梅德西先生（CD/PV. 1132 和 CD/PV. 1135）、瑞士外交部长米舍利娜·卡尔米－雷伊女士（CD/PV. 1135）、美利坚合众国主管军备控制和国际安全事务的代理副国务卿罗斯·戈特默勒女士（CD/PV. 1140）。澳大利亚的加雷思·埃文斯先生（CD/PV. 1145）、中国外交部长杨洁篪先生（CD/PV. 1151）和奥地利欧洲与国际事务部长米夏埃尔·施平德埃格尔先生（CD/PV. 1157）。其中，埃文斯先生的讲话涉及核不扩散和裁军国际委员会。

7. 高级官员们在讲话中确认了本会议作为唯一多边裁军谈判论坛的重要性，并论述了裁军和国际安全领域范围广泛的问题。他们欢迎六位主席所作的协调一致的努力，并表示支持本会议进一步努力，就开始多边谈判达成协商一致意见。本会议欢迎他们的讲话，认为这是对本会议作为裁军领域唯一多边谈判论坛工作的支持。

8. 裁军谈判会议实务秘书处的组成如下：裁军谈判会议秘书长兼联合国秘书长个人代表谢尔盖·奥尔忠尼启则先生、裁军谈判会议副秘书长兼联合国裁军事务厅日内瓦办事处主任蒂姆·考勒先生（到 2009 年 2 月 28 日为止）、裁军谈判会议副秘书长兼联合国裁军事务厅日内瓦办事处主任贾莫·萨雷瓦先生（从 2009 年 9 月 1 日起）和担任裁军谈判会议秘书的高级政治事务干事耶日·扎列斯基先生。

B. 参加本会议工作的国家

9. 下列 65 个成员国的代表参加了本会议的工作：阿尔及利亚、阿根廷、澳大利亚、奥地利、孟加拉国、白俄罗斯、比利时、巴西、保加利亚、喀麦隆、加拿大、智利、中国、哥伦比亚、古巴、朝鲜民主主义人民共和国、刚果民主共和国、厄瓜多尔、埃及、埃塞俄比亚、芬兰、法国、德国、匈牙利、印度、印度尼西亚、伊朗伊斯兰共和国、伊拉克、爱尔兰、以色列、意大利、日本、哈萨克斯坦、肯尼亚、马来西亚、墨西哥、蒙古、摩洛哥、缅甸、荷兰、新西兰、尼日利亚、挪威、巴基斯坦、秘鲁、波兰、大韩民国、罗马尼亚、俄罗斯联邦、塞内加尔、斯洛伐克、南非、西班牙、斯里兰卡、瑞典、瑞士、阿拉伯叙利亚共和国、突尼斯、土耳其、乌克兰、大不列颠及北爱尔兰联合王国、美利坚合众国、委内瑞拉玻利瓦尔共和国、越南和津巴布韦。

C. 非本会议成员国的出席和参加情况

10. 根据议事规则和1990年会议期间就改进本会议工作和提高其工作效率所作的决定（CD/1036），本会议收到并审议了44个非本会议成员国关于参加本会议工作的请求。因此，本会议邀请了下列非成员国参加本会议的工作：阿尔巴尼亚、安哥拉、亚美尼亚、阿塞拜疆、波斯尼亚和黑塞哥维那、哥斯达黎加、克罗地亚、塞浦路斯、捷克共和国、丹麦、多米尼加共和国、爱沙尼亚、格鲁吉亚、加纳、希腊、危地马拉、几内亚、教廷、洪都拉斯、冰岛、约旦、科威特、黎巴嫩、拉脱维亚、阿拉伯利比亚民众国、立陶宛、卢森堡、马耳他、毛里求斯、摩尔多瓦、黑山、尼泊尔、阿曼、菲律宾、葡萄牙、卡塔尔、摩尔多瓦共和国、沙特阿拉伯、塞尔维亚、斯洛文尼亚、塔吉克斯坦、前南斯拉夫的马其顿共和国、泰国、阿拉伯联合酋长国和乌拉圭。

11. 向本会议提交了关于非本会议成员国出席和参加本会议工作问题的如下文件：

(a) CD/1857，题为“2009年1月20日土耳其共和国常驻代表就非成员国2009年参加裁军谈判会议工作的请求致会议秘书长的信”；

(b) CD/1858，题为“2009年1月22日塞浦路斯常驻代表致裁军谈判会议秘书长的信，事关塞浦路斯对2009年1月20日CD/1857号文件中提出的问题的立场”。

D. 2009 年会议议程和工作计划

12. 在2009年1月20日第1118次全体会议上，在举行辩论并审议了本会议主席根据议事规则第29条提出的议程草案的内容之后，本会议通过了2009年会议议程。该议程（CD/1856）如下：

“本会议特别考虑到第一届专门讨论裁军问题的大会特别会议《最后文件》的有关规定，决定继续就审查议程进行磋商，并在不影响此一磋商的结果的条件下通过以下议程作为其2009年会议的议程：

1. 停止核军备竞赛和核裁军。

2. 防止核战争，包括一切有关事项。

3. 防止外层空间的军备竞赛。

4. 保证不对无核武器国家使用或威胁使用核武器的有效国际安排。

5. 新型大规模毁灭性武器和此种武器的新系统；放射性武器。

6. 综合裁军方案。

7. 军备透明。

8. 审议并通过年度报告和任何其他宜向联合国大会提出的报告。”

13. 主席随后作了如下声明：“关于议程的通过，我以本会议主席的身份声明：我的理解是，如果裁谈会在处理任何问题上达成协商一致意见，这些问题都可以在本议程范围内处理。本会议还将考虑到本会议议事规则第27和第30段。”

14. 根据本会议2008年报告（CD/1853）第53段，2008年会议最后一任主席（委内瑞拉玻利瓦尔共和国）和2009年会议第一任主席（越南）在闭会期间进行了非正式磋商，以期在2009年会议期间早日开始实质性工作。这些磋商是与2009年会议的五位候任主席（津巴布韦、阿尔及利亚、阿根廷、澳大利亚和奥地利）合作进行的。

15. 在2009年2月3日第1121次全体会议上，主席黎怀忠大使（越南）报告说，他所进行的磋商表明，对于在现有任何正式或非正式提案的基础上制定一项就任何一个议题开始谈判的工作计划，本会议还没有达成共识。主席表示，将由主席负责，为2009

年的每一个实质性议程项目任命协调员，而这不影响本会议今后有关工作计划的任何决定。在2009年会议主席的督导下，各协调员应不带任何先决条件地全面组织和主持对实质性议程项目的讨论，同时必须铭记过去、现在和今后所有相关的意见和提案。各协调员应以个人身份向2009年主席报告各议程项目的讨论情况，主席应与各协调员一道并由自己负责，敲定每个议程项目进展情况的报告。随后，主席宣布，2009年会议主席任命了下列协调员：

(a) 智利的卡洛斯·波塔莱斯大使，负责议程项目1（停止核军备竞赛和核裁军）和项目2（防止核战争，包括一切相关事项），重点讨论核裁军；

(b) 意大利的乔瓦尼·曼弗雷迪大使，负责议程项目1（停止核军备竞赛和进行核裁军）和项目2（防止核战争，包括一切有关事项），重点讨论禁止生产核武器和其他核爆炸装置用裂变材料；

(c) 加拿大的马里乌斯·格里尼于斯大使，负责议程项目3（防止外层空间的军备竞赛）；

(d) 塞内加尔的巴巴卡尔·卡洛斯·姆巴耶大使，负责议程项目4（保证不对无核武器国家使用或威胁使用核武器的有效国际安排）；

(e) 保加利亚的佩特科·德拉加诺夫大使，负责议程项目5（新型大规模毁灭性武器和此种武器新系统；放射性武器）；

(f) 斯里兰卡的达扬·贾亚蒂拉克大使，负责议程项目6（综合裁军方案）；

(g) 印度尼西亚的埃古斯蒂·阿贡·维萨卡·普查大使，负责议程项目7（军备透明）。

16. 在主席津巴布韦大使奇察卡·希帕齐瓦的主持下，继续进行了密集的磋商，以争取就工作计划达成一致意见。在他担任主席期间，各协调员就各实质性议程项目进行了非正式专题辩论。

17. 在2009年5月19日第1135次全体会议上，主席阿尔及利亚大使伊德里斯·贾扎伊里在完成了广泛而深入的磋商之后，提出了一项关于确立2009年会议工作计划的决定草案（CD/1863）。在其后的会议上，各代表团对该决定草案表示了意见。

18. 在2009年5月29日第1139次全体会议上，本会议通过了题为“关于确立2009年会议工作计划的决定草案”的CD/1863号文件。各方对主席阿尔及利亚大使伊德里斯·贾扎伊里进行的富有成效的磋商表示了高度赞赏。该决定通过之后，以 CD/1864 号文件分发，全文如下：

裁军谈判会议，

为了给裁谈会提供一项工作计划，而且这一工作计划不妨害任何代表团的任何过去、现在或将来的立场、建议或优先目标，也不妨害在任何其他多边裁军论坛做出的任何承诺，按照其议程并考虑到自 1999 年以来就裁军谈判会议工作计划提出的几项提案，不为以下第 1、第 3 和第 4 段所指的讨论预先规定或预先排除任何结果，以期未来能够达成妥协，包括未来有可能在任何议程项目下开展谈判，从而维护本论坛的性质，

为确立本届会议的工作计划做出下述决定：

1. 在题为“停止核军备竞赛和核裁军”的议程项目 1 下设立一个工作组，就如何采取实际步骤逐步、有系统地努力裁减核武器并最终实现消除核武器的目标交流意见和信息，包括探讨如何开展今后可能开展的多边工作。

按照其职权范围，工作组应考虑到过去、现在和未来的所有有关意见和建议。

工作组应在本届会议结束前提交一份关于其工作进展情况的报告。

2. 在题为“停止核军备竞赛和核裁军”的议程项目 1 下设立一个工作组，负责在 1995 年 3 月 24 日 CD/1299 号文件及该文件所载职权范围的基础上谈判一项禁止生产用于核武器或其他核爆炸装置的裂变材料的条约。按照其职权范围，工作组应考虑到过去、现在和未来的所有有关意见和建议。工作组应在本届会议结束前向裁军谈判会议提交一份关于其工作进展情况的报告。

3. 在题为“防止外层空间的军备竞赛”的议程项目 3 下设立一个工作组，不受限制地对与防止外层空间军备竞赛有关的所有问题进行实质性讨论。按照其职权范围，工作组应考虑到过去、现在和未来的所有有关意见和建议。工作组应在本届会议结束前向裁军谈判会议提交一份关于其工作进展情况的报告。

4. 在题为“保证不对无核武器国家使用或威胁使用核武器的有效国际安排”的议程项目 4 下设立一个工作组，不受限制地进行

实质性讨论，以期拟订全面处理这一议程项目的建议，不排除与具有法律约束力的国际文书相关的问题。按照其职权范围，工作组应考虑到过去、现在和未来的所有有关意见和建议。工作组应在本届会议结束前向裁军谈判会议提交一份关于其工作进展情况的报告。

5. 在题为“新型大规模毁灭性武器和此种武器的新系统；放射性武器”的议程项目5下任命一位特别协调员，负责就处理这一问题的最适当方式征求各成员的意见。特别协调员应考虑到过去、现在和未来的所有有关意见和建议。本会议请特别协调员在本届会议结束前提出一份报告。

6. 在题为“综合裁军方案”的议程项目6下任命一位特别协调员，负责就处理这一问题的最适当方式征求各成员的意见。特别协调员应考虑到过去、现在和未来的所有有关意见和建议。本会议请特别协调员在本届会议结束前提出一份报告。

7. 在题为“军备透明”的议程项目7下任命一位特别协调员，负责就处理与该项目有关的问题的最适当方式征求各成员的意见。特别协调员应考虑到过去、现在和未来的所有有关意见和建议。本会议请特别协调员在本届会议结束前提出一份报告。

19. 在第1142次全体会议上，主席阿根廷大使罗伯托·加西亚·莫里坦散发了一项关于2009年6月29日至9月18日活动日程的决定草案（CD/1866）和一项关于落实CD/1864的决定草案（CD/1867），后者载明在本会议2009年会议期间，印度尼西亚的迪安·特里安夏·查尼大使、瑞士的于尔格·施特莱大使、巴西的路易斯·费利佩·德马塞多·苏亚雷斯大使和乌克兰的米科拉斯·迈米斯库大使为工作组主席以及津巴布韦的奇察卡·希帕齐瓦大使、墨西哥的马贝尔·戈麦斯·奥利弗大使和芬兰的汉努·希马宁大使为特别协调员。

20. 在第1147次全体会议上，主席澳大利亚大使卡罗琳·米勒散发了一项载于CD/1870的决定草案，其中将先前关于任命工作组主席和特别协调员的建议（CD/1867）和订正后的活动日程（CD/1866/Rev. 1）合并在一起。其后，经与各成员磋商，主席散发了CD/1870/Rev. 1号文件。

21. 在第1156次全体会议上，为了解决CD/1870/Rev. 1所载的对CD/1864执行方法仍然存在的关注，经磋商后，包括在主席进行了两次向所有感兴趣的代表团开放的非正式磋商之后，主席奥地利大使克里斯蒂安·施特罗阿尔散发了第二次订正案文。

22. 没有就以上第19、第20和第21段中提到的任何一项关于CD/1864执行方法的提案达成协商一致；各代表团继续努力，以便就CD/1864的执行问题达成一致；各代表团继续努力，以便就CD/1864的执行问题达成一致。

23. 向本会议提交了关于议程和工作计划问题的下列文件：

(a) CD/1863，2009年5月19日，题为“关于确立2009年届会工作计划的决定草案”；

(b) CD/1864，2009年5月29日，题为“关于确立2009年届会工作计划的决定”；

(c) CD/1866，2009年6月23日，题为“2009年6月29日至9月18日活动日程草案”；

(d) CD/1866/Rev.1，2009年6月30日，题为“2009年8月3日至9月18日活动日程草案”；

(e) CD/1867*，2009年6月25日，题为“关于落实CD/1864的决定草案”；

(f) CD/1870，2009年8月4日，题为“关于裁军谈判会议2009年届会期间执行CD/1864的决定草案”；

(g) CD/1870/Rev.1，2009年8月6日，题为“关于裁军谈判会议2009年届会期间执行CD/1864的决定草案”；

(h) CD/1870/Rev.2，2009年8月27日，题为“关于裁军谈判会议2009年届会期间执行CD/1864的决定草案”；和

(i) CD/1873，2009年8月24日，题为“2009年8月21日巴基斯坦常驻代表致裁军谈判会议主席的信，其中转交巴基斯坦对于本会议2009年届会期间执行工作计划（CD/1864）的立场”。

E. 扩大本会议成员

24. 各代表团在全体会议上论述了扩大本会议成员问题。它们对这个问题的看法已正式反映在全体会议记录中。

25. 自1982年以来，本会议收到了下列25个非成员要求成为会议成员的申请，按时间顺序为：希腊、克罗地亚、科威特、葡萄牙、斯洛文尼亚、捷克共和国、哥斯达黎加、丹麦、前南斯拉夫的

马其顿共和国、塞浦路斯、立陶宛、加纳、卢森堡、乌拉圭、菲律宾、阿塞拜疆、阿拉伯利比亚民众国、亚美尼亚、泰国、格鲁吉亚、约旦、爱沙尼亚、拉脱维亚、马耳他和塞尔维亚。

F. 审查本会议议程

26. 各代表团在全体会议上论述了审查本会议议程问题。它们对这个问题的看法已正式反映在全体会议记录中。

G. 改进本会议工作和提高其工作效率

27. 各代表团在全体会议上论述了改进本会议工作和提高其工作效率问题。它们对这个问题的看法已正式反映在全体会议记录中。

H. 非政府组织的来文

28. 按照议事规则第42条，向本会议分发了一份清单，其中列有非政府组织或其代表的来文（CD/NGC/43）。

29. 为庆祝国际妇女节，裁军谈判会议主席在2009年3月5日第1129次全体会议上宣读了非政府组织妇女地位委员会的非政府组织和平问题工作组关于和平、安全和裁军问题的一项声明（CD/PV. 1129）。随后，一些代表团表示明年的声明由其作者之一来宣读。

30. 2009年5月28日，在主席阿尔及利亚大使伊德里斯·贾扎伊里主持下，本会议举行了一次非正式会议，一些非政府组织在会上就若干与本会议议程项目有关的问题发了言。一些代表团表示希望这一主动行动能够促进公民社会与本会议能够围绕本会议工作开展互动。

31. 2009年9月8日，参照2004年第946次全体会议所作的决定，在主席奥地利大使克里斯蒂安·施特罗阿尔主持下，本会议举行了一次非正式会议，日内瓦非政府组织裁军委员会在会上发了言。一些代表团欢迎这一发言，并重申希望促进公民社会与本会议围绕本会议工作开展互动。

三、本会议在2009年会议期间的实质性工作

32. 2009年会议主席任命了议程项目1至7的协调员。各协调员在2009年主席的授权之下主持了非正式会议，并向主席报告了工作结果。2009年9月15日，主席奥地利大使克里斯蒂安·施特罗阿尔以2009年会议主席的名义致函本会议秘书长，其中转交七位协调员以个人身份提交2009年会议主席的关于这些协调员在2009年届会期间所进行工作的报告（CD/1877）。

33. 在本会议的一般性辩论中，各代表团重申或进一步阐述了各自关于各议程项目的立场。这些立场已正式记录在有关正式文件和本届会议的全体会议记录中。

34. 本会议分发的文件清单以及这些文件的案文作为附录一列入本报告。按国家和议题分类的各国代表团2009年发言的逐字记录索引和本会议正式全体会议的逐字记录作为附录二列入本报告。

35. 本会议收到联合国秘书长2009年1月22日的来信（CD/1855），其中转交2008年大会第六十三届会议通过的关于裁军和国际安全问题的决议和决定，包括特别提到裁军谈判会议的下列各项决议：

63/36 禁止发展和制造新型大规模毁灭性武器和此种武器新系统：裁军谈判会议的报告（执行部分第2、第3、第4、第5段）

63/39 缔结关于保证不对无核武器国家使用或威胁使用核武器的有效国际安排（执行部分第2、第4、第5段）

63/40 防止外层空间的军备竞赛（执行部分第2、第5、第6、第8段）

63/43 区域裁军（执行部分第1段）

63/44 区域和次区域两级的常规军备控制（执行部分第2段）

63/46 核裁军（执行部分第14、第15、第19、第20段）

63/69 军备透明（执行部分第5（b）、第7段）

63/73 再次下决心彻底消除核武器（执行部分第11、第12段）

63/75 禁止使用核武器公约（执行部分第1、第2段）

63/82 裁军谈判会议的报告（执行部分第1、第2、第3、第4、第5、第6、第7段）

63/83 裁军审议委员会的报告（执行部分第5、第10段）

A. **停止核军备竞赛和核裁军**

36. 在本会议的一般性辩论中。

联合国2009年裁军审议委员会的报告

（2009年5月1日）

一、导言

秘书长关于联合国工作的报告摘要

1. 大会第六十三届会议通过题为“裁军审议委员会的报告”的第63/83号决议，全文如下：

大会审议了裁军审议委员会的报告，回顾其1992年12月9日第47/54 A号、1993年4月8日第47/54 G号、1993年12月16日第48/77 A号、1994年12月15日第49/77A号、1995年12月12日第50/72D号、1996年12月10日第51/47 B号、1997年12月9日第52/40B号、1998年12月4日第53/79 A号、1999年12月1日第54/56A号、2000年11月20日第55/35 C号、2001年11月29日第56/26A号、2002年11月22日第57/95号、2003年12月8日第58/67号、2004年12月3日第59/105号、2005年12月8日第60/91号、2006年12月6日第61/98号和2007年12月5日第62/54号决议，考虑到要求裁军审议委员会在审查裁军领域各种问题并就其提出建议和在推动执行大会第十届特别会议通过的有关决定方面发挥的作用和它在这方面应该做出的贡献。

（1）注意到裁军审议委员会的报告；

（2）重申其1998年9月8日关于裁军审议委员会有效运作的第52/492号决定依然有效；

（3）回顾其在第61/98号决议中采取了提高裁军审议委员会工作方法实效的补充措施；

（4）重申裁军审议委员会是联合国多边裁军机制内从事审议工作的专门机构，任务是深入审议具体裁军问题，并进而就这些问题提出具体建议；

（5）又重申进一步加强大会第一委员会、裁军审议委员会和裁军谈判会议之间的对话与合作的重要性；

（6）请裁军审议委员会根据大会第十届特别会议《最后文件》2第118段中规定的任务，按照大会1982年12月9日第37/78H号决议第3段，继续开展工作并为此目的，根据已获通过的“加强裁军审议委员会执行职责的途径和方法”，尽力就其议程项目提出具体建议；

（7）建议裁军审议委员会按照第61/67号决议，在其2009年实质性会议议程中列入题为“宣布2010年代为第四个裁军十年的草案纲要”的项目；

（8）又建议裁军审议委员会按照第52/492号决定加紧磋商，以期在2009年实质性会议开始前就其余议程项目达成协议；

（9）请裁军审议委员会在2009年，即4月13日至5月1日，召开会议，时间不超过三周，并向大会第六十四届会议提交实务报告；

（10）请秘书长向裁军审议委员会转递裁军谈判会议的年度报告4以及大会第六十三届会议有关裁军事项的所有正式记录，并向委员会提供执行本决议所需的一切协助；

（11）又请秘书长确保在正式语文的口译和笔译方面充分为裁军审议委员会及其附属机构提供便利，并为此优先安排一切必要的资源和服务，包括逐字记录；

（12）决定将题为“裁军审议委员会的报告”的项目列入大会第六十四届会议临时议程。

二、2009年实质性会议的安排和工作

2. 裁军审议委员会于2009年1月15日在联合国总部第290次全体会议上举行了2009年组织会议（见A/CN. 10/PV. 290）。在该次会议上，委员会按照已获通过的“加强裁军审议委员会执行职责的途径和方法”（A/CN. 10/137）和大会第63/83号决议，审议了与2009年实质性会议的工作安排和实质性议程项目有关的问题。

委员会讨论了主席团成员选举问题，同时考虑到由地理区域轮流担任主席的原则。委员会审议了2009年实质性会议的临时议程，决定在议程实质性项目商定之后讨论设立工作组的问题。

3. 委员会在2009年4月15日第295次会议上通过了载于文件

A/CN. 10/L. 62/Rev. 1 的临时议程如下：

(1) 会议开幕。

(2) 通过议程。

(3) 工作安排。

(4)《大会正式记录，第六十三届会议，补编第 27 号》(A/63/27)。促进实现核裁军和不扩散核武器目标的建议。

(5) 宣布 2010 年代为第四个裁军十年的草案纲要。

(6) 常规武器领域的实际建立信任措施。此项目将在宣布 2010 年代为第四个裁军十年的草案纲要项目结束后审议，最好不晚于 2010 年进行，但无论如何不晚于 2011 年。

(7) 裁军审议委员会提交大会第六十四届会议的报告。

(8) 其他事务。

4. 委员会在 2009 年 4 月 15 日第 296 次会议上核准了这届会议的一般工作方案（A/CN. 10/2009/CRP. 1）。

5. 裁军审议委员会于 2009 年 4 月 13 日至 5 月 1 日在联合国总部开会。在会议期间，委员会在主席安杰伊·托夫皮克（波兰）的领导下举行了 12 次全体会议（见 A/CN. 10/PV. 290—301）和 4 次非正式会议。大会和会议管理部裁军与和平事务处高级政治事务干事铁木尔·阿拉萨尼亚担任委员会秘书，裁军事务厅高级政治事务干事伊万·图德代表实务秘书处。

6. 在 2009 年实质性会议期间，委员会主席团的组成如下：

主席：安杰伊·托夫皮克（波兰）

副主席：下列国家的代表：阿塞拜疆、贝宁、玻利维亚多民族国、南非、斯威士兰和委内瑞拉玻利瓦尔共和国

报告员：皮特·德克勒克（荷兰）

7. 委员会还推选意大利的保罗·库库里为关于项目 4 的第一工作组主席，推选南非的约翰·帕斯卡利斯为关于项目 5 的第二工作组主席。

8. 4 月 15 日和 16 日，裁军审议委员会就所有议程项目进行了一般性意见交换（见 A/CN. 10/PV. 295—297）。下列国家的代表在一般性意见交换期间发了言：阿尔及利亚、澳大利亚、孟加拉国、白俄罗斯、巴西、中国、古巴、捷克共和国（代表欧洲联盟）、墨西哥（代表里约集团）、印度、印度尼西亚（代表属于不结盟运动

的联合国会员国)、伊朗伊斯兰共和国、意大利、日本、约旦（代表阿拉伯国家)、吉尔吉斯斯坦、蒙古、尼日利亚（代表非洲国家)、尼加拉瓜、巴基斯坦、菲律宾、波兰、卡塔尔、大韩民国、俄罗斯联邦、南非、苏丹和美利坚合众国。

9. 在4月13日第1次会议（第291次全体会议）上，委员会听取了裁军事务高级代表塞尔吉奥·杜阿尔特的发言。

10. 按照第295次会议上做出的决定，裁军审议委员会授权第一工作组审议题为“促进实现核裁军和不扩散核武器目标的建议”的议程项目4。第一工作组在主席保罗·库库里（意大利）主持下召开会议，并在4月22日至29日期间举行了6次会议。

11. 委员会授权第二工作组审议题为“宣布2010年代为第四个裁军十年的草案纲要”的议程项目5。第二工作组在主席约翰·帕斯卡利斯（南非）主持下召开会议，并在4月20日至30日期间举行了9次会议。

12. 按照裁军审议委员会过去的惯例，一些非政府组织出席了全体会议。

三、文件

A. 秘书长提交的文件

13. 根据大会第63/83号决议第10段的规定，秘书长向裁军审议委员会转递裁军谈判会议年度报告以及大会第六十三届会议有关裁军事项的所有正式记录。

B. 其他文件，包括会员国提交的文件

14. 在委员会工作过程中，提交了涉及实质性问题的文件如下：

第二工作组主席提交的会议室文件（A/CN. 10/2009/WG. II/CRP. 1 和 Rev. 1 和 2)。

四、结论和建议

15. 在5月1日第301次全体会议上,裁军审议委员会以协商一致方式通过了其附属机构的报告及其所载的结论和建议。委员会商定把转载于后的这些报告案文提交大会。

16. 在同一次会议上,委员会通过了将提交大会第六十四届会议的报告全文。

17. 第一工作组的报告如下:

第一工作组关于议程项目4的报告

(1)2009年4月15日,裁军审议委员会第295次会议通过了2009年实质性会议议程(A/CN.10/L.62/Rev.1),并决定将题为"促进实现核裁军和不扩散核武器目标的建议"的议程项目4分配给第一工作组。

(2)工作组在保罗·库库里(意大利)主持下,于2009年4月22日至29日举行了6次会议。大会和会议管理部裁军与和平事务处的Sergei Cherniavsky担任工作组秘书。裁军事务厅的Kristin Jenssen担任工作组顾问。

(3)工作组对裁军审议委员会2009年实质性会议的议程项目4进行了广泛讨论。

(4)2009年4月29日,工作组第6次会议审议并以协商一致方式通过了关于议程项目4的报告。

18. 第二工作组的报告如下:

第二工作组关于议程项目5的报告

(1)在2009年4月15日第295次会议上,裁军审议委员会通过了2009年实质性会议议程(A/CN.10/L.62/Rev.1),并决定将题为"宣布2010年代为第四个裁军十年的草案纲要"的议程项目5分配给第二工作组。

(2)工作组由约翰·帕斯卡利斯(南非)主持,在4月20日至30日期间举行了九次会议。大会和会议管理部裁军与和平事务处克里斯塔·希莱斯女士担任工作组秘书,裁军事务厅伊万·图德先生担任工作组顾问。

(3)在4月20日第1次会议上,工作组就这个专题作了一般性交流。在4月21日第2次会议上，工作组就主席非正式文件交换了意见。从4月21日第2次会议开始，工作组对主席非正式文件进行了实质性讨论和协商。在此期间，各代表团作了书面和口头提议。主席因此提出了订正的非正式文件，将各代表团发表的意见和提议汇编纳入其中。随后，主席又提出了非正式文件的订正版本。

(4) 在4月29日第8次会议上，工作组开始审议题为“宣布2010年代为第四个裁军十年的草案纲要”的经订正的主席非正式文件。各代表团作了不同提议。工作组决定在2010年联合国裁军审议委员会下届会议上继续审议经订正的主席非正式文件。

(5) 在4月30日第9次会议上，工作组审议并协商一致通过了关于题为“宣布2010年代为第四个裁军十年的草案纲要”的议程项目的报告。

秘书长关于联合国工作的报告摘要
裁军和不扩散

113. 由于大规模毁灭性武器特别是核武器继续存在并向更多的地域扩散，而且非国家行为体和恐怖主义分子有可能获取这类武器，因此世界继续面临风险。另外，尽管在常规武器领域取得了一定成就，但是常规武器的积累和扩散造成不稳定，依然是一个严重的安全威胁。

114. 令人鼓舞的是，在实现无核武器世界的目标方面，势头日渐增强。不仅是民间社会，还有核武器国家及非核武器国家提出的各种倡议，从中都可以看到这种势头。这些努力为摆脱过去的分歧和瘫痪状态，实现真正的对话和进展指明了道路。尤其可喜的是，巴拉克·奥巴马总统与德米特里·梅德韦杰夫总统于7月在莫斯科举行会谈，就签署一项《裁减战略武器条约》的后续协定达成了共识。这项可核查的、具有法律约束力的新协定，将规定大幅削减战略核弹头及运载系统。

115. 有些挑战需要全球采取紧急行动来应对。朝鲜民主主义人民共和国2009年5月25日进行的第二次核试验，显然严重违反了安全理事会有关决议以及《全面禁止核试验条约》确立的准则。该事件凸显了这一条约生效的紧迫性。

116. 伊朗伊斯兰共和国的核计划依然令人关切。必须继续努力寻求以和平方式解决所有未解决问题。伊朗伊斯兰共和国有责任采取措施，使人们确信该国的核计划完全用于和平目的。

117. 去年10月，秘书长概要提出了五点裁军计划。他鼓励核武器国家进一步削减核武库，强调有必要为推动《全面禁止核试验条约》生效做出新的努力，并强调裁军谈判会议必须无条件地就订立一项裂变材料条约着手进行谈判。5月份，裁军谈判会议终于就其工作计划达成协议，打破了使这个世界上唯一的多边裁军谈判机构十多年来基本处于瘫痪状态的僵局。

118. 《不扩散核武器条约》审议进程取得进展，部分挽回了2005年的损失，期望缔约国继续推动这一积极势头，成功地举行

2010年不扩散条约审议大会。

119. 在常规武器方面，打击小武器和轻武器非法贸易依然是本组织的优先事项之一。本组织吁请会员国根据非歧视和透明原则谈判达成一项具有法律约束力的常规武器进出口和转让条约。非洲、亚洲及太平洋以及拉丁美洲和加勒比联合国和平与裁军区域中心将继续提供专门知识和积极支助，以推动各国在打击猖獗成灾的武装暴力行为及根除非法武器贩运方面的能力建设。

120. 2009年3月，《渥太华禁雷公约》生效十周年。在以使用杀伤人员地雷为耻以及严禁转让这类地雷方面取得了显著进展，但是，在实现建立一个无杀伤人员地雷的世界的目标方面依然任重道远。本组织将继续为新的《集束弹药公约》早日生效提供支持。该公约已于2008年12月在奥斯陆开放供签署。本组织还鼓励在《常规武器公约》框架内完成关于集束弹药问题的谈判，这些谈判与缔结《集束弹药公约》的进程是相辅相成的。

121. 未来的一年很可能为在裁军和不扩散领域取得实质性进展提供一个机会之窗。我们必须共同努力，维护有效的裁军及不扩散准则并使之重新发挥作用，以便在国家及国际两级实现稳定和安全。

联合国安全理事会第1887号决议 2009年9月24日安全理事会第6191次会议通过

安全理事会，

决心按照《不扩散核武器条约》的目标，以促进国际稳定的方式，并根据各国安全不受减损的原则，寻求建立对所有国家都更加安全的世界，并为建立无核武器世界创造条件，

重申1992年1月31日在安理会国家元首和政府首脑级会议上通过的主席声明（S/23500），包括全体会员国都必须履行其对军控和裁军的义务，防止所有大规模杀伤性武器在一切方面的扩散，

又回顾上述声明（S/23500）强调所有会员国都必须根据《联合国宪章》，以和平方式解决在这方面对维护区域和全球稳定具有威胁或破坏作用的任何问题，

重申大规模杀伤性武器及其运载工具的扩散对国际和平与安全构成威胁，

铭记联合国其他机构和有关国际组织以及裁军谈判会议在裁军、军控和不扩散领域的责任，并支持它们继续发挥其应有的作用，

强调《不扩散核武器条约》依然是核不扩散机制的基石以及谋求核裁军与和平利用核能的根本基础，

重申对《不扩散核武器条约》的坚定承诺，重申坚信应维护和加强国际核不扩散机制，确保有效执行该条约，在这方面，回顾历次不扩散核武器条约审议大会的成果，包括1995年和2000年的最后文件，

呼吁在裁军问题各方面取得进一步进展，以加强全球安全，

回顾在2008年11月19日举行的安理会会议上通过的主席声明（S/PRST/2008/43），

欢迎已经废除其核武器计划或放弃拥有核武器的那些无核武器国家的决定，

欢迎核武器国家进行和完成的核武器削减和裁军努力，并强调须按照《不扩散核武器条约》第六条，在核裁军领域进一步努力，

在这方面欢迎俄罗斯联邦和美利坚合众国决定谈判缔结一项全面的具有法律约束力的新协议，以取代2009年12月到期的《削减和限制进攻性战略武器条约》，

欢迎并支持在缔结无核武器区条约方面已采取的步骤，并重申坚信在有关区域各国间自由达成的安排基础上，按照1999年联合国裁军审议委员会的指导方针建立国际公认的无核武器区，将增进全球和区域的和平与安全，加强核不扩散机制，并有助于实现核裁军目标，

注意到其在这方面支持2010年4月30日在纽约举行建立无核武器区条约缔约国和签署国第二次会议，

重申其第825（1993）号、第1695（2006）号、第1718（2006）号和第1874（2009）号决议，

重申其第1696（2006）号、第1737（2006）号、第1747（2007）号、第1803（2008）号和第1835（2008）号决议，

重申安全理事会通过的所有其他相关的不扩散决议，

严重关切核恐怖主义的威胁，并确认所有国家都须采取有效措施，防止恐怖分子获得核材料或核技术援助，

感兴趣地注意到关于与国际原子能机构协调举行和平利用核能问题国际会议的倡议，

表示支持召开2010年全球核安全峰会，

申明支持《核材料实物保护公约》及其2005年修正案以及《制止核恐怖主义行为公约》，

确认《打击核恐怖主义全球倡议》和八国集团全球伙伴关系计划取得的进展，

注意到民间社会在促进《不扩散核武器条约》所有各项目标方面的贡献，

重申其第1540（2004）号决议，重申各国必须充分执行其中的各项措施，并呼吁所有会员国以及国际和区域组织与该决议所设委员会积极合作，包括在第1810（2008）号决议要求进行的全面审议过程中与其积极合作，

1. 强调应提请安全理事会注意不遵守不扩散义务的情势，由安理会认定该情势是否构成对国际和平与安全的威胁，并强调安全理事会在应对此类威胁方面的首要责任；

2. 吁请《不扩散核武器条约》缔约国全面遵守该条约规定的所有义务并履行根据该条约做出的承诺；

3. 指出缔约国只有自身遵守《不扩散核武器条约》规定的义务，才能确保享受该条约带来的益处；

4. 吁请未加入《不扩散核武器条约》的所有国家作为无核武器国家加入该条约，以尽早实现该条约的普遍性，并在加入该条约之前，恪守该条约的各项条款；

5. 吁请《不扩散核武器条约》缔约国依照该条约第六条的规定，承诺就有关核武器削减和裁军的有效措施并就一项在严格有效国际监督下的全面彻底裁军条约真诚地进行谈判，吁请所有其他国家加入这一努力；

6. 吁请《不扩散核武器条约》所有缔约国开展合作，以使不扩散核武器条约2010年审议大会能够成功加强该条约，并围绕该条约的所有三个支柱——不扩散、和平利用核能和裁军——订立可以实现的现实目标；

7. 吁请所有国家不进行核试爆，签署并批准《全面禁止核试验条约》（《全面禁试条约》），从而使该条约早日生效；

8. 吁请裁军谈判会议尽早就禁止生产核武器或其他核爆炸装置用裂变材料谈判一项条约，欢迎裁军谈判会议以协商一致方式通过其2009年工作计划，请所有会员国开展合作，引导裁军谈判会议早日开始实质性工作；

9. 回顾第984（1995）号决议注意到五个核武器国家各自做出的声明，其中做出了不对《不扩散核武器条约》的无核武器缔约国使用核武器的安全保证，申明此种安全保证强化了核不扩散机制；

10. 对安全理事会已经采取行动的不扩散机制当前面临的重大挑战甚表关切，要求有关各方全面遵守安全理事会有关决议规定的各项义务，再次吁请有关各方早日通过谈判解决这些问题；

11. 鼓励谋求维持或发展本国相关领域能力的国家在降低扩散风险和恪守保障监督、安全和安保方面国际最高标准的框架下，为确保开发核能和平利用而做出的努力；

12. 强调《不扩散核武器条约》第四条确认该条约缔约国拥有按照该条约第一和第二条的规定不受歧视地开展为和平目的而研究、生产和使用核能的不容剥夺的权利，并在此回顾《不扩散核武器条约》第三条和《国际原子能机构规约》第二条的规定；

13. 吁请各国对核燃料循环相关敏感物项和技术的出口实行更加严格的国家管制；

14. 鼓励国际原子能机构在核燃料循环多边措施方面所做的工作，包括核燃料供应保障和有关措施，以此作为满足对核燃料和核燃料服务的不断扩大的需求和尽量降低扩散风险的有效手段，并敦促国际原子能机构理事会尽快为此商定各项措施；

15. 申明国际原子能机构有效的保障监督对防止核扩散和促进和平利用核能领域的合作必不可少，在这方面：

a. 吁请尚未使全面保障监督协定或经修订的“小数量议定书”生效的《不扩散核武器条约》所有无核武器缔约国立即使这些文书生效；

b. 吁请所有国家签署、批准并履行附加议定书，该议定书与全面保障监督协定构成国际原子能机构保障监督体系的基本要素；

c. 着重指出所有会员国均须确保国际原子能机构继续拥有一切必要的资源和授权，以核查核材料和设施的申报用途和不存在未申报的活动，并使原子能机构能酌情向安理会相应报告情况；

16. 鼓励各国向国际原子能机构提供必要合作，使其能够核查一国是否遵守其保障监督义务，并申明安全理事会决心按照《联合国宪章》的授权，支持原子能机构为此做出努力；

17. 承诺毫不拖延地处理任何国家通知将退出《不扩散核武器条约》的情况，包括相关国家按照该条约第十条规定在声明中所述的事件，同时注意到在对《不扩散核武器条约》进行审议的过程中，就确定《不扩散核武器条约》缔约国可以集体回应退约通知书的办法所进行的讨论，申明按照国际法，一国仍须对其在退出《不扩散核武器条约》以前实施的违约行为承担责任；

18. 鼓励各国作为核出口的一个条件，要求接受国同意，一旦其终止、退出国际原子能机构的保障监督协定，或原子能机构理事会发现其违反保障监督协定，供应国有权要求接受国返还在其终止、退出或违反保障监督协定前提供的核材料和设备以及使用这些材料或设备生产的任何特殊核材料；

19. 鼓励各国在做出核出口决定时，考虑接受国是否已经签署和批准根据附加议定书范本拟订的附加议定书；

20. 敦促各国作为核出口的一个条件，要求接受国同意，如果接受国终止国际原子能机构的保障监督协定，保障监督将继续适用于终止保障监督前提供的核材料和设备，包括使用这些材料或设备生产的任何特殊核材料；

21. 呼吁普遍恪守《核材料实物保护公约》及其2005年修正案以及《制止核恐怖主义行为公约》；

22. 欢迎安全理事会第1540（2004）号决议所设委员会2009年3月有关更有效地利用现有筹资机制的建议，包括考虑设立一个自愿基金，并申明承诺确保有效持续地支持1540委员会的活动，从而促进会员国全面执行第1540（2004）号决议；

23. 重申会员国须全面执行第1540（2004）号决议，以防止该决议所界定的非国家行为体获取或援助和资助大规模杀伤性武器、相关材料及其运载工具，呼吁会员国与该决议所设委员会和国际原子能机构积极合作，包括应其请求为其执行第1540（2004）号决议提供援助，并在这方面欢迎即将对第1540（2004）号决议执行情况进行全面审议，以增强其有效性，并吁请所有国家积极参与这一审议；

24. 吁请会员国分享最佳做法，以改进安全标准和核安全措施，并提高核安全标准，减少核恐怖主义风险，以求在四年之内达到所有易流失的核材料都能免遭此类风险的目标；

25. 吁请所有国家尽职管理、并在技术和经济可行的范围内尽量减少为民用目的使用的高浓缩铀，包括努力将研究堆和放射性同位素生产流程转向使用低浓缩铀燃料和靶件；

26. 吁请所有国家提高本国在其全境探测、慑止和阻止非法贩运核材料的能力，并吁请有能力这样做的国家努力加强这方面的国际伙伴关系和能力建设；

27. 敦促所有国家根据本国的管辖权和立法，并遵照国际法，采取一切适当的国家措施，防止扩散融资和运输，加强出口管制，确保敏感材料的安全，并控制无形技术转让的渠道；

28. 宣布决心密切监测任何涉及核武器及其运载工具或相关材料扩散的情势，包括向或由第1540（2004）号决议界定的非国家行为体进行此种扩散的情况，并酌情采取必要措施，确保维护国际和平与安全；

29. 决定继续处理此案。

联合国安全理事会主席的声明

（2009年4月13日）

安全理事会主席在2009年4月13日安全理事会第6106次会议上，就安理会审议的题为“防扩散/朝鲜民主主义人民共和国”的项目，代表安理会发表声明如下：

“安全理事会铭记维护朝鲜半岛及整个东北亚和平与稳定的重要性。安全理事会谴责朝鲜民主主义人民共和国（朝鲜）2009年4月5日（当地时间）的发射行为，此一行为违背了安全理事会第1718（2006）号决议。

“安全理事会重申朝鲜必须完全遵守其根据安全理事会第1718（2006）号决议所承担的义务。

“安全理事会要求朝鲜不再实施任何发射。

“安全理事会还吁请所有会员国完全遵守其根据安全理事会第1718（2006）号决议所承担的义务。

“安全理事会同意调整第1718（2006）号决议第8段规定的措施，对有关实体和货物做出指认，并且指示第1718（2006）号决议所设委员会在这方面履行任务，至迟于2009年4月24日向安全理事会提出报告。安全理事会还同意，如果该委员会没有采取行动，则安理会将至迟于2009年4月30日完成有关行动，调整那些措施。

“安全理事会支持六方会谈，吁请早日重启这些会谈，并敦促所有参与方加紧努力，全面落实2005年9月19日中国、朝鲜、日本、大韩民国、俄罗斯联邦和美国的《共同声明》以及其后它们的协商一致文件，以便以和平方式实现朝鲜半岛可核查的非核化，维护朝鲜半岛及东北亚的和平与稳定。

“安全理事会表示希望通过外交途径和平解决这一局势，并欢迎安理会成员及其他会员国为促进通过对话和平、全面解决问题而作的努力。

“安全理事会将继续积极处理此案。”

联合国安全理事会主席给秘书长的信

（2009 年 9 月 15 日）

谨随函转交定于 2009 年 9 月 24 日举行的安全理事会核不扩散与核裁军问题首脑会议的概念文件（见附件）。请将此信及其附件作为安全理事会文件分发为荷。

安全理事会主席
苏珊·赖斯（签名）

安全理事会核不扩散与核裁军问题首脑会议概念文件

防止核武器扩散和使用核武器对国家安全和世界和平至关重要。正如奥巴马总统今年早些时候所指出，“如有一件核武器在一个城市爆炸——无论是在纽约还是在莫斯科、伊斯兰堡还是孟买，东京还是特拉维夫，巴黎还是布拉格——都会造成数十万人丧生。它无论发生在哪里，都会对我们的全球安全、我们的自身安全、我们的社会、我们的经济和我们最终的生存造成无穷无尽的后果。”最近八国集团在阿奎拉发表了防扩散声明，2010 年 3 月又将举行核安全首脑会议，随后还要举行核不扩散条约审议大会，因此存在着一个全球可以认真关注和着重解决这个重大安全问题的机会。

9 月 24 日，美国将主持召开安全理事会国家元首和政府首脑级会议，讨论核不扩散与核裁军问题。这次安全理事会首脑会议将由奥巴马总统主持，意在提请政府最高级别注意国际社会面临的核危险，以及采取具体步骤克服此类危险的紧迫性。

安理会首脑会议将着重广泛讨论核不扩散与核裁军问题，并非针对任何特定国家。目标是强调扩散威胁的全球范围、广泛共同承担的应对义务、采取积极步骤减少核危险，以及安理会在处理日益严重和紧迫的核威胁方面所起的重要作用。

会上将讨论三个重要的减少核威胁相关议题：即军备控制与核裁军、加强国际核不扩散制度、拒绝和阻止担心扩散的材料非法贩运和确保此类材料的安全，无论它们位于何处。

具体来说，本次首脑会议可以强调和加强对多边核军备控制条约和当前核裁军努力的支持，包括重申对核不扩散条约的承诺，并致力于建立一个没有核武器的世界。

本次首脑会议还旨在成为一个机会，用以进一步支持谈判缔结《裂变材料禁产条约》、《国际原子能机构附加议定书》、批准《全面禁止核试验条约》和控制战略武器，包括支持新一轮裁减战略武器谈判。

在加强现行国际核不扩散体制的目标下，本次首脑会议可以推动支持技术援助与和平利用核能，支持对核燃料循环采取多边办法，并支持努力改善和确保不扩散义务和保障义务的遵守，防止滥用不扩散条约的退约规定。

本次首脑会议是探讨如何加强各国打击资助扩散行为和取缔采购网络能力一个机会。此外，本次首脑会议还可以加强安全理事会第1540（2004）号决议的执行工作，包括继续筹措资金，协助各国执行该决议各项主要规定。

最后，本次首脑会议还意在强调必须加紧努力确保世界各地核武器材料的安全，并进一步支持建立和共享核安全最佳做法。所有这些因素都是为减轻因恐怖分子获取核武器或核材料而产生的全球核危险与核风险而采取的全面办法的一部分。这些威胁都是迫在眉睫和实际存在的，安理会在处理这些危险方面所具有的作用十分独特，不可或缺。本次首脑会议将有助于重新引起国际社会的关注，促使国际社会再次下定决心解决这些问题。

联合国安全理事会主席的说明

谨附上2009年9月24日罗马教廷常驻联合国观察员给安全理事会主席的信(见附件)。按照来信中的要求,主席现在将该信及其附文作为安全理事会的文件分发。

2009年9月24日罗马教廷常驻联合国观察员给安全理事会主席的信

我谨转递本信所附的关于今天在安全理事会会议厅举行核不扩散与核裁军会议安全理事会首脑会议的书面声明(见附文)。请将本信及其附文作为安全理事会议事规则第39条下的文件分发为荷。

罗马教廷常驻观察员
教廷大使
塞莱斯蒂诺·米廖雷大主教(签名)

罗马教廷对外关系秘书多米尼克·曼贝蒂大主教阁下的声明

罗马教廷赞同本月美国担任主席的安全理事会倡议召开国家元首与政府首脑会议,讨论核不扩散与核裁军。这是及时而关键的会议,因为这是与促进《全面禁止核试验条约》生效会议同时举行的,而该条约还需要九个国家核准才能生效。不仅如此,首脑会议非常接近2010年核不扩散条约审查会议,该会议的目标是促成普遍加入、遵守、彻底执行该条约。首脑会议可以视为是确实、具体地响应全球的呼吁,要求把握新的核裁军政治动力,并且核裁军公开化。应当承认,安全理事会关于处理大规模毁灭性武器问题的方针、包括致力于防止该类武器扩散,起初主要是针对一些国家或专案。安理会坚定地反对某些国家的核方案,并强烈要求对非国家行为体的威胁,采取预防性反制。但是对制订一个建立军备管制制度(第二十六条)、* 特别是管制核武器及其扩散的计划,却没有什么成绩,而这是维持国际和平及安全和创立有利于并确保人类进步(第十一条)的必要条件。

安全理事会得到高阶层首脑会议的认可,在2008年秘书长提出五点建议后,又有一个好机会,成为向所有无核武器国家担保安全的有力保障者,担保它们不会是使用或威胁使用核武器的对象。安理会还获得鼓励，开始讨论关于核裁军和不扩散的安全问题，并提出具体指导。安理会应当把握这个时机，成为争取建立无核武器世界的有效倡导者，并发挥领导作用，推动国际支持签订多边控制核武器条约和支持现行核裁军的努力。为此，罗马教廷促请关心的国家采取明确、坚定的决策与承诺，致力不断逐步协力进行核裁军。

核武器攻击地球上的生命，攻击地球本身，也就是伤害地球继续它的自然发展。核武器的性质不仅恶毒，而且根本是谬误。鉴于核威慑是冷战时代的产物，现在已经毫无理由，罗马教廷极力主张，那些仍然依赖核武器为安全与威慑工具、甚至是力量象征的军事理论，应当改变方向了，因为它们已经证实是阻碍真正核裁军与不扩散的主要因素之一，从而破坏了不扩散条约的精义。放弃那些理论的意义就是：应当冻结最近仍看到在进行的核试验；应当严肃处理核战略武器、战术武器、及其运载工具的问题。因此，应当把《全面禁止核试验条约》的生效列为最高优先。为达到此目的，需要九个国家采取具体步骤，批准该条约。普遍禁试将阻止核武器的研发，有助于核裁军与核不扩散，防止进一步破坏环境。为实现裁军，关键的是阻止生产和转让武器用的裂变材料。立刻开始《裂变材料禁产条约》是一种责任，必须不再拖延。

冷战时代给世界带来核武器竞赛，胜利者是拥有最大最强核武库的国家。现在世界需要大智大勇的领袖，把这些核武库削减到零。为达到此目的，各国需要信任和安全。无核武器区是信任、信心和肯定的最好例子，肯定不拥有核武器的和平与安全是可能的。罗马教廷因此鼓励核武器国家和拥有这类武器的国家，批准所有无核武器区条约的议定书，并极力支持努力在中东建立这样的无核武器区。秘书长“大规模毁灭性武器——我们必须裁军”的多平台宣传运动，在9月21日庆祝世界和平日结束。这个运动的目的是提高对核武器的危险与费用的认识。教廷同意并且坚决赞扬这个运动口号，应当在所有裁军辩论中提出来，期望创造一个有利于确保人类进步的环境（参看第十一条）。裁军和发展是相互关联的，互补的。因此，在“我们必须裁军”的口号之上，不妨加一句“世界必须发展”，促进和平文化，实现发展目标，永远嘉惠无核武器世界上世世代代人类的每一个人。

（滕建群　辑）